权威·前沿·原创

皮书系列为

“十二五”“十三五”国家重点图书出版规划项目

中国互联网经济发展报告（2019）

ANNUAL REPORT ON THE DEVELOPMENT OF CHINA'S INTERNET ECONOMY(2019)

主　　编／孙宝文　李　涛
执行主编／欧阳日辉

社会科学文献出版社
SOCIAL SCIENCES ACADEMIC PRESS (CHINA)

图书在版编目（CIP）数据

中国互联网经济发展报告. 2019 / 孙宝文，李涛主编. -- 北京：社会科学文献出版社，2019.9
（互联网经济蓝皮书）
ISBN 978-7-5201-5289-1

Ⅰ. ①中… Ⅱ. ①孙… ②李… Ⅲ. ①网络经济-经济发展-研究报告-中国-2019 Ⅳ. ①F492.3

中国版本图书馆 CIP 数据核字（2019）第 159224 号

互联网经济蓝皮书
中国互联网经济发展报告（2019）

主　　编 / 孙宝文　李　涛
执行主编 / 欧阳日辉

出 版 人 / 谢寿光
责任编辑 / 宋　静

出　　版 / 社会科学文献出版社 · 皮书出版分社（010）59367127
地址：北京市北三环中路甲 29 号院华龙大厦　邮编：100029
网址：www.ssap.com.cn
发　　行 / 市场营销中心（010）59367081　59367083
印　　装 / 天津千鹤文化传播有限公司

规　　格 / 开 本：787mm × 1092mm　1/16
印 张：26.75　字 数：401 千字
版　　次 / 2019 年 9 月第 1 版　2019 年 9 月第 1 次印刷
书　　号 / ISBN 978-7-5201-5289-1
定　　价 / 138.00 元

本蓝皮书的撰写和出版获得以下资助：

国家社会科学基金重点项目（18AZD007）

国家社会科学基金重大招标项目（14ZDB120）

北京市教育委员会共建项目

北京市哲学社会科学研究基地年度报告项目

中央财经大学一流学科建设项目

北京市支持央属高校“双一流”建设项目

北京高等学校卓越青年科学家计划

摘　要

互联网经济是依托信息网络，以信息、知识、技术等为主导要素，通过经济组织方式创新，优化重组生产、消费、流通全过程，提升经济运行效率与质量的新型经济形态。“互联网经济蓝皮书”是系统研究我国互联网经济发展的年度报告，具有权威性、系统性、全面性、前瞻性和实用性等特点。

“互联网经济蓝皮书”建立了理论分析框架，构建了互联网经济发展指数体系，从产业数字化和数字产业化两个维度深入研究互联网经济的发展现状、特点和问题，提出政策建议。总报告分析 2018 年互联网经济发展的总体情况、发展指数、存在的问题、发展趋势和对策建议。理论篇提出了互联网经济研究的基础理论框架，分析了互联网发展的经济效应，研究了生产要素数字化和经济发展的新旧动能转换，提出了数字经济内涵特性与规模测算方法框架。产业数字化篇研究了 2018 年我国传统产业数字化转型、产业互联网发展、工业智能、“互联网 + 农业”、“互联网 + 零售业”。数字产业化篇分析了我国互联网经济基础设施建设、信息产业、电子商务、数字内容产业、新业态的发展情况。治理创新篇研究了我国互联网经济政策法规、政府运用大数据设施监管、“互联网 + 政务服务”、数据治理。案例篇对京东数字科技、美团供应链、腾讯产业互联网、阿里巴巴数字经济体、苏宁智慧零售进行了分析。大事记梳理了 2018 年互联网经济领域的重大事件。

“互联网经济蓝皮书”探索互联网经济的理论分析框架，构建指数体系，对发展情况进行排序，研究产业数字化和数字产业化，分析互联网经济治理创新，总结经典案例，对未来趋势进行预测。

关键词： 互联网经济　产业数字化　数字产业化　治理创新

Abstract

The Internet economy is a new economic form, which relies on information networks, takes information, knowledge, technology and other factors as the leading factors, optimizes the whole process of restructuring production, consumption and circulation, and improves the economic efficiency and quality. *Blue Book on Internet Economy* is an annual report systematically studying the development of China's Internet economy. It is authoritative, systematic, comprehensive, forward-looking and practical.

Blue Book of Internet Economy establishes a theoretical analysis framework, builds an Internet economic development index system, deeply studies the development status, characteristics and problems of the Internet economy from the two dimensions of industrial digitalization and digital industrialization, and finally proposes policy recommendations. The general report analyzes the overall situation of the Internet economic development, development index, existing problems, development trends and suggestions in 2018. The theoretical section puts forward the basic theoretical framework of Internet economic research, analyzes the economic effects of Internet development, studies the conversion of new and old kinetic energy of digitalization of production factors and economic development, and proposes a framework for the analysis of the connotation characteristics and scale of digital economy. Industrial digitalization section studied the digital transformation of China's traditional industries, industrial Internet development, industrial intelligence, "Internet + agriculture", "Internet + retail industry" in 2018. The digital industrialization section analyzes the development of China's Internet economy infrastructure construction, information industry, e-commerce, digital content industry, and new business. The governance innovation section studies China's Internet economic policies and regulations, the government's use of big data facilities supervision, "Internet + government services", and data governance. The case study analyzes JD Digits, Meituan Supply Chain, Tencent Industry Internet, Alibaba Digital Economy, and Suning Smart Retail. Memorabilia combed the major events in the Internet economy in 2018.

Blue Book on Internet Economy explores the theoretical analysis framework of the Internet economy, builds an index system to rank development, studies industrial digitalization and digital industrialization, analyzes Internet economic governance innovation, summarizes classic cases, and forecasts future trends.

Keywords: Internet Economy; Industry Digitalization; Digital Industrialization; Governance Innovation

目 录

Ⅰ 总报告

Ⅱ 理论篇

Ⅲ 产业数字化篇

Ⅳ 数字产业化篇

Ⅴ 治理创新篇

Ⅵ 案例篇

Ⅶ 附录

CONTENTS 

I General Report

II Theory Reports

III Industry Digitalization Reports

Ⅳ Digital Industrialization Reports

Ⅴ Governance Innovation Reports

Ⅵ Case Reports

Ⅶ Appendix

总 报 告

General Report

B.1 2018年中国互联网经济发展情况与趋势

中央财经大学中国互联网经济研究院*

摘 要： 本报告基于供给、需求、流通和支撑构建互联网经济发展指标体系，测算了我国主要省份互联网经济的发展水平。本报告指出，我国互联网经济发展的问题主要表现为：技术创新能力尚待加强，共享经济商业模式发展陷入困境，政府与平台协同监管边界模糊，互联网企业排他性行为频繁出现等。我国互联网经济发展将呈现网络零售市场整合重组、互联网企业跨界竞争、迈向产业互联网、跨境电商快速发展等趋势。

* 课题组成员：孙宝文、李涛、欧阳日辉、刘航、史宇鹏、鞠雪楠、荆文君；课题主笔：刘航、鞠雪楠、荆文君。刘航，博士，中央财经大学中国互联网经济研究院副研究员，研究方向为博弈论及应用、产业组织理论、金融经济学；鞠雪楠，博士，中央财经大学中国互联网经济研究院副研究员，研究方向为互联网经济、电子商务；荆文君，博士，山西财经大学经济学院讲师，研究方向为互联网经济、平台经济、产业组织。

关键词： 互联网经济 指标体系 治理机制

近年来，互联网平台和信息技术进步促进了互联网经济的繁荣发展。随着互联网经济持续快速发展，各种新业态不断涌现，在增强经济发展活力、提高资源配置效率、推动传统产业转型升级、开辟就业创业渠道等方面发挥了重要作用，已成为我国经济增长的重要引擎。2019 年政府工作报告指出，培育新一代信息技术、高端装备、生物医药、新能源汽车、新材料等新兴产业集群，深化大数据、人工智能等研发应用，壮大数字经济。

然而，政府相关部门缺乏有效的方法和手段采集、管理和维护互联网经济大数据，一是家底不清，无法进行适时、准确的监测与评价工作，制定与出台针对性强的相关政策措施量化依据薄弱；二是国际比较不足，我国互联网经济发展规模虽然全球领先，但与全球主要国家相比，我们的优势、不足、机会究竟在哪里，模糊不清。开展互联网经济发展指数与指标体系的研究工作，一方面，可以通过定期发布互联网经济指数，使其成为互联网经济发展的“晴雨表”和“风向标”，强化我国的国际影响力；另一方面，可以有效支撑各级政府相关部门推动互联网经济发展的相关工作。在科学测算我国互联网经济发展的基础上，我们分析发展中存在的问题，研判未来发展趋势，提出政策建议。

一 2018年中国互联网经济发展概况

互联网经济是依托信息网络技术，以信息、知识、技术等为主导要素，通过经济组织方式创新，优化重组生产、消费、流通全过程，提升经济运行效率与质量的新型经济形态。2018 年以来，我国互联网经济逐步进入一个相对平稳的发展时期。

（一）我国网民规模达8.29亿人

根据中国互联网络信息中心（CNNIC）第 43 次《中国互联网络发展统

计报告》，截至2018年12月，我国网民规模达8.29亿人，新增网民5653万人，互联网普及率达59.6%。其中，手机网民规模达8.17亿人，相较于2017年底增加了6433万人，手机网民占全部网民的比重达到98.6%，较2017年底提升了1.1个百分点；城镇网民与农村网民规模分别为6.07亿人与2.22亿人，分别占全部网民人数的73.3%与26.7%，较2017年底分别增加了4362万人与1291万人，增幅分别为7.7%与6.2%。①

此外，2018年我国个人互联网应用仍然保持良好的发展势头，除网络直播②外，各类应用的用户规模均呈现较为明显的上升趋势。其中，网约专车或快车用户规模增速最为明显，年增长率达40.9%；另外，网上外卖、互联网理财、网约出租车以及网络购物的用户规模也取得了高速增长；以抖音为代表的短视频应用用户崛起迅速，使用率高达78.2%。截至2018年12月，我国网民各类互联网应用的具体使用情况如表1所示。

表1　截至2018年12月我国网民各类互联网应用使用情况

单位：万人，%

应用	用户规模	使用率	年增长率	应用	用户规模	使用率	年增长率
即时通信	79172	95.6	9.9	旅游预订	41001	49.5	9.1
搜索引擎	68132	82.2	6.5	网上外卖	40601	49.0	—
网络新闻	67473	81.4	4.3	网络直播	39676	47.9	—
网络视频	61201	73.9	5.7	微博	35057	42.3	—
网络购物	61011	73.6	14.4	网约专车或快车	33282	40.2	—
网上支付	60040	72.5	13.0	网约出租车	32988	39.8	—
网络音乐	57560	69.5	5.0	在线教育	20123	24.3	—
网络游戏	48384	58.4	9.6	互联网理财	15138	18.3	—
网络文学	43201	52.1	14.4	短视频	64789	78.2	—
网上银行	41980	50.7	5.2				

资料来源：中国互联网络信息中心第43次《中国互联网络发展统计报告》。

① 本部分的数据均来自中国互联网络信息中心2019年2月公布的第43次《中国互联网络发展统计报告》。

② 网络直播包括体育直播、真人秀直播、游戏直播和演唱会直播。

在手机应用方面，手机在线教育与手机网上订餐的用户规模增长明显，年增长率分别达到 63.3% 与 23.2%。截至 2018 年 12 月，我国网民各类手机互联网应用使用情况如表 2 所示。

表 2　截至 2018 年 12 月我国网民各类手机互联网应用使用情况

单位：万人，%

应用	用户规模	使用率	年增长率	应用	用户规模	使用率	年增长率
手机即时通信	78029	95.5	12.5	手机网上音乐	55296	67.7	8.1
手机搜索	65396	80.0	4.8	手机网络游戏	45879	56.2	12.7
手机网络新闻	65286	79.9	5.4	手机网上文学	41017	50.2	19.4
手机网络购物	59191	72.5	17.1	手机旅行预订	40032	49.0	17.9
手机网络视频	58958	72.2	7.5	手机网上订餐	39708	48.6	23.2
手机网络支付	58339	71.4	10.7	手机在线教育	19416	23.8	63.3

资料来源：中国互联网络信息中心第 43 次《中国互联网络发展统计报告》。

（二）互联网经济规模影响持续扩大

中国信息通信研究院的数据显示，2018 年，我国数字经济规模达到 31.3 万亿元，按可比口径计算，名义增长 20.9%，占 GDP 比重为 34.8%（见图 1）。

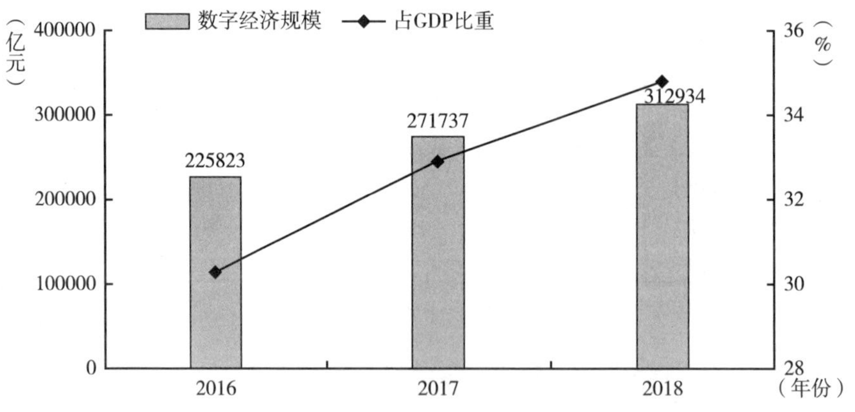

图 1　2016～2018 年我国数字经济发展情况

资料来源：中国信息通信研究院。

国家统计局数据显示，2018 年全国电子商务交易额达 31.63 万亿元，同比增长 8.5%，如图 2 所示。其中，商品、服务类电子商务交易额为 30.61 万亿元，同比增长 14.5%。

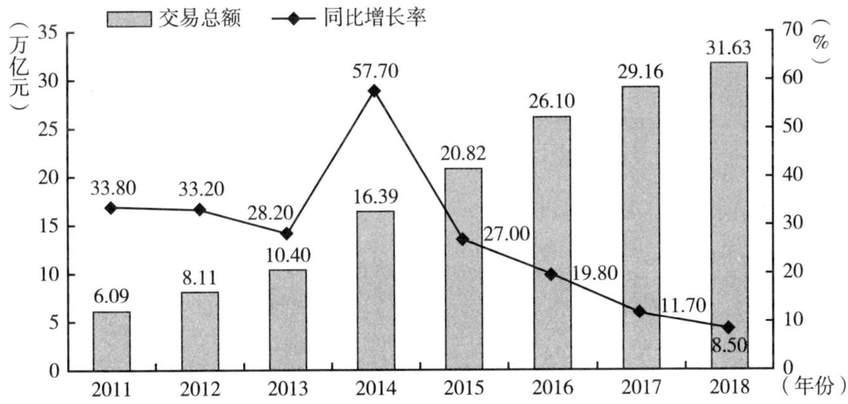

图 2　2011～2018 年中国电子商务交易总额

资料来源：国家统计局。

海关总署数据显示，2018 年通过海关跨境电子商务管理平台零售进出口商品总额 1347 亿元，同比增长 50%，如图 3 所示。其中，出口 561.2 亿

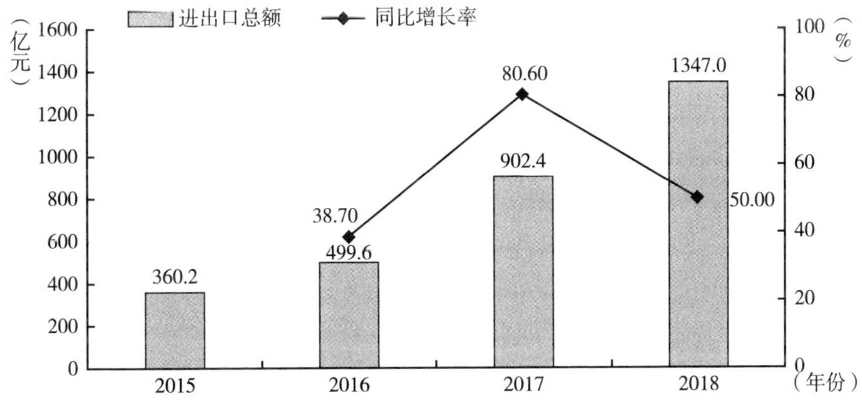

图 3　2015～2018 年跨境电子商务零售进出口总额

资料来源：海关总署。

元，同比增长 67%；进口 785.8 亿元，同比增长 39.8%。与此同时，跨境电商领域的品牌出海、综试区建设等尝试也标志着跨境电商迈向升级发展的新阶段。

互联网经济与实体经济融合发展加速，带动了更多人从事互联网经济相关工作。据电子商务交易技术国家工程实验室、中央财经大学中国互联网经济研究院测算，2018 年，中国电子商务从业人员达 4700.65 万人，同比增长 10.6%，如图 4 所示。

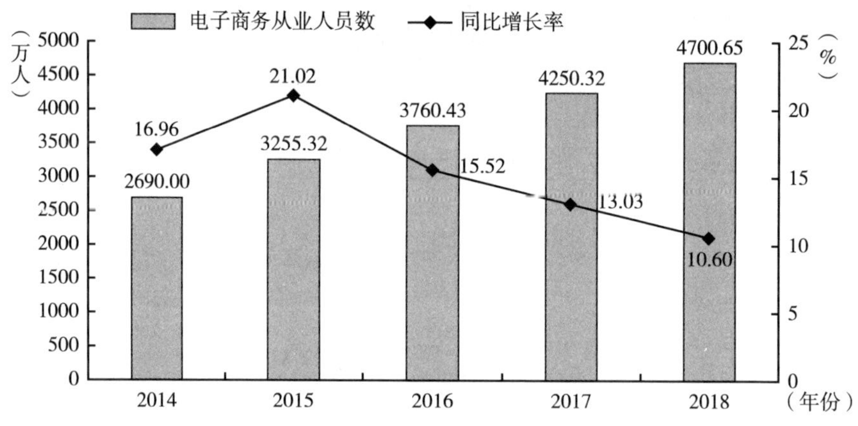

图 4　2014～2018 年中国电子商务就业规模

资料来源：电子商务交易技术国家工程实验室、中央财经大学中国互联网经济研究院测算。

（三）互联网经济支撑体系逐步完善

网络支付保持高速增长态势。中国人民银行发布的《2018 年支付体系运行总体情况》数据显示，2018 年非银行支付机构处理网络支付业务 5306.1 亿笔，金额 208.07 万亿元，同比分别增长 85.05% 和 45.23%，如图 5 所示。

国家邮政局数据显示，2018 年，全国快递服务企业业务量累计达到 507.1 亿件，同比增长 26.6%，如图 6 所示。其中，同城业务量累计完成 114.1 亿件，同比增长 23.1%；异地业务量累计完成 381.9 亿件，同比增长 27.5%；国际/港澳台业务量累计完成 11.1 亿件，同比增长 34%。

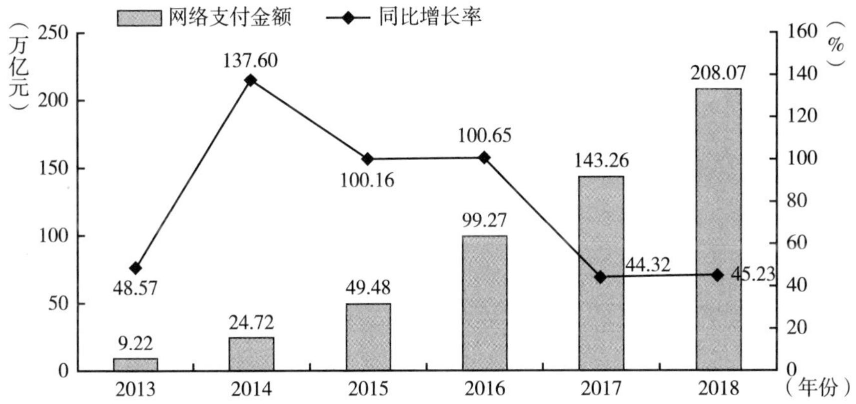

图 5　2013～2018 年中国非银行支付机构发生的网络支付金额

资料来源：中国人民银行。

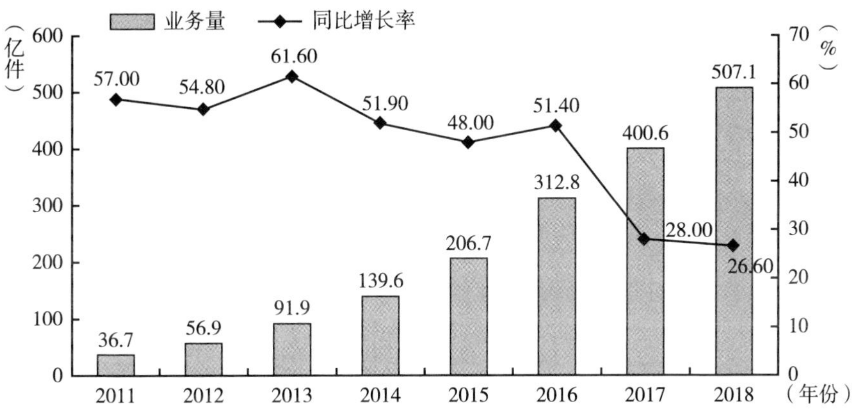

图 6　2011～2018 年全国快递服务企业业务量

资料来源：国家邮政局。

（四）互联网经济治理环境不断优化

2018 年 8 月 31 日，第十三届全国人民代表大会常务委员会第五次会议通过了《中华人民共和国电子商务法》（以下简称《电子商务法》），2019 年 1 月 1 日正式实施。作为我国首部电子商务领域综合性法律，《电子商务

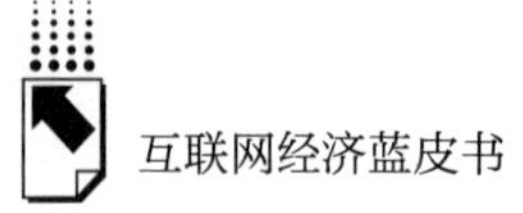

法》的出台标志着中国电子商务进入历史发展新阶段。

随着我国跨境电商的快速发展，海关也与时俱进，积极尝试跨境贸易综试区、自贸区、保税仓等跨境电商新模式的新服务体系建设。2018年2月，中国海关牵头制定《跨境电商标准框架》，作为世界海关跨境电商监管与服务的首个指导性文件，为跨境电商可持续发展贡献“中国智慧”。

未来，互联网经济的治理环境将日益优化，在立法、监管制度、市场秩序维护、平台治理等方面与时俱进，为互联网经济的健康发展提供良好的政策环境支持。

二　2018年中国互联网经济发展指数分析

对我国互联网经济发展需要科学分析，总报告课题组在系统梳理我国互联网经济发展概况和现有互联网经济指数的基础上，构建了互联网经济发展指数体系，对我国31个省级行政区域（港澳台除外）的发展情况进行测算和分析。

（一）各省份综合指数排名

2018年中国互联网经济发展指数综合考量了我国31个省份在互联网经济供给、需求、流通和支撑方面的表现。与2017年相比，2018年我国互联网经济规模持续增长，增速有所放缓，互联网经济对各省份的经济社会发展的影响（渗透）不断深化，各省份支撑互联网经济发展的环境逐步改善。排名结果显示，广东、北京、上海、浙江、山东、江苏、四川、福建8个省份互联网经济发展优势明显，互联网经济发展指数高于全国平均值（23.95），在全国处于领先位置。在上述8个省份中，广东互联网经济发展比较均衡，各指数均处在全国前列。北京的优势在于基础设施较为完善，上海的需求指数较高，说明互联网经济市场非常活跃（见表3）。

表3 2018年中国31个省级行政区域（港澳台除外）互联网经济发展综合指数排名

排名	省份	供给指数	需求指数	流通指数	支撑指数	互联网经济发展指数
1	广 东	24.05	29.90	10.00	4.66	68.61
2	北 京	26.10	28.63	1.70	10.00	66.43
3	上 海	15.24	23.30	2.69	5.46	46.69
4	浙 江	14.34	15.63	7.80	2.96	40.73
5	山 东	17.72	17.30	1.68	1.61	38.31
6	江 苏	12.87	10.26	3.38	2.24	28.75
7	四 川	15.40	9.69	1.12	2.27	28.48
8	福 建	10.58	8.95	1.63	3.35	24.51
9	安 徽	13.16	7.98	0.86	1.61	23.60
10	重 庆	13.85	7.43	0.35	1.24	22.87
11	河 北	12.59	6.90	1.34	2.01	22.84
12	西 藏	15.01	6.48	0.00	0.64	22.13
13	江 西	8.31	11.55	0.47	1.58	21.92
14	湖 北	9.72	9.04	1.04	1.61	21.41
15	陕 西	13.27	5.33	0.43	2.12	21.15
16	海 南	11.62	6.31	0.05	2.78	20.76
17	青 海	8.62	7.73	0.01	2.68	19.04
18	内蒙古	9.00	7.51	0.11	2.40	19.02
19	天 津	6.71	7.70	0.44	4.01	18.86
20	河 南	7.76	7.62	1.17	1.50	18.06
21	湖 南	8.34	6.69	0.60	2.01	17.64
22	黑龙江	4.47	9.74	0.23	2.34	16.78
23	贵 州	8.24	5.92	0.16	1.95	16.27
24	宁 夏	7.08	5.76	0.05	2.89	15.77
25	广 西	7.91	4.55	0.37	1.46	14.28
26	云 南	9.22	3.68	0.26	0.85	14.01
27	山 西	5.33	5.56	0.23	1.21	12.33
28	辽 宁	2.55	6.01	0.50	2.68	11.74
29	新 疆	2.83	6.64	0.08	1.77	11.32
30	甘 肃	7.48	2.33	0.06	1.05	10.91
31	吉 林	2.68	3.01	0.17	1.36	7.22
平均		10.71	9.52	1.26	2.46	23.95

（二）分指数分析

1. 互联网经济供给指数

供给指数测评结果显示，北京、广东、山东、四川、上海等省份供给指数排名靠前，说明这些省份形成了较好的经济供给能力。全国各省份互联网经济供给指数测评结果如表4所示。

表4　2018年中国31个省级行政区域（港澳台除外）互联网经济供给指数测评结果

排名	省份	供给－规模	供给－渗透	供给－潜力	互联网经济供给指数
1	北　京	14.14	10.00	1.97	26.10
2	广　东	20.00	2.45	1.60	24.05
3	山　东	11.74	2.74	3.23	17.72
4	四　川	6.01	5.59	3.80	15.40
5	上　海	9.88	3.93	1.43	15.24
6	西　藏	0.00	5.87	9.13	15.01
7	浙　江	9.47	3.95	0.92	14.34
8	重　庆	3.60	5.26	4.99	13.85
9	陕　西	3.15	5.64	4.48	13.27
10	安　徽	5.61	5.00	2.54	13.16
11	江　苏	10.17	2.10	0.60	12.87
12	河　北	5.07	1.81	5.71	12.59
13	海　南	0.52	8.41	2.69	11.62
14	福　建	4.84	3.93	1.81	10.58
15	湖　北	4.21	3.38	2.13	9.72
16	云　南	2.10	4.17	2.95	9.22
17	内蒙古	2.17	1.92	4.91	9.00
18	青　海	0.33	2.59	5.70	8.62
19	湖　南	3.66	3.07	1.61	8.34
20	江　西	2.55	1.96	3.81	8.31

续表

排名	省份	供给 - 规模	供给 - 渗透	供给 - 潜力	互联网经济供给指数
21	贵 州	1.90	3.98	2.37	8.24
22	广 西	1.80	3.08	3.03	7.91
23	河 南	4.56	1.15	2.06	7.76
24	甘 肃	1.23	1.77	4.48	7.48
25	宁 夏	0.36	2.81	3.91	7.08
26	天 津	2.39	1.82	2.50	6.71
27	山 西	1.32	1.21	2.80	5.33
28	黑龙江	0.71	0.12	3.64	4.47
29	新 疆	0.62	0.48	1.73	2.83
30	吉 林	0.77	0.00	1.90	2.68
31	辽 宁	1.65	0.14	0.76	2.55
平均		4.40	3.24	3.07	10.71

2018 年，共有 13 个省份的互联网经济供给指数超过全国平均值。其中，广东、北京、山东、江苏规模维度排名靠前，显示出以上省份形成了较强的互联网经济供给能力；北京、四川、重庆、陕西等省份渗透维度排名靠前，说明上述省份互联网经济对传统经济的影响较为深入，同时，海南、西藏等省份渗透维度排名也较为靠前，部分原因在于这些省份传统经济基数小，互联网经济在传统经济中占比较高，该结果也说明一些经济优势不大的省份可以通过互联网实现转型发展。在潜力维度，陕西、重庆表现较好，说明这些省份从互联网经济的供给端开始发力，取得了较好的成绩。

2. 互联网经济需求指数

从表 5 可以看出，广东、北京、上海的互联网经济需求指数优势明显。其中，广东、北京的规模维度优势明显，形成了较高的需求规模；上海渗透维度表现较好，说明其互联网经济在需求侧与传统经济融合较好。

表 5　2018 年中国 31 个省级行政区域（港澳台除外）互联网经济需求指数排名

排名	省份	需求 – 规模	需求 – 渗透	需求 – 潜力	互联网经济需求指数
1	广　东	20.00	6.36	3.54	29.90
2	北　京	16.64	8.83	3.16	28.63
3	上　海	11.69	10.00	1.61	23.30
4	山　东	11.05	0.74	5.51	17.30
5	浙　江	5.42	7.73	2.48	15.63
6	江　西	2.93	1.57	7.04	11.55
7	江　苏	4.74	3.46	2.06	10.26
8	黑龙江	0.77	0.12	8.85	9.74
9	四　川	3.43	1.39	4.86	9.69
10	湖　北	3.90	1.29	3.85	9.04
11	福　建	2.19	3.70	3.06	8.95
12	安　徽	2.65	1.76	3.57	7.98
13	青　海	0.29	0.14	7.30	7.73
14	天　津	2.07	2.62	3.00	7.70
15	河　南	3.56	0.60	3.46	7.62
16	内蒙古	2.25	0.00	5.26	7.51
17	重　庆	2.86	1.08	3.49	7.43
18	河　北	1.99	1.06	3.86	6.90
19	湖　南	2.06	0.79	3.84	6.69
20	新　疆	0.51	0.02	6.11	6.64
21	西　藏	0.00	0.33	6.15	6.48
22	海　南	0.40	2.40	3.50	6.31
23	辽　宁	2.10	0.45	3.45	6.01
24	贵　州	1.15	0.82	3.95	5.92
25	宁　夏	0.15	0.61	5.00	5.76
26	山　西	0.66	0.35	4.54	5.56
27	陕　西	0.90	0.90	3.53	5.33
28	广　西	0.70	0.58	3.27	4.55
29	云　南	0.76	0.62	2.30	3.68
30	吉　林	0.30	0.09	2.62	3.01
31	甘　肃	0.24	0.46	1.62	2.33
平均		3.50	1.96	4.06	9.52

3. 互联网经济流通指数

从表6可以看出，2018年互联网经济流通发展较好的省份包括广东、浙江、江苏、上海、北京、山东、福建、河北8个省份。这些省份的流通指数高于全国平均值，说明其在匹配供需方面已经形成了较好的模式。

表6　2018年中国31个省级行政区域（港澳台除外）互联网经济流通指数排名

排名	省份	互联网经济流通指数	排名	省份	互联网经济流通指数
1	广　东	10.00	17	陕　西	0.43
2	浙　江	7.80	18	广　西	0.37
3	江　苏	3.38	19	重　庆	0.35
4	上　海	2.69	20	云　南	0.26
5	北　京	1.70	21	山　西	0.23
6	山　东	1.68	22	黑龙江	0.23
7	福　建	1.63	23	吉　林	0.17
8	河　北	1.34	24	贵　州	0.16
9	河　南	1.17	25	内蒙古	0.11
10	四　川	1.12	26	新　疆	0.08
11	湖　北	1.04	27	甘　肃	0.06
12	安　徽	0.86	28	海　南	0.05
13	湖　南	0.60	29	宁　夏	0.05
14	辽　宁	0.50	30	青　海	0.01
15	江　西	0.47	31	西　藏	0.00
16	天　津	0.44	平均		1.26

4. 互联网经济支撑指数

从表7可以看出，支撑指数排名靠前的省份包括北京、上海、广东、天津、福建、浙江等，说明这些省份形成了互联网经济发展的优势基础资源环境。同时，除了以上省份外，宁夏、青海等在互联网经济其他方面发展并不突出的省份也具有较高的支撑指数。部分原因在于这些省份在信息传输、软件和信息技术服务业投资占全省固定资产投资比重高，部分体现出这些省份开始重视互联网经济的发展。

表 7　2018 年中国 31 个省级行政区域（港澳台除外）互联网经济支撑指数排名

排名	省份	人力	技术	资金	互联网经济支撑指数
1	北　京	4. 50	2. 00	3. 50	10. 00
2	上　海	2. 18	1. 94	1. 34	5. 46
3	广　东	0. 98	1. 63	2. 06	4. 66
4	天　津	0. 69	1. 50	1. 81	4. 01
5	福　建	0. 47	1. 50	1. 38	3. 35
6	浙　江	0. 79	1. 38	0. 80	2. 96
7	宁　夏	0. 15	0. 56	2. 17	2. 89
8	海　南	0. 61	0. 50	1. 67	2. 78
9	青　海	0. 31	0. 69	1. 68	2. 68
10	辽　宁	0. 91	1. 25	0. 51	2. 68
11	内蒙古	0. 41	0. 69	1. 30	2. 40
12	黑龙江	0. 64	0. 56	1. 13	2. 34
13	四　川	0. 95	0. 31	1. 01	2. 27
14	江　苏	0. 50	0. 94	0. 80	2. 24
15	陕　西	0. 77	0. 75	0. 60	2. 12
16	河　北	0. 29	0. 81	0. 90	2. 01
17	湖　南	0. 20	0. 44	1. 38	2. 01
18	贵　州	0. 20	0. 38	1. 37	1. 95
19	新　疆	0. 00	0. 75	1. 02	1. 77
20	湖　北	0. 57	0. 88	0. 16	1. 61
21	山　东	0. 41	0. 88	0. 33	1. 61
22	安　徽	0. 44	0. 44	0. 73	1. 61
23	江　西	0. 26	0. 50	0. 82	1. 58
24	河　南	0. 21	0. 75	0. 54	1. 50
25	广　西	0. 06	0. 44	0. 96	1. 46
26	吉　林	0. 61	0. 75	0. 00	1. 36
27	重　庆	0. 17	0. 75	0. 31	1. 24
28	山　西	0. 14	0. 88	0. 20	1. 21
29	甘　肃	0. 14	0. 19	0. 72	1. 05
30	云　南	0. 17	0. 00	0. 68	0. 85
31	西　藏	0. 32	0. 25	0. 07	0. 64
平均		0. 62	0. 81	1. 03	2. 46

（三）分区域分析

1. 东部地区

在我们考察的31个地区中，东部地区包括北京、天津、河北、辽宁、上海、江苏、浙江、福建、山东、广东和海南等11个省份。总体来看，东部地区的互联网经济发展水平在全国处于领先地位。互联网经济排名前十的省份中，前六名全部是东部省份。

（1）供给指数

2018年，东部地区互联网经济供给指数在全国范围内遥遥领先，是互联网经济发展的中坚力量。具体来说，2018年东部地区的供给指数均值为14.03，超过全国均值（10.71），是我国互联网经济的重要组成部分。在供给规模上，广东、北京、山东、江苏、上海、浙江名列前六位，均值为12.57，是全国均值（4.4）的三倍左右。然而，在潜力维度，东部省份的供给指数排名并不高，前十名中，只有河北一个东部省份。

（2）需求指数

需求指数方面，东部地区的优势依然明显。广东、北京、上海、山东、浙江名列前五，东部省份需求指数的平均值为14.63，远超过全国的均值（9.52）。在规模维度，东部的需求规模优势显著，广东、北京、山东、江苏、上海、浙江名列前六位，福建、辽宁、天津、河北等地表现不俗。在潜力维度，东部地区的需求增长态势不容乐观。前十名中只有山东一个东部省份，其余东部省份分布在排名榜的中后部。

（3）流通指数

流通指数方面，东部地区依然具备显著的优势。广东、浙江、江苏、上海、北京、山东、福建、河北名列前八位，前十位中仅有中西部两个省份（河南和四川）。其中，广东和浙江遥遥领先其他省份。总体来看，东部地区的流通指数平均值为2.84，为全国均值（1.26）的两倍以上。

（4）支撑指数

东部地区的互联网经济支撑环境依然颇具优势。北京、上海、广东、天津、福建、浙江占据全国前六位，说明东部地区支撑互联网经济发展的环境基础雄厚。具体而言，在人力资本支撑方面，北京、上海、广东、辽宁、浙江、天津等东部省份表现卓越；在技术支撑方面，北京、上海、广东、天津、福建、浙江、辽宁、江苏占据全国前八位；在资本支撑方面，北京、广东、天津、海南、福建、上海等地表现优秀。东部地区支撑指数均值 3.8，超过全国平均水平（2.46）。

2. 中部地区

中部地区包括安徽、江西、湖北、内蒙古、河南、湖南、黑龙江、广西、山西和吉林 10 个省份。从互联网经济总指数的分布来看，中部地区省份集中在中后端。值得注意的是，安徽省的互联网经济取得了长足进展，是中部地区中唯一总排名进入前十的省份（全国排名第 9）。江西、湖北等省份的互联网经济发展也与时俱进。中部地区互联网经济发展指数平均值为 17.23，低于全国平均水平（23.95），说明中部地区的互联网经济仍有较大的发展空间。

（1）供给指数

供给方面，中部地区发展在全国排名榜的中后部。安徽省作为中部地区互联网经济发展的优秀代表，显示出强大的供给能力，在全国排名第十。在规模维度，安徽、河南、湖北、湖南等省份的互联网经济供给规模十分可观；在渗透维度，安徽、湖北、广西、湖南的表现优秀；在潜力维度，内蒙古、江西、黑龙江、广西等地排名靠前，说明这些地市的互联网经济供给有很大的增长潜力，值得关注。

（2）需求指数

需求方面，中部地区的江西、黑龙江、湖北三省颇具优势，进入全国前十，分别排名第 6、第 8、第 10 位。湖北、安徽、河南、内蒙古等地的互联网经济需求也值得关注。中部地区的互联网经济需求指数平均值为 7.32，低于全国平均水平（9.52），说明互联网经济的需求侧，中部地区还有较大的发展空间。具体而言，在需求规模方面，湖北、河南、江西、安徽、内蒙古等地的互联网经济需求规模颇具影响；在渗透维度，安徽、江西、湖北、湖南等地互联网经济发展在需求侧的渗透水平较高；在潜力维度，中部地区表现十分优异。黑龙江的互联网经济需求潜力水平居全国第一，江西、内蒙古、山西、湖北、湖南、安徽等地的增长潜力也不容小觑。

（3）流通指数

互联网经济的流通发展水平方面，中部地区占据中间位置，河南、湖北、安徽、湖南、江西、广西等地的流通发展较为突出。中部地区流通指数均值0.53，低于全国平均水平（1.26），说明在全国范围内观察，中部地区的互联网经济流通仍有较大的上升空间。

（4）支撑指数

互联网经济发展的支撑环境方面，中部地区排名在全国的中后端。内蒙古、黑龙江、湖南、湖北等地的互联网经济发展支撑环境较为优秀。中部地区的互联网经济支撑指数平均值为1.71，低于全国平均水平（2.46），说明在支撑互联网经济发展的环境基础方面，中部地区还有待开发。具体而言，在人力资本支撑方面，内蒙古、黑龙江、湖南、湖北等地较为优秀；在技术支撑方面，湖北、山西、河南、吉林较为领先；在资本支撑方面，湖南、内蒙古、黑龙江较为优秀。

3. 西部地区

西部地区包括四川、重庆、西藏、陕西、青海、贵州、宁夏、云南、新疆和甘肃10个省份。西部地区的互联网经济发展水平总指数平均值为19，低于全国平均水平（23.95）。西部地区只有四川省排名进入全国前十（第七），得分28.48，超过全国平均水平。

（1）供给指数

供给指数方面，西部地区排名分布较为分散。一方面，四川、重庆、陕西等地互联网经济的供给水平十分优秀，进入全国前十（排名第4、第8、第9），另一方面，也有西部省份排名较为靠后。西部地区的互联网经济供给水平均值为10.10，与全国平均水平（10.71）基本持平。在西部省份中，四川、重庆、陕西等地的供给能力优秀，且高于全国平均水平。具体而言，在供给规模方面，四川、重庆、陕西等地发展水平较高；在渗透水平方面，陕西、四川、重庆、云南、贵州等地发展可观；在潜力维度，青海、重庆、陕西、甘肃、宁夏等地的供给侧增长颇具潜力。

（2）需求指数

互联网经济需求方面，西部地区还有较大的发展空间。四川省的需求水平较高，成为进入全国前十的唯一西部省份，高于全国平均水平（9.52）。西部省份总体的需求指数平均值为6.10，低于全国平均水平。在西部省份中，四川、重庆、贵州、陕西等地的需求规模较大；四川、重庆、陕西、贵州等地的渗透水平较高；青海、西藏、新疆等地的潜力指数排名靠前，占据全国的第2、第4、第5位，说明西部省份互联网经济需求的增长潜力十分可观。

（3）流通指数

互联网经济流通指数方面，西部地区发展的平均值为0.25，低于全国平均水平（1.26）。在西部省份中，四川、陕西、重庆、云南等地的互联网经济流通水平较高，在西部地区均值以上。

（4）支撑指数

从互联网经济发展的支撑水平来看，西部地区的分布较为分散，均值在1.74，低于全国的平均水平（2.46）。西部省份中，四川、陕西等省份的人力资本支撑较为优秀；陕西、重庆、新疆、青海等地的技术支撑较为领先；宁夏、青海、贵州、新疆、四川等地的资金支撑能力较高。

（四）小结

基于统计局、商务部、邮政局及互联网经济及基础研究等的公开数据，本报告综合测度了我国31个省份2018年在互联网经济供给、需求、流通及支撑环境方面的发展情况。在重视互联网经济总量规模的同时，本指数也强调互联网经济在经济社会发展中的作用。本报告创新性地采用变异系数法对各指标进行赋权，客观真实地反映各地区互联网经济发展的综合实力和发展态势。希望本报告能为各省份政府相关部门有效推进互联网经济的健康快速发展提供决策参考。

2018 年互联网经济发展指数结论如下。

1. 我国互联网经济发展日趋成熟

2018 年，我国互联网经济供给侧持续增长，需求侧逐渐释放活力，互联网经济对经济社会发展的渗透不断加强，支撑互联网经济发展的环境逐渐完善。

2. 省级梯队基本形成，竞争优势各异，后发省份突围存在困难

中国互联网经济发展已经形成了四个梯队，其中，广东、浙江、北京、上海、江苏五省份持续排名前五，互联网经济的领先优势已形成并日渐稳固，成为我国互联网经济发展的第一梯队；福建、四川、山东、安徽紧随其后，我国互联网经济发展的第二梯队也日渐稳定；而黑龙江、广西、甘肃等省份互联网经济发展仍存在较大发展空间，是我国互联网经济发展的第四梯队；其余省份组成了第三梯队，代表着我国互联网经济发展的中坚力量。所处，第一梯队和第二梯队的省份近年来持续保持领先，第三梯队与第四梯队的省份虽呈现出一定的名次变动与追逐态势，但仍无法形成与前两个梯队相似的规模水平或融合程度。在“梯队壁垒”日渐牢固的背景下，后发省份如何实现互联网经济“突围”成为一大难题。

3. 互联网经济发展整体呈现“东强西弱”态势，集群效应初现

从互联网经济的发展规模上看，东部省份明显强于西部省份。互联网经济规模较大的省份集中在东部沿海地区，如广东、浙江、江苏、上海、福建等地，而中西部地区的互联网经济规模明显小于上述区域。长江经济带入海口、长三角城市群之间的集群效应，带动了相应区域的联动发展。另外，中原经济区、京津冀等地区的集群效应不明显，互联网经济发展优势省份并未对周边区域产生明显的带动作用。因此，需要深入思考如何充分发挥领先省份的优势，带动周边省份发展，实现全国互联网经济更为均衡的发展。

4. 领先省份增速减缓，互联网经济发展亟须创新

互联网经济的潜力指数分布与综合指数呈现相反态势，宁夏、重庆、湖南等地的发展潜力可观，而领先省份的增长率日渐回落，2018 年，这种现象尤剧。对于互联网经济体量较大的省份，增长放缓的压力很大程度上来源于

其传统网购市场的饱和，提醒着其需要创新互联网经济发展模式，充分挖掘互联网经济潜力，凭借其优势资源，全面发挥互联网经济的积极作用。

5. 互联网经济与传统经济融合加深，但针对性、多元化有限

近年来，互联网经济渗透指数排名变化较大，说明各省份在积极探索互联网经济与传统经济的融合模式方面取得了一定成绩，总体上呈现你追我赶的态势。但目前来看，互联网经济与传统经济的融合多元化程度仍然非常有限，大部分省份的互联网经济应用均涉及了制造业转型、跨境互联网经济、农村电子商务、电商扶贫等内容，但这些内容是否充分结合了本省的经济发展特征值得商榷。同时，融合中较少涉及人工智能、大数据、云计算等新兴技术在融合中的应用场景，也缺乏对互联网金融、新零售、共享经济等新业态对互联网经济自身发展、对经济影响的思考。渗透水平成为互联网经济发展的核心竞争力。在本指标体系中，渗透指数显现出两大趋势：第一，在渗透指数均年度上扬的背景下，各国渗透指数的差距逐渐拉大；第二，渗透指数排名与综合指数排名高度相关。因此，能否实现互联网经济对本国实体经济的有效融合与互动发展，是未来互联网经济发展的核心竞争力所在。随着互联网更深入地渗透各个行业，企业拥抱互联网技术的程度越高，国民经济运行将会愈发高效，并最终转化为生产效率的提升。尽管在这一过程中，某些从业者的现有岗位可能将被取代，但随着互联网为创新的产品和服务创造新的市场，互联网经济对新技能劳动力的需求将不断增加。

6. 基础设施环境重要性凸显，强化任务艰巨

测评结果显示，良好的基础设施环境是互联网经济规模优势形成及其与传统经济深度融合的重要前提。然而，支撑指数的排名较为稳定，排名靠后的省份长期以来因互联网经济基础设施不完善，难以形成互联网经济的增长点，追赶乏力，说明各省份完善基础设施建设是一项重要而艰巨的任务，不仅需要提高对基础设施重要性的认识，也要尽快建立起与互联网经济发展相关的物流、人才、技术协同体系。

我国互联网经济的繁荣，得益于需求侧、供给侧、人才侧和政策环境的四重优势。第一，我国消费市场大，统一大市场的形成，为互联网经济的发

展奠定了良好基础；第二，我国全产业链工业体系和门类齐全的制造业为互联网经济提供了供给侧的坚实保障；第三，我国大量的工程技术人才和教育体系也为互联网经济提供了创新和发展的持续动力；第四，作为一种新兴商务模式或经济形态，政府的包容态度与积极引导降低了互联网经济发展过程中的体制性摩擦成本，促进了互联网经济的快速发展。

然而，我国互联网经济的发展，面临着梯队固化、发展不均、增速趋缓、模式单一、基建不足的问题。总体上看，这说明互联网经济的商业模式需要创新，从消费端、流通端向生产端渗透，大力发展产业互联网与数字经济，强调互联网经济与传统产业的融合和优化，实现从电子商务至“互联网+”再到互联网经济发展的过程。具体来说，需要从以下几方面进行改进：第一，各省份需要根据自身特点，寻找适合自己的互联网经济发展路径，实现互联网经济跨越式发展；第二，充分发挥互联网经济领先省份对周边地区的带动作用，实现互联网经济均衡发展；第三，创新互联网经济发展模式，发现互联网经济新增长点，实现互联网经济创新发展；第四，探索互联网经济与传统经济融合新模式，实现互联网经济多元化发展；第五，优化各省份互联网经济相关基础设施，保障互联网经济稳定健康发展。

最后，在未来的互联网经济发展中，需要强调商业生态与政府治理的有机结合。纵观互联网经济发展史，模式创新和技术创新层出不穷，在涌现出许多成功案例的同时，也出现过很多昙花一现的失败案例。而互联网经济生态系统的完善和政府相关治理能力的提升，既有助于互联网经济中各主体形成耦合式的协同发展路径，也有助于从整个产业的角度把握互联网经济的发展方向，减少因创新不确定性带来的风险，保障互联网经济持续快速发展。

三 2018年中国互联网经济发展存在的问题

（一）互联网经济相关行业需要进一步提升技术创新能力

近十年来，我国互联网经济所取得的高速发展更多依赖于商业模式方面的创新，而技术创新，特别是能够被市场认可的技术创新尚须进一步加强。例如，作为我国互联网经济最成功的三家企业——百度、阿里巴巴和腾讯，作为搜索引擎、网络零售和网络社交三个行业代表便是互联网经济中三种非常典型的商业模式。

进入 2018 年以来，我国互联网经济的发展回归到一个相对理性的时期。与此同时，很多互联网企业遭遇到前所未有的瓶颈期，通过商业模式创新来推动互联网经济发展的方式似乎已经触及了市场的"天花板"[①]。走出这一困境的关键就是要转换创新方式：从注重商业模式创新转变为技术创新能力的提升。尤其需要强调的是，技术创新方向要符合市场的需求，特别是要符合国内市场的需求。这对于我国互联网经济下一阶段的发展重点——产业互联网的建设尤为重要。

（二）共享经济商业模式发展遭受冲击

近年来，我国共享经济的发展势头非常迅猛，并且取得了相当不错的成绩。然而，以共享单车为代表的共享经济相关行业却在近期遭遇了前所未有的发展困境。曾经占据共享单车市场半壁江山的 ofo 小黄车，在进入 2018 年之后便出现运营资金不足的问题，并且情况不断恶化。2018 年 9 月，ofo 因拖欠自行车生产商货款被起诉；2018 年 10 月，ofo 因退押金困难引发公众的不满；2019 年 1 月，ofo 海外事业部解散。目前，ofo 在很多城市基本陷入停运状态。另外，共享单车行业的另一个巨头——摩拜单车（Mobike）在被美团收购之后，经历了管理层的重大变革：2018 年 12 月，创始人胡玮炜辞去 CEO 的职位。

在经历了近一年的阵痛期之后，共享单车行业的运营模式发生了根本性的变化：一是不再硬性要求用户提交押金，而允许用户在达到一定的信用水平后直接获得骑行权利；二是骑行费用明显上升；三是单车质量以及服务质

① 张彧通、王芳：《从技术创新入手让互联网经济升级成真正的数字经济》，《第一财经日报》2019 年 6 月 25 日。

量均有所提升。这些变化实际上反映出共享经济商业模式初期急剧扩张背后的严重问题：资本逐利、盲目扩张，却一直没找到稳定的盈利点；市场的过度竞争也促使共享经济个别行业进入深度调整期并逐步走向规范化阶段。

（三）互联网平台型企业的政府与平台协同监管边界亟待明确

互联网平台型企业的一个显著特征是单个厂商便可以汇集数量巨大的消费者。例如，截至2017年，国内最大的网约车平台——滴滴出行的注册用户数量达到4.5亿[①]；截至2018年9月，国内最大的社交平台——微信的月活跃用户达到10.82亿[②]；截至2018年8月，国内最大的网购平台——淘宝的年度活跃消费者达到5.76亿[③]；截至2017年底，国内最大的外卖平台——美团外卖的用户数达到2.5亿[④]。通过汇聚大量用户，互联网平台型企业可以最大限度地利用网络外部性，获得市场交易层面的规模效应，从而有效实现交易效率的提升[⑤]。

但是，如此大量的用户汇聚在同一个平台也会凸显很多社会层面的问题。例如，滴滴出行的快车与顺风车平台接连爆出的乘客安全事件；微信、微博、QQ等社交平台以及阿里巴巴、京东等网购平台，错误授权第三方插件导致数十亿条个人信息泄露[⑥]；美团外卖平台被曝光在一年多的时间里被相关监管部门处罚64次，处罚金额达650余万元[⑦]。

这些事件的出现一方面说明互联网企业仍有很大的空间提升自身治理的

① 该数字引自2017年11月15日人民网的报道，详见 http://it.people.com.cn/n1/2017/1115/c1009-29648503.html。

② 该数字引自2019年1月9日，微信官方公布的《2018微信数据报告》。

③ 该数字引自2018年8月23日，阿里巴巴集团公布的季度财务报告。

④ 该数字引自2018年1月18日，美团高级副总裁王莆在外卖产业大会的讲话。

⑤ 这方面的经典文献可参见Armstrong（2006）、Rochet和Tirole（2003）以及Rochet和Tirole（2006）。

⑥ 具体可参见澎湃新闻2018年8月20日的报道《新三板挂牌公司涉嫌窃取30亿条个人信息，非法牟利超千万元》。

⑦ 具体可参见北京市食品药品安全法治研究会、北京阳光消费大数据研究院、消费者网等机构于2019年6月19日发布的《网络餐饮消费维权舆情数据报告（2018~2019）》。

水平，加大治理力度；但另一方面也应该看到这些事件背后社会层面的问题。互联网企业应该承担自己需要承担的审查、监督等责任，但也不应该过度背负社会问题之重；尤其需要政府相关监管部门等公权力的介入，才能有效解决这些问题，维护互联网行业的健康发展。

（四）大型互联网企业自我封闭、相互封杀现象愈发普遍

互联网企业之间自我封闭、相互封杀的现象由来已久。早在2010年，腾讯和奇虎360之间便爆发了所谓“3Q大战”：360的扣扣保镖软件屏蔽了QQ的弹出广告等衍生功能；腾讯则做出强烈回应，要求用户在QQ与360软件中“二选一”。这一事件受到社会各界的广泛关注，并引发了深入的讨论。之后在2013年，腾讯的微信与阿里的淘宝之间相互屏蔽链接；2015年初，腾讯的微信支付与阿里的支付宝分别在各自阵营内将对手的支付系统进行全面封杀。再到最近腾讯与字节跳动之间爆发的“头腾大战”：2018年6月，腾讯指责字节跳动科技有限公司旗下的“今日头条”“抖音”等产品涉嫌不正当竞争，对腾讯声誉造成严重影响，向法院正式提起诉讼；字节跳动也迅速予以强烈回应，同样“对腾讯的不正当竞争行为提出诉讼”。另外，2019年初，网上爆出作为通用搜索引擎的百度，其搜索结果充斥着大量百度自媒体平台——“百家号”的内容，并且“数量很大，质量堪忧”，并认为百度已经开始走向自我封闭①。

对于大型互联网企业的这种排他性行为，应该将之视为正常的市场竞争，还是需要相关监管部门的介入？目前这方面的研究还处于起步阶段，尚未得到令人信服的结论。但有两点需要明确：第一，互联网企业自身开放程度以及彼此间互联互通的程度越高，对于消费者而言一定是更加便利的；第二，政府不应利用行政手段强制要求互联网企业开放与互通，而应通过完善相关法律法规，基于合同自愿原则促使互联网企业达成互联互通的权责与利

① 具体可参考自媒体人方可成在其微信公众号“新闻实验室”发布的题为《搜索引擎百度已死》的文章。

益分配，更多地依靠市场的力量才能更好地解决这一问题，从而实现互利共赢，促进行业间的良性竞争与健康发展。

四　中国互联网经济的发展趋势

（一）网络零售市场将实现进一步的整合重组

近半年来，作为我国互联网经济重要组成部分的网络零售市场新闻不断。先是拼多多上市后迅速崛起，对淘宝、苏宁易购等在位企业造成巨大的冲击；再到亚马逊宣布调整在中国的业务，停止为第三方卖家提供服务，并大幅缩减自营业务，仅保留跨境网购、Kindle 电子书等业务；再后来是苏宁易购宣布收购家乐福中国 80% 的股份。这些事件说明国内网络零售市场正在经历新一轮的整合重组阶段，国内电商企业的优势地位进一步显现。

据此，我国网络零售市场未来的发展方向可以总结为以下三点。

首先，网络零售的线上线下渠道将进一步打通。作为网络零售市场直营模式的代表——京东，早在 2016 年便不断推进销售渠道下沉，打造自营线下门店，截至 2018 年底，集中在一、二线城市的京东之家与聚焦三、四线城市的京东专卖店在全国范围内的开店数量突破 2000 家①。另外，上文提到的苏宁易购收购家乐福中国，其意图也正在于此：通过改造家乐福线下门店，实现与苏宁易购线上商城的数字化无缝对接。

其次，网络零售市场将同其他互联网经济业态实现进一步的融合发展。这些业态包括以微信为代表的互联网社交平台，以今日头条、抖音为代表的互联网内容电商平台。例如，京东在 2019 年 5 月同腾讯续签了为期三年的战略合作协议，腾讯将继续在微信平台上为京东提供接口，在社交媒体服务、广告采买和会员服务等一系列领域展开深度合作。再如，内容电商的代

① 该数据来自京东集团发布的 2018 年第四季度以及全年财报。

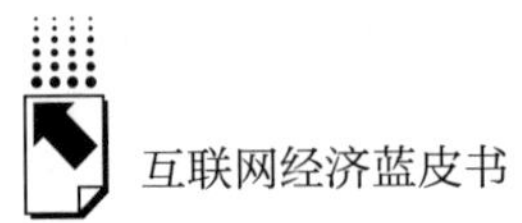

表抖音与网络零售业的执牛耳者阿里展开合作，在2018年底正式引入购物车功能，可以从小视频页面直接调转至淘宝页面，实现了从内容电商到零售电商的“引流”。

最后，市场细分化程度进一步提升，市场竞争更加充分。如上文提到的拼多多，将目标市场定位在三线及以下城市，并且通过社交分享、低价诱导等营销方式，有效占领了低线城市的市场空间①。

（二）互联网企业跨界竞争愈发频繁、激烈

最近一年来，互联网平台型企业经常从其所在市场跨界进入其他看似非常不相关的市场，并与该市场的在位企业进行竞争。例如，占据网上外卖市场最大份额的美团在2018年初正式进入网约车市场，并在2018年4月进入上海、成都、厦门等七座城市；而作为网约车市场的龙头老大滴滴出行强势进入网上外卖市场，在2018年3月进入南京、成都、厦门等九座城市。

美团与滴滴之间在网上外卖与网约车两个市场所展开的激烈的跨界竞争看似奇怪，但其中的道理却十分深刻。从资金与技术层面上讲，相较于传统经济中的制造业与服务业，互联网经济的产业特征是进入门槛低。但互联网企业在发展的初始阶段却迫切需要外部资金的支持，原因就在于需要利用这些资金通过低价、补贴等方式吸引足够量的用户，充分发挥平台经济中普遍存在的网络效应。因此，互联网产业最大的门槛实际上就是用户基础，也就是通常说的“流量”。一旦达到足够数量的用户规模，互联网平台型企业自然要充分发挥这一优势，在现实经济中的表现就是跨界竞争。特别是对于同“衣、食、住、行”相关的领域，消费者往往具有“重叠性需求”，互联网企业在这些领域开展的跨界竞争也就更为普遍。不难想象，随着互联网各个行业的优势企业逐渐发展成熟，未来互联网经济中的跨界竞争将变得愈发频繁、激烈。

① 关于拼多多更为详细的分析可参见恒大研究院发布的行业研究报告《拼多多：新一代电商模式代表，逆势崛起撼动行业格局》。

（三）产业互联网有望成为未来新的风口

2018 年 11 月，在乌镇举行的世界互联网大会上，数家大型互联网企业均指出中国互联网经济的上半场是消费互联网，而下半场则属于尚处在萌芽期的产业互联网。产业互联网的本质是出在生产链不同企业之间基于互联网实现数字化协同生产，从而大大降低整个供应链的运行成本，提高生产链上下游企业之间信息传递的效率与精度。

在互联网经济中，厂商内部的生产方式以及厂商之间的协作方式由线下的物理空间逐步迁移到线上的网络空间，从而产生出一系列新生产方式：如产品设计与生产的定制化；企业更为关注产品物理属性之外的服务属性；企业之间的协作通过以大数据、云计算、人工智能为代表的新一代信息技术所实现的智能化；等等。这些在企业生产与协作的新模式都将融入产业互联网的范畴之中。在生产要素层面，数据则能够通过互联网为企业带来最大增加值的生产要素；在技术层面，由于存在网络效应，产业互联网中的企业将表现出强烈的规模经济递增规律，并且能够通过互联网等同消费者进行深入互动，实现价值共创；在协作层面，产业互联网中上下游企业可以通过建立基于互联网的虚拟企业，实现数字化管理、数字化制造与数字化营销。从连接的节点与应用程序需求数量上看，产业互联网将高于消费互联网 10 倍以上[①]，因此，产业互联网很可能成为中国互联网经济未来新的风口。

（四）跨境电商持续成为外贸领域的发展热点[②]

随着“一带一路”合作倡议逐步实施并成为相关国家合作共赢、共同发展的重要平台，商务部进一步提出“丝路电商”的国家间经贸合作新渠道。截至 2018 年底，中国已与越南、巴西、俄罗斯等 17 个国家建立了电子商务合作机制。与爱沙尼亚、巴西、柬埔寨等国召开电子商务工作组会、圆

① 陈永伟：《促进产业互联网快速发展》，《经济日报》2018 年 12 月 11 日。
② 商务部：《中国电子商务报告 2018》，中国商务出版社，2019，第 12 ~ 13 页。

桌会，开展政策协调、项目对接和能力建设。完成了中国—格鲁吉亚、中国—新加坡等自贸协定的电子商务谈判，推进区域全面经济伙伴关系（RCEP）、中日韩、中国－新西兰等十余个自贸协定电子商务谈判，通过自贸区平台构建互利共赢的电子商务国际规则体系。在多边和区域机制框架下，倡导促成“金砖国家电子商务包容性合作倡议”“中东欧16＋1电子商务发展倡议”等合作文件签署。

另外，在“数字丝绸之路”的建设方面，通过促进通信、基础设施、电子商务、智慧城市等数字经济领域的国际合作，截至2018年12月，中国与捷克、古巴、哈萨克斯坦等16个国家签署了“数字丝绸之路”建设合作谅解备忘录，与阿联酋等7个国家共同发起了《“一带一路”数字经济国际合作倡议》等多边机制。

五　促进互联网经济发展的政策建议

（一）更加注重鼓励和保护互联网相关行业的技术创新

2018年中美贸易摩擦再次说明了技术创新的重要性：只有掌握了相关领域的核心技术，才能在这一领域获得持续的竞争优势。对于我国互联网行业普遍存在的重商业模式创新、轻核心技术创新的问题[①]，应该引起相关决策部门足够的重视。首先，在互联网经济相关产业的创新引导方面，政府应针对基础性、通用性的核心技术加以支持。其次，对于应用性的技术创新，则应更多地鼓励诸如私募、创投等社会上的闲散资金进入相关领域，依靠市场力量选择应用型技术创新的方向，使从中衍生出的相关产品与服务更加符合市场的客观需求，减少互联网经济相关产业在发展初期容易出现的非理性、泡沫式扩张。

① 王胜伟、蒋岩波：《互联网市场创新发展及其规制问题研究》，《山东社会科学》2019年第6期。

（二）进一步促进互联网经济相关产业的理性发展

近年来，在我国经济发展方式从重速度向重质量过渡的大背景下，社会资本的投机性趋向表现得更为明显，注重短期套利而非长期盈利。这对于一个产业、一种商业模式健康、理性的成长是非常不利的。以共享单车行业为代表的共享经济商业模式在最近一段时期所遭遇的重大挫折，在很大程度上源自社会资本在该行业发展初期的盲目跟进，以及在发展瓶颈期的快速退出。因此，政府相关部门在完善相关行业管理条例的同时，也应该加强审慎性监管，特别是对于那些在资本助推下产生出的互联网企业盲目扩张，要探索事先预警防控、事中常态监管与事后有序退出的监管机制，以避免由此导致的过度竞争与资源浪费。

（三）积极帮助互联网平台型企业完善自身治理机制

对于互联网平台型企业出现的诸多问题，政府相关部门应更为积极主动地同互联网平台型企业进行沟通，帮助其完善自身治理机制：企业层面的问题交给企业自己去解决；对于社会层面的问题，政府则应该主动承担更多的监管职能。例如，对于网约车行业的安全问题，包括公安、交通在内的执法部门可以同该行业代表性企业进行协商、对接相关数据，特别是共享网约车从业者的车辆与人员信息。一旦出现乘客的人身安全问题，可以实现多主体联动，及时将危害降到最低。再如，网络社交平台的个人信息保护问题，政府相关监管部门可以同该行业代表性企业进行深入交流，制定相关法律法规以明确企业在保护私人信息方面所需承担的义务与责任①。通过清晰界定政府与企业之间的权责，可以减轻互联网平台型企业所需承担社会责任的压力，有助于这些行业的健康发展。

---

① 2019年3月30日，全球最大的社交平台“脸书”（Facebook）的创始人兼首席执行官扎克伯格在《华盛顿邮报》上发表的一封公开信中也有类似的表述。

（四）制定互联网经济中跨行业竞争与合作的法律法规

由于互联网经济中不同行业企业之间的跨界竞争、相互合作越来越普遍，这方面的法律法规亟待完善，以更好地促进企业间的合作共赢，实现互联网经济跨行业竞争的有效性。正如上文所指出的，大型互联网企业间的排他性行为背后的动因，实际上是掌握用户基础等核心资源的企业，防止其他与之存在竞争关系企业“搭便车”。究其本质，是新兴行业在制度方面不完善所导致的“市场缺失”问题。因此，完善相关的法律法规，能够使互联网企业自我封闭、相互封杀的行为减少，从而更多地选择彼此间相互合作，以实现相关产业的充分竞争与效率提升，促进互联网经济各行业之间的协调有序发展。

附录一　2017年我国互联网经济发展指数

附表1　2017年中国互联网经济发展指数排名

排名	省份	互联网供给	互联网需求	互联网流通	互联网支撑	互联网发展指数
1	广　东	32.656	35.609	10.000	3.723	81.988
2	北　京	24.071	27.303	2.548	10.000	63.922
3	上　海	18.759	34.335	3.386	5.970	62.450
4	浙　江	19.848	18.207	7.802	2.357	48.215
5	山　东	20.813	20.448	1.563	0.930	43.754
6	江　苏	18.016	12.562	3.693	2.460	36.732
7	四　川	11.475	7.285	1.036	1.954	21.750
8	福　建	9.939	7.420	1.673	2.680	21.711
9	安　徽	11.164	7.874	0.889	1.583	21.510
10	河　南	7.929	9.690	1.085	0.375	19.079
11	湖　北	9.824	7.135	1.000	0.959	18.918
12	重　庆	8.484	8.146	0.361	0.651	17.641
13	河　北	6.267	7.831	1.170	1.152	16.420
14	天　津	4.918	7.973	0.525	2.655	16.071
15	湖　南	8.379	5.590	0.625	1.312	15.906

续表

排名	省份	互联网供给	互联网需求	互联网流通	互联网支撑	互联网发展指数
16	陕 西	7.749	5.088	0.472	2.259	15.567
17	西 藏	9.323	4.524	0.000	1.031	14.878
18	贵 州	7.721	5.961	0.137	0.293	14.112
19	海 南	6.620	2.908	0.054	3.706	13.288
20	青 海	7.050	1.414	0.004	3.476	11.944
21	云 南	7.528	2.519	0.218	1.666	11.931
22	江 西	3.689	6.410	0.490	0.947	11.537
23	辽 宁	3.408	5.042	0.510	2.426	11.387
24	广 西	5.832	3.366	0.288	1.466	10.952
25	内蒙古	4.459	4.812	0.101	1.469	10.840
26	宁 夏	3.807	3.107	0.033	2.529	9.476
27	山 西	4.542	2.716	0.234	1.048	8.540
28	吉 林	2.316	2.719	0.172	2.931	8.137
29	甘 肃	4.338	2.241	0.070	1.111	7.759
30	黑龙江	2.772	1.167	0.274	3.490	7.704
31	新 疆	1.628	0.523	0.103	1.824	4.078

附录二 我国互联网经济发展指数的指标体系构建

（一）指数构成

我们以供给和需求反映经济发展的基本层面，在具体指标设计上，需要考察互联网经济在每个层面的发展潜力、对传统经济的渗透等作用。基于此，对互联网经济的评价分别在供给侧、需求侧以指数的形式作为结果输出，这样做的目的相较于直接通过数据进行统计，结果更具有实际意义，从以下三个方面形成指数形式的输出：①规模：通过交易额等数据直观反映互联网经济的发展现状；②渗透：通过占比反映互联网经济对传统经济的渗透情况；③潜力：通过增长率反映互联网经济的发展潜力。之后，按照一定的规则将这三方面的数据集成互联网需求指数与互联网供给指数。除供给、需求维度外，还需考虑连接供给与需求的流通维度及支撑互联网经济发展的支撑维度，因此，在最终结果中，加入了流通指数与支撑指数。设计思路如附图1所示。

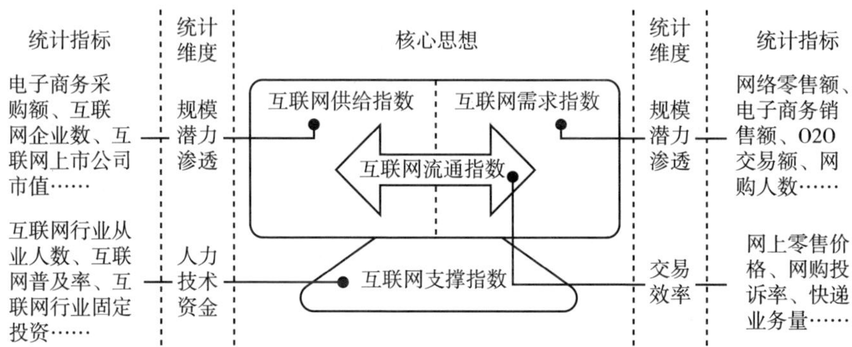

附图1　互联网经济发展指数构建思路

互联网供给指数：反映互联网经济供给侧的水平，旨在描述互联网经济供给在规模、潜力、渗透方面的发展水平，具体由互联网企业数、互联网上市公司市值、电子商务采购额等指标刻画。

互联网需求指数：反映互联网经济需求侧的水平，旨在描述互联网经济需求在规模、潜力、渗透方面的发展水平，具体由网络零售额、电子商务销售额、O2O交易额、网购人数等指标刻画。

互联网流通指数：反映互联网经济在流通侧的发展水平，旨在描述互联网经济的交易效率，具体由网上零售价格、网购投诉率、快递业务量等指标刻画。

互联网支撑指数：反映与互联网经济发展相关的支撑环境，旨在描述互联网经济在人力、技术、资金等方面的发展水平，具体由互联网行业从业人数、互联网普及率、互联网行业固定投资等指标刻画。

我们认为，本互联网经济指标体系的各指标之间各有侧重，相互分工，相互配合，并有较强的系统性和针对性，能够综合反映和跟踪不同侧面、不同过程和不同领域的互联网经济活动，以较好地满足与互联网经济相关的宏观调控系统分析和推测互联网经济运行走势、制定互联网经济政策和调控措施的需要。

（二）指标体系构建

互联网经济发展指数的指标体系由四个一级指标、13 个二级指标构成（见附表 2），分别从供给、需求、流通、支撑四个方面综合考量我国的互联网经济发展水平。具体而言，供给指数从互联网经济供给侧的规模、渗透、发展潜力角度衡量我国的互联网经济发展程度；需求指数则从我国互联网经济需求侧的规模、渗透、发展潜力视角考量我国互联网经济的需求水平；流通指数旨在评价我国互联网经济的交易效率，主要从快递业务量等指标进行反映；最后，支撑指数旨在刻画我国互联网经济的发展环境，从人力、技术、资金等方面进行考量。

附表 2　互联网经济指数的指标体系构建

统计维度	统计重点	指标（权重）
互联网供给指数（40 分）	规模（20 分）	电子商务采购额
		电子商务企业数
	渗透（10 分）	电子商务企业数占企业总数比重
	潜力（10 分）	电子商务采购额年增长率
		电子商务企业数年增长率
互联网需求指数（40 分）	规模（20 分）	电子商务销售额
	渗透（10 分）	网络零售额占社会消费品零售额比重
	潜力（10 分）	电子商务销售额增长率
		网上零售额增长率
互联网流通指数（10 分）	交易效率（10 分）	快递业务量
互联网支撑指数（10 分）	人力	信息传输、软件和信息技术服务业就业人数占全部就业人数比重
	技术	互联网普及率
	资金	信息传输、软件和信息技术服务业固定资产投资额占固定资产投资总额比重

（三）指标体系的计算方法

中国互联网经济发展指数的主要数据来自国家及各省统计局、商务部、邮政局、中国互联网络信息中心（China Internet Network Information Center, CNNIC）等数据源。通过一定的权重（w_i, i =1，2，3，4）将各指标合成四类指数，再将四类指数通过相同的方法合成互联网经济发展指数，计算公式如下：

$$\text{互联网发展指数} = w_1 \times \text{互联网供给指数} + w_2 \times \text{互联网需求指数} + w_3 \times \text{互联网流通指数} + w_4 \times \text{互联网支撑指数}$$

权重的确定方法采用主客观结合的方法，其中，客观方法为变异系数法（Coefficient of Variation），认为数值差距较大的指标对最终指数输出影响最大。这种方法适合对数据层面指标赋权。具体思路为：假设有 n 个指标，这 n 个指标的变异系数为：

$$V_i = S_i \sqrt{\bar{x}} \tag{1}$$

S_i 代表第 i 个指标的标准差，$\bar{x}$ 代表样本的均值，则各指标的权重为：

$$\omega_i = V_i / \sum_1^n V_i \tag{2}$$

权重的主观确定主要是依据测评目的下各指标的重要程度。报告建立评价指数目的在于考察互联网经济的发展水平，本质上是对经济活动的考察，因此，对于直接反映经济活动的供给与需求指数赋予较高的权重，各占评价总分的 40 分。此外，对于流通效率与支持水平或发展环境的考察属于经济活动的衍生层面，赋予较低的权重，各占评价总分的 10 分。对于二级指标的权重也遵循这样的思路。

参考文献

Armstrong, M.,“Competition in Two-Sided Markets,” *RAND Journal of Economics* 37:

3（2006）：668－691.

Rochet，J. C. and J. Tirole，"Platform Competition in Two-Sided Markets，" *Journal of the European Economic Association* 1：4（2003）：990－1029.

Rochet，J. C. and J. Tirole，"Two-Sided Markets：A Progress Report，" *RAND Journal of Economics* 37：3（2006）：645－667.

中国互联网络信息中心（CNNIC）：第43次《中国互联网络发展统计报告》，2019。

商务部：《中国电子商务报告2018》，中国商务出版社，2019。

张彧通、王芳：《从技术创新入手让互联网经济升级成真正的数字经济》，《第一财经日报》2019年6月25日。

王胜伟、蒋岩波：《互联网市场创新发展及其规制问题研究》，《山东社会科学》2019年第6期。

陈永伟：《促进产业互联网快速发展》，《经济日报》2018年12月11日。

理　论　篇

Theory Reports

B.2

互联网经济研究的基础理论框架

中央财经大学互联网经济研究团队*

摘　要： 本报告梳理了人类社会的技术变革、经济形态演进与经济理论发展，归纳互联网经济的相关概念与主要特征，指出互联网经济的本质是以互联网以电子商务为核心的新型市场交易模式。在此基础上，本报告提出了互联网经济研究的三个层面——微观主体层面、产业市场层面与宏观增长层面；以及五个维度——消费者维度、厂商维度、市场维度、产业维度、测度与增长维度，从而形成互联网经济的基础理论框架。

* 课题组成员包括孙宝文、李涛、史宇鹏、严成樑、刘航、伏霖、赵宣凯、荆文君、金星晔、田子方。报告由李涛和刘航撰写。李涛，博士，中央财经大学经济学院教授，主要研究方向为数字经济；刘航，博士，中央财经大学中国互联网经济研究院副研究员，研究方向为博弈论及应用、产业组织理论、金融经济学。

关键词： 互联网经济　经济理论　技术变革　理论框架

一　导言

从经济史和经济思想史的角度来看，历史上每一次技术的出现，都会带来经济形态的转变；而在经济转变过程中所产生的“新现象”则会对既有的主流经济学理论形成冲击。随着新技术的进一步发展和经济形态的持续变迁，这些零星的“新现象”逐渐汇聚成系统性的“新现象”，从而形成新的典型性事实（Stylized Facts）。为了更好地解释新经济形态下的典型性事实，新的经济理论便会逐步成形，最终形成系统的理论框架。

如图1所示，在农耕社会，人类活动以农业生产为主导，以家庭为基本生产单位，生产力相对低下，因此用于市场交易的商品种类与数量也相对较少，与之相对应的以重农主义和重商主义为代表的古典经济学便集中反映这些经济层面的特征。从英国发起的第一次产业革命，产生了以“蒸汽机”为代表的关键技术，这些技术催生了现代企业的诞生，人类社会开始了真正意义上的经济增长，经济形态也随之进入社会化大生产时代。生产力的迅速提升所带来的商品数量的增长以及随之产生的经济危机都是历史上前所未见的“新现象”，这为经济学理论带来了“边际革命”、“张伯伦革命”和“凯恩斯革命”等一系列的变革，在此基础上诞生了新古典经济学。以“电气技术”和“内燃机”为代表的第二次产业革命中涌现出了一大批以原材料、机械加工、装备制造为主导的新兴产业，产业结构开始逐渐向重化工方向发展，资本和技术创新也逐渐成为新经济形态的关键要素。新经济形态下，人们更加关注不完全竞争、经济周期与波动、技术创新、经济增长等新问题，为更好地解释这些系统性的“新现象”，垄断竞争理论（罗宾逊夫人等[①]）、宏观经济理论（凯

① 罗宾逊：《不完全竞争经济学》，华夏出版社，2013。

恩斯[1]）、创新经济理论（熊彼特等[2]）应运而生。以“自动化”、“计算机”和“空间技术”为代表的第三次产业革命，使工业从机械化大生产时代跃进自动化大生产时代和全球化时代，在进一步解放了劳动力的同时，更强调了知识和技术在经济发展中的重要作用。这些新经济形态中的系统性“新现象”，催生了行为经济学、网络经济学、产业组织理论、增长理论、贸易理论等。这是经济发展和经济理论发展变迁的内在规律，更是我们进一步掌握新经济形态的经济运行规律、指导未来的经济实践的必经之路。

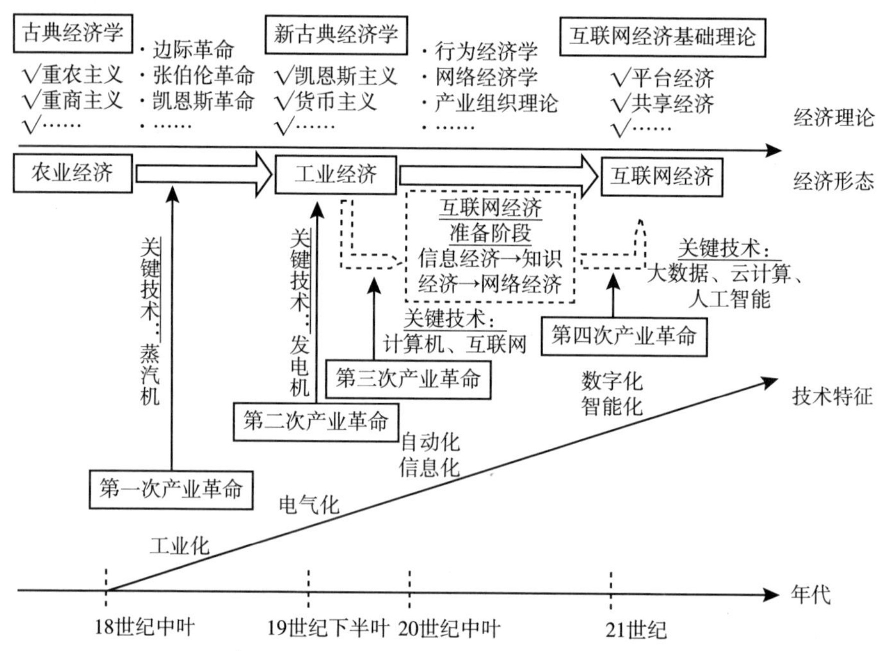

图1　技术变革、经济形态演进与经济理论发展

近年来，我国互联网经济持续快速发展，与经济社会各领域融合的广度和深度不断拓展，不仅在激发消费：拉动投资、创造就业等方面发挥重要作用，也在催生、聚合各类创新要素，为传统经济注入新动能，成为国民经济

① 凯恩斯：《就业、利息和货币通论》，商务印书馆，1983。

② 熊彼特：《经济发展理论》，商务印书馆，1990。

发展的重要驱动力。基于此，对互联网经济进行深入研究的必要性与重要意义集中体现在以下六个方面。

第一，互联网经济已经成为经济发展提质增效、产业转型升级的新动能与新途径。我国互联网经济发展势头十分强劲，这一方面体现在互联网经济总体规模的快速增长，另一方面则体现在网络零售、科技金融与跨境电商分别在传统经济的消费、投资与进出口的“三驾马车”中所占份额的快速提升。因此，在客观上需要全面测度互联网经济的总量规模以及各组成部分的融合发展情况。

第二，世界各国已经充分意识到发展互联网经济对于提升自身国际竞争力的重要作用。欧美发达国家为了促进互联网经济的发展，相继提出“工业互联网”“工业4.0”“第四次工业革命”等促进互联网经济发展的措施，我国政府也制定了《中国制造2025》的规划。因此，在战略上要求联合学术界、产业界以及政府相关部门的力量，科学有效地制定针对互联网经济发展的竞争政策与产业政策。

第三，互联网经济相关产业的演进速度远超出经济理论的发展速度。作为互联网经济的代表，平台经济、分享经济、社群经济在近年来相继崛起，成为产业创新发展的“风口”。随着移动互联网、大数据、云计算、人工智能等新一代信息技术的不断完善，以这些技术为核心的互联网经济已经成为带动传统产业转型升级的新引擎。因此，在机制上需要厘清互联网经济相关产业与传统产业融合过渡的实现路径，对互联网经济相关产业快速演进中出现的“新技术、新产业、新业态、新模式”加以归纳总结。

第四，互联网经济中出现的新现象要求在经济理论层面进行系统性的创新与突破。有别于传统经济，由于网络效应、长尾效应、社群效应等因素的影响，互联网经济中的消费者、厂商与政府的目标与约束均发生了深刻变化，市场层面的价格形成机制与产业层面的组织结构存在较大的区别。因此，在理论上需要深入研究互联网经济中个体的行为模式，在此基础上进一步探讨市场均衡、资源配置与社会福利。

第五，构建互联网经济理论能够提升经济学对现实世界的解释力。互联网经济理论并不是对传统理论的否定与颠覆，而是在深刻理解互联网经济出现的新现象的基础上对传统理论的补充与完善。因此，在逻辑上通过综合互联网经济与传统经济两个理论框架，能够在统一的体系中同时解释两类经济中的典型性事实。

第六，中国需要构建自己的经济理论体系，为世界贡献中国智慧。我国互联网经济的许多行业领域已经走在世界前列，成为世界各国效仿的对象。因此，我国互联网经济的发展在实践上为构建中国经济理论体系提供了坚实的现实基础，也需要将中国经验升华为中国理论。

二　互联网经济的概念与特征

由于近年来互联网经济的发展势头异常迅猛，各国学者对于互联网经济的研究力度也逐年加大，并对互联网经济的相关概念与核心特征进行了深入探讨。例如，《二十国集团互联网经济发展与合作倡议》将互联网经济定义为以使用数字化的知识和信息作为关键生产要素、以现代信息网络作为重要载体、以信息通信技术的有效使用作为效率提升和经济结构优化的重要推动力的一系列经济活动。

我们认为，互联网经济的本质是基于互联网以电子商务为核心的市场交易，并在人工智能、大数据、云计算等新一代数字技术的支撑下，形成的以平台经济、共享经济、社群经济为代表的新型商业模式。从商品的形态上看，互联网经济由纯粹的数字商品以及传统商品的数字化两部分组成。纯粹的数字商品包括数字产品（如软件、游戏、电子书等）和数字服务（如各类电子商务交易、支付等平台等）；传统商品的数字化包括实物产品嵌入数字化功能或数字化资源的产品（如数字电视、手机、电脑等）和嵌入数字化管理与服务成分的传统服务过程（如各类物流服务平台、交通服务平台等），因此，传统商品的数字化可以看作是互联网经济与传统经济的融合部分。而传统经济则是由传统的实物商品与实体服务两部分构成的，如图 2 所示。

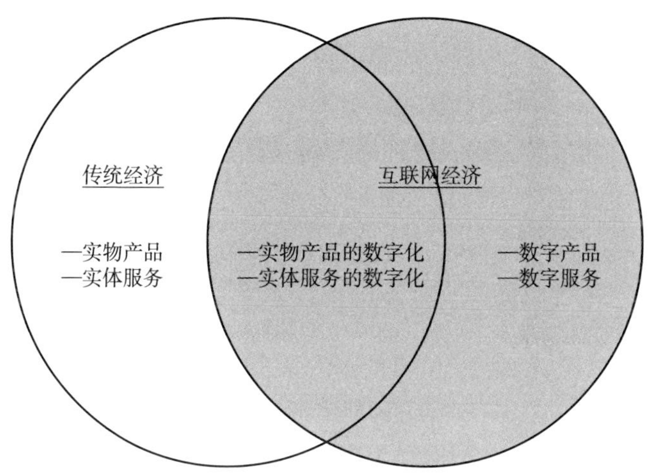

图 2　互联网经济的概念和内涵及其与传统经济的关系

相较于传统经济，互联网经济自身运行规律方面的独特性集中体现在以下五个方面。

第一，消费层面，互联网经济条件下的消费者需求不同于传统经济形态，集中表现在商品个性化、需求长尾化与消费社群化等三个方面。互联网经济形态下，消费者能够获取商品方面极为丰富的信息，使不同商品的维度划分更加精细，消费者的类型划分更加准确，从而使实现商品定位的个性化成为可能；通过大数据、互联网和人工智能等技术准确地捕捉市场上的尾端需求，即使个性化商品的单一需求远低于企业盈利的经济极限水平，但仍可以汇聚个性化商品，聚少成多，实现盈利①；互联网经济中的商业活动往往源自一个社群，价值内容和利益产品是核心生产力，兴趣及精神追求会成为所有消费的源头，基于这一特征，消费者可以迅速将自己归属到最符合自身偏好的消费社群中，加速消费升级，从而在需求端形成促进互联网经济发展的驱动力。

第二，生产层面，在互联网经济长尾效应下，基于对大数据的分享与互

① 安德森：《长尾理论：为什么商业的未来是小众市场》，中信出版社，2015。

换，满足消费者个性化的特色产品将越来越多，职业的种类也会随之不断分化，形成了更加精细化的分工体系；随着微信、邮件列表、讨论组、博客等互联网社交工具不断成熟和普及，不同行业间、同一个行业上下游间、同一家企业不同部门间、同一个部门各级员工之间的信息沟通将更为频繁、有效，在全球范围的大规模合作将会越来越普遍，从而形成了规模化、实时化、社会化的生产体系；交易成本的降低使互联网经济中的消费者将转变为“生产—消费”者，传统经济形态中消费者和生产者的界限逐渐模糊。

第三，市场理论层面，与传统经济形态中的情况不同，互联网经济中的产品和服务定价机制往往不依赖于边际成本[①]；多变化、平台化和共享化的特点带来了市场定价和交易过程中的平台定价、差别定价、动态定价等行为；由于产品和服务的易复制、易流通、共享共创等特性，互联网经济中的确权尤为复杂，多元主体和模糊产权带来传统产权理论和政府作用的改变。

第四，产业组织理论方面，与传统经济形态中的情况不同，互联网经济中常出现的“垄断—竞争”的市场结构，往往保持了一定程度的竞争活力，似乎有助于市场效率的提升和福利的改善，需要从市场效率比较的互联网经济的产业组织结构，并在此基础上提出更优的竞争性政策设计[②]。

第五，统计测度和经济增长层面，互联网经济既包括新兴的数字产品和服务，也包括传统产品和服务的数字化，对于统计测度互联网经济总体规模以及互联网经济的内部经济结构方面，相较于传统经济存在更多困难；传统经典的增长理论在解释互联网经济增长特征事实的过程中，存在较多问题，相较于传统经济，互联网经济中的数字和信息在经济增长中发挥更重要的作用，增长路径及其变化趋势与经典平衡增长路径假设不符，水平创新和垂直创新的速度都加快，等等。

---

① Rochet, J. C. and Tirole, J., 2003, “Platform Competition in Two-Sided Markets,” *Journal of the European Economic Association* (1: 4), pp. 990 - 1029.

② 苏治、荆文君、孙宝文：《分层式垄断竞争：互联网行业市场结构特征研究——基于互联网平台类企业的分析》，《管理世界》2018 年第 4 期。

三　互联网经济基础理论的主要研究问题

我们认为，互联网经济基础理论应从微观、中观和宏观三个层面加以构建（见图3）：首先，在微观研究层面，通过研究消费端与生产端的个体优化行为，形成互联网经济的消费者理论与厂商理论；其次，在中观研究层面，通过研究市场层面的定价、交易与确权，以及产业层面的特征、效率与竞争政策，形成互联网经济的市场理论与产业组织理论；最后，在宏观研究层面，通过构建统计与测度体系以及经济增长作用机制，形成互联网经济的测度与经济增长理论。

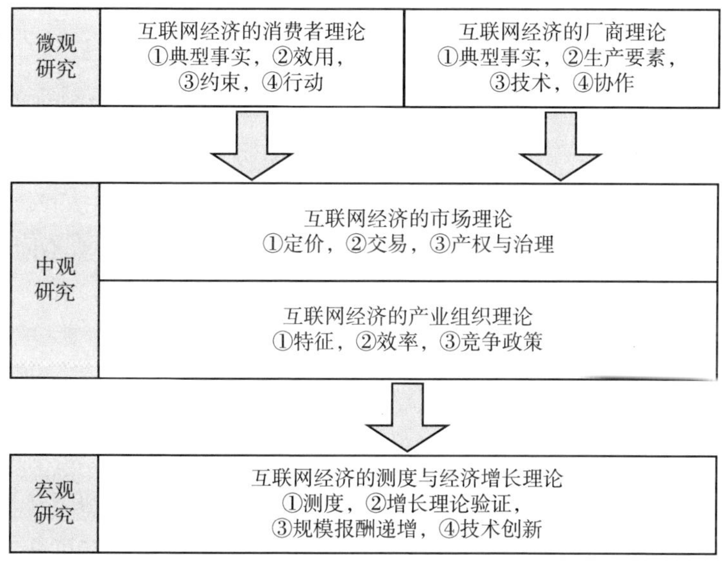

图3　互联网经济基础理论的三个研究层面

具体而言，互联网经济所需研究的主要问题包括以下几个。

1. 互联网经济消费端的典型特征以及消费者理论的构建

传统经济理论中，消费者的行为分析是整个经济理论构建的逻辑起点。在一般的理论框架下，消费者理论由效用、约束与行动三个要素构成。传统经济中，消费者效用函数是在自利性以及方法论个人主义（即个体性）的前提假设下加以构建的；消费者所面临的约束则主要体现在由收入与价格构成的预算约束；消费者的行动集合则是商品束（Commodity Bundle）中符合预算约束的消费束（Consumption Bundle），并从中选择出使得效用最大化的商品组合。

但在互联网经济中，消费端的典型特征发生了根本性的变化，从而使构成消费者理论的三个要素也随之改变。互联网经济消费端的新现象集中表现在商品层面个性化、需求层面的长尾化以及消费层的社群化。因此，互联网经济消费者理论的构建必须能够反映这三个层面的新特征。具体而言，在效用层面，社会性因素成为决定消费者行为的关键，互联网经济中的理性消费者不再是完全自利的个体，而是包含利他性、互惠性等因素的理性与感性的融合；在约束层面，由于知识与信息极大丰富，而人脑的信息接收、储存和加工等认知能力有限，这使消费者决策所面临的约束不仅是预算的分配问题，还存在稀缺注意力的分配问题；在行动层面，消费者考虑的不仅是消费决策，而且要同时考虑生产决策，以及两种决策之间的平衡。因此，与传统经济相比，互联网经济的消费者理论在这三个层面便存在截然不同的区别，需要加以深入研究。

2. 互联网经济生产端的典型特征以及厂商理论的构建

与消费者理论类似，在传统经济学中，互联网经济的厂商理论同样是由三个基本要素组成：生产要素、生产技术与生产协作。在生产要素层面，传统经济学的生产函数主要关注资本与劳动，以及两类要素之间的互补性与替代性；在生产技术层面，传统经济学则主要讨论单一产品生产可能带来的规模经济以及多种产品生产可能实现的范围经济；在生产协作层面，传统经济理论则着力于分析产业内部厂商之间的分工，以及在空间上出现的产业集群现象。

然而，在互联网经济中，厂商内部的生产方式以及厂商之间的协作方式由线下的物理空间逐步迁移到线上的网络空间，从而产生出一系列的新的典型性事实：如产品设计与生产的定制化；企业更为关注产品物理属性之外的服务属性；企业之间的协作通过以大数据、云计算、人工智能为代表的新一代信息技术实现智能化，等等。这些在生产端出现的新特征同样需要反映在互联网经济厂商理论的构建中。在要素层面，数据则上升为能够为企业带来最大增加值的生产要素；在技术层面，由于存在网络效应，互联网经济厂商变现出强烈的规模经济递增，并且能够通过互联网等同消费者进行深入互动，实现价值共创；在协作层面，互联网经济供应链中上下游企业可以通过建立基于互联网的虚拟企业，实现数字化管理、数字化制造与数字化营销。

3. 互联网经济市场运行一般规律的总结以及市场理论的构建

传统经济理论对于市场分析的起点是针对市场结构的划分，即完全竞争市场和非完全竞争市场，其中，非完全竞争市场则可更细化为垄断市场、寡头市场与垄断竞争市场，并在此基础上分析价格的形成机制、交易的有效性、产权的重要性等问题。

对于互联网经济而言，其市场运行规律有着本质的不同，这集中体现在互联网经济中所出现的诸如平台经济、共享经济、社群经济等日新月异的商业模式。新的商业模式也意味着新的定价理论、交易理论与产权理论。互联网经济的定价方法主要体现在非边际成本定价、差别化定价、博弈化定价等方面。从市场规律来看，传统经济主要依靠价值规律、供求规律、竞争规律来调节，而互联网经济主要体现为搜寻匹配理论。从产权来看，相对于互联网经济而言，传统经济更易确权，确权主体一元；而对于互联网经济尤其是数字化新经济而言，更难确权，确权主体多元。总的来说，互联网经济市场特征体现为多边化、平台化、共享化等发展趋势。

4. 互联网经济产业层面的特征归纳以及产业组织理论的构建

传统经济学对于产业层面的分析首先关注对垄断与竞争的认知。从上述理论发展的历史脉络可以看出，传统理论对竞争与垄断关系的认识在逐渐转变，由最初亚当·斯密鼓励竞争，并将垄断与竞争完全对立，到张伯伦、琼·罗宾逊认为垄断和竞争可以共存，再到鲍莫尔的寡头垄断或垄断同样可以具有高效率。在市场结构理论发展中，对竞争的推崇程度逐渐减低，对垄断的接受程度逐渐提高。

互联网经济时代，在需求多样化、网络外部性、平台经济、交叉网络外部性、注意力经济、生态竞争等微观特征的作用下，互联网经济市场呈现以市场平台化和交易去中心化为代表的新特征。在上述特征及环境的共同作用下，互联网经济的市场结构具有了新的表现——如网络外部性作用下易形成“赢着通吃”的寡头化趋势、创新驱动激发更为激烈的竞争等。因此，互联网经济产业组织理论的构建需要同时关注以市场结构变动所带来的静态效率以及以创新水平变动所带来的动态效率两方面的福利变化。此外，对互联网经济市场结构运行结果的判断必然也会引发关于互联网经济下竞争政策的讨论，因此，需要讨论互联网经济下的竞争政策，包括政府是否需要对互联网经济中的大型平台企业进行反垄断管制，政府与企业之间是否存在新型的委托－代理关系，政府应该用什么手段规制大型企业的不正当竞争行为等问题。

5. 互联网经济的统计测度以及经济增长理论的构建

随着新一代信息技术的完善和普及，统计信息化也取得了长足进步，被赋予“统计现代化”更多内涵。互联网经济对我国国民经济及产业结构产生着广泛而深远的影响，继而也对监测国民经济与社会发展的统计工作提出新的挑战，因此，从互联网经济的视角来探讨信息化条件下统计监测体系的发展变化，是兼具创新理念与实践价值的前瞻性课题。

另外，在系统、全面测度互联网经济的规模与体量、结构与走势的基础上，我们就需要进一步了解互联网经济带动国民经济增长的机理与机制，即互联网经济的增长理论。作为一种新的经济形态，互联网经济强调充分发挥互联网在生产要素配置中的优化和集成作用，将互联网的创新成果深度融合于经济社会各领域中，提升实体经济的创新力和生产力，形成更广泛的以互联网为基础设施和实现工具的经济发展新形态。互联网的发展既改善了经济结构，直接推动经济增长；还改变了传统经济的增长模式，为经济转型注入新动力。基于此，构建互联网经济增长理论需要集中体现如下几个方面的重要作用：一是提升有效供给能力，即减少无效和低端供给，扩大有效和中高端供给；二是适度扩大总需求即通过互联网进一步扩大各融合领域的长尾市场和消费空间，提供更优质的产品、更便利的服务、更丰富的业态，增强用户体验，优化消费环境，积极培育新型消费，挖掘传统消费，发展新的消费模式，释放有效消费需求；三是推动供需平衡的跃升，即提高供给质量满足需求，使供给能力更好地满足广大人民日益增长、不断升级和个性化的物质文化和生态环境的需要。

四　互联网经济基础理论框架的构建

互联网经济基础理论的构建应先系统性梳理互联网经济不同于传统经济的“新现象”，从现象与问题出发，有针对性地回答在上一小节中所提出的五方面问题。因此，互联网经济基础理论应包含以下五方面的子理论（见图4）。

（一）互联网经济的消费者理论

本部分从四个层面构建互联网经济的消费者理论：①在典型事实层面，互联网经济中消费者需求具有哪些有别于传统经济的重要特征（商品个性化、需求长尾化、消费社群化等）；②在效用层面，互联网经济中的消费者会发生怎样的改变从而影响其消费决策的形成；③在约束层面，互联网经济过载的信息量所导致的注意力稀缺将如何影响消费者行为；④在行动层面，以分享经济为代表的新型商业模式大大降低了消费者使用高端产品与服务的成本，这对于消费者的行为将带来怎样的改变。

（二）互联网经济的厂商理论

本部分从四个方面构建互联网经济的厂商理论：①在典型事实方面，互联网经济中厂商的供给具有哪些有别于传统经济的重要特征（产品定制、生产服务化和协作智能化等）；②在生产要素层面，数据作为重要的生产要素会怎样改变厂商的生产函数；③在生产技术层面，互联网经济中的价值共创等特点如何改变厂商的生产行为；④在生产协作层面，互联网经济中的协同生产如何影响产业发展。

（三）互联网经济的市场分析

本部分在传统市场理论模型中模型化互联网经济的核心特征，强调平台在互联网经济中所发挥的媒介作用，以及其对于互联网经济“社会性”特征的放大，旨在解决传统市场理论面临的互联网经济“新现象”。具体来说，应从以下三个方面拓展互联网经济条件下的市场定价理论、搜寻匹配理论和产权理论：①互联网经济中的非边际成本定价分析；②互联网经济中的搜寻匹配问题；③互联网经济中的产权问题。

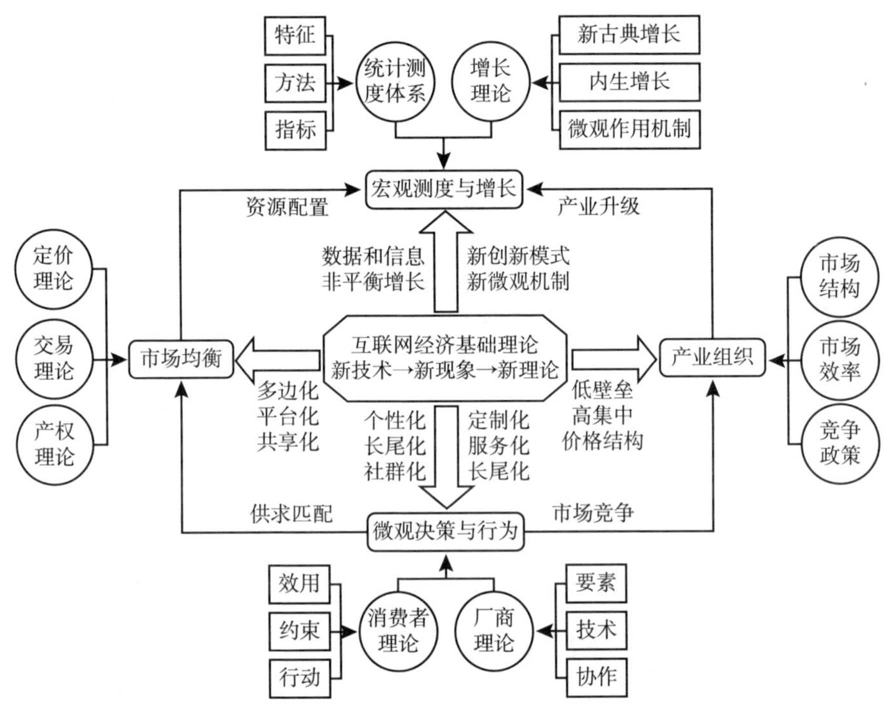

图4　互联网经济基础理论框架

（四）互联网经济的产业组织分析

本部分研究互联网经济中的产业组织问题，主要涉及市场结构、市场效率、政府监管等多个研究内容：①在互联网经济条件下，补充和拓展市场结构和垄断的典型事实及其相关理论；②研究互联网经济条件下的市场失灵问题，在对互联网经济市场特征、产业组织等问题进行清晰定义后，分析互联网经济市场的运行状态及其效率情况；③探索互联网经济下的竞争政策，明确互联网经济下市场效率表现如何，明确市场低效的来源动因，在此基础上，讨论如何构建互联网经济的竞争政策。

（五）互联网经济的测度与经济增长

本部分首先构建了互联网经济的测度体系，然后从三个方面构建互联网经济增长理论：①将互联网经济核心特征与经济增长理论融合，对经济增长理论的核心假设做出修正，弥补现有经济增长理论的缺憾；②突破现有文献主要从宏观视角研究经济增长理论的思路，将委托代理理论、搜寻匹配理论、博弈论等引入经济增长框架，构建具有微观基础的经济增长理论模型，为从微观视角解释经济增长和评估微观经济政策提供理论依据；③从互联网经济视角出发，提出促进我国经济增长与转型的一揽子政策。

五 结论

报告基于“从新技术到新现象，再从新现象到新理论”的研究进路给出互联网经济基础理论框架的构建思路。报告首先从经济史和经济思想史的角度梳理了技术变革推动人类社会形态不断演进所产生的诸多新现象，从而促进经济理论的发展以及由此产生的新理论，在此基础上指出针对互联网经济进行深入研究的必要性与重要意义。之后，报告归纳互联网经济概念与特征的基础，并在此基础上指出互联网经济应包含的三个层面、五个维度的研究问题：微观层面的消费者理论与厂商理论、中观层面的市场理论与产业组织理论、宏观层面的测度与增长理论，从而形成互联网经济的基础理论框架①。

① 另外，可参考同本报告密切相关的一篇会议综述刘航、伏霖、李涛、孙宝文《基于中国实践的互联网与数字经济研究——首届互联网与数字经济论坛综述》，《经济研究》2019 年第 3 期。

参考文献

Rochet, J. C. and J. Tirole, "Platform Competition in Two-Sided Markets," *Journal of the European Economic Association* 1: 4 (2003): 990 - 1029.

安德森:《长尾理论：为什么商业的未来是小众市场》，中信出版社，2015。

凯恩斯:《就业、利息和货币通论》，商务印书馆，1983。

刘航、伏霖、李涛、孙宝文:《基于中国实践的互联网与数字经济研究——首届互联网与数字经济论坛综述》，《经济研究》2019 年第 3 期。

罗宾逊:《不完全竞争经济学》，华夏出版社，2013。

苏治、荆文君、孙宝文:《分层式垄断竞争：互联网行业市场结构特征研究——基于互联网平台类企业的分析》，《管理世界》2018 年第 4 期。

熊彼特:《经济发展理论》，商务印书馆，1990。

B.3
互联网发展的经济效应研究

邱磊菊*

摘　要： 经济学界关注互联网发展所产生的经济效应，取得了不少研究成果，甚至出现了新兴研究领域。本报告用文献调研的方法，从个体行为、企业行为和宏观经济三方面，梳理了互联网发展的经济效应的相关文献。研究已有文献发现，互联网对个体就业决策、收入、消费、创业都有促进作用，可以提升居民的幸福感；互联网对企业行为的作用体现在业绩和创新的提升；互联网对宏观经济的作用体现为促进经济增长和产业结构调整等方面。已有的研究缺乏对机制的细致分析，未来的研究方向可以从微观数据着手对互联网对社会经济更多方面的影响发展进行分析。

关键词： 互联网　经济效应　个体行为　企业行为　宏观经济

一　互联网发展对个体行为的影响研究

（一）研究情况

互联网的广泛使用对个体收入具有显著影响。微观层面上，大多数研究

* 邱磊菊，经济学博士，中央财经大学中国互联网经济研究院助理研究员，主要研究方向为互联网经济和城市经济学。

都发现互联网的使用能够显著提高个体收入，但不同个体之间存在差异。毛宇飞等（2018）从异质性角度出发，研究了互联网使用对男性和女性工资收入的影响，发现互联网的使用提高了劳动者的工资收入，但是对比女性，互联网的使用更能提高男性劳动者的工资收入。另外，这种影响作用对于不同年龄、户籍、学历和婚姻状况的男性和女性劳动者存在明显差异，同时，不同互联网使用方式和使用场所对男性和女性工资收入也会产生差异性影响。进一步采用分位数回归方法发现，对于低层收入（35 分位数以下）和中高层收入（50 分位数至 80 分位数）的劳动者，互联网对男性工资的影响作用小于女性，而对于中低层收入（35 分位数至 50 分位数）和高层收入（80 分位数以上）的劳动者，互联网对男性工资的影响作用大于女性，说明互联网在该个体收入阶层扩大了性别工资差距。刘晓倩、韩青（2018）研究了互联网的使用对农村居民收入的影响，并发现使用互联网的农村居民年收入比未使用者提高 3911.63 元；互联网的使用对农户个体收入的促进作用随着年龄的增长而增加，说明互联网的应用有利于缓解农村地区老龄化对个体收入增加的抑制作用，但是互联网的使用也对不同教育水平、性别和工作性质的农户收入产生重要影响；农户使用互联网所获得的生产经营收入大于外出打工收入，这可能与近年来兴起的农村电商所带来收入的增加有关。

一些学者研究了互联网的使用对个体消费行为的影响。张永丽、徐腊梅（2019）通过对 2017 年甘肃省 15 个贫困村 7535 名农村居民的调查数据发现，互联网使用对贫困户农村居民消费水平的提升大于非贫困户农村居民，原因在于随着“乡村振兴战略”和“精准扶贫”的实施，互联网的使用有效地降低了所调查地区农户的交易成本，优化了农村地区的市场环境，极大地拓宽了他们的消费渠道。他们的研究强调实施“乡村振兴战略”和“精准扶贫”战略需要进一步提高互联网在西部贫困地区的普及程度，加大贫困地区农村教育投入，深入贯彻落实“互联网 + 农村”相关政策。贺达、顾江（2018）以农村居民消费行为为例，研究了互联网使用如何影响农村居民的消费水平和结构。基于 2016 年中国家庭动态跟踪调查（CFPS）的数据研究表明，就消费水平而言，互联网的使用对农村居民消费水平的提升具有促进作用，比未使用互联网的农村居民提升高达37.98%；就消费结构而言，互联网的使用对农村地区青年和男性两类群体消费水平的提高具有更大的促进作用。

部分学者研究了互联网对个体创业行为的影响。史晋川、王维维（2017）研究表明互联网的使用显著提高了个人创业的概率，具体提高的概率为4.1%~4.8%。他们认为互联网的使用降低了创业门槛和创业风险，同时互联网产生了巨大的网络效应，能够有效扩大创业者经营的市场范围，提高创业者的创业预期收益。进一步分析表明，互联网作为信息渠道，成本较低且传播迅速，能够帮助创业者更好地挖掘商业机会和进行创业决策；此外，相较于生存型创业，互联网的使用更有利于机会型创业，同时，互联网对创业的促进作用在制度环境完善的地方更大。王金杰、李启航（2017）研究了电子商务对农村居民创业行为的影响。区别于已有文献只关注学历教育对农村居民创业的影响，他们进一步将教育分为学历教育、默会知识（Tacit Knowledge）和互联网学习三个维度进行综合分析，结果表明，电子商务的发展降低了学历教育和互联网学习对农村居民创业的影响，增强了默会知识对农村居民创业选择的影响作用，并且这种影响作用在劳动密集型行业比资本密集型行业更加显著。该研究表明互联网能够通过教育提高人力资本，进而影响农村居民的创业行为。

毛宇飞等（2019）研究了互联网使用对个体就业决策和就业质量的影响。他们将个体就业决策分为就业选择和就业类型，其中就业选择分为受雇就业、自雇创业和未工作三类，就业类型根据受雇就业特点分为标准就业和非保准就业，根据自雇创业特点分为机会型创业和生存型创业，此外，他们用工作时间、工作自主性和小时工资率来衡量个体就业质量，最后，选取中国综合社会调查（CGSS）数据进行实证分析。研究表明，互联网使用增加了个体做出标准就业和机会型创业两种就业决策的概率，降低了做出非标准就业和生存型创业两种就业决策的概率；闲暇时利用互联网进行社交、娱乐和学习等不同方式对个体最终的就业决策会产生显著差异性影响；从个体就业质量上看，互联网的使用极大地提高了标准就业者和生存型创业者的工作自主性，减少他们的工作时间，同时，互联网的使用显著提高了个体就业的工资收入。

部分学者研究了互联网的使用对个体情感的影响。周广肃、孙浦阳（2017）研究发现了互联网的使用能够显著提升居民的幸福感，这种提升居民幸福感的概率为2.1%。他们认为互联网的使用通过物质需求、精神需求和主观评价三种渠道影响居民幸福感，互联网的使用不仅直接通过满足居民物质需求和精神需求来提升幸福感，而且通过削弱物质收入对居民幸福感的促进作用，即居民主观上对物质收入的重视程度随着互联网的使用而降低，从而提升幸福感。进一步的异质性研究表明，互联网的使用主要是提升了中等教育、中等收入、大城市居民和较少社会资本人群的幸福感。王衡、季程远（2017）研究了互联网的使用对政治信任感的影响，以“互联网与社交媒体调查”项目中的1953名网民为样本，从个体“网络信息偏好”和“网络使用目的”角度分析了影响网民非制度化政治参与的行为。研究结果表明，时政类信息偏好和社交型网络使用相比娱乐类信息偏好、自我型网络使用的个体网民更容易参与非制度化政治，因为他们的政治信任感较低。陈福平等（2018）从网络社交角度出发，基于2015年中国社会状况调查（CSS）数据，探讨了互联网的使用对情感支持的影响，发现在线网络社交显著降低了个体的孤独感，而随着互联网的发展，这种满足情感需求的积极效应在减弱。他们对于这种现象的解释是互联网的发展越来越难以将在线关系转化为线下较为亲密的社会关系，使个体之间产生了“孤独地在一起”的感觉，因此他们建议从地域空间的邻近性建立线上到线下的关系，发挥互联网的情感支持功能。Zheng等（2019）结合近年来我国离婚率不断上升的背景，研究了宽带互联网的普及和使用对我国离婚率的影响，结果表明，在此期间，我国宽带互联网用户数每增加1%，离婚率就增加0.008%，互联网的使用对我国离婚率具有显著影响。进一步的分析表明，互联网的使用可能通过三种机制影响离婚倾向：为未受教育人群提供信息和替代资源、通过即时通信扩展社交网络和帮助改变社会对离婚的接受程度。这三种机制结合起来不仅可以降低离婚的显性成本（如搜索成本），还可以降低离婚的隐性成本（如影响社会对离婚的看法），从而最终导致我国离婚率的上升。

（二）研究发展特点

第一，互联网的发展给经济、社会带来的巨大变化引起了学术界的广泛关注，学者关于互联网对个体行为的影响研究，关注点从原来的收入、消费、就业等传统经济效应向个人的情感等更加社会化的领域发展，逐渐丰富了现有关于技术进步对社会影响的研究。

第二，随着近年来我国各高校以及相关研究机构加大对微观数据库的资源投入和开发建设，比较典型的有中国家庭收入调查（CHIP）、中国综合社会调查（CGSS）、中国家庭追踪调查（CFPS）、中国家庭金融调查（CHFS）、中国健康与养老追踪调查（CHARLS）等，使越来越多关于互联网使用的微观行为研究成为可能。

第三，从研究范式上看，现有关于互联网个体行为的影响研究已经从对经济现象的描述与预测以及过往注重逻辑的推演，发展为注重运用较为严格和成熟的数量分析工具进行实证分析研究，同时，这些实证研究也较为注重对已有互联网经济理论的检验和分析。

（三）研究存在的问题

第一，在互联网发展经济效应的研究中，由于互联网的使用与个人的收入水平、社会网络等经济社会因素密切相关，因此内生性问题较为突出，对研究结论可能具有反向作用，而现有研究对于处理这种内生性问题关注度仍然不够，必须妥善处理。

第二，现有微观数据申请渠道分散、不透明，同时基于保护受访者个人信息的原因，公开数据前会进行脱敏处理，使得关于互联网使用的个体微观经济效应研究所需数据的质量和时效受到一定程度的影响，加上现有非官方、地方机构与统计局等官方机构的统计口径和标准存在一定差异，造成数据难以整合和连续几年的追踪调查。

第三，现有关于互联网使用的个体经济效应多从单一方面或维度进行考虑，在样本选择方面可能受互联网用户渗透率不足等因素限制存在偏差，而实证研究特别是关于互联网使用的偏好、户籍、使用频率、所属行业和职业等个体异质性研究仍然不多，有待于进一步深入研究和探讨。

（四）研究发展趋势

第一，国外一些研究关注互联网的发展对个体生活的影响，如 Billari 等（2019）研究了互联网的发展对个体生育决策的影响，发现互联网增加了个体在家工作的概率，通过促进个体在工作与家庭的平衡，最终提高生育率；Dettling（2017）研究了对已婚妇女个体劳动参与的影响，发现已婚妇女个体劳动参与率随着互联网的使用而提高。

第二，国外部分研究关注互联网的发展对个体情感的经济影响，如 Castellacci 和 Viñas-Bardolet（2019）研究了个体互联网使用对所从事工作满意度的影响，利用 2005 年和 2010 年欧洲工作条件调查的数据，发现使用互联网能够显著提高个体的工作满意度，但教育程度高和收入水平高的人从互联网发展的获益相对较多。

第三，通过对互联网使用的个体大数据进行分析和挖掘，能够刻画出细致、及时的互联网个体经济效应动态变化以及个体之间的群体特征和相互作用关系。

（五）未来我国互联网对个体经济效应研究的可能方向

第一，互联网对个体生活态度、生活方式和价值观等的影响，如互联网的使用如何提高生活满意度，互联网的使用对肥胖的影响和互联网的使用对个体决策的影响等。

第二，可以关注互联网与个体主观健康评价的关系，如互联网使用对个体健康水平的影响效果及作用机制等。

第三，可以利用互联网使用个体的大数据，研究互联网交易个体的分配和福利问题。

二　互联网发展对企业行为的影响研究

（一）研究情况

部分学者研究了互联网对企业创新的影响。王金杰等（2018）研究了互联网影响企业创新绩效的效果及作用机制。基于互联网连通性的本质特征，结合开放式创新理论，运用2009～2015年我国286个地市上市企业的微观数据，研究发现互联网的使用显著促进了企业创新绩效的提升，互联网的使用通过促进企业的新治理方式对传统治理方式的替代作用和企业的新资源配置方式对企业内部创新投入的放大作用两个方面对创新绩效产生影响。进一步分析发现，互联网对企业创新的影响在技术和资金密集型行业更加明显。迟冬梅等（2018）研究了企业使用互联网对地方官员更替与小微企业创新活力关系的影响。以山东省17个地级市2197份小微企业为研究样本，研究发现地方官员更替期企业互联网的应用能够显著提升小微企业的创新活力，原因在于互联网能够提高小微企业获取信息的准确性和有效性，使小微企业及时实施和调整创新决策，以应对官员更替的“空档期”。此外，互联网的应用能够显著提高小微企业的创新开放度，减少政策实施不确定性所产生的影响。

一些学者研究了互联网对企业业绩的影响。杨德明、刘泳文（2018）以2013～2015年我国上市公司为例，研究了“互联网+”对传统企业业绩的影响。研究发现，相较于未实施“互联网+”（这里指互联网与传统企业的融合）的上市公司，“互联网+”能够提升上市公司业绩，每股收益和资产收益率平均分别提升了约31%和24%。进一步分析“互联网+”提升传统企业业绩的路径与机制，发现在互联网环境下，成本领先并不是企业提升业绩的有效中介变量，“互联网+”主要是通过差异化来提升企业业绩，同时，企业盈余质量的好坏显著影响了“互联网+”战略对企业业绩的作用。万兴、杨晶（2017）以O2O平台1918家影院企业为样本，研究影院企业选择自建或第三方互联网平台对其绩效的影响。研究表明，影响影院企业绩效的首要因素是第三方互联网平台，如影院企业加入的淘票票、猫眼和百度糯米等，能够获得更多的用户，显著提高影院企业业绩。当影院企业与院线一体化程度较高时，两者能够实现流程和资源协同，因此加入院线自建平台更有利于提高影院企业业绩；而当影院企业与院线一体化程度较低时，影院企业加入第三方互联网平台的数量越多，则影院企业业绩越高。

一些学者则从互联网对企业出口影响的角度进行研究。李兵、李柔（2017）从微观层面分析 2004～2009 年互联网使用与企业出口的关系。结果表明，在此期间，互联网使用通过降低出口贸易的交易成本和信息成本扩大了企业的出口，提高了企业的出口密集度。互联网使用对企业间和企业内广延边际具有显著正向影响，不仅有助于出口企业新产品的出口，开拓国际市场，而且能够较好地抵御外部风险冲击。岳云嵩、李兵（2018）以电子商务平台为研究对象，利用 2000～2009 年“阿里巴巴”中国会员数据、中国工业企业数据和中国海关数据等，研究了电子商务互联网平台应用对企业出口的影响。研究发现，电子商务平台对企业出口规模具有正向影响作用，这种作用主要来源于出口产品的多样性和出口国家的数量。进一步分析发现，电子商务平台通过降低企业出口的门槛、提高企业的交易匹配效率和生产效率三个方面来实现出口规模的增长。

越来越多的学者围绕互联网经济中企业的商业模式进行研究。平台经济、共享经济和众包是典型的互联网经济商业模式，苏治等（2018）以互联网平台类企业为研究对象，从企业行为与行业特征的角度研究了平台类企业市场经济结构特征及其形成机理。研究表明，互联网平台类企业的市场结构呈现出大型企业垄断稳定和中小型企业竞争流动的“分层式垄断竞争”特征。互联网行业中企业的平台经济商业模式存在一个特殊的垄断竞争市场结构环境中，垄断主要存在于大型企业的主营业务中，而竞争主要存在于中小型企业的衍生业务中，它们实现了市场结构的长期均衡。何中兵等（2018）以集群企业共享经济模式为例，整合包括企业共享经济、产业集群和社会创业等理论在内的多学科研究范式，研究了集群企业共享经济的环境影响因素及其可持续发展的战略路径。他们认为，“集群竞争力”能够建立产业竞争优势，影响集群企业共享经济行为的经济资源配置，“集群选择力”能够对集群企业共享经济模式的社会价值进行评价，运用动态的社会选择机制平衡共享经济利益相关者的收益，促进或规范集群企业共享经济模式的可持续性发展。张真铭、李恩平（2017）以宝洁和海尔为例，研究了科技型企业选择科研众包模式的影响因素。他们认为科研众包可以分为内包、第三方平台众包和自建平台众包三种模式，结合资源基础理论和交易成本理论，分析得出影响科技型企业科研众包模式的因素主要有十种，其中接包方对问题的敏感度、影响交易成本的各因素、与接包方沟通的流畅性、分别是内包模式、第三方平台众包、自建平台众包模式选择的关键影响因素。此外，王楠等（2018）以企业跨境电商商业模式选择为例，研究了四种不同类型传统零售企业向跨境电商转型的商业模式选择和具体迁移路径。他们依据资源基础理论从企业的资源和能力两个方面，将传统零售企业划分为四种类型——资源型、基础型、优化型和关系型，同时，依据三要素价值模型，将跨境电商划分为四种商业模式——自营式、平台式、保税进口式和综合服务商式，最后得出互联网时代传统零售企业向跨境电商转型的具体迁移路径，如自营式跨境电商适合于优化型企业，平台式跨境电商适合于基础型企业等。

王丹等（2018）以扬州市区的社区互联网企业为例，利用扬州市 2006 年、2012 年和 2016 年互联网企业的详细信息数据，研究了不同互联网企业类型和生命周期的空间分布演化和区位选择特征。他们依据服务对象将互联网企业划分为电子商务型、工业互联网型和技术研发型三种类型，研究发现技术研发型互联网企业集聚程度最高，其次是工业互联网型、电子商务型互联网企业，此外，在互联网企业的生命周期中，初创型企业主要分布在城区的内部和外部，而成长型企业和成熟型企业主要分布在城区的近郊区。总体上，互联网企业数量在城区的近郊区最多，其次是市外部、城区内部，互联网企业经历了从城区的内部、城区的外部向外扩散的生命周期。

邵剑兵等（2016）以企业的社会责任为例，研究了大数据背景下互联网经济中平台企业的非市场选择战略问题。他们认为企业为了构建与利益相关者良好关系和拓展外部生存空间而履行企业社会责任是一种非市场战略，可以从演化经济学角度，结合企业基因遗传理论，深入探讨互联网企业履行社会责任的演进过程。研究发现，在企业的成长期，应该运用基因复制机制，强化客户关系和坚持企业核心价值观，从而扩大企业用户；在企业的成熟期，应该运用基因变异机制，结合企业业务变化，合理调整核心价值观、商业模式等；在企业的蜕变期，应该运用基因重组机制，引入新经营理念，调整原有非市场战略。

（二）研究发展特点

第一，从宏观层面上看，互联网的发展对企业提高创新能力和业绩的研究从单一层面的分析向综合层面的分析发展，如从起初的企业内部某方面研究到从企业内外部的综合层面分析。

第二，从微观层面上看，越来越多的研究从微观数据出发，汇总到城市、省份一级，再结合其他城市层面的数据对互联网应用与企业的关系进行研究，使结果更客观、准确和有代表性。

第三，从研究范式上看，现有关于互联网与企业之间的经济关系研究从经济学、管理学单一学科的研究角度，向综合经济学、管理学、地理学、社会学、心理学等多学科综合分析的研究角度发展。

（三）研究存在的问题

第一，现有关于互联网对企业行为的影响研究多集中于互联网的应用与企业之间的融合发展关系，如共享经济、平台经济与传统企业的融合发展，分析共享经济、平台经济所带来的便利和好处等，但是关于互联网经济的整体生态层面的研究仍然较少。

第二，现有关于互联网对企业行为的影响研究更多地关注商业模式、驱动机制、影响因素等理论层面，仍需要更详细的微观数据进行实证研究和深入探讨。

第三，从研究视角方面，互联网对企业行为影响的研究层面存在较大的局限性，如对企业出口、企业商业模式等的研究基本集中于成功企业或者大型国有企业，然而现实中很多企业在互联网使用过程中结果是失败的，比如OFO 等共享单车企业。

（四）研究发展趋势

第一，国外较多研究关注了互联网经济中企业商业模式的环境影响，如共享经济对环境的影响，Rifkin（2014）认为共享经济改变了传统的消费方式，使消费者获得使用权而不是所有权，极大地降低了新产品的销售量，最终降低资源消耗和污染物排放，而 Schor（2016）对共享经济的绿色减排提出质疑，他指出共享汽车企业增加了汽车的数量，从而增加污染物排放。

第二，国外研究关注互联网对企业商业模式可持续发展的影响，如Martin（2016）认为可以从社会数字实验和社会技术结构两个角度分析企业共享经济模式的可持续发展，他强调对于新经济形式应该多利用微观企业数据进行实证研究，批判性地分析各种共享经济形式的性质和影响作用。

第三，国外研究也关注移动互联网对企业生产力的影响，Bertschek 和Niebel（2016）以 2014 年 2143 家德国企业微观数据为例，研究表明在企业内部高速移动互联网的早期扩散阶段，企业员工使用移动互联网能够显著提高企业劳动生产率。

（五）未来我国互联网对企业经济效应研究的可能方向

第一，可以从可持续发展角度研究互联网与企业融合后可能带来的环境影响，如共享经济的发展是节省资源、低碳环保有利于环境保护，还是加大污染物排放、破坏环境不利于环境的可持续发展。

第二，可以利用更丰富的微观企业数据，结合大数据和移动互联网的背景研究互联网企业的微观结构和运行机理，分析互联网企业发展的关键因素，测度企业互联网使用的创新效率。

第三，可以从众多使用互联网失败的企业进行研究，如互联网对传统企业或者产业的冲击和破坏等负面影响作用、行业壁垒和传统经济的阻碍等，

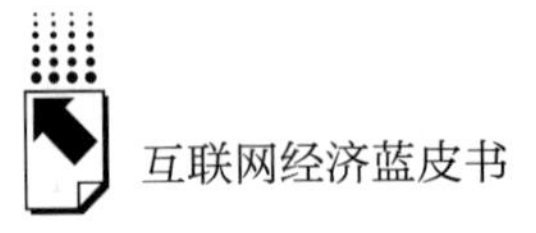

探讨互联网对企业的双面影响作用，并在此基础上总结互联网经济发展现象、规律和对策，为以后互联网在企业的应用提供借鉴。

三　互联网发展对宏观经济的影响研究

（一）研究情况

互联网的发展对经济增长产生了重大影响，学者们对此进行了较为广泛的研究。韩宝国、朱平芳（2014）研究了2000～2011年宽带互联网的普及对省域经济增长的影响，结果表明宽带互联网的普及极大地促进了省域经济增长，这种影响作用在互联网普及率超过10%后开始显现出来，即出现了网络效应。进一步对地区差异分析发现，西部地区互联网的普及并没有推动省域经济的增长，而东、中部地区互联网的普及对省域经济增长的推动作用是正向显著的，说明迫切需要加快西部地区的信息化水平建设。郭家堂、骆品亮（2016）将互联网与经济增长的关系研究拓展到与经济发展质量的关系研究，考察互联网的平台、技术、思维和网络效应四个方面对全要素生产率的全面影响，并利用2002～2014年省级面板数据进行实证分析。研究表明，在该阶段，互联网对技术效率的抑制作用小于对技术进步的促进作用，最终互联网促进了以技术进步为主导的全要素生产率，同时，他们也发现这种促进作用是非线性的。最后，他们指出“计算机无助于生产率提高”的索洛悖论在中国并不适用，原因是索洛没有认识到互联网的“连接经济”作用，这种作用需要达到一定临界规模才会显现出来，而在此之前它并不易观察到。汪东芳、曹建华（2019）运用2002～2015年省级面板数据，基于数字经济时代能源互联网等互联网经济新业态的发展背景，研究了互联网对省域全要素能源效率的影响。在该阶段，从耦合度分析上看，互联网与全要素能源效率之间高度相关；从实证结果看，互联网显著促进了省域全要素能源效率的提升，并且这种促进作用呈非线性特征，即存在网络效应。

部分学者研究了互联网对产业结构调整的影响。叶初升、任兆柯

（2018）利用2002～2014年城市面板数据，从城市层面重点研究了我国互联网发展对产业结构调整的影响及作用机制。结果表明，在该阶段，互联网不仅促进了城市经济的稳步增长，而且显著地促进了城市产业结构向服务业调整，这种调整作用在具有高城市化水平、高教育水平的城市表现得更加明显。马跃如、余航海（2018）以社群旅游为研究对象，研究了互联网发展所形成的社群旅游商业模式对旅游产业转型升级的影响作用。他们认为社群旅游通过将具有共同偏好和价值追求的人，通过微信、微博等互联网社交媒体连接起来，满足游客个性化、碎片化、体验化和自由化等的需求，从而促进社群旅游的“产售消一体化”新商业模式的发展，最终实现传统旅游产业向“互联网+”旅游产业的转型升级。石喜爱等（2018）以制造业为例，运用比较优势理论拓展一个两国连续商品贸易的分工模型，研究了互联网对制造业产业结构的影响。结果表明，互联网的发展能够提高我国制造业在全球价值链的国际分工地位，同时，一个地区互联网的发展具有空间外溢效应，能够带动其他地区的制造业向更高的价值链攀升。进一步的分析发现，互联网的空间外溢效应具有区域性，受地理距离的影响，只能在区域边界内产生作用，边界之外影响作用不存在。

一些学者则研究了互联网对部门或行业的影响。潘家栋、肖文（2018）以我国出口贸易为例，研究了互联网与国际贸易之间的关系。结果表明，互联网通过降低信息沟通和信息搜寻等成本，提高了我国出口贸易额，并且这种促进作用对于出口贸易和进口贸易均存在。郭庆、刘彤彤（2018）以P2P网贷为例，研究了互联网金融模式对城乡居民消费的促进效应与挤出效应差异。他们发现P2P网贷的促进效应与挤出效应对于城镇居民和农村居民的消费具有显著差异性影响，因此，政府应加强对P2P网贷的引导。董有德、米筱筱（2019）运用财政分权和新制度经济学等理论，通过构建指标测度互联网成熟度，研究了互联网与数字技术结合（数字经济）对中国对外直接投资的影响。研究发现，互联网对中国对外直接投资的正向影响作用与东道国和地区的数字经济发展水平、数字基础设施建设、制度和创新环境相关，并且这种作用在欧洲的影响大于亚洲。宋晓玲、侯金辰（2017）以40

个发展中国家和25个发达国家为例，通过测算普惠金融指数，研究了互联网与普惠金融之间的关系。结果表明，互联网是提升发展中国家和发达国家普惠金融发展水平的重要手段，应该大力发展数字普惠金融。卢福财、徐远彬（2018）以生产性服务业为例，运用2008～2014年省级面板数据，从交易成本的角度研究了互联网对生产性服务业的影响。结果表明，互联网极大地促进了生产性服务业的发展，并且这种促进作用会随着互联网水平的提高而扩大。对具体机制进行分析，发现互联网是通过降低交易成本而实现生产性服务业的快速发展。

（二）研究发展特点

第一，互联网以数据交换为主，其发展伴随着宽带基础设施的建设，因此互联网对宏观经济的影响多借鉴以往信息通信技术（ICT）对经济发展影响的研究。

第二，现有研究大多数支持互联网作为宏观经济可持续、高质量发展的有效手段，虽然若干研究也发现这种影响作用不大，但是总体上对互联网的发展是赞同的。

第三，现有研究互联网对宏观经济的影响主要是从国家层面数据向省级面板数据进行研究分析，一些研究也探讨了东、中、西部这种影响作用的差异性。

（三）研究存在的问题

第一，现有关于互联网的衡量多数只是使用互联网普及率和互联网使用的虚拟变量，很少研究互联网使用的不同宽带速度和技术水平对经济结果的具体影响，比如互联网使用的不同宽带速度可能对不同的产业产生不同影响。

第二，互联网普及率值指的是互联网的可用性，与宽带互联网的基础设施投资相关，但是互联网普及率只是个体或企业是否使用互联网的前提条件，并不能代表地区、个体或企业等主体最终是否使用了互联网，不加区分地进行研究会造成误差。

第三，由于宽带互联网的部署受政策的影响很大，现有研究较少考虑选择地区时候的样本选择偏误，多是从省级层面进行研究，研究结果可能存在一定的偏差。

（四）研究发展趋势

第一，国内关于互联网对经济发展的研究开始关注“互联网+”各种产业对宏观经济的影响。

第二，国外关于互联网对经济发展的研究开始关注宽带互联网具体速度的影响，如Ford（2018）研究了2013~2015年25 Mbps和10 Mbps宽带互联网速度对美国县域经济效应的影响差异，结果发现两者在就业、收入等方面的经济影响作用没有差别，原因在于样本的选择偏差，因为宽带互联网的部署并不是随机分布在各个地区，而是部署在需求与成本之比更加有利的地区。

第三，国外研究越来越关注互联网对发展中国家经济发展的影响，特别是关于互联网对发展中国家就业的影响，如Hjort和Poulsen（2019）研究了高速互联网的发展对非洲互联网使用所带来的就业影响以及影响渠道和路径。

（五）未来我国互联网对宏观经济效应研究的可能方向

第一，未来随着互联网相关数据的进一步丰富，应该特别关注宽带速度的差异化影响，区分不同技术水平和宽带速度对经济的影响。

第二，可以研究近年来我国实施的“宽带中国”等政策对地区收入和就业的影响，评估互联网相关政策的有效性。

第三，可以在现有“互联网+”产业的研究基础上，研究“互联网+”各种产业的发展对区域和城市的宏观经济发展的影响。

参考文献

陈福平、李荣誉、陈敏璇：《孤独地在一起？——互联网发展中的在线情感支持问题》,《社会科学》2018 年第 7 期。

迟冬梅、张玉明、段升森:《地方官员更替、互联网应用与小微企业创新活力》,《现代经济探讨》2018 年第 10 期。

董有德、米筱筱:《互联网成熟度、数字经济与中国对外直接投资——基于 2009 ~ 2016 年面板数据的实证研究》,《上海经济研究》2019 年第 3 期。

郭家堂、骆品亮:《互联网对中国全要素生产率有促进作用吗?》,《管理世界》2016 年第 10 期。

郭庆、刘彤彤:《P2P 网贷对中国城乡居民消费的多重影响效应——基于省际动态面板模型的分析》,《经济体制改革》2018 年第 2 期。

韩宝国、朱平芳:《宽带对中国经济增长影响的实证分析》,《统计研究》2014 年第 10 期。

贺达、顾江:《互联网对农村居民消费水平和结构的影响——基于 CFPS 数据的 PSM 实证研究》,《农村经济》2018 年第 10 期。

何中兵、谭力文、赵满路:《集群企业共享经济与共创价值路径研究》,《中国软科学》2018 年第 10 期。

李兵、李柔:《互联网与企业出口:来自中国工业企业的微观经验证据》,《世界经济》2017 年第 7 期。

刘晓倩、韩青:《农村居民互联网使用对收入的影响及其机理——基于中国家庭追踪调查 CFPS 数据》,《农业技术经济》2018 年第 9 期。

卢福财、徐远彬:《互联网对生产性服务业发展的影响——基于交易成本的视角》,《当代财经》2018 年第 12 期。

马跃如、余航海:《“互联网 +”背景下社群旅游的兴起、特征与商业模式构建》,《经济地理》2018 年第 4 期。

毛宇飞、曾湘泉、胡文馨:《互联网使用能否减小性别工资差距?——基于 CFPS 数据的经验分析》,《财经研究》2018 年第 7 期。

毛宇飞、曾湘泉、祝慧琳:《互联网使用、就业决策与就业质量——基于 CGSS 数据的经验证据》,《经济理论与经济管理》2019 年第 1 期。

潘家栋、肖文:《互联网发展对我国出口贸易的影响研究》,《国际贸易问题》2018 年第 12 期。

邵剑兵、刘力钢、杨宏戟:《基于企业基因遗传理论的互联网企业非市场战略选择及演变——阿里巴巴社会责任行为的案例分析》,《管理世界》2016 年第 12 期。

史晋川、王维维:《互联网使用对创业行为的影响——基于微观数据的实证研究》,《浙江大学学报》(人文社会科学版)2017 年第 4 期。

石喜爱、李廉水、程中华、刘军:《“互联网 +”对中国制造业价值链攀升的影响分析》,《科学学研究》2018 年第 8 期。

宋晓玲、侯金辰:《互联网使用状况能否提升普惠金融发展水平?——来自 25 个发达国家和40个发展中国家的经验证据》，《管理世界》2017年第1期。

苏治、荆文君、孙宝文：《分层式垄断竞争：互联网行业市场结构特征研究——基于互联网平台类企业的分析》，《管理世界》2018年第4期。

万兴、杨晶：《互联网平台选择、纵向一体化与企业绩效》，《中国工业经济》2017年第7期。

王丹、方斌、陈正富：《基于社区尺度的互联网企业空间格局与演化——以扬州市区为例》，《经济地理》2018年第6期。

王衡、季程远：《互联网、政治态度与非制度化政治参与——基于1953名网民样本的实证分析》，《经济社会体制比较》2017年第4期。

王金杰、李启航：《电子商务环境下的多维教育与农村居民创业选择——基于CFPS2014和CHIPS2013农村居民数据的实证分析》，《南开经济研究》2017年第6期。

王金杰、郭树龙、张龙鹏：《互联网对企业创新绩效的影响及其机制研究——基于开放式创新的解释》，《南开经济研究》2018年第6期。

王楠、郭彪、孙永波：《传统零售企业跨境电商转型模式和迁移路径研究》，《经济体制改革》2018年第3期。

汪东芳、曹建华：《互联网发展对中国全要素能源效率的影响及网络效应研究》，《中国人口·资源与环境》2019年第1期。

杨德明、刘泳文：《“互联网+”为什么加出了业绩》，《中国工业经济》2018年第5期。

叶初升、任兆柯：《互联网的经济增长效应和结构调整效应——基于地级市面板数据的实证研究》，《南京社会科学》2018年第4期。

岳云嵩、李兵：《电子商务平台应用与中国制造业企业出口绩效——基于“阿里巴巴”大数据的经验研究》，《中国工业经济》2018年第8期。

张永丽、徐腊梅：《互联网使用对西部贫困地区农户家庭生活消费的影响——基于甘肃省1735个农户的调查》，《中国农村经济》2019年第2期。

张真铭、李恩平：《企业科研众包模式选择的影响因素与对策》，《企业经济》2017年第5期。

周广肃、孙浦阳：《互联网使用是否提高了居民的幸福感——基于家庭微观数据的验证》，《南开经济研究》2017年第3期。

Bertschek, Irene, and Thomas Niebel, “Mobile and more productive? Firm-level evidence on the productivity effects of mobile internet use,” *Telecommunications Policy* 40.9 (2016): 888 – 898.

Billari, Francesco C., Osea Giuntella, and Luca Stella, “Does broadband Internet affect fertility?” *Population studies* (2019): 1 – 20.

Castellacci, Fulvio, and Clara Viñas-Bardolet, “Internet use and job satisfaction,” *Computers in Human Behavior* 90 (2019): 141 – 152.

Dettling, Lisa J., "Broadband in the labor market: the impact of residential high-speed internet on married women's labor force participation," *Industrial and Labor Relations Review* 70.2 (2017): 451-482.

Ford, George S., "Is faster better? Quantifying the relationship between broadband speed and economic growth," *Telecommunications Policy* 42.9 (2018): 766-777.

Hjort, Jonas, and Jonas Poulsen, "The arrival of fast internet and employment in Africa," *American Economic Review* 109.3 (2019): 1032-1079.

Martin, Chris J., "The sharing economy: A pathway to sustainability or a nightmarish form of neoliberal capitalism?" *Ecological economics* 121 (2016): 149-159.

Rifkin, Jeremy. *The zero marginal cost society: The internet of things, the collaborative commons, and the eclipse of capitalism.* St. Martin's Press, 2014.

Schor, Juliet, "Debating the sharing economy," *Journal of Self-Governance and Management Economics* 4.3 (2016): 7-22.

Zheng, Shilin, Yuwei Duan, and Michael R. Ward, "The effect of broadband internet on divorce in China," *Technological Forecasting and Social Change* 139 (2019): 99-114.

B.4
生产要素数字化和经济发展的新旧动能转换

徐 翔 赵墨非*

摘 要： 本报告提出一种新的生产要素——数据资本的概念，并将其与传统意义上的ICT资本相区分。报告通过构建包含数据资本的经济增长模型，分析信息和数据这一类新的生产要素对于经济增长的直接影响和溢出效应，及其与ICT资本和传统资本之间的作用关系。通过对模型的求解报告发现，从供给侧提升经济发展质量的关键在于同步提高数据资本投入和信息化水平，数据资本对于经济增长的溢出效应的大小则取决于其对于一般生产技术和数据处理技术的影响系数。具体的，报告发现现有研究通常采用的可测度的全要素生产率高于剥离数据资本后的实际全要素生产率，并提供了支持这一判断的实证证据。报告还发现，将数据资本和ICT资本相区分后，均衡中的稳态增长率比单纯考虑ICT资本时有所降低，这与近年来实证研究的反馈相一致。

关键词： 数据资本 ICT资本 溢出效应 高质量发展

* 徐翔，博士，中央财经大学经济学院副教授，主要研究方向为中国经济、经济增长、经济结构；赵墨非，博士，首都经济贸易大学国际经济管理学院助理教授，主要研究方向为经济理论、产业组织。

引 言

改革开放四十年以来，中国经济实现了年均接近10%的高速增长，人民生活水平迅速提高。进入21世纪的第二个十年，中国经济增长放缓已成基本趋势，经济下行压力不断加大，中国经济面临迫切的转型升级需求。中国共产党第十九次全国代表大会上，习近平总书记指出，我国经济已由高速增长阶段转向高质量发展阶段。2018年两会上公布的国务院政府工作报告进一步提出“按照高质量发展要求，统筹推进‘五位一体’总体布局和协调推进‘四个全面’战略布局，坚持以供给侧结构性改革为主线，统筹推进稳增长、促改革、调结构、惠民生、防风险各项工作，决胜全面建成小康社会”的工作目标。实现从高速增长向高质量发展的转变已经成为当前中国经济发展和结构调整的关键性任务。

高质量发展具有十分丰富的现实内涵。从经济增长的角度，实现高质量发展的关键是从根本上改变我国经济增长依赖劳动力和资本这两类要素投入的基本事实，实现生产方式的全面升级和生产效率模式的重塑（袁富华等，2016）。刘世锦指出，在高质量发展阶段，中国经济的增长来源应该有五个，分别是低效率部门的改进、低收入阶层的收入增长和人力资本提升、消费结构和产业结构的升级、前沿性创新（尤其是在数字技术领域）以及绿色发展。充分发挥这些增长来源的关键在于大力发展数字经济，尤其是为社会生产提供基于信息通信技术、互联网、云计算、大数据和人工智能等先进技术的新生产要素，推动实体经济和数字经济高度融合发展。报告即从这一角度入手，着力于探讨数字经济的资本构成和数字经济发展推动经济增长的基本逻辑。

时至今日，数字经济已经成为我国落实国家重大战略的关键力量，对于实施供给侧改革、创新驱动战略具有重要意义①。中国目前已经成为世界公

① 胡雯：《中国数字经济发展回顾与展望》，人民网理论频道，2018年8月16日。

认的数字化大国，在互联网使用者数量、数字经济总体规模、互联网基础设施规模等指标上均位居世界前列，诞生了以百度、阿里巴巴、腾讯（BAT）等一批居于国际领先位置的互联网企业，同时也形成了包含网络服务、电子商务、社交平台等在内的全面的数字经济生态和数字化场景，中国的数字经济已经进入发展的成熟期。然而这一发展过程并非一帆风顺，在“互联网+”深度融合的过程中也出现了一些比较突出的问题，从部分细分行业出现的过度投资和恶性竞争，到打着互联网旗号的P2P金融出现普遍爆雷，再到部分电子商务和网络服务领域出现的比较突出的垄断和寡头现象，都意味着我国数字经济的发展面临前所未有的严峻挑战。

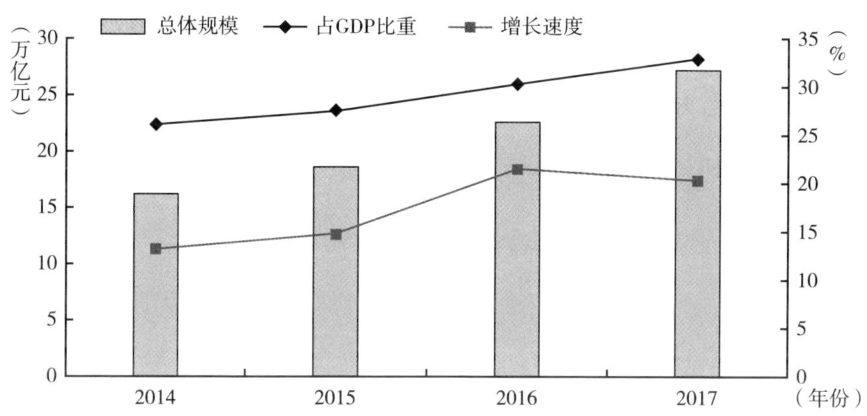

图1　我国数字经济发展规模（2014～2017年）

资料来源：中国信息通信研究院。

事实证明，发展数字经济推动我国经济增长的关键渠道之一是提升我国经济的有效供给能力，这也是供给侧结构性改革的主攻方向。通过“三去一降一补”扩大有效供给，以及互联网与制造业、物流业和农业等传统产业的深度融合，能够有效促进产业组织、商业模式、供应链管理创新，大幅提高生产运营和组织效率，推动传统产业全面升级。为了最大化数字经济对于经济增长的促进作用，就需要对数字经济和实体经济高度融合下的经济发展路径及经济增长模式有充分的认知，了解进入新常态后的社会生产组织同

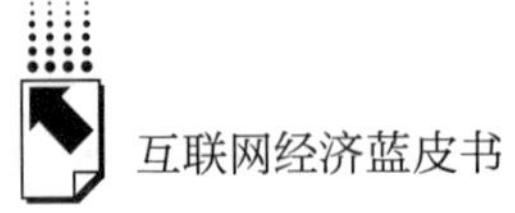

之前有何区别，构建包含各类新生产要素的新经济增长理论，了解这些新生产要素如何促进生产效率提升和科研创新发展。

发达国家的数字经济发展历程和与之相关的经济学研究能够为我国实现高质量发展提供经验借鉴。美国在20世纪90年代中后期经历了一段数字经济高速发展时期，被称为美国的“新经济”发展阶段，也催生了一批研究信息通信和互联网技术（ICT）与经济增长关系的理论和实证文献，分析ICT资本深化、ICT生产部门的全要素生产率提升和ICT资本的溢出效应对于经济增长的影响。虽然在参数估计上存在差异，此类研究大多支持信息通信和互联网技术是美国新经济发展阶段经济高速增长的主要原因这一判断（Jorgenson，2001；Oliner et al.，2007等）。一些学者采用类似的实证方法预测欧洲和中国经济增长，发现20世纪90年代开始ICT技术也在一定程度上提升了这些国家和地区的增长速度和增长质量，但是影响规模和发挥作用的时间范围都弱于美国（van Ark and Inklaar，2005；徐升华和毛小兵，2004；蔡跃洲和张钧南，2015）。

综观已有研究可以发现，现有经济增长理论强调传统资本、劳动和ICT资本的重要性，而与数字经济联系同样密切的信息、数据等因素在经济增长中的作用并没有得到充分体现，或常和ICT资本混为一谈。然而，近年来，越来越多的实证研究（具体内容较多，将在文献梳理一节详述）表明，无论是将数据资本的效应忽略，或是用ICT资本一以代之，均会影响对经济增长的准确估算，并进一步导致对宏观经济的预测和现实数据出现严重偏差。针对此现象，报告提出“数据资本”的概念，并与传统意义上的ICT资本相区分。

在数字经济的大环境下，信息、数据（以下合称“数据资本”）和传统资本、ICT资本的角色，影响生产和资本积累的方式均有显著不同，将之忽略或和另外两种资本混为一谈，正是传统理论的实证表现不佳的主要原因。在数字经济时代，数据资本已成为经济增长的重要引擎，与ICT资本、传统资本相比，它们通过不同的渠道进入资本积累和全要素生产率；而且，它们不仅直接作为生产要素促进经济增长，也可以通过优化企业的生产要素配置间接提升社会生产效率，甚至推动政府职能转化，促进产能升级和经济结构改善，具有明显的“干中学”的特点。因此，从供给侧结构性改革的角度来看，厘清数字化生产要素和经济增长之间的关系对于我国发展数字经济、推进高质量发展，乃至通过生产要素的数字化推动增长方式转变和高质量发展的实现有重要意义。

报告通过构建一个包含数据资本的经济增长理论模型分析数据资本对于经济增长的直接影响和溢出效应，描述数字经济高速发展期我国经济的潜在增长路径。我们首先关注于供给侧的生产安排，建立一个包含数据资本、ICT 资本和传统物质资本的生产函数。通过分析稳态增长我们发现，从供给侧提升经济发展质量的关键是提高数据资本投入水平和 ICT 资本占总的物质资本投资中的比重，也可以解读为企业、行业和宏观经济的信息化水平。在这一部分中，我们提供了一个完全使用可观测的指标进行实证分析的方程，解决了现有文献中数据资本和 ICT 资本的部分指标难以被观测、产出难以被量化的问题。进一步研究发现可测度的全要素生产率要高于剥离数据资本的实际全要素生产率，这一发现对于之后关注全要素生产率的研究有借鉴意义。

在构建生产函数之后，我们建立报告的主要模型，在前述的基础框架中加入“干中学”机制。首先，在生产端我们提供了一个可以用于实证的计算数据资本通过“干中学”机制对于经济增长的溢出效应的线性方程。进而，我们引入家庭部门的偏好选择，建立完整的内生增长框架。我们使数据资本和 ICT 资本通过不同的途径进入资本和总生产率的累积过程，避免了以往研究中 ICT 资本身兼资本和技术二职，夸大其对经济增长的贡献率的缺点。我们对这一经济的稳态进行研究，发现，当资本回报恒定条件满足时，经济体存在一个非平衡增长的稳态，其中数据资本的增长高于其他部门的增长。该稳态的增长率介于不考虑 ICT 资本和数据资本的增长率和传统的含 ICT 资本的干中学模型的增长率之间，这呼应了我们之前提到的实证结论。通过报告分析，笔者希望通过引入数据资本，并将其与传统的 ICT 资本相区分，从生产要素数字化的角度在厘清数字经济发展和经济增长之间的逻辑关系，为我国实现从高速增长阶段向高质量发展阶段的转变提供更明确的标的，引出更准确可行的思路。

报告余下部分的主要结构如下：第二部分为已有文献梳理和简单评述。第三部分建立了一个引入数据资本的经济增长模型分析数据资本的投入对于经济增长的直接影响，同时探讨加快进入高质量发展阶段的可行方式。第四部分通过在前一节的模型中引入“干中学”机制探讨数据资本对于经济增长的间接影响。第五、六、七部分对模型使用的数据来源进行讨论，校准模型参数，进行数据模拟并将拟合结果与现实数据进行比较。第八部分总结全文并给出基于报告分析框架的研究展望。

一 文献梳理和理论发展现状分析

已有研究中关注生产要素数字化与经济发展模式之间关系的文献多从分析信息、通信及互联网技术对于经济增长的影响方式的视角开展。此类文献被部分学者称为新经济增长理论。在大数据技术逐渐发展壮大、得到产业界充分重视之前，文献中罕有专门探讨大数据和有关储存及传输技术对于经济发展的影响的理论及实证文章。因此，这一部分的文献梳理将重点关注同生产要素数字化关系最密切的 ICT 技术发展，以及其和经济增长之间关系的相关文献。

研究经济增长的学者对 ICT 技术的关注起始于对于 20 世纪末到 21 世纪初美国经济的快速增长尤其是全要素生产率的迅速提高这一现象背后的驱动力的探究。从 20 世纪 90 年代中期开始，美国经济出现了一段接近十年的持续性的以“高增长、低失业、低通货膨胀”为主要特征的经济繁荣，被新闻媒体定义为美国的“新经济”（New Economy）发展阶段。在这一时期，ICT 技术有关投资的增长速度相比之前增长了接近一倍，ICT 技术对于企业生产效率的提升作用逐渐浮现，主流经济学界认为这一变化可能是美国进入新经济阶段的发展的最重要的动力源泉，相关文献中比较突出的包括 Jorgenson（2001）、Oliner 等（2007）等。其中 Jorgenson（2003）估计美国经济在1995~2000年的经济增长速度比前一阶段（1990~1995年）高接近2%，这一增速提升主要由企业增加对于ICT技术的投资、全要素生产率的增长和劳动力质量的提高导致。Kretschmer（2012）梳理了研究ICT技术投资和生产率增长的关系的实证文献，得到的一致结论是在国家层面对于ICT技术的投资增加10%，能够将经济增长速度显著提高0.5%~0.6%。虽然有部分文献指出这一结果存在一定问题（Hempell，2005a；Tambe and Hitt，2010；Bloom and Reenen，2010），但这些文献也都在很大程度上肯定了ICT技术对于经济增长的重要贡献，只是在具体参数估计方法上有进一步改进的空间。

根据所关注的影响渠道的不同，研究ICT技术驱动经济增长的文献可以大致划分为两类。第一类可以被归纳为“ICT技术中心论”（Oliner et al.，2007），重点关注ICT技术对于经济增长的直接拉动作用。此类文献通过实证检验和案例分析，认为ICT技术对于经济增长的拉动至少存在以下三个途径。第一，通过ICT技术产品生产部门的全要素生产率的提高（Dewan and Kraemer，2000；Inklaar，2005）；第二，通过ICT技术产品使用部门的ICT技术资本深化，亦即企业、产业和宏观经济中ICT技术投资占总投资的比重上升（Oliner and Sichel，2000）；第三，通过ICT技术产品使用部门的科研创新和生产过程的重新组织。也有部分文献指出，以上研究得到的结论并不稳健，例如，Gordon（2000）研究表明20世纪末美国ICT技术产品生产部门全要素生产率确实得到提高而ICT技术对于整体经济增长率的促进作用并不显著。

与“ICT技术中心论”相对的第二类文献可以被归纳为“ICT技术协同论”，此类文献关注的重点是ICT技术和有关产品是否对于宏观层面和行业层面的生产率增长存在类似于内生经济增长理论中的“知识外部性”的溢出效应，对于这一溢出效应的讨论往往关注与之近似相同的一个问题，那就是ICT技术本身是不是一种通用目的技术（General Purpose Technology，GPT）。Bresnahan和Trajtenberg（1995）最早提出通用目的技术的概念，用来定义广泛提高经济发展水平和人类生活水平的关键性的新技术，将之与仅影响特定部门和特定生产过程的专业目的技术区别开来。根据他们的归纳与总结，可以被看作通用目的技术的技术发明具有以下三个突出特征：在社会生产过程中的通用性（pervasiveness），对于已有社会生产活动效率显著改进的渗透性（improvement），以及对于产品创新和过程创新的启发性（innovation spawning）。20世纪以来同时符合这三类特征的技术包括汽车、飞机、大规模生产、计算机、互联网、生物科技以及人工智能等领域技术。

为了正确理解ICT技术对于经济增长的综合作用，首先需要准确把握的一点是ICT技术到底是不是一种通用目的技术。Basu和Fernald（2007）基于1987~2004年行业层面的美国经济数据开展的实证研究肯定了ICT技术作为一种通用目的技术所发挥的促进企业增加补充性投资、提高产业组织效率和管理能力的作用，同时发现了ICT技术投资的提高对经济增长的影响具有时间上的滞后性。Gordon（2000）通过增长核算得出的结论是美国20世纪90年代的经济增速回升主要来自ICT技术产品的生产部门，而对于剩下的占国民总收入接近90%的经济部门ICT技术并没有直接的提升作用，ICT技术的资本深化似乎也没有发挥提升生产率的作用。此外，此类研究面临的一大难题是如何准确度量ICT资本和生产率。如果ICT技术确实为一种通用目的技术，那么为了运用这一技术就需要额外投入其他类型的补充资本、组织资本和人力资本。一个比较典型的例子就是，如果一个传统制造企业仅仅购入一套新的企业生产数据服务器系统，却没有购置安排专门的信息管理软件，也没有配置专门的IT操作部门和培训系统，那么这一ICT技术投资本身并不会带来多少效率提升，因此在ICT技术投资外的额外投资是充分利用ICT技术促进生产率提高的必要条件。而在现实中这些额外投资很可能是无形或者难以直接量化的，这就导致了ICT技术的溢出效应被高估。在对于ICT技术投资和其相关投资的统计方法得到显著改进之前（无论是宏观、行业还是企业层面），数据质量和准确性，尤其是对于包括中国在内的发展中国家的信息通信技术和网络技术的数据将是此类研究面临的主要困难。

分析信息通信技术对于经济增长作用的文献的理论框架大多建立在新古典增长或内生增长理论的基础模型上。其中，采取“ICT技术中心论”视角的文献大多采用新古典框架，而采取“ICT 技术协同论”视角的文献多采用内生或半内生增长框架。在具体的模型设置上，大部分文献采用单部门模型进行分析，也有一定数量的文献采用两部门模型（Basu and Fernald，2007），将整个经济体分为生产 ICT 技术产品或广义的投资品的生产部门，以及生产非 ICT 技术产品或消费品的生产部门（Venturini，2007），以充分考虑 ICT 技术产品对于社会生产过程的溢出效应。采用两部门模型无疑能够更全面地把握 ICT 技术对于经济增长的影响，但是为了描述溢出效应而对于已有增长模型附加的额外假设很可能会直接决定模型得到的结果，打破了模型具有的一般性特征。从这个角度来说，两种模型都具有学理上的合理性和必要性，需要根据研究目的进行合理取舍。

基于 ICT 技术促进经济增长的理论框架，已有文献开展的经验分析主要采取两种不同的实证策略：生产率预测和增长核算。其中，生产率估计更多地关注 ICT 技术的资本深化对于劳动生产率或全要素生产率的影响是否显著，而增长核算则围绕估计 ICT 资本对于经济增长的贡献展开。从方法论上区分，前一种为参数估计，而后一种则为非参估计。

通过假设生产函数的基本形式，可以在企业、行业和宏观层面进行生产率预测。估计方程解释变量一般为总产值，在企业和行业层面为增加值。被解释变量则包括 ICT 资本、其他资本、劳动力投入和各类控制变量。通过带入实际数据进行实证分析，生产率预测试图识别 ICT 技术投入和生产率之间的因果关系和参数大小。事实上，大多数此类研究都发现 ICT 资本对于生产率有着显著为正的拉动作用（Black and Lynch 2004；Bloom et al.，2010 等一系列研究）。Kretschmer（2013）对于此类实证文献的结论的聚类分析表明，多数研究预测的产出弹性在 0.05～0.06 之间，且这一产出弹性自 20 世纪 80 年代开始有逐渐增加的趋势。此类研究不可避免地存在一定的内生性问题，主要体现在企业对于 ICT 技术的投资受实际产出和生产率的影响。为了消除内生性，一部分研究采用 Arellano-Bond 系统矩估计方法（Hempell，2005a；Tambe and Hitt，2010），另一部分研究则建立结构化模型预测若干结构方程（Koutroumpis，2009），这两类研究都在一定程度上缓解了内生性

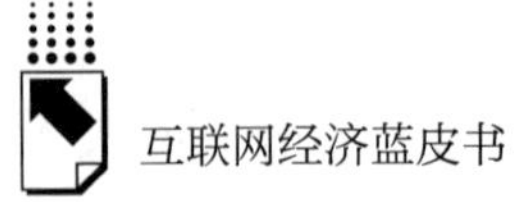

问题。除了大多数研究使用的 C－D 生产函数外，也有一部分研究使用 CES 生产函数进行预测，得到的企业层面的预测结果与 C－D 生产函数下基本一致（Dewan and Min，1997；Hempell，2005a）。

采用增长核算法估算 ICT 技术投资对于经济增长的贡献，其背后的基本逻辑是技术进步导致的 ICT 技术产品相对价格下降导致了此类投资规模的上升，这一判断的基础是广为人知的摩尔定律：当价格不变时，集成电路上可容纳的元器件的数目，每隔 18～24 个月便会增加一倍，性能也将提升一倍。从固定价格的视角看，每一美元所能买到的电脑性能，将每隔 18～24 个月翻一倍以上。一个常用的估算 ICT 技术的增长贡献办法是将信息资本深化的贡献（替代效应）加上 ICT 技术产品制造部门的全要素生产率提升（渗透效应）除以劳动生产率的增长（蔡跃洲和张钧南，2015）。Oliner 等（2007）和 Jorgenson 等（2008）预测在 1995～2000 年的美国新经济发展阶段 ICT 技术贡献了超过 70% 的劳动生产率增长，与之相对的，同一时期欧洲的劳动生产率增长中仅有 45% 来自 ICT 技术投资（van Ark，2003）。此外，北京师范大学经济与资源管理研究课题组（2001）估算我国网络经济对经济增长的贡献从 1992 年的 1.84% 提升到 2000 年的 6.08%，茹少峰和刘家旗（2018）估计 1990～2016 年网络经济资本深化对我国全要素生产率的贡献为 20.6%。对于 ICT 技术的增长核算法的批评主要集中在这一方法不能直观地体现经济增长的真实动力，对于生产函数的形式要求更加严格，也没有考虑到调整成本、要素使用成本等一系列因素，其完全竞争和边际效用不变的基本假设同样饱受质疑（Oliner et al.，2007）。

通过上述对已有文献的梳理，可以看出对于 20 世纪 90 年代以来发达国家的经济增长，已有文献更多地从 ICT 技术投资的角度去解释，将 ICT 有关产品看作一种相对传统投资品更加高效的要素投入。这一新经济增长理论和在此之前的创新驱动经济增长理论（Aghion and Howitt 2007 等）一起，成为当前解释和预判各国经济增长趋势和发展方向的前沿理论。然而，无论是新经济理论还是创新驱动理论，在用 ICT 投资和技术创新解释经济增长的过程中都面临一些难以逾越的问题。一方面，新经济增长理论重点关注 ICT 资本深化和随之而来的溢出效应，然而大多数已有研究并没有讲清楚ICT资本和传统物质资本之间的区别到底在哪里，ICT技术及有关产品的具体内容也模糊多变，用于实证分析的数据也缺乏一致性；另一方面，创新驱动增长理论假定知识可加，经济中总的知识存量等于各企业生产知识的总和。而事实上，和劳动及物质资本不同，知识本身难以准确量化。此外，新经济增长理论和创新驱动增长理论都鲜有考虑企业对技术进步的吸收能力这一异质性特征，这些模型中对于个体完美预期的假定也不符合现实情况。最近的一些研究也提出，在对数据和实证方法进行修正之后的经验分析的结果是技术进步、创新乃至ICT资本对于全要素生产率尤其是非ICT生产部门的全要素生产率的贡献很小，甚至没有影响，使学界开始重新审视这些增长理论的现实依据。

二　考虑数据要素的经济增长：数据资本的直接投入

为了在一定程度上消除新经济增长理论和创新驱动增长理论在解释现实经济中遇到的困难，笔者认为有必要提出一个全新的、基于上述两类理论的、充分考虑数字经济特征的经济增长框架用于分析和预测。从之前的文献综述可以看到，现有新经济增长理论的一个明显的不足是此类研究的核心变量ICT之一：技术资本既被当作技术也被当作资本，将ICT资本同时放入技术方程和资本积累方程几乎肯定会得出ICT资本对于经济增长的影响远高于传统生产要素的结论。虽然经验证据在一定程度上对这一结论提供了支持，但正如文献综述中所提到的，对数据和实证方法进行修正后的ICT资本的贡献率要显著降低，进一步说明现有文献中对于ICT资本的处理方式具有进一步改进的空间。报告通过引入一个新的生产要素类型——数据资本弥补这一缺陷。

信息和数据是数字经济的核心内容。20世纪90年代以来的经济增长文献对于ICT技术和知识的关注程度很高，然而对于信息与数据的重视不足。事实上，ICT技术和有关产品、投资本身可以被看作信息和数据的载体和存储介质，新知识的产生在很大程度上也是围绕着数据开展的。近些年来，大数据、区块链、机器学习和人工智能等新型技术不断兴起，被认为是第四次工业革命的核心驱动力，而这些新型技术的基础是海量的数据以及为数据服务的传输、储存和分析技术。为了更好地描述数字经济时代下的经济增长，有必要充分考虑数据对于经济增长的重要作用，将信息和数据从 ICT 资本和技术创新中分离出来。

在表 1 中笔者列出了在社会生产缓解 ICT 技术、数据和生产用知识之间的主要区别。如果将信息和数据看作一种单独的生产要素投入，那么新经济增长理论和创新驱动经济增长理论所面临的很多问题都能迎刃而解。第一，ICT 技术资本可以被看作生产、储存和传输信息及数据的现实载体和基础设施，这对于 ICT 技术资本和传统物质资本的区分更加明晰。第二，信息和数据具有一定程度的可加性且为各企业所专有。将专用（Special purpose）的信息和数据从通用（General purpose）的知识中分离出来，能够让生产函数的设定更符合现实。第三，无论是宏观经济、行业还是企业，对于信息、数据和创新的吸收能力在很大程度上取决于其 ICT 技术资本存量。这就在一定程度上解释了相同水平的科研和信息技术投入对于不同国家的经济增长或者不同行业和企业的增加值增长的影响为何不同。

表 1　ICT 资本，信息与数据和生产用知识的特点

信息通信和互联网(ICT)资本	信息和数据	生产用知识
➢ 和传统物质资本存在一定替代关系 ➢ 大多数情况下需要信息和数据才能发挥作用 ➢ 被认为是一种通用目的技术，内涵日益丰富	➢ 具有一定程度的可加性和可统计性 ➢ 需要 ICT 资本作为介质 ➢ 既是生产的投入也是生产的产出 ➢ 对于经济增长的贡献不断提高	➢ 可加性存疑 ➢ 难以准确量化 ➢ 知识生产过程抽象，依赖模型设定 ➢ 和信息与数据关系密切

为了更好地描述信息和数据作为一种生产要素在经济增长中发挥的作用，报告在生产函数中引入数据资本（Digital capital）这一新的无形资本。数据资本描述了经济个体（国家、行业、企业）在生产过程中使用和积累

的数据和信息，既是生产的一种要素投入（Input），同时也是生产的一种无形产出（Output）。和一般意义上的物质资本相似，我们假设存在完全竞争的数据交易市场①。企业的数据投入因而取决于信息与数据的载体和技术设施——ICT 资本②的价格水平。根据摩尔定律，这一价格水平持续性下降，推动企业增加对于 ICT 资本和数据资本的投资。

在本节中我们通过构建一个包含数据资本、ICT 资本和传统物质资本的经济增长模型来描述数据资本的直接投入对于经济增长的直接影响。在报告的模型中，数据资本和 ICT 资本相互补充，共同进入生产函数，和传统物质资本及劳动力一起进入生产过程。本节的基础模型专注于供给侧的要素投入和说明数据资本在其中的影响，因此暂不考虑需求侧的具体特征，我们将留待下一节中建立包含家庭和企业的市场完整模型，并对均衡下的增长路径加以分析。

本节的基础模型采用的生产函数如下：

$$X_t \equiv Y_t + D_t = F[Z_t G(K_t^{IT}, B_t), K_t^{NT}, L_t] \tag{1}$$

其中 K_t^{IT} 为 ICT 资本，B_t 为数据资本，K_t^{NT} 为非 ICT 资本或传统物质资本，L_t 为劳动力投入，Y_t 为实物产出，D_t 为数据产出。我们假设 F 和 G 都为一阶齐次函数。为了简化模型，我们在基础模型中考虑完全竞争、规模报酬不变的情况，同时假设资本重置成本为 0。

我们使用的模型中的生产者从资本市场尚以相同的利率成本 r 租用 ICT 资本（K_t^{IT}）和传统物质资本（K_t^{NT}），我们假设这两类资本的折旧率相同，则其资本积累公式为：

$$K_t^{XT} = I_t^{XT} + (1-\delta) K_{t-1}^{XT}, \quad X = I, N \tag{2}$$

模型中的生产者还需在生产过程中投入数据资本，换言之，收集、整理

① 在现实中数据的交易是普遍存在的。需要注意的一点是，被交易的数据很多时候由统一的数据平台提供，这些平台提供的更多的是公开数据的整合服务而非数据本身，因此不同于一般定义的市场机制。

② 这里的 ICT 资本既包括硬件也包括软件。

和分析信息与数据以指导生产过程，同时在生产和交易过程中获得新的数据，增加自己的数据资本存量。对于数据资本的积累我们采取和 Venturini（2007）中类似的假设，认为数据资本的提升既来自数据量的上升也来自数据处理、储存和分析技术的提高：

$$B_t = q_t D_t + B_{t-1} \tag{3}$$

式（3）中 q_t 表示数据处理技术。在本节的基准框架中，我们假设 q_t 是外生的，而在下一节中我们将把 q_t 内生化。同时我们假设数据资本的折旧率为 0，其背后的基本逻辑是随着云存储等技术的发展和改进已有数据可以在一定程度上被认为是一直存在、可随时调用的。

为了进一步说明数据资本和 ICT 资本之间的关系，受 Basu 和 Fernald（2007）启发，笔者假定公式 G 满足 CES 生产函数形式：

$$G = \left[\varepsilon K^{IT\frac{\theta-1}{\theta}} + (1-\varepsilon) B^{\frac{\theta-1}{\theta}}\right]^{\frac{\theta}{\theta-1}} \tag{4}$$

这一生产函数形式确定了数据资本和 ICT 资本之间固定的替代弹性。考虑到信息和数据与 ICT 技术的高度互补性，这一函数设定是基本符合现实的。

通过对方程（1）进行微分我们可以写出生产投入和产出的增长率形式：

$$g_X = \frac{Y}{X} g_Y + \frac{D}{X} g_A = \frac{F_{KIT} K^{IT}}{X} g_{K_{IT}} + \frac{F_B B}{X} g_B + \frac{F_{KNT} K^{NT}}{X} g_{K_{NT}} + \frac{F_L L}{X} g_L + \frac{F_Z Z}{X} g_Z \tag{5}$$

以及实物产出增长率的表达形式：

$$g_Y = \frac{F_B B}{Y} g_B + \frac{P_{KIT} K^{IT}}{PY} g_{K_{IT}} + \frac{P_{KNT} K^{NT}}{PY} g_{K_{NT}} + \frac{WL}{PY} g_L + \frac{F_Z Z}{Y} g_Z - \frac{D}{Y} g_D \tag{6}$$

根据公式（6）我们可以写出可测度的、已有不含数据资本的研究所常用的全要素生产率（Measured Total Factor Productivity，以下简称 MTFP）的增长表达形式：

$$g_{MTFP} = \frac{F_B B}{Y} g_B - \frac{D}{Y} g_D + \frac{F_Z Z}{Y} g_Z \tag{7}$$

在经济进入稳态、q_t为外生的情况下，由资本积累公式（3）可知 B 和 D 的增速相同。将其带入公式（7），同时带入实际全要素生产率后可得：

$$g_{MTFP} = \frac{F_B B - D}{Y} g_B + g_{TFP} \tag{8}$$

公式（8）和公式（9）给出了存在数据资本时的可测度的全要素生产率的表达式。从中可以看出，在从索洛剩余中剥离出数据资本后，可测度的全要素生产率取决于实际全要素生产率和数据资本的增长率。在经济进入稳态的情况下，已知稳态增长率 g 和稳态利率 r^*、g_D 的系数可以重新表示为：

$$\beta_D \equiv \frac{F_B B - D}{Y} = \frac{B}{Y}\left(F_B - \frac{D}{B}\right) = \frac{B}{Y}\left(r^* - \frac{g}{1+g}\right) \tag{9}$$

在一个动态有效的长期增长模型下，这一系数恒定为正[①]。这就说明实证研究中常用的、不考虑数据资本的全要素生产率测度要高于考虑数据资本的实际全要素生产率。

为了替换掉公式（9）中难以直接测度的数据资本增长率，方便这一估计方程在实证研究中的运用，我们考虑生产者对于 ICT 技术和数据投入 G 最小化成本的子问题。在投入成本最小的合理假设下，通过求解这一子问题可以得到 ICT 技术资本和数据资本应满足以下一阶条件：

$$g_B = g_{KIT} + \theta \Delta \ln\left(\frac{P_{K.IT}}{P_{K.B}}\right)_t \tag{10}$$

虽然 B 在现实数据中可得性仍存在一定的问题（我们会在第五部分具体讨论这一问题），但注意到，在稳态下，两类资本的租赁价格之比恒定，则将公式（10）带入公式（9）可以得到：

$$g_{MTFP} = \beta_D g_{KIT} + g_{TFP} \tag{11}$$

① Piketty（2013，2014）的一系列实证研究可以作为这一推论的佐证。

通过公式（10）我们看到，可测度的全要素生产率和实际全要素生产率之间的增速大小关系取决于可用ICT资本增速之间的系数正负、大小以及显著性。为了更好地衡量上述结果的准确性，我们采用1977～2013年实际全要素生产率和ICT资本的有关数据加以简单的实证检验作为尝试。我们采用的全要素生产率数据来自白重恩和张琼（2015）的估算结果，ICT资本增长率数据采取蔡跃洲和张钧南（2015）的方法通过国家统计局网站上的投入产出数据、《中国电子信息产业统计年鉴：1949～2009》和2010～2013年的《中国电子信息产业统计年鉴》。考虑年份固定效应和劳动人口增长、专利授权量等已有文献常用的分析生产率的指标作为控制变量后的回归结果如表2所示。

表2　全要素生产率增速和ICT资本增速

	被解释变量:可测度的全要素生产率(MTFP)	
	(1)	(2)
ICT资本	0.0345(***)	
ICT硬件		0.04234(***)
ICT软件		0.02136(**)
年份固定效应	是	是
控制变量	是	是

注：（***）和（**）分别表示在1%和5%的水平下显著。

通过表2可以看到，ICT资本增长率的系数显著为正。将ICT资本进一步区分为ICT硬件资本和ICT软件资本的回归（2）也得到类似的结果。由此可以推断，公式（10）描述的全要素生产率和ICT资本的关系确实可能存在。当然，这一关系是否稳健需要更加细致的实证分析作为佐证，在报告中由于篇幅和研究重点不做进一步展开。

由公式（7）和公式（11）可知，假设人口增长率为0，经济体的产出增长率为：

$$g_Y = \left(\beta_D + \frac{P_{KIT} K^{IT}}{PY}\right) g_{K_{IT}} + \frac{P_{KNT} K^{NT}}{PY} g_{K_{NT}} + g_{TFP} \tag{12}$$

从公式（12）中我们能够比较清晰地看出通过改变要素投入结构，最终实现高质量发展的一种可行路径。在传统物质资本的自然增长率和投资回报率都已不可避免地逐渐降低的大背景下，推动高质量发展的关键在于提高ICT投资在整体投资中的比重，通过ICT投资和具有互补性的数据资本投资实现有效而高质的经济增长。通过模型分析还可以看出，仅仅依靠ICT资本自身难以发挥超出传统资本的作用；通过和数据资本相结合，提高生产效率，ICT资本能够在很大程度上弥补传统资本和劳动力的低效投入。随着传统物质资本的逐步饱和及人口红利的逐步消失，“数据红利”可以使ICT资本发挥高于其自身初始投资回报（$\frac{P_{K^{IT}}K^{IT}}{PY}g_{K_{IT}}$）的额外作用（$\beta_D>0$）。因此我们给出以下判断：大力发展数字经济，尤其是不断促进数据资本和ICT资本积累，能够使中国经济加快实现向高质量发展的转变，是破解中国经济当前面临的增长速度下行和生产效率降低的双重困境的关键。

三　数据要素对经济增长的溢出效应：“干中学”机制

在上一节中我们描述了数据资本通过资本深化对于经济增长的直接影响。不仅如此，数据资本和与之密切相关的ICT资本和生产性知识一样，对于经济增长同样有着显著的溢出效应，这会进一步影响整个经济的增长路径，需要加以考察。

数据资本的溢出效应至少可以体现在两个方面。首先，大数据、云计算和机器学习等和信息与数据关系密切的新技术同样具有通用性、渗透性和对于创新的启发性，因而这些技术在一定程度上都可以视为通用目的技术（GPT）。其次，积累数据资本对于企业运作具有显著的正外部性，能够提高企业生产效率、管理效率和决策效率，提高生产率和资源配置效率。从这个角度来说，考虑数据资本的增长模型不能不考虑数据要素具有的溢出效应。

报告通过在上一节的基础模型中引入“干中学”机制分析数据资本对于经济增长的间接效应。为此，我们参考Arrow（1971）等，假设一般生产

技术 z_t 和数据处理技术 q_t 不再是外生的，而是由以下过程决定：

$$z_t = z_0 f_z(B_t, K_t^{IT}) = z_0 (B_t^v K_t^{IT,1-v})^\gamma \tag{13}$$

$$q_t = q_0 f_q(B_t, K_t^{IT}) = q_0 (B_t^u K_t^{IT,1-\mu})^\lambda \tag{14}$$

公式（13）和（14）中的 z_0 和 q_o 为初始水平，B_t 为数据资本，K_t^{IT} 为 ICT 资本。公式（13）和公式（14）表现了数据资本作用下新的经济增长逻辑，其具体的含义是，一个经济体积累的数据资本越丰富，对应的资本水平越高，生产者就能够通过学习拥有更高水平的一般生产技术和数据处理技术，通过高效率的生产和数据处理能够更快地积累数据资本和更高效地进行生产，进而提高经济增长速度。γ 和 λ 反映了数据资本和 ICT 资本的积累带来的溢出效应的大小。我们参考 Jones（1995）、Felbermayer 和 Licandro（2005），假定 $0 < \gamma < 1$，$0 < \lambda < 1$，且假设社会的资本回报恒定，即

$$\lambda[vr + (1 - \varepsilon)\alpha] = (1 - \alpha - \beta - r)(1 - \lambda u) \tag{15}$$

在对整个经济的均衡路径进行分析之前，我们先单独针对供给侧进行一些初步分析，根据公式（13）和公式（14），如果整个经济系统的均衡路径下存在稳态（此时我们还未引入需求侧并说明稳态的存在，这一点将在后面的分析中讨论），则我们可以进一步写出稳态下的两类技术进步速度：

$$g_Z = \gamma g_B \tag{16}$$

$$g_q = \lambda g_B \tag{17}$$

为了得到增长速度的解析解，我们假定生产函数 G 和总体生产函数 F 均为柯布－道格拉斯生产函数，我们忽略劳动可能存在的波动，进而将公式（1）重写为：

$$X = Z_t G_t^\alpha K_t^{NT,\beta} L_t^{1-\alpha-\beta} \tag{18}$$

$$G = K_t^{IT,\varepsilon} B_t^{1-\varepsilon} \tag{19}$$

预算约束为

$$X = c_t + I_t^{IT} + I_t^{NT} + D_t \tag{20}$$

从生产函数的形式可以看出，我们假定引入数据资本的生产函数具有规模报酬递增的性质。这一引入放宽了新古典增长理论关于外生技术进步和人口增长来驱动经济增长的基本假定，说明信息和数据可以在一定程度上提升生产效率，使内生增长理论强调的经济持续增长所需条件更加宽松，从而可以在一定程度上抵消对新古典增长理论的批判。根据这一生产函数，结合人口增量为0的基本假设，我们可以进一步推算出稳态时用数据资本增速表示的总产出 X 的增长速度 g_X：

$$g_X = (\gamma + \alpha + \beta)\, g_B \tag{21}$$

假设实物产出占总产出的比例为 ω（$\frac{Y}{X} = \omega$），根据公式（3）、公式（6）和公式（17），我们可以将公式（21）拓展为：

$$(\gamma + \alpha + \beta)\, g_B = \omega\, g_Y + (1 - \omega)\, g_B \tag{22}$$

进一步用数据资本增速表示总产出增速可以得到：

$$g_Y = \left[\frac{(\gamma + \alpha + \beta) - (1 - \omega)}{\omega}\right] g_B \tag{23}$$

公式（23）给出了数据资本的增长和经济可测度部分的增长之间的关系，因为 ω 可从现实数据的观测中获得，因此它也提供了一个可以用来估算和预测数据资本对于经济增长的溢出效应的估计方程。

四　度量数据资本：统计指标的视角

在上述理论推导之后，为了进一步深入研究数据资本与经济增长和经济发展之间的关系，尤其是定量分析数据资本对于经济增长的提升作用，需要对数据资本的规模和增长率进行准确度量与测算，在此基础上进行深入的实证分析。事实上，对于数字经济规模的测算确实是20世纪90年代美国进入新经济时期以来统计领域的研究热点。Mesenbourg（2000）明确将数字经济的构成划分为三部分：支撑的基础设施、电子商务流程和电子商务交易。

Haltiwanger 和 Jarmin（2000）从数据收集、调查统计、资本存量估算、价格指数调整等方面探讨了数字经济对 GDP 贡献测算的技术细节，然而他们的研究也主要强调统计信息技术基础设施、电子商务、公司和行业结构的重要性、人口和劳动力特征的重要性，没有涉及数据资本这一无形资本的统计问题。目前国内专家学者和研究机构对于数字经济的度量以构建数字经济指数为主，已有的比较成形的互联网和数字经济发展指数包括北京大学国家发展研究院团队发布的新经济指数，腾讯研究院团队发布的“互联网 +”指数，中国信息通信研究院团队发布的中国互联网行业景气指数，及蚂蚁金服研究团队编制发布的新供给——网络消费价格指数等。除了上述民间指标外，国家统计局以新产业、新业态、新商业模式（以下简称“三新”）为核心，以制定“三新”专项统计报表制度为基础，逐步建立新经济统计指标体系框架及测算新经济发展指数方法。这一指标体系的关注重点在于为全面反映国家和地区在加快发展新经济、激发经济新动能方面的潜力、进展和成效提供量化依据，其所提供的一级指标“数字经济”下的二级指标如“移动互联网接入流量增长率”能够在一定程度上反映全国范围内数据资本的积累情况。加强此类数据的收集和统计对于更好地理解生产要素数字化进程并开展实证研究提供极大帮助。

对于数字经济的统计和度量固然重要，然而与之同样重要的是将数字经济按照国民经济的支出类型进行划分，将数字服务消费和数字化投资区分开来。数字服务消费反映了居民收入水平的提高和消费水平的升级，而数字化投资则在一定程度上反映了数据资本的不断扩张及其在经济增长过程中做出的贡献。在度量数字化投资和数据资本的过程中，一个统计上的难点就是区分 ICT 投资和数字投资。在第三部分，我们就为区分 ICT 资本和数据资本提供了一个思路，然而在将这一区分方法运用在投资行为的度量和统计上时，确实面临一定的实际困难。例如在企业为了购置一个数据库和有关软硬件进行投资之后，就很难区分这一项投资中到底有多少属于 ICT 投资（投资于信息通信技术及有关设备），有多少属于数字化投资（投资于数据、信息本身）。根据前面的理论分析，我们得到的一个推论是在经济发展进入稳态时数据资本和ICT资本按照同样的增长速度增长。这种处理方式固然符合新古典增长模型下的平衡增长路径所提出的要求，然而在新古典增长模型的基本假设如边际报酬不变已不断受到质疑的当下，平衡增长路径是否存在也面临现实的挑战，这就要求增长学者更多地将新的经济现实融入理论模型，结合已有数据解释经济增长的动力何在。

五　参数校准

基于第三、四部分的思路并对上述模型进行拓展①，报告模型参数的设定通过模型外校准和模型内校准两步确定。模型外校准即直接借用其他文献或通过实际数据计算求得参数值，而模型内校准则是为需校准的参数设定目标矩，并通过调整参数使模型生成的目标矩与现实数据中的目标矩一致。模型外校准的结果如表3所示。我们首先遵循经典金融文献的管理，设置跨期替代弹性为2。接下来，我们将初始全要素生产率标准化为1。我们参考陈彦斌等（2009）的方法，将传统资本产出弹性和资本折旧率分别定为0.45和0.05。

表3　模型外校准的参数

	参数名称	校准值	来源
初始全要素生产率	z_0	1	
初始数据资本积累效率	q_0	1	
传统资本产出弹性	β	0.45	陈彦斌等(2009)
ICT资本产出弹性	α	0.109	Brynjolfsson & Hitt(1995)
资本折旧率	δ	0.05	陈彦斌等(2009)
跨期替代弹性	σ	2	金融经济文献

基于以上参数，报告在模型内校准其他参数，具体结果如表4所示。主观贴现因子决定了家庭在消费与投资间的抉择，我们使用资本产出比加以估

① 由于篇幅限制，完整的理论推导在此略去，感兴趣的读者可以联系笔者获取。

计。我们采用 Wang 和 Yao（2003）的方法估算出中国资本产出比约为 2.45。“干中学”影响数据资本积累的速率 λ，数据资本积累对数据资本的弹性 μ，生产过程（包括全要素生产率的积累和直接生产过程）对数据资本的弹性 $v\gamma+(1-\varepsilon)\alpha$ 这三个变量则可以用传统资本、ICT 资本（包含硬件和软件）和数据资本的存量作为参数，并用其分别的贡献率作为目标矩，组成方程组校准。其中，传统资本的存量参考了国家统计局历年公布的统计公报，ICT 资本的存量参考了蔡跃洲和张钧南（2015），数据资本存量的数据请见第五节的讨论。传统资本投资的贡献率来自国家统计局历年公布的统计公报，ICT 贡献率来自蔡跃洲和张钧南（2015），数据资本的贡献率我们基于已有数据的估算结果是 0.032。

表 4　模型内校准的参数

	参数名称	校准值	目标矩	目标矩参考的现实数据	由模型生成的目标矩	现实资料来源
主观贴现因子	ρ	0.85	资本产出比	2.45	2.40	Wang 和 Yao (2003)
“干中学”的全要素生产率积累	γ	0.30	传统资本、ICT 资本(包含硬件和软件)和数据资本的贡献率	0.324 0.098 0.032	0.31 0.10 0.03	国家统计局公报,蔡跃洲和张钧南(2015),独立测算
“干中学”的数据资本积累	λ	0.28	由(14)式得出			
数据资本积累对数据资本的弹性	μ	0.43	与 γ 一行同	与 γ 一行同	与 γ 一行同	
生产过程对数据资本的弹性	$v\gamma+(1-\varepsilon)\alpha$	0.44	与 γ 一行同	与 γ 一行同	与 γ 一行同	

六　数值模拟与现实数据的比较

本节运用上节校准得到的参数，对模型进行数据模拟，并和实际数据相比较。

我们编写程序，对家庭部门的行为设置初值，并通过迭代方法，得出的收敛结果即为稳态增长的路径。其中，家庭部门的行为是计算求解的难点，因为在我们的模型中，家庭部门可选的投资项目较多，如果设置多维初值，迭代的计算量过大，也不易得到收敛结果。针对此问题，我们仅对消费一项设置初值，并对收敛路径上每一个时间点的数据，计算家庭部门的各项投资。这样的问题在于初值需要选择得较为贴近最终解，否则会掉入多维函数图形上的其他区域进行自映射，收敛到无经济意义的点或无法收敛。

在对初值进行一系列尝试后，我们得到的结果如图 2 所示：其中，实线是完全忽略 ICT 资本和数据资本的溢出效应的增长路径；点线是我们按第四节模型，将 ICT 资本和数据资本区分考虑后的增长路径；线段是按传统文献设定，ICT 资本既作为资本也作为技术情况下的增长路径。可看到，我们对于增长路径的预测结果在完全忽略 ICT 资本和只考虑 ICT 资本不考虑数据资本的两种情况下的增长路径之间，能够在一定程度上修正实证研究中“不含 ICT 资本就低估经济增长，引入 ICT 资本就高估经济增长”的现象。

然后，我们将模拟的结果和实际数据进行对比其中，经济增长率我们参考了严成樑（2017）的预测，ICT 资本增长率的数据我们参考了蔡跃洲和张

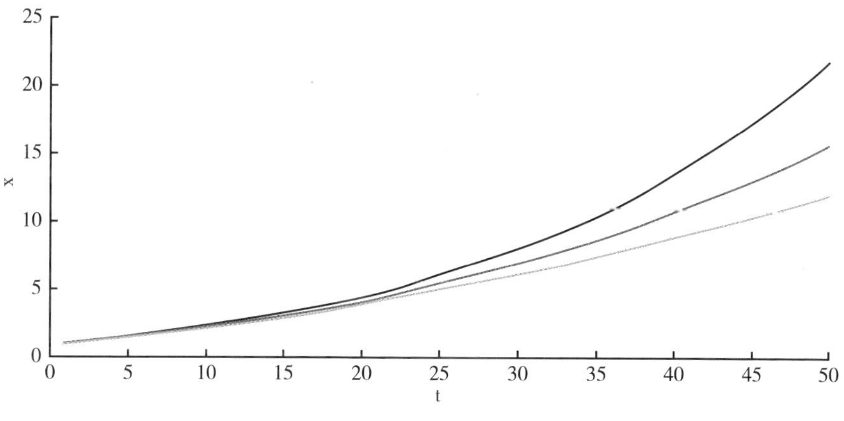

图 2 对于增长路径的数值模拟

钧南（2015），数据资本增长率的数据请见第五节的讨论，在实际操作中我们选取了已有年份的移动互联网接入流量平均增长率进行折算后作为校准参考的现实依据（0.195）。消费占比（2017：0.39，国家统计局），投资占比（2017：0.446，国家统计局），ICT 投资占比（2017：0.065，国家统计局数据估计）。

表 5　数值模拟结果和实际数据的对比

	经济增长率	ICT 资本增长率	数据资本增长率
现实数据	0.065	0.252	0.195
模拟结果	0.070	0.070	0.092
拟合效果	较好	一般	一般
	消费占比	投资占比	ICT 投资占比
现实数据	0.39	0.446	0.065
模拟结果	0.40	0.40	0.11
拟合效果	较好	较好	一般

由此可见，数值模拟的结果对于经济增长率和家庭部门的决策拟合较好，而对于 ICT 和数据资本的增长率拟合一般。尤其是模型中推导的经济增长率，ICT 资本增长率和数据资本增长率之间的关系，未能与实际数据相吻合。这一结果的部分原因可能是我们主要在稳态下进行分析，而中国近年来 ICT 资本和数据资本仍处于井喷式的增长期，并不在稳态路径上，因此我们的数据对于相对平稳的经济形势拟合较好，而对迅速变化中的 ICT 和数据资本效果一般。另一个更重要的原因可能是我国目前对 ICT 资本的统计不全面，对资本存量和增长率的情况反映失真，虽然我们选择的 ICT 资本的增长率和存量的数据来自同一篇文献，但其最初来源也可能存在不一致的情况，而数据资本的存量仅是我们工具性地用网络接入进行粗略估算，也存在失真。因此，为进一步推进对数字经济资本作用的理解和研究，我们迫切需要对 ICT 资本、数据资本的规模、增长率、贡献率更规范、具体的数据统计和准确测算。

七　小结与研究展望

报告通过构建一个包含数据资本的经济增长理论框架，描述了数据资本对于经济增长的直接影响和溢出效应。通过报告的模型分析，笔者发现从供给侧提升经济发展质量的关键是提高数据资本投入和ICT资本占总的物质资本投资中的比重。通过实证分析，作者还发现可测度的全要素生产率要高于剥离数据资本的实际全要素生产率。通过在这一增长框架中加入“干中学”机制和规模报酬递增性质并求解均衡结果，报告提供了一个能够准确说明数据资本通过“干中学”机制对于经济增长的溢出效应的预测方程，为之后的研究提供了一个简明实用的建模思路。

报告的直接的政策含义是，为尽快实现中国经济向高质量发展的转变，应加快推进生产测数据资本和ICT资本的积累，通过推进“互联网+”和“中国制造2025”等战略规划加快我国经济在5G、大数据、机器学习、芯片制造和人工智能等和数据及ICT技术高度相关的行业布局。我们的理论分析和数值模拟表明，提升数据信息投资和ICT投资能够在很大程度上弥补我国传统要素投入效率下降带来的生产效率损失，推动我国经济加速转型升级。此外，报告的研究也进一步强调了尽快构建完整的数字经济统计体系（含数据投资统计）的重要性和紧迫性。

笔者也充分认识到报告尚存一些比较明显的不足。从供求关系的角度，报告更多地关注供给侧的数据资本通过资本深化和溢出效应对于经济增长的促进作用，而对于数字经济下需求的扩张和多样化考虑有限。从数据要素对于经济增长的溢出效应的角度，报告主要考虑“干中学”机制这一溢出效应，而对于其他可能的溢出效应如网络外部性或产品创新鲜有涉及。在之后的研究中笔者会沿着这两个方向进一步拓展研究，并进一步深入研究数字经济推动经济增长的微观机理。

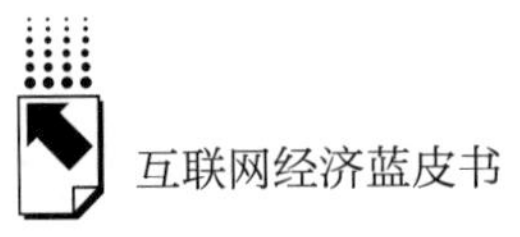

参考文献

蔡跃洲、张钧南：《信息通信技术对中国经济增长的替代效应与渗透效应》，《经济研究》2015 年第 12 期。

陈彦斌、霍震、陈军：《灾难风险与中国城镇居民财产分布》，《经济研究》2009 年第 11 期。

陈彦斌、陈伟泽、陈军、邱哲圣：《中国通货膨胀对财产不平等的影响》，《经济研究》2013 年第 8 期。

茹少峰、刘家旗：《网络经济资本深化对我国潜在经济增长率的贡献解析》，《经济纵横》2018 年第 12 期。

徐升华、毛小兵：《信息产业对经济增长的贡献分析》，《管理世界》2004 年第8 期。

袁富华、张平、刘霞辉、楠玉：《增长跨越：经济结构服务化，知识过程和效率模式重塑》，《经济研究》2016 年第 10 期。

白重恩、张琼：《中国生产率估计及其波动分解》，《世界经济》2015 年第 12 期。

严成樑：《我国产业结构变迁与经济增长的动力——基于多部门模型的反事实分析》，《华中师范大学学报》（人文社会科学版）2019 年第 2 期。

Aghion, P. and P. Howitt (2007). Capital, Innovation, and Growth Accounting. Oxford Review of Economic Policy 23 (1), 79 -93.

Arrow, K. J. (1971). The Economic Implications of Learning by Doing. In Readings in the Theory of Growth (pp. 131 -149). Palgrave Macmillan, London.

Baily, M. N. (2002). The New Economy: Post Mortem or Second Wind? Distinguished Lecture on Economics in Government. Journal of Economic Perspectives 16 (2), 322.

Baily, M. N., R. J. Gordon, W. D. Nordhaus, and D. Romer (1998). The Productivity Slowdown, Measurement Issues, and the Explosion of Computer Power. Brookings Papers on Economic Activity 1988 (2), 347.

Barro, R. J. (1999). Notes on Growth Accounting. Journal of Economic Growth 4 (2), 119 -137.

Basu, S. and J. Fernald (2001). Why Is Productivity Procyclical? Why Do We Care? In C. R. Hulten, E. R. Dean, and M. J. Harper (Eds.), New Developments in Productivity Analysis, pp. 225302. University of Chicago Press.

Basu, S. and J. G. Fernald (2007). Information and Communications Technology as a General-Purpose Technology: Evidence from US Industry Data. German Economic Review 8 (2), 146 -173.

Berndt, E. R. (1991). The Practice of Econometrics: Classic and Contemporary. Reading, Mass.: Addison-Wesley Publishing Company.

Black, S. E. and L. M. Lynch (2001). How to Compete: The Impact of Workplace

Practices and Information Technology on Productivity. The Review of Economics and Statistics 83 (3), 434 - 445.

Black, S. E. and L. M. Lynch (2004). What's Driving the New Economy? The Benefits of Workplace Innovation. The Economic Journal 114 (493), 97 - 116.

Bloom, N., R. Sadun, and J. van Reenen (2010). Americans do I. T. Better: US Multinationals and the Productivity Miracle. National Bureau of Economic Research Working Paper Series No. 13085.

Bresnahan, T. F., E. Brynjolfsson, and L. M. Hitt (2002). Information Technology, Workplace Organization, and the Demand for skilled Labour: Firm-Level Evidence. The Quarterly Journal of Economics 117 (1), 339 - 376.

Bresnahan, T. F., S. Stern, and M. Trajtenberg (1997). Market Segmentation and the Sources of Rents From Innovation: Personal Computers in the Late 1980s. RAND Journal of Economics 28 (0), 17 - 44.

Bresnahan, T. F. and M. Trajtenberg (1995). General Purpose Technologies 'Engines of growth'? Journal of Econometrics 65 (1), 83 - 106.

Brynjolfsson, E. (1996). The Contribution of Information Technology to Consumer Welfare. Information Systems Research 7 (3), 281 - 300.

Brynjolfsson, E. and L. M. Hitt (1995). Information Technology as a Factor of Production: The Role of Differences Among Firms. Economics of Innovation and New Technology 3 (3), 183 - 200.

Cappelli, P. (2010). The Performance Effects of IT-Enabled Knowledge Management Practices. National Bureau of Economic Research Working Paper Series No. 16248.

Corrado, C., C. R. Hulten, and D. E. Sichel (2005). Measuring Capital and Technology: An Expanded Framework. In C. Corrado, J. C. Haltiwanger, and D. E. Sichel (Eds.), Measuring Capital in the New Economy. Chicago: University of Chicago Press.

Correa, L. (2006). The Economic Impact of Telecommunications Diffusion on UK Productivity Growth. Information Economics and Policy 18 (4), 385 - 404.

Dewan, S. and K. L. Kraemer (2000). Information Technology and Productivity: Evidence from Country-Level Data. Management Science 46 (4), 548 - 562.

Dewan, S. and C. - k. Min (1997). The Substitution of Information Technology for Other Factors of Production: A Firm Level Analysis. Management Science 43 (12), 1660 - 1675.

European Commission (2010). Europe's Digital Competitiveness Report, Vol. 1: Commission StaWorking Document.

Felbermayer, G. J. and Licandro, O. (2005). The Underestimated Virtues of the Two Sector AK Model. Contributions to Macroeconomics, 5 (1).

Gilchrist, S., V. Gurbaxani, and R. Town (2001). Productivity and the PC

Revolution. Working paper University of California, Irvine.

Gordon, R. J. (2000). Does the New Economy Measure up to the Great Inventions of the Past? Journal of Economic Perspectives 14 (4), 49 – 74

Greenstein, S. and R. C. McDevitt (2009). The Broadband Bonus: Accounting for Broadband Internet's Impact on U. S. GDP. National Bureau of Economic Research Working Paper Series No. 14758.

Griliches, Z. (1994). Productivity, R&D, and the Data Constraint. American Economic Review 84 (1), 1 – 23.

Haltiwanger, J. and R. Jarmin. (2000). Measuring the Digital Economy. in Understanding The Digital Economy: Data, Tolls, and Research. edited by E. Brynjolfsson and B. Kahin.

Hempell, T. (2005a). Does Experience Matter? Innovations and the Productivity of Information and Communication Technologies in German Services. Economics of Innovation and New Technology 14 (4), 277 – 303.

Hitt, L. M. and E. Brynjolfsson (1996). Productivity, Business Profitability, and Consumer Surplus: Three Different Measures of Information Technology Value. MIS Quarterly 20 (2), 121 – 142.

Holt, L. and M. Jamison (2009). Broadband and Contributions to Economic Growth: Lessons from the US Experience. Telecommunications Policy 33 (10 – 11), 575 – 581.

Inklaar, R., M. P. Timmer, and B. van Ark (2008). Market Services Productivity across Europe and the US. Economic Policy 23 (53), 139 – 194.

Jones, C. I. (1995). R & D-based Models of Economic Growth. Journal of political Economy, 103 (4), 759 – 784.

Jorgenson, D. W. (2001). Information Technology and the U. S. Economy. American Economic Review 91 (1), 1 – 32.

Jorgenson, D. W. (2007). Industry Origins of the American Productivity Resurgence. Economic Systems. Research 19 (3), 229 – 252.

Jorgenson, D. W., M. S. Ho, and K. J. Stiroh (2008). A Retrospective Look at the U. S. Productivity Growth Resurgence. Journal of Economic Perspectives 22 (1), 3 – 24.

Koutroumpis, P. (2009). The Economic Impact of Broadband on Growth: A Simultaneous Approach. Telecommunications Policy 33 (9), 471485.

Kretschmer, T. (2012). Information and Communication Technologies and Productivity growth.

Mahr, F. and T. Kretschmer (2010). Complementarities between IT and Organizational Structure: The Role of Corporate Exploration and Exploitation. SSRN eLibrary No 1600713.

Marrano, M. G., J. Haskel, and G. Wallis (2009). What happened to the Knowledge

Economy? ICT, Intangible Investmet, and Britains's Productivity Record Revisited. Review of Income and Wealth 55 (3), 686 – 716.

Mesenbourg, T. L. (2000). Measuring Electronic Business: Definitions. Underlying Concepts, and Measurement Plans.

Oliner, S. D. and D. E. Sichel (2000). The Resurgence of Growth in the Late 1990s: Is Information Technology the Story? Journal of Economic Perspectives 14 (4), 3 – 22.

Oliner, S. D., D. E. Sichel, and K. J. Stiroh (2007). Explaining a Productive Decade. Brookings Papers on Economic Activity (1), 81 – 137.

Röller, L. – H. and L. Waverman (2001). Telecommunications Infrastructure and Economic Development: A Simultaneous Approach. American Economic Review 91 (4), 909 – 923.

Schreyer, P. (2001). Information And Communication Technology And The Measurement Of Volume Output And Final Demand – A Five-Country Study. Economics of Innovation and New Technology 10 (5), 339 – 376.

Stiroh, K. J. (1998). Computers, Productivity, and Input Substitution. Economic Inquiry 36 (2), 175 – 191.

Stiroh, K. J. (2002). Are ICT Spillovers Driving the New Economy? Review of Income and Wealth 48 (1), 3357.

Tambe, P. and L. M. Hitt (2010). Job Hopping, Information Technology Spillovers, and Productivity Growth. SSRN eLibrary No 1302637.

Triplett, J. E. and B. P. Bosworth (2006). Baumol's Disease" ´Has Been Cured: IT and Multifactor Productivity in U. S. Services Industries. In D. W. Jansen (Ed.), The New Economy and Beyond: Past, Present, and Future, pp. 3471. Cheltenham, UK: Edward Elgar.

van Ark, B. and R. Inklaar (2005). Catching Up or Getting Stuck? Europe's Troubles to Exploit ICT's Productivity Potential. Research Memorandum Groningen Growth and Development Centre 79.

van Ark, B., J. Melka, N. Mulder, M. P. Timmer, and G. Ypma (2003). ICT Investment and Growth Accounts for the European Union, 1980 – 2000. DG Economics and Finance of the European Commission (Brussels).

van Ark, B., M. O'Mahony, and M. P. Timmer (2008). The Productivity Gap between Europe and the United States: Trends and Causes. Journal of Economic Perspectives 22 (1), 2544.

Venturini, F. (2007). ICT and Productivity Resurgence: a Growth Model for the Information age. The BE Journal of Macroeconomics, 7 (1).

Venturini, F. (2009). The Long-Run Impact of ICT. Empirical Economics 37 (3), 497515.

B.5 数字经济内涵特性与规模测算方法框架

蔡跃洲*

摘　要： 合理准确地测算数字经济增加值规模及其对经济增长贡献度将为政府部门决策提供依据，有利于发挥数字经济对中国经济的支撑作用。本报告认为，数字技术的替代性、渗透性、协同性三大特性使数字经济分为两部分，与数字技术直接相关的特定产业部门和融入数字元素后的新型经济形态。本报告提出，从增量测算入手，按照“先增量后总量、先贡献度后规模”的思路，将增长核算与常规 GDP 核算方法相结合，可以构建起操作性和准确性较强的测算框架。另外，人工智能通过效率和全要素生产率提升而带来额外增加值，在测算中可以将其与协同性对应的增加值合并测算，但要将两者进行区分则会带来新的挑战。

关键词： 数字经济　新一代信息技术　技术－经济特征　增长核算　GDP 核算

一　引言

2016 年 9 月，G20 杭州峰会发布了《二十国集团数字经济发展与合作

---

* 蔡跃洲，经济学博士，中国社会科学院数量经济与技术经济研究所研究员、博士生导师，研究方向为大数据分析与数字经济。本报告首发于《中国社会科学内部文稿》2017 年第 5 期，有增删。

倡议》，“发展数字经济、促进全球经济增长、惠及世界人民”成为与会各国的共识。2010 年 10 月，习近平在中央政治局第三十六次集体学习中强调：“……推动互联网和实体经济深度融合，加快传统产业数字化、智能化，做大做强数字经济，拓展经济发展新空间。”2017 年 3 月，李克强总理的政府工作报告中也专门提到，要“推动‘互联网 +’深入发展、促进数字经济加快成长，让企业广泛受益、群众普遍受惠”。至此，“数字经济”迅速成为国内商界、政界、学界热议的重要语汇。应该说，2012 年以来数字技术对经济社会所带来的影响和冲击几乎无处不在。对于微观主体来说，几乎每个人都能感受到数字经济对生活方式的悄然改变；对于政府决策部门来说，数字经济对增长、就业的带动毋庸置疑，但数字经济的规模到底有多大，每年带来多少增加值，对经济增长贡献了几个百分点，似乎并无标准权威的定量测度结果。从公开发布的既有测算结果来看，不同机构提供的数据存在很大差异。根据中国信通院和中国信息化百人会公布的测算结果，中国数字经济占 GDP 比重 2016 年达 30.61%，2018 年达 34.8%；而艾瑞咨询前几年公布的测算结果表明，2015 年中国数字经济占 GDP 比重仅为 1.7%。客观准确的测算结果是政府部门出台相关政策的基础和依据，如此巨大的差异不仅会带来认知上的混乱，更可能误导决策。因此，有必要从学理上探讨数字经济的内涵以及数字技术（或 ICT）特别是新一代信息技术所具备的技术 - 经济特征，以此为基础构建可信可行的数字经济规模测算框架。

二　国内外数字经济测算的历史沿革

（一）美欧数字经济测算理论与实践

有关数字经济增加值测算方面的实践至少可以回溯到 20 世纪 90 年代。当时，以互联网和信息高速公路为代表的新经济为美国带来了一段长达近 10 年的经济繁荣。美国学术界和政府部门对数字经济（信息经济）相关的测度给予了很大的关注。20 世纪 90 年代中期以后，以乔根森（Dale

Jorgenson）、Kevin J. Stiroh、Stephen D. Oliner 和 Daniel E. Sichel 等为代表的一批经济学家发表了一系列有关“信息通信技术（ICT）与经济增长关系”的论文，为数字经济（信息经济）的测算奠定了较为坚实的理论基础。综合这些文献，可以将信息通信技术（数字技术）的主要技术－经济特征大致归纳为三项：一是渗透性特征，即数字技术作为一种通用目的技术所具备的，能够渗透、影响经济社会方方面面的基本特性（Bresnahan and Trajtenberg，1992）；二是替代性特征，这源于计算机芯片生产中所遵循的“摩尔定律”带来的 ICT 产品价格持续下降，进而带来 ICT 产品在资本积累和消费中对其他产品的替代（Jorgenson and Stiroh，1999）；三是协同性特征，即 ICT 在信息产生、存储和传递方面发挥着重要作用，能够增强生产过程中要素间的协同性，降低信息不对称带来的市场失灵，应该有助于使用部门 TFP 提升（David and Wright，1999）。上述三项技术－经济特征中，渗透性是数字技术（ICT）其他两项特性发挥作用的基础；而替代性、协同性对应的替代效应和协同效应，则是数字技术支撑经济增长的内在机制，也是数字经济对经济增长贡献测算的重要理论依据。

在学界探讨数字技术对经济增长影响机制的同时，美国政府有关机构在数字经济的测算，特别是数字经济的增加值规模测算方面，也开展了大量工作。美国商务部电子商务秘书处（Secretariat on Electronic Commerce）、美国人口统计局（US Bureau of Census）等机构针对数字经济的内涵和测算先后发布专题报告（Margherio et al.，1998；Mesenbourg，2000）。在 2000 年前后，信息通信技术（或数字技术）对经济社会的渗透主要集中在电子商务领域，因此，无论是政府机构还是学术界对数字经济的界定和测算基本围绕电子商务展开。Mesenbourg（2000）明确将数字经济的构成分为三部分，即支撑的基础设施、电子商务流程（交易是如何实现的）和电子商务交易（在线出售商品或服务）；Margherio 等（1998）也是从电子商务出发探讨数字经济的测度，并主张 IT 革命的经济社会影响以及用户群体的构成特征。Haltiwanger 和 Jarmin（2000）、Moulton（2000）则结合前述学术论文和政府研究报告，从数据收集、调查统计、资本存量估算、价格指数调整等方面探讨了数字经济对 GDP 贡献测算的一些技术细节。

2010 年前后，欧盟委员会和 OECD 针对日益兴起的数字经济和信息社会开展了一系列系统性的统计和测算工作。OECD 信息社会指标工作小组（Working Party on Indicators for the Information Society，WPIIS）围绕信息社会开展的统计和测算工作，旨在开发出一套规范的统计标准和定义，为 OECD 信息计算机通信政策委员会提供准确的决策参考信息（OECD，2011）。考虑到信息社会的测度并无公认的综合统计框架，OECD（2011）提出了一个概念模型，将信息社会分为 ICT 供给、ICT 需求、ICT 基础设施、ICT 产品和内容，并逐一探讨相关的统计测算细节。很显然，OECD（2011）关于信息社会（数字经济）的测算不再仅限于增加值或增长贡献度的测算，而是对信息社会（数字经济）发展程度的全方位考量。后续欧盟委员会和 OECD 有关数字经济的统计测算工作也基本延续了上述思路。2014 年，OECD 出版的报告《测算数字经济：一个新视角》（Measuring the Digital Economy：A New Perspective），测算内容包括“智能基础设施投资”“增强社会活力”“释放创新创造能力”“促进增长带动就业”等诸多方面。OECD 的数字经济政策委员会（Committee for Digital Economy Policies）也就数字经济国际统计标准方面达成以下共识：①ICT 产业和产品、电子商务、ICT 专利等；②构建企业和个人层面的 ICT 使用调查模型；③采用新的测度工具，如以互联网为基础的统计数据；④在上述基础上开展经济分析（Spiezia，2015）。此后，世界经济论坛推出的“网络成熟指数”（Networked Readiness Index，NRI）、欧盟委员会的“数字经济与社会指数”（Digital Economy and Society Index，DESI）都是从更宽的维度测算数字经济的社会影响（Baller et al.，2016）。

（二）中国数字经济规模及贡献的测算实践

2015 年以后，随着移动互联网的普及和数字经济概念的升温，社会各界对于数字经济的增加值规模及其对 GDP 增长的贡献度倍加关注。毕竟对于中国来说，要实现全面建成小康社会目标，必须长期维持较高经济增速；

2014 年步入经济新常态后，加快实施创新驱动发展战略、寻找经济增长的新动能更是成为各级政府首要目标；而数字经济的快速发展无疑提供了有力的抓手。

在上述背景下，一些智库类研究机构纷纷发布“数字经济/信息经济”发展报告，对中国数字经济（增加值）规模及对 GDP 贡献度的测算结果。从公开收集的资料来看，发布测算结果及相应报告的机构主要有“中国信息化百人会”、腾讯研究院、波士顿咨询（BCG）和艾瑞咨询等，具体测算结果如表 1 所示。

表 1　若干机构 2016 年数字经济增加值及贡献度测算对比

单位：万亿元，%

机构及报告	增加值	数字经济占 GDP 比重					
		中国	美国	英国	韩国	欧盟	日本
中国信息化百人会：中国信息经济发展报告 2016	22.4	30.1	59.2	54.5			45.9
腾讯研究院：中国互联网 + 数字经济指数（2017）	22.77	30.61					
波士顿咨询：The Internet Economy in the G－20		6.9	5.4	12.4	8.0	5.7	5.6
艾瑞咨询：2016 年中国数字经济专项报告	1.1（2015）	1.7					

注：（1）所有数据根据网络资料整理；（2）中国信息化百人会测算结果已被政府工作报告所采用；（3）艾瑞咨询测算的是 2015 年中国数字经济增加值及其占 GDP 比重。

上述机构的测算除了结果差别很大外，在测算方法上也存在较大差异。中国信息化百人会采用的是生产法核算与效率提升测算相结合的方法，其基本思路是：①将信息经济/数字经济划分为生产部分和应用部分，该划分方式源自乔根森等的早期研究（Jorgenson and stiroh，1999；Jorgenson，2001）；②生产部分包括电子信息设备制造、电子信息设备销售和租赁、电子信息传输服务、计算机服务和软件业、其他信息相关服务等细分行业，以及云计算、物联网、大数据、互联网金融等新兴行业，可用生产法直接核算各行业增加值；③应用部分主要测算 ICT 渗透到各行业领域后，通过提升其生产效率而额外带来的价值（增加值）。中国信息化百人会的测算方法，理论基础较为坚实，但测算细节处理上存在难点和争议，如新兴产业部门的认定、效率提升测算过程中对照基准的选择等。

腾讯研究院的测算是在计量方法基础上的推测。他们利用面板数据分析，估算出“互联网+数字经济指数”与GDP之间的回归系数；利用合成的“互联网+数字经济指数”推算数字经济增加值（增量）。虽然最终结果与中国信息化百人会非常相近，但腾讯的上述测算方法在逻辑上有很多值得推敲之处。比如说，外推的前提是其他条件保持不变，但报告中没有具体说明包括哪些其他自变量，因此很难判断其他条件（变量）能否保持不变。

波士顿咨询主要是从支出法的角度测算互联网相关的消费、投资和净出口，没有考虑效率提升带来的价值，加上其界定的互联网经济所涵盖范围可能小于数字经济，最终的测算结果大大低于中国信息化百人会。

三　数字经济内涵特性及规模测算难点

（一）数字经济的内涵与特性

上述既有测算结果之间巨大的差异，除了测算方法的影响外，根源还在于对数字经济内涵和边界确定上存在偏差。而数字经济内涵边界又与数字技术前述三大特性及相应的作用机制密切相关。

从内涵来讲，数字经济范围可以分成两大块：一是与数字技术（ICT）产品服务直接相关的特定产业部门，不妨称之为数字部门；二是基于渗透性、替代性、协同性三大特征，数字技术得以与其他产业部门不断融合，形成新型经济形态，数字技术在其他产业部门增加值创造中所贡献的份额也应该归于数字经济的范畴。数字技术对其他非数字部门的贡献又可以分为两部分，一是替代性使ICT资本品对其他资本品、ICT消费品对其他消费品的替代，替代性衍生出的ICT产品和服务需求的增加，最终将带来ICT制造业和ICT服务业规模的扩大；二是协同性使经过数字化改造转型的传统产业投入产出效率有所提升，这在产业和宏观层面将表现为全要素生产率的提升，并产生额外的增加值。

（二）常规核算方法的测度困境

由于数字经济内涵边界表现出的产业部门与新型经济形态并存格局，其增加值测算可以相应分成两部分，一部分是与数字技术直接相关的细分产业部门增加值；另一部分则是由渗透性、替代性和协同性引致的传统产业效率提升所对应的增加值。GDP（增加值）的常规核算方法有三种，即生产法（部门法）、支出法和收入法；由于第二部分增加值的存在，每一种常规方法难以对其进行直接测算，从而形成数字经济增加值（规模）测算的现实困境。

运用生产法能够较为容易地测算出数字经济中“细分产业部门”这部分的增加值，包括传统的 ICT 制造业、ICT 服务业，以及 ICT 为支撑衍生出的新兴产业部门。例如，电子商务，可以看作是第三产业中“批发和零售业”下的一个细分行业。毕竟这些部门划分比较明确，确定产业边界后便可以对其增加值进行准确核算。然而，对于数字技术渗透并改造传统产业所带来的增加值，在生产法下都将统一核算为被改造产业的增加值。以汽车制造为例，近年来随着数字技术特别是智能技术在汽车制造领域的广泛应用，汽车产业的生产效率不断提升，汽车制造过程以及成品汽车的数字化程度也越来越高。然而，从生产法角度进行核算，智能技术提升生产率所衍生出的额外增加值，都被统一划归汽车制造业，而无法分拆到数字经济中。

运用支出法，可以将 ICT 资本（投资）从总投资中分离出来，也可以将消费电子（软件服务）等从私人消费、政府消费中分离出来，还可以将 ICT 产品的净出口从总的净出口中分离出来。不过，同生产法类似，对于融合 ICT 技术而形成的传统消费品，从核算角度并不能将它直接归为数字经济。比如说猪肉消费，很多现代化养殖场运用 RFID 射频识别、自动进食等 ICT 技术手段，出栏的猪肉质量更有保障、售价更高，这里面肯定有数字技术的贡献，但支出法下这些贡献也都归为“非 ICT 消费”中。

至于收入法，在国民经济核算实践中本身也非主要的方法和依据；而且，收入法核算中的劳动者报酬、折旧、生产税净额、营业盈余，每一项基本上都难以直接同ICT技术或数字技术联系在一起。可能的途径是从ICT相关的微观企业或细分行业层面测算后再加总，但显然不具备太大的操作性。

（三）增加值规模与增量的混淆

在数字经济增加值测算中，较突出的难点可能还在于：需要在增加值“规模”与“增量”及其对GDP贡献度等概念之间不断切换，并由此产生概念上的混淆和操作上的混乱。例如，在测算渗透性、协同性带来效率提升部分所对应的增加值，可能就需要在不同层面的“规模”和“增量”之间进行切换。一方面，这部分增加值属于数字经济增加值规模的重要组成部分；另一方面，这部分增加值又是相对于没有数字技术介入情形下额外增加的量。效率提升可以通过全要素生产率（Total Factor Productivity，TFP）增长加以表征，在测算实践中更容易得到GDP增长中的TFP增长的贡献，以及TFP增长中渗透性和协同性特征的贡献，最终得到的应该是效率提升对应增加值的增量及其对GDP增长贡献。

既有测算实践中，就存在类似规模与增量间概念混淆、操作混乱的情形。以腾讯研究院的测算为例，其步骤大致为：①根据回归模型，“互联网+数字经济指数”每增长1点，GDP大致增加1406.02亿元；②截至2016年底，全国“互联网+数字经济指数”增加161.95点，由此估算2016年数字经济总量为227704.9亿元（161.95×1406.02亿元）；③2016年公布的GDP总量74.4万亿元，由此估算数字经济体量大致占GDP总量的30.61%。可以看出，161.95是2016年全国“互联网+数字经济指数”相较2015年增长的点数，因此，227704.9亿元其实应该是2016年数字经济增加值相比2015年增长的部分，而不是2016年数字经济增加值的总规模。按照腾讯自身的测算逻辑，2016年全国“互联网+数字经济指数”为261.95点，那么2016年数字经济（增加值）总量应该是368306.9亿元（261.95×1406.02亿元），占GDP比重则应为49.5%。

四 以增长核算为基础的测算框架

事实上，数字经济增加值及其贡献度的测算涵盖了三个层次的内容：数字经济增加值规模、数字经济增加值占 GDP 比重、数字经济（增长）对 GDP 增长的贡献度。考虑常规 GDP 核算方法的局限性，以及“规模”和“增量”间相互切换带来的混乱和混淆，为准确测算数字经济的增加值规模及其对 GDP 贡献，需要从测算思路和测算方法两方面加以改进。不妨从增量测算入手，按照“先增量后总量、先贡献度后规模”的思路，将增长核算与常规 GDP 核算方法相结合，构建起具有较强操作性、准确性的测算框架，具体来说可以分为两个步骤。

（一）基于增长核算测算 GDP 增长贡献度

既然直接测算数字经济的增加值规模存在前述难度，不妨先测算数字经济对 GDP 增长的贡献度。以索洛新古典增长模型为理论基础，经乔根森等融合 Divisia 指数、国民统计核算等而形成的增长核算方法能够较好地实现这一目标。

通过增长核算，能够将经济增长（GDP 增长）分解为资本要素增长、劳动要素增长和全要素生产率增长三大部分，计算各部分对 GDP 增长的贡献。其中，资本要素又可以分解为“ICT 资本”和“非 ICT 资本”，从而计算出 ICT 资本要素增长对 GDP 增长的贡献。ICT 资本要素的增长源于 ICT 产品价格持续下降而形成的 ICT 资本品对其他资本品的替代，对应的是“替代效应”；因此，这部分贡献可以看作是数字经济替代效应对 GDP 增长的贡献率（蔡跃洲、张钧南，2015）。

增长核算同时也能测算出全要素生产率增长对 GDP 增长的贡献度，而全要素生产率增长有一部分是由 ICT 渗透性、协同性特征而引致的效率提升所贡献的，对应的是“渗透效应”。利用计量方法，可以大致测算出 TFP 增长与 ICT（或数字技术）渗透率之间的关系，从而测算出数字经济渗透效应对 GDP 增长的贡献率；加上前面替代效应对 GDP 增长的贡献，就可以推算出特定时间段（可以是某个年度，或 5 年、10 年）数字经济对 GDP 增长的贡献率。

（二）数字经济增加值规模测算

前述分析已经提到，对于某个年份（目标测算年份）效率提升部分以外的数字经济增加值，可以利用生产法和支出法分别进行测算。而且，采用两种常规增加值核算方法，还能将测算结果进行相互印证和校准。

对于渗透效应所带来效率提升部分的增加值规模，前面的方法已经可以测算出特定时间段“数字经济渗透效应对 GDP 增长的贡献率”。如果这个特定时间段的起点是数字经济渗透率几乎可以忽略不计的年份，终点是我们的目标测算年份，那么该时间段的 GDP 增量乘以渗透效应贡献率，得到的就大致是目标测算年份“数字经济效率提升所对应的增加值规模”。至于起点年份，不妨选择 1990 ~ 2000 年的某个年份，因为当时全球的信息互联网时代刚刚兴起，数字技术对经济社会的渗透非常有限。

将上述两部分增加值规模加总，便可以测算出目标测算年份数字经济增加值的总规模，进而计算出数字经济增加值占 GDP 的份额。至此，在以增长核算为基础的框架下，可以将数字经济增加值（规模）、数字经济增加值占 GDP 比重、数字经济（增长）对 GDP 增长贡献度三项内容全部给出较为准确的测算结果。整个测算框架既有坚实的增长经济学、技术经济学、统计核算等理论方法基础，也具备较好的可操作性，不同步骤之间在逻辑上也具有较好自洽性。

（三）人工智能带来的数字经济测算问题

2017 年，伴随着人工智能技术商业化应用的加速推进，数字技术对经济增长的影响又有了新的机制。人工智能作为新一代信息技术理所当然具有一般 ICT 的基本技术 - 经济特征，即渗透性、替代性和协同性。与此同时，由于人工智能对于劳动要素的替代不仅在于体力，更在于脑力或者说创造性

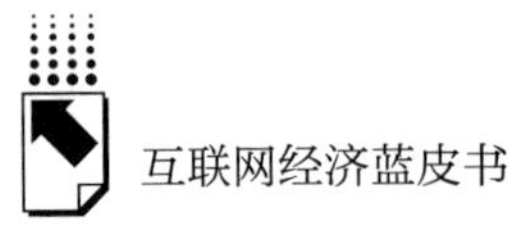

活动的替代，由此引出人工智能专属的第四项技术－经济特征创造性（creativeness）。

人工智能的创造性特征将通过知识生产促进技术进步，从生产函数和增长核算视角来看，最终也将体现为全要素生产率的增长。当前，人工智能创造性促进技术进步的核心在于提高研发效率。在基因组学、药物发现、材料科学、量子物理等领域，研发过程具有“大海捞针”的特点，即能够确定创新存在于已有知识的某种有用组合，但是有用知识范围却广泛复杂，要找出来极不容易；而人工智能技术的突破性进展，则使得研究人员能够大大提高识别效率，找出那些最有价值的组合（Agrawal，McHale 和 Oettl，2018）。比如在生物医药领域，应用深度学习技术和已有的数据，可以较为准确地预测出药物试验的结果；对于早期的药物筛选（early stage drug screening）来说，便可以减少一些不必要的检验，从而提高筛选效率，识别出那些成功概率更大的候选分子；人工智能技术也因此被称作一种“发明方法的发明”（Invention of a Method of Invention，IMI）（Cockburn，Henderson 和 Stern，2017）。

另外，人工智能技术作为新一代信息技术的集成，是由数据生产、算法及软件开发、芯片、存储器、其他硬件设备等技术和产品共同支撑而形成的复杂系统。系统内各环节对应的产品及服务已经形成了一个较为独立的产业生态体系。人工智能技术对经济社会各领域的不断渗透，将带来各关联环节产品服务需求的上升，进而引致对应细分行业规模的扩大；而人工智能产业体系的不断壮大，将对宏观经济增长形成直接支撑①。当然，这部分仍属于数字部门的范畴。

人工智能创造性所对应的全要素生产率提升，最终也会体现为增加值规模的扩大。因此，在人工智能技术加速商业化应用背景下，数字经济内涵边界有了新的拓展，当然也为数字经济测算带来新的挑战。在测算实践中，我

① 从增加值的支出法核算角度来看，人工智能技术对经济社会的渗透表现为人工智能资本的不断积累；而积累过程必然带来人工智能产品需求的增加，从而引致相应产业规模的不断壮大。

们可以有一个简单的处理方式，就是将创造性与前述协同性所对应的增加值创造效应合并在一起，毕竟二者都是通过提升全要素生产率而最终体现为额外增加值。但是，如果要将创造性特征对应部分再单独剥离，则会是一项较大的挑战。

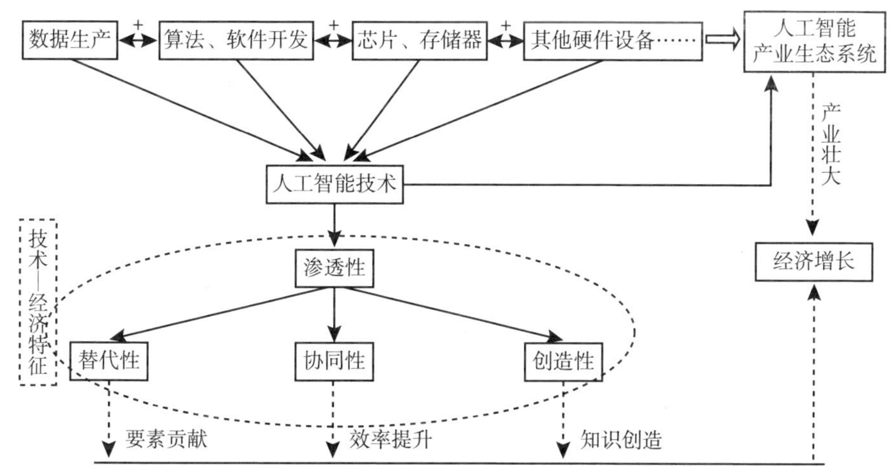

图1　人工智能技术－经济特征与影响增长作用机制

五　结论及建议

前述几部分在梳理国内外数字经济测度沿革的基础上，从当下中国数字经济增加值测度实践中结果方法迥异的现实出发，结合技术经济学、增长经济学、统计核算等相关理论方法，系统剖析了数字经济特性及其测度中的困境和难点，进而提出以增长理论和增长核算为基础的数字经济增加值及贡献度测算框架。据此有以下主要结论及建议。

第一，数字技术具备的替代性、渗透性、协同性三大特性是常规 GDP 核算方法无法全面测度数字经济增加值的根本原因。价格持续下降带来的数字技术产品对其他非 ICT 产品服务的替代，最终会体现为数字技术直接相关的特定产业部门的发展壮大，这部分所对应的数字经济增加值运用生产法或支出法很容易测算；但是，渗透性和协同性带来其他传统产业部门效率提升所对应的增加值则无法用常规 GDP 核算方法直接测算。

第二，测算数字经济增加值需要在“规模”“增量”等概念间不断切换，容易造成认知上的混淆和操作上的混乱，并成为实操过程中的主要难点。既有测算实践中，确实存在类似规模与增量间概念混淆、操作混乱的情形，其中不乏社会著名机构。

第三，数字经济增加值及其贡献度的测算其实包括三方面工作，即数字经济增加值规模、数字经济增加值占 GDP 比重、数字经济（增长）对 GDP 增长的贡献度。从增量测算入手，按照“先增量后总量、先贡献度后规模”的思路，将增长核算与常规 GDP 核算方法相结合，可以构建起一套具有扎实理论方法基础、较强操作性和逻辑自洽的数字经济增加值及贡献度测算框架。

第四，鉴于数字经济对中国经济社会发展的重要支撑作用，以及测度工作较高的学术性、专业性和复杂性，建议政府统计部门组织学术界和政策部门相关人员，成立专门的“数字经济测算工作小组”，在深入研究基础上编撰《数字经济增加值测算手册》，并定期发布准确权威的测算结果。

参考文献

蔡跃洲、张钧南：《信息通信技术对中国经济增长的替代效应与渗透效应》，《经济研究》2015 年第 12 期。

蔡跃洲、陈楠：《新技术革命下人工智能与高质量增长、高质量就业》，《数量经济技术经济研究》2019 年第 5 期。

蔡跃洲：《数字经济的增加值及贡献度测算：历史沿革、基础理论与方法框架》，《求是学刊》2018 年第 5 期。

蔡跃洲：《数字经济给宏观经济增长提供了新动力源泉》，《21 世纪经济报道》2019 年 5 月 15 日。

二十国集团：《二十国集团数字经济发展与合作倡议》，2016，中国杭州。

腾讯研究院：《中国“互联网 +”数字经济指数（2017）》，2017 年 4 月。

Agrawal, A., McHale J., Oettl A., 2018, Finding Needles in Haystacks: Artificial Intelligence and Recombinant Growth, NBER Working Paper No. 14024.

Baller, Silja, Soumitra Dutta, Bruno Lanvin, 2016. The Global Information Technology Report 2016: Innovating in the Digital Economy, World Economic Forum, Geneva.

Bresnahan, Timothy F. and Manuel Trajtenberg, 1992. General Purpose Technologies: "Engines of Growth", NBER Working Paper No. 4148.

Cockburn I. M., Henderson R., Stern S., 2017, The Impact of Artificial Intelligence on Innovation, NBER Working Papers No. 14006.

David Paul A., and Gavin Wright, 1999, "General Purpose Technologies and Surges in Productivity: Historical reflections on the future of the ICT revolution", University of Oxford Discussion Papers in Economic and Social History.

Dean, David, Sebastian Digrande, Donimic Field, Andreas Lundmark et. al, 2016. The Internet Economy in G20: The $4.2 Trillion Growth Opportunity, The Boston Consulting Group (BCG) Report.

Haltiwanger, John and Ron S. Jarmin, 2000. Measuring the Digital Economy, in Erik Brynjolfsson & Brian Kahin Ed. Understanding the Digital Economy: Data, Tools, and Research, MIT Press, Cambridge.

Jorgenson, Dale W. and Kevin Stiroh, 1999. "Information Technology and Growth." American Economic Review, 89 (2), 109-115.

Jorgenson, Dale W. and Khuong Vu, 2005. "Information Technology and the World Economy," The Scandinavian Journal of Economics, 107 (4), pp. 631-650.

Jorgenson, Dale W., 2001. "Information Technology and the U.S. Economy," American Economic Review, 90 (1), pp. 1-32.

Ketteni, Elena, 2009. Information Technology and Economic Performance in U.S. Industries, The Canadian Journal of Economics, Vol. 42, No. 3 (Aug., 2009), pp. 844-865.

Margherio, Lynn, Dave Henry, Sandra Cooke, Sabrina Montes, 1998. The Emerging Digital Economy, Secretariat on Electronic Commerce, U.S. Department of Commerce.

Mesenbourg, Thomas L., 2000. Measuring the Digital Economy, U.S. Bureau of the Census.

Moulton, Brent R., 2000. GDP and the Digital Economy: Keeping up with the Changes, in Erik Brynjolfsson & Brian Kahin Ed. Understanding the Digital Economy: Data, Tools, and Research, MIT Press, Cambridge.

OECD, 2011. OECD Guide to Measuring the Information Society 2011, OECD Publishing. Doi: http://dx.doi.org/10.1787/9789264113541-en.

OECD, 2014. Measuring the Digital Economy: A New Perspective, OECD Publishing.

http: //dx. doi. org/10. 1787/9789264221796-en

Oliner, Stephen D. and Daniel E. Sichel, 1994. "Computer and Output Growth Revisited: How big is the puzzle?" Brookings Papers on Economic Activity, pp. 273 – 334.

Oliner, Stephen D. and Daniel E. Sichel, 2000. "The Resurgence of Growth in the Late 1990s: Is Information Technology the Story." The Journal of Economic Perspectives, Vol. 14 (4), pp. 3 – 22.

Spiezia, Vincenzo, 2015. Measuring the Digital Economy: OECD Experience, 10th International Workshop for Digital Economy.

Stiroh, Kevin J. , 1998. Computers, Productivity, and Input Substitution, Economic Inquiry, Vol. 36 (April), pp. 175 – 191.

Stiroh, Kevin J. , 2002. Information Technology and the U. S. Productivity Revival: What Do the Industry Data Say?, The American Economic Review, Vol. 92, No. 5 (Dec. , 2002), pp. 1559 – 1576.

Stiroh, Kevin, 2008. Information Technology and Productivity: Old Answers and New Questions, CESifo Economics Studies, Vol. 54 (3), 358 – 385.

产业数字化篇

Industry Digitalization Reports

B.6 2018年中国传统产业数字化转型发展报告

孙　克*

摘　要： 数字化转型是指产业与数字技术全面融合，提升效率的经济转型过程，即各产业利用数字技术，把产业各要素、各环节全部数字化，通过对数字世界的仿真模拟、设计优化等操作，推动技术、人才、资本等资源配置优化，推动业务流程、生产方式重组变革，从而提高产业效率。本报告从分析我国传统产业数字化转型的动因、机理入手，研究发现2018年工业数字化加快推进、服务业数字化持续领先、农业数字化相对滞后。笔者基于对行业数字化转型潜在空间、数字化转型的

* 孙克，经济学博士，中国信息通信研究院数字经济研究部主任，高级工程师，主要从事数字经济、数字化转型、数字经济就业、数字贸易等相关研究。

宏观环境和政策导向的分析，对未来发展趋势进行了展望：数字化转型将从消费数字化转型向产业数字化转型转变；从基于连接的转型到基于数据智能的转型；从碎片化转型向基于平台的生态化协同转型转变。

关键词： 传统产业　数字化转型　潜在空间　产业数字化

党的十九大以来，习近平总书记就加快发展数字经济发表了一系列重要讲话，对“实施国家大数据战略，构建以数据为关键要素的数字经济，加快建设数字中国”等工作做出重大战略部署。2018 年 11 月在 G20 阿根廷峰会上，习近平总书记再次强调，要鼓励创新，促进数字经济和实体经济深度融合。2019 年政府工作报告明确指出，深化大数据、人工智能等研发应用，培育新一代信息技术、高端装备、生物医药、新能源汽车、新材料等新兴产业集群，壮大数字经济。发展数字经济，对贯彻落实党中央、国务院决策部署，深化供给侧结构性改革，推动新旧动能接续转换，实现高质量发展，意义重大，机遇难得。

一　传统产业数字化深入推进

我国数字经济持续高速增长，在推动经济高质量发展中的战略地位和引擎作用不断凸显。数字产业化保持稳定增长是全球共同的发展规律，21 世纪以来，OECD 国家数字产业化与 GDP 增长基本同步，占 GDP 比重稳定维持在 4% ~8% 。近年来，我国数字产业化占 GDP 比重基本维持在 7% 左右。产业数字化快速增长，作为数字经济增长主引擎的地位不断凸显，2018 年，产业数字化规模达到 24. 9 万亿元，远超数字产业化，对数字经济增长的贡献度高达 79. 5% 。2005 年以来，产业数字化年均增速超过 25% ，远超同期 GDP 增速。新一代信息技术是创新最活跃的领域之一，其与传统产业深度融合，产业数字化转型正在拓展出无穷无尽的新空间，迸发出源源不断的新动能。

（一）数字化转型的经济分析

1. 数字化转型的动因

新科技革命持续打造数字化转型关键动力。21 世纪以来，全球科技创新进入空前密集活跃的时期，科学技术日益呈现交叉融合趋势，一场更大范围、更深层次的科技革命和产业变革正在重构全球创新版图、重塑产业发展方式。首先，应用驱动、体系融合、开源开放使数字技术保持强大创新活力，网络、计算、感知三大主线迭代升级，与大数据的指数级增长相结合，推动 5G、物联网、人工智能、区块链、量子信息等新一代信息技术代际跃迁、前沿突破。其次，信息技术与生物技术、新能源技术、新材料技术等交叉融合，正在引发以绿色、智能、泛在为特征的群体性技术创新，信息、生命、制造、能源、空间、海洋等领域基础性、原创性突破，带动前沿技术、颠覆性技术不断涌现。最后，新一代信息技术与先进制造技术深度融合，加速推进制造业向数字化、网络化、智能化转型，数字制造、先进材料、智能机器人、无人驾驶汽车等新技术新产品不断突破，网络化协同、智能化生产、个性化定制、服务化延伸等新模式新业态不断涌现，不断培育新增长点、形成新动能。

数据的采集与分析闭环是数字化转型主线。无论是服务领域的共享经济、新零售，还是工业领域的工业 4.0、工业互联网、CPS、智能制造等，本质上都是通过把实体世界数字化，转化为数据，再通过对承载物理世界规律的数据进行分析建模，反馈给物理世界，提升物理世界运行效率。所以数据是连接物理世界和数字世界的桥梁，是核心生产要素，是数字化转型的主线。同时也要注意，数据驱动是新的技术经济条件下的新特征，但并非只有基于数据利用的转型才是数字化转型。在数据智能利用之前，网络零售的爆发式增长得益于互联网连接人和货物，工业也通过上管理信息系统和自动化改造提升了效率。

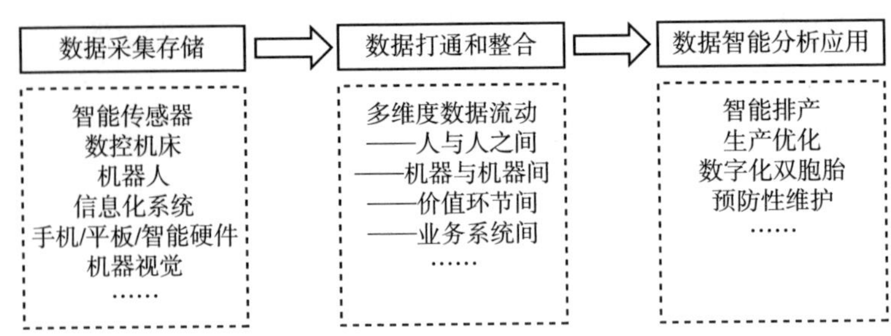

图1　产业数字化转型的主线

资料来源：中国信息通信研究院。

要素、过程和产出的数字化是数字化转型主要内容。数字化转型贯穿创新链、产业链、价值链全过程，具体体现在三个方面：一是要素数字化，包括推动数字技术创新，推进生产设备的数字化改造、培育融合型数字化人才，最重要的是发掘数据这个独立生产要素的潜力。二是过程数字化，主要涉及研发、设计、采购、生产、销售等业务流程的数字化升级。三是产品数字化，体现为产品的智能化升级和服务模式的数字化创新。

行业数字化转型主要是实现从投入、生产到产出全方位的数字化，表现为要素数字化、过程数字化、产品数字化。

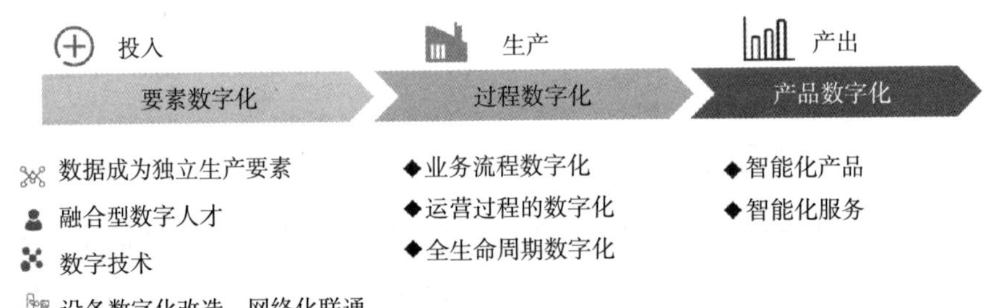

图2　产业数字化转型的主要内容

资料来源：中国信息通信研究院。

2. 数字化转型的机理

数字化转型能够降低实体经济成本、提升效率、促进供需精准匹配，使现存经济活动费用更低，并激发新业态新模式，使传统经济条件下不可能发生的经济活动变为可能，推动经济向形态更高级、分工更精准、结构更合理、空间更广阔的阶段演进。

一是数字技术极大降低实体经济交易费用。数字技术使单位信息采集、处理、应用成本极低化，促使经济运行事前、事中和事后交易费用大幅降低。企业内表现为信息成为重要生产要素，降低生产、管理和运营成本；企业外表现为广泛连接、联结，有效解决企业间信息不对称、信息费用和资产专用性瓶颈。

二是数字技术深化实体经济产业分工与生产协同。互联网在实体经济领域应用不断深化，加速产业链分化、重组，新应用新模式新业态不断涌现，新型企业和产业组织形态逐步形成。催生智能机器人、虚拟现实、工业互联网等新兴业态，开辟新的产业发展空间。创造云制造、个性化定制、精准化服务等制造业新模式。

三是数字技术网络外部性对实体经济作用加速显现。网络价值取决于已连接到该网络的数量，连接数量越多，网络外部性就越大，经济作用也就越显著。互联网通过经济主体之间的广泛连接，大幅提升私人边际收益，导致网络外部性随着连接主体的增加呈现几何倍数的增长，最终形成显著经济作用。

四是数字技术深度触及实体经济领域产权变革。产权是实体经济运行基础，产权分离程度是经济发展高度的核心标志。数字技术促使传统产权在更

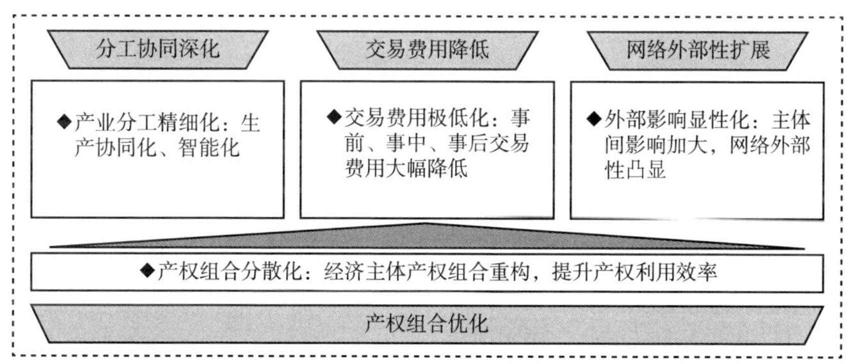

图3 产业数字化转型的机理

资料来源：中国信息通信研究院

大程度和更大范围内更加广泛实现分离和组合。产权基础方面，传统产权被“进入权”所取代；产权组合方面，传统经济下权利有限分离逐渐被权利分离泛在化所取代。互联网导致经济主体产权组合不断重构和重新配置，触及经济变革最深层次。

专栏1　IDC：全球数字化转型支出将不断增加

国际数据公司（IDC）发布《全球半年度数字化转型支出指南》，分析了191个数字化转型案例和12个技术类别在19个行业和9个地区的企业支出，旨在帮助IT决策者更好地了解未来五年内数字化转型投资的范围和方向。

2019年全球数字化转型支出1.25万亿美元，其中离散制造业（2200亿美元）、流程制造业（1350亿美元）、运输业（1160亿美元）和零售业（980亿美元）占总支出近一半。对于离散和流程制造行业，重要的数字化转型支出是智能制造，投入超过1670亿美元，同时在数字创新和数字供应链优化方面也进行大量投资，分别为460亿美元和290亿美元。

到2020年，30%的G2000公司将拨出至少相当于收入10%的资金预算来推动其数字战略，随着企业对数字化转型认识加深，数字化转型支出将在今后10年维持在高位。

（二）各行业数字化快速发展

各行业数字经济发展水平存在较大差异，表现出三产优于二产、二产优于一产的特征。2018年，服务业、工业、农业中数字经济占行业增加值的比重（以下简称“数字经济比重”）分别为35.9%①、18.3%②和7.3%。工业数字化加快增长，农业、服务业数字经济增速保持稳定。2018年，工业

① 不含信息通信服务业、软件和信息技术服务业。

② 不含电子信息制造业。

数字经济比重的提升幅度高于上年0.7个百分点，农业、服务业提升幅度较上年增长约0.3个百分点。

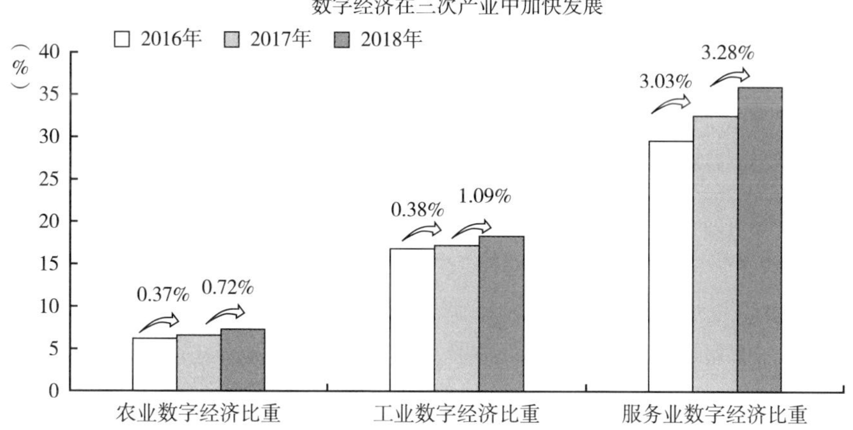

图4　我国各行业数字经济比重

资料来源：中国信息通信研究院。

1. 工业数字化加快推进

2018年，工业数字经济比重为18.3%，介于服务业和农业之间，较上年提升1.09个百分点。工业各细分行业数字经济发展水平差异较大，约12%的行业数字经济比重超过20%，约28%的行业数字经济比重为10%～20%，超过60%的行业数字经济比重不足10%。工业数字经济比重提升，且呈现加速增长态势。选取工业典型行业，石油和天然气开采产品、黑色金属矿采选产品、纺织服装服饰、家具、医药制品、钢铁及其铸件、汽车整车和家用器具，2018年数字经济比重较上年分别提高1.0个、1.3个、0.8个、0.8个、1.0个、0.9个、0.9个和1.4个百分点，比重提升幅度分别较上年提高0.4个、0.6个、0.4个、0.4个、0.5个、0.4个、0.4个、0.4个百分点。

工业互联网取得重要突破。在供给侧，三大核心体系全方位突破。一是网络支撑能力大幅提升，依托全球领先的4G网络和光纤宽带网络，IPv6改造基本完成，标识解析体系“东西南北中”五大国家顶级节点初步建立，

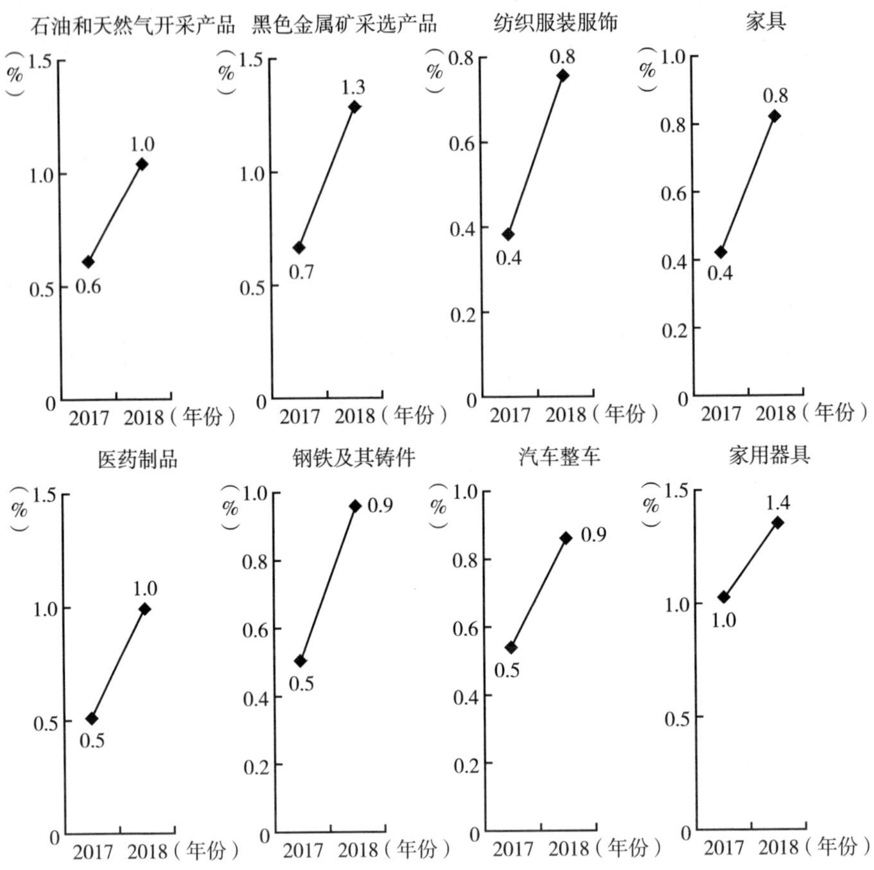

图 5　2017～2018 年工业典型行业数字经济比重增长情况

资料来源：中国信息通信研究院。

新兴网络技术和产业发展水平与国际基本相当。二是平台供给能力不断强化，具有一定影响力的平台已超过 50 个，重点平台连接设备数平均达 59 万，工业 APP 创新活跃。三是安全保障体系加速构建，国家、省和企业级安全监测平台系统推进，自主研发的安全产品加快推广应用。在需求侧，应用渗透全面拓展。一是降本提质增效成果显著。应用企业降成本、优质量、促低碳成效明显。例如，部分先行先试企业劳动生产率提高超 20%，万元工业产值综合能耗降低超 6%。二是行业创新速度加快。制造业关键环节上涌现出一批新模式、新业态，行业价值空间不断拓展。例如，部分制造企业借助工业互联网实现服务化转型，加快向价值链高端迁移。三是融通发展效果凸显。全行业资源汇聚能力不断增强，跨行业、跨地区的企业协作和产业集聚发展更为深入。例如，广东通过“工业互联网产业生态供给资源池”打通供需两端，帮助3000家企业实现降成本增效益。

制造业数字化转型整体推进。制造企业顺应数字化变革趋势，积极利用互联网、大数据、人工智能等新一代信息通信技术，从解决企业实际问题出发，由内部改造到外部协同、从单点应用到全局优化，持续推动企业数字化、服务化升级。离散型制造企业的数字化转型探索丰富多样。在汽车、航空、电子等产品设计和生产高度复杂的离散型行业中，领军企业内外兼顾，全面推进数字化转型。对外通过网络化平台，有效整合全球的设计、制造、服务和智力资源，大幅缩短产品研制周期；对内通过建立生产现场设备、生产管理和企业决策系统纵向集成的数字车间/智能工厂，提高生产柔性化水平和生产效率。如上海商飞建立的全球网络化协同研发平台，通过国内跨地区协同研发和制造，使C919飞机研制周期缩短20%，生产效率提高30%，制造成本降低20%，制造质量问题发生率降低25%。在家电、服装、家具等需求个性化突出的离散型行业中，领军企业正在探索利用互联网平台打通生产现场与客户端，获取分析海量客户数据，实现自主设计、自动排产，大幅降低设计成本和库存，提高供需匹配效率，提高盈利能力。如维尚家居通过构建“新居网”互动开放式设计平台，建立“大规模家具设计定制生产系统”，实现消费驱动生产，企业也得以快速扩张。在工程机械、机床装备、风机制造等对已售设备运维要求高的离散型行业中，领军企业通过在装备和产品中集成传感、控制、通信等功能，对设备进行全面联网，打造大数据监测分析的服务平台，实现设备在线状态监控、远程运维和全生命周期管理，加快向服务化转型。如金风科技建立风机远程运维服务平台，实现风机和风电场的智能监控、故障诊断、预测性维护，比传统方法维护成本减少20%～25%，故障预警准确率达91%以上，发电效益提高10%～15%。流程型制造企业的数字化转型探索全面系统。在制药、化妆品等对生产过程控制极为严格的流程行业中，领军企业通过全流程可视化监测、全过程集中化精密控制，形成一体化的智能生产和运维系统，提高产品质量和生产效率。如康恩贝药业建立覆盖采购、仓库、生产、质检、销售等全流程的数字化管控系统，实现了对药物生产过程的全程有效监控和自动控制，改善了生产工艺，降低了药物生产质量风险，提升了药品的安全性、有效性、稳定性。在冶炼、石化等对能源控制要求高的重化型流程行业中，领军企业通过构建覆盖能源供、产、转、输、耗全流程能源综合监测系统，建立生产与能耗预测模型、产能优化模型，实现能源生产和消耗一体化优化和协同，提高能源生产效率。如九江石化通过建立一体化的能源管控中心平台，以及针对高附加值用能的氢气和瓦斯产耗平衡模型和优化系统，对能源计划、能源生产、能源优化、能源评价的闭环管控，从而实现节能降耗，近三年，能源利用效率提高了4%。此外，不论是离散型行业中，还是流程型行业中，少数领军企业正在进行业务剥离重组，将企业数字化解决经验形成可复制方案，向外移植给其他企业，带动产业链上下游，乃至全行业数字化转型。如美云智数，依托美的集团的智能制造业务实践和KUKA机器人的自动化能力经验，已为汽车、家电、新能源等10多个行业提供覆盖全价值链的数字化转型服务。

5G在工业领域的融合应用爆发在即。2018年以来，全球5G商用竞争就已拉开帷幕，我国5G研发和产业化加速发展，5G融合应用在工业领域中发展迅速。在增强型移动宽带（eMBB）场景，5G的传输能力可以助力工业设计和产线数据分析等环节。工业设计领域，5G支持工业设计人员通过AR增强现实技术将工业产品的设计过程从平面搬到立体空间，实现在真实世界快速地展现工业设计模型，实现设计方案的实时完善优化，加强设计人员对最终产品的直观感受，降低制造企业生产设计成本，提高生产效率。数据分析领域，5G支持生产实时数据的高速处理分析，这是工业总线或者WiFi等连接的传输速率不能实现的。5G网络可将全生产流程的高清影像和大量数据实时传输回来，远程专家和智能分析系统可以结合产线的情况对生产各个环节进行及时把控，保障生产的顺利进行，优化产线资源分配。在高可靠低延时通信（uRLLC）场景，5G 为海量设备终端提供高质量、广覆盖的连接能力，支持全面采集工业生产信息，进一步推动对工业数据的智能化应用。工业监控领域，制造厂商通过 5G 网络的海量连接能力在工业生产区域部署数以万计的传感器和执行器，进行工业信息的大规模采集和控制，实现产线设备运行状态实时监控，便于及时发现问题，进行提前维护，极大地缩短了处理故障的周期。工业仓储物流领域，5G 支持对海量工业货物的实时运输状态监控，全面支持代运物品入库、仓储、出库、运输等物流环节的数据收集和动态跟踪。5G 能为工业物流业务的有序展开提供良好网络保障，满足工厂运输区域中海量 AGV（自动导引运输车）、无人车、无人机等设备的联网需求，实现对工业产品、货物的全数字化智能化管理，提高整个配送环节的资源优化能力。在大规模机器类通信（mMTC）场景，5G 网络支持工业机器人、自动化控制等应用场景，全面保障生产流程控制的准确、高效。工业机器人领域，制造企业可以在产线上全面部署云端工业机器人，5G 网络可以保证产线机器人与工厂云端控制系统之间的网络传输时延不超过 10ms，支持机器与云端、机器与机器之间的实时协同控制。工业自动化控制领域，在 5G 网络的支持下，可以在对时延极其敏感的高精度生产制造环节上把生产数据传输到工厂核心控制系统，并能保证高精准数据传输，完成对生产作业的控制，全面保障生产任务顺利、高效进行。

2. 服务业数字化持续领先

2018 年，服务业数字经济比重为 35.9%，较上年提升 3.28 个百分点，显著高于全行业平均水平，数字经济发展快于工业和农业。保险，广播、电视、电影和影视录音制作数字经济占据半壁江山，比重分别达到 56.4% 和 55.5%，资本市场服务等约 30% 的行业数字经济比重介于 30% ~50%，另有约 61% 的行业数字经济比重介于 10% ~30%，建筑装饰和其他建筑服务、餐饮业数字经济比重最低，仅分别为 9.3% 和 6.4%。

表 1　2018 年服务业典型行业数字经济比重

单位：%

排序	行业	数字经济比重
1	保险	56.4
2	广播、电视、电影和影视录音制作	55.5
3	资本市场服务	48.7
4	货币金融和其他金融服务	48.6
5	公共管理和社会组织	46.0
6	专业技术服务	44.6
7	邮政	42.7
8	教育	40.0
9	社会保障	39.1
10	租赁	35.5

资料来源：中国信息通信研究院。

服务业数字经济一直延续良好发展势头，并加快向规范提质方向发展。互联网普及率的不断提升是服务业数字经济发展的重要支撑，截至 2018 年 12 月，我国网民规模达 8.29 亿，普及率达 59.6%，较 2017 年底提升 3.8 个百分点，全年新增网民 5653 万，人人联网时代不再遥远。在消费零售领域，《电子商务法》正式出台，对电商纳税、海外代购、虚假评价等当前存在的突出问题进行了回应，标志着电子商务进入规范发展阶段。2018 年，我国实物商品网上零售额 70198 亿元，比上年增长 25.4%，占社会消费品零售总额的比重为 18.4%，比上年提高 3.4 个百分点。在智慧物流领域，区块链、人工智能等技术在物流领域优先应用取得显著成效，2018 年 2 月，菜鸟网络宣布已经启用区块链技术跟踪、上传、查证跨境进口商品的物流全链路信息，这些信息涵盖了生产、运输、通关、报检、第三方检验等商品进口全流程，将给每个跨境进口商品打上独一无二的“身份证”，供消费者查询验证。在电子支付领域，移动支付等技术的普及应用大大节约交易双方成本，有助于激活交易和提升效率。2018 年，移动支付业务量快速增长，移动支付业务 605.31 亿笔，金额 277.39 万亿元，同比分别增长 61.19% 和 36.69%。移动支付平台已经成为一种重要的便捷交易设施，以蚂蚁金服的收钱码为例，据统计，这项服务可以将收银效率提升60%，节约1%的交易成本。在社交娱乐领域，短视频行业进入爆发期，以抖音和快手为代表的短视频正在深度影响和改变着我们的生活，据统计，我国短视频用户规模达6.48亿，用户使用率为78.2%。在线上教育领域，教育部印发了《教育信息化2.0行动计划》，努力构建数字经济条件下的人才培养新模式、发展基于互联网的教育服务新模式、探索数字经济时代教育治理新模式。

3. 农业数字化相对滞后

2018年，我国农业数字经济比重平均值仅为7.3%，较上年提升0.72个百分点，农业生产数字化水平仍较低，大大低于全行业数字化平均水平，农业数字化发展潜力仍然很大。数字经济比重由高到低依次为林、渔、农、畜，比重最高的林产品行业数字经济比重仍不足13%，远低于服务业和工业平均水平，比重最低的畜牧产品数字经济比重不足5%，低于绝大多数服务业和工业行业，农业数字化转型仍相对滞后，存在较大提升空间。

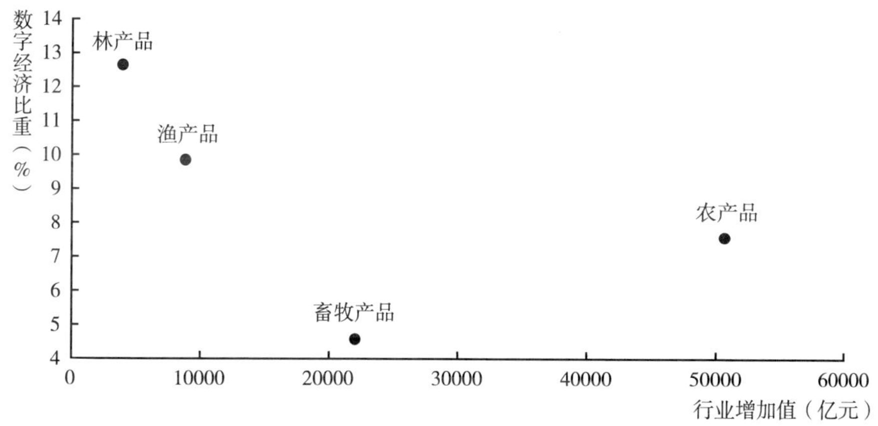

图6　2018年农业各细分行业数字经济比重

资料来源：中国信息通信研究院。

农业数字经济是发展农业、振兴乡村的重要抓手，2018年中央一号文件《国务院关于实施乡村振兴战略的意见》指出，要大力建设具有广泛性的促进农村电子商务发展的基础设施，鼓励支持各类市场主体创新发展基于互联网的新型农业产业模式，深入实施电子商务进农村综合示范，加快推进农村流通现代化。推动农业数字经济发展的关键在于提高效率、打通销路，具体包括两个方面。一是生产端的智慧农业，将物联网技术运用到传统农业中去，运用传感器和软件通过移动平台或者电脑平台对农业生产进行控制，从而实现农产品生产的数字化、网络化和智能化。目前，互联网企业在农业领域布局加快，既包括国外的软银、亚马逊、谷歌等，也包括百度、阿里、腾讯、京东等国内企业。据有关机构预测，到2020年，我国智慧农业的潜在市场规模有望由2015年的137亿美元增长至268亿美元，年复合增长率达14.3%，市场前景十分广阔。二是消费端的农村电商，通过网络平台各种服务嫁接于农村资源，拓展农村信息服务业务、服务领域，使之成为遍布县、镇、村的三农信息服务站，拓宽农产品销售市场。据统计，2018年，农村电商超过980万家，带动就业2800万人，全国农产品网络零售交易额为2305亿元，同比增加33.8%。

二　行业数字化转型潜在空间分析

数字经济降低实体经济成本、提升效率、促进供需精准匹配，使现存经济活动费用更低，并激发新业态新模式，推动经济向形态更高级、分工更精准、结构更合理、空间更广阔的阶段演进。交易成本越高、生产效率越低，进行数字化转型对企业降本增效的作用越明显。本报告将从降低成本、提高效率两个方面对数字化转型的潜在空间进行评价，其中，降低成本将主要考虑数字化转型在降低交易成本、管理成本、财务成本方面的作用，提高效率将主要考虑数字化转型对资源配置效率、资本使用效率、劳动生产效率提升的作用。

本报告选取计算机、通信和其他电子设备制造业，汽车制造业，化学原料和化学制品制造业，医药制造业为典型行业代表，以行业和企业数据库为基础，对典型省市产业数字化转型的潜在空间进行分析。

在离散型行业中，如北京、浙江等省市的计算机、通信和其他电子设备制造业，江苏、重庆等省市的汽车制造业，利用云计算、大数据等新一代信息技术，建立以工业互联网为基础、装备智能化为核心的智能工厂，提升企业内部智能化水平，提高企业外部产业链之间的协作能力，对于企业降低成本和提升效率具有重要作用。在流程型行业中，如浙江、广东等省市的化学原料和化学制品制造业，广东、四川等省市的医药制造业，通过引入数字化、联网化生产设备，加强生产过程数字化建设，从产品末端控制向全流程控制转变，实现原材料和内部生产配送系统化、流程化，实现产品生产全过程跨部门协同，有助于推动企业向“高精尖”发展。

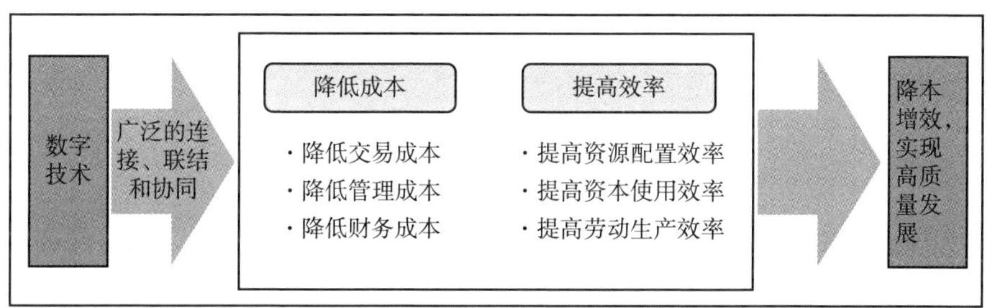

图7　数字化转型潜在空间分析框架

资料来源：中国信息通信研究院。

三　数字化转型的宏观环境与政策导向

（一）宏观环境

从产业变革规律看，数字化转型是大势所趋。我们正在经历数字技术驱动的产业变革。回顾历史，产业变革一般会持续50～60年，分为两个阶段，前三十年是通用目的技术的产业化和初步应用，后三十年是通用技术推动经济社会全面转型。从20世纪七八十年代算起，我们已经走过第一个阶段，正迈入第二个阶段，全面数字化转型正进入加速阶段。近年来，电子商务、共享经济、智能制造等数字化新模式新业态层出不穷，传统企业和数字企业

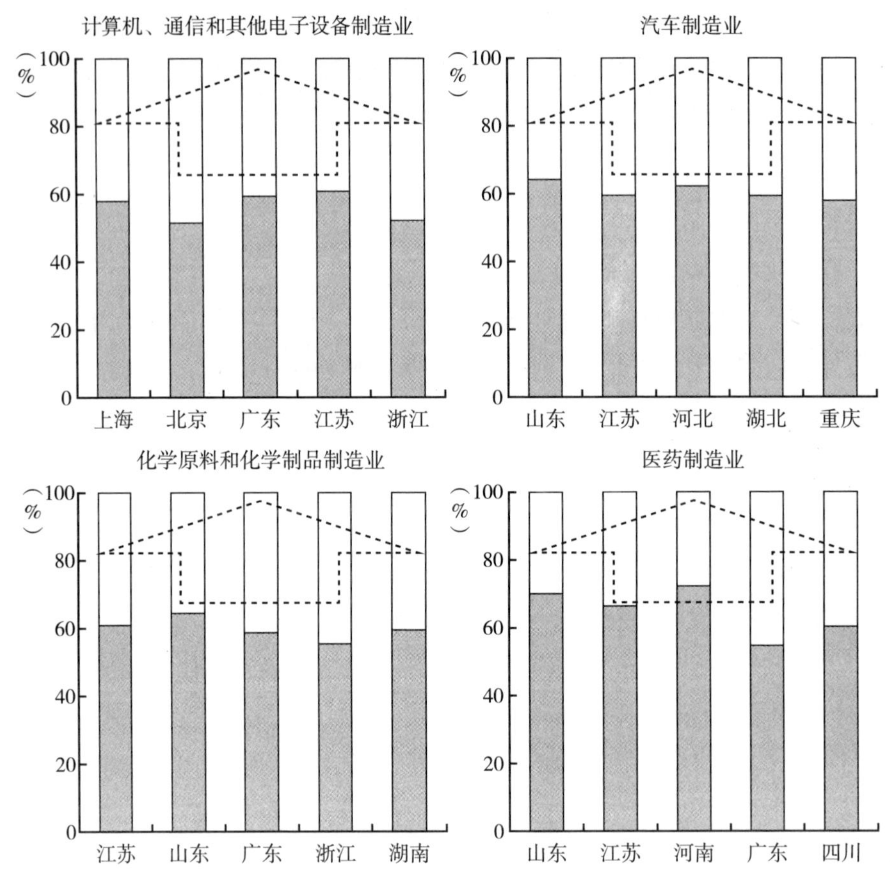

图8　典型行业典型省市数字化转型潜在空间

注：灰色柱状图表示成本效率水平与全国水平对比得分，灰色柱越小表示企业成本越高、效率越差，白色柱状图表示数字化转型潜在空间。

资料来源：中国信息通信研究院。

相向而行，都在加快数字化转型。数字化企业成为全球经济中新的主导力量。2018 年，全球市值前十的企业中，有 7 家是数字化企业，市值占比接近 8 成，十年前只有 4 家，市值占比不过 4 成。

从产业现实发展看，数字化转型需求日益迫切。我国产业成本持续高企，但产业效率却很低。从成本看，2000～2017 年，中国劳动力的平均工资上升了 8 倍，前几年波士顿咨询公司的报告也认为中国的制造成本逼近美国。从效率来看，中国工业的人均增加值只有美国的1/5，服务业更低，只有1/10。中国产业高质量发展亟须由要素驱动向创新驱动转型，加快数字化转型是必然选择。信通院的测算表明，近年来工业企业的生产效率提升，有29%是由数字技术贡献的。

（二）政策导向

国家越来越重视数字化转型。宏观层面，从2015年的“互联网+”行动计划，到2017年的发展工业互联网指导意见，再到2018年的数字经济战略，国家级政策文件不断推出。产业层面，工信部也在积极落实国家战略，不断完善政策环境。一方面，积极支持推动5G、云计算、大数据等数字技术创新发展，另一方面，持续推动两化深度融合，大力发展工业互联网、智能制造，推动制造业加快数字化转型。

近年来，信通院推动成立了数字中国产业发展联盟、工业互联网产业联盟、人工智能产业联盟、数字经济推进方阵等组织，以承接国家总体战略部署、对接各行业，协同好像华为这样的领军企业和大学、智库等多方面的力量，搭建平台，推进行业标准和政策等方面工作，为各行各业的数字化转型提供良好的支撑条件。

四　数字化转型的发展趋势与展望

从转型范围看，从消费数字化转型向产业数字化转型转变。一直以来，消费领域数字化转型一枝独秀，工业和农业领域相对滞后。信通院的研究表明产业数字化发展进度总体呈现三产快过二产、二产快过一产的规律，2018年，服务业、工业、农业的数字化渗透率分别为36%、18%、7%。这两年开始出现新的变化，互联网等数字技术正在加快从消费领域向产业领域渗透。可以预见，未来三到五年，产业互联网将成为企业创新创业的新风口，数字化转型范围不断拓展。

从转型深度看，从基于连接的转型到基于数据智能的转型。过去十多年，我们见证了互联网的链接作用带给经济社会的巨大变革，我们强调和推动了“互联网 +”。当前，以 5G、人工智能为代表的新兴技术快速发展，让万物互联、数据驱动、万物智能成为可能，国家开始重视“智能 +”。以“数据 + 算法”为本质的“智能 +”创新将渗透到各行各业，推动数字化转型纵深发展。

从转型生态看，从碎片化转型向基于平台的生态化协同转型转变。过去的数字化转型是碎片的，发现哪里信息化不足，就补哪一块信息系统。随着云计算、大数据、人工智能等的进步，以及整个技术架构向云端迁移，数字技术正在变得平台化、通用化、共享化。以数字平台为核心，汇聚产业供需双方，构建数字化转型产业生态正在成为一种趋势。

参考文献

《2019 工业互联网峰会在京召开》，《网信军民融合》2019 年第 2 期。

姜红德：《名家看制造业数字化转型》，《中国信息化》2017 年第 9 期。

姜红德：《数字化转型，企业应做好技术准备》，《中国信息化》2017 年第 12 期。

刘鹏飞、赫曦滢：《传统产业的数字化转型》，《人民论坛》2018 年第 26 期。

鲁春丛、孙克：《繁荣数字经济的思考》，《中国信息界》2017 年第 2 期。

孙克：《促进数字经济加快成长：变革、问题与建议》，《世界电信》2017 年第 9 期。

孙克：《数字经济时代大幕开启》，《世界电信》2017 年第 3 期。

孙璐：《把握数字经济机遇，加速数字化转型》，《中国建设信息化》2018 年第 14 期。

熊鸿儒：《传统产业数字化转型大有可为》，《中国工业和信息化》2019 年第 6 期。

张晓、鲍静：《数字政府即平台：英国政府数字化转型战略研究及其启示》，《中国行政管理》2018 年第 3 期。

周宝冰：《产业数字化成数字经济增长主引擎》，《中国工业报》2019 年 4 月 24 日。

B.7
2018年中国产业互联网发展报告

王明芬*

摘　要： 本报告从理论构建和市场发展两个维度，对中国产业互联网发展情况做了全面的梳理和分析。通过工业4.0研究院创立的互联网五分模型，报告明晰了产业互联网的研究和应用边界，并对产业互联网发展规模和潜力进行了测算。报告发现，2018年互联网巨头和IT企业带动了产业互联网应用，但中国产业互联网仍然存在范式研究、基础设施和试点示范等难题。报告提出，未来在理论研究、行业平台和杀手级应用将出现突破，这需要我国提供较为宽松的政策环境，让各种市场主体发挥引领作用，牵引产业互联网创新发展。

关键词： 产业互联网　工业互联网　“互联网+”　消费互联网

众所周知，经过40年的改革开放，我国已是制造大国和互联网大国，经济规模已经处于世界数一数二的地位。不过，由于各方面原因，我国经济发展质量还不高，传统产业与互联网的融合还不深入，在各方力量的努力下，我国已经提出了产业互联网①、数字经济、智能制造和工业互联网等概念，这些提法争奇斗艳，呈现了百花齐放的景象。产业互联网作为我国IT和互

---

* 王明芬，硕士，工业4.0研究院副院长，开源工业互联网联盟秘书长，主要研究领域为全球制造业竞争格局和产业互联网。

① 根据行业通常的理解，工业4.0研究院把产业互联网翻译为Industry Internet，而工业互联网则为Industrial Internet。

联网领域独立提出的概念，具有独特的魅力，吸引了不少学者和企业的关注。

跟工业互联网等概念不同，产业互联网不是舶来品，很难在英语国家找到对应的词汇，大体被行业人士翻译为 Internet +、Industry Internet 或 Industrial Internet，但是，大家对于产业互联网作为消费互联网对应的概念存在，没有根本上的分歧，这体现了互联网时代的延续性。

2018 年 11 月 11 日，工业 4.0 研究院发布了《产业互联网白皮书（2018）》，后续还设计了互联网五分模型[①]（Internet Five-Point Model，IFPM），以便对多个跟互联网相关的概念进行区分。单纯的消费互联网大都为 1 分或 2 分，制造企业内部工厂发生的网络化，则属于 4 分或 5 分，宽泛地讲，产业互联网属于 2～4 分范围的运行和业务，诸如传统的网站门户、即时通信和电子商务大都不属于产业互联网，发生在工厂或生产线上的工业网络也不属于产业互联网。

如果以数字经济为基础，把产业数字化作为产业互联网对应的领域，产业互联网发展潜力是巨大的。根据工信部相关数据统计[②]，2018 年我国产业互联网规模近 25 万亿元，同比名义增长 23%，而产业互联网占互联网经济比重也高达 80%，占我国 GDP 的比重也达到 28%。

由此可见，产业互联网开始成为我国经济发展的新动力，这促使学者专家加大对产业互联网的研究工作，同时吸引有条件的企业进入产业互联网领域，通过产业互联网的创新，实现实体经济与互联网的融合发展。

一　2018年中国产业互联网的发展状况

产业互联网在行业内存在了好几年时间，但由于推进力量比较单薄，特别是缺乏真正的研究力量参与，产业互联网还属于一个描述性的概念，并未

① 为了对消费互联网、产业互联网、工业互联网、智能制造等概念进行区分，工业 4.0 研究院设计了互联网五分模型，主要通过 1～5 分来区分互联网跟实体经济融合的程度。在通常情况下，传统互联网为 1 分，产业互联网为 2～4 分，智能制造为 5 分，这样就很好地把大家难以区分的概念进行界定。

② 相关数据引自工信部信通院的《中国数字经济发展与就业白皮书（2019 年）》。

引起各方的关注。随着2017年11月27日国务院发布了《深化“互联网+先进制造业”发展工业互联网的指导意见》，工业互联网成为国家战略，吸引了大量的行业人士关注，而产业互联网作为一支相关力量，也开始受到关注。

工业互联网（Industrial Internet）作为美国通用电气创造的概念[①]，进入中国后不久就成为行业人士认可度非常高的词语。2014年1月13日，《财经》刊登了《从消费互联网到产业互联网》[②]的文章，但随之国家同期提出了“互联网+”概念，产业互联网受到一定的影响，主流人群关注得并不多。行业人士针对产业互联网与工业互联网的关系产生了巨大的分歧，部分人员认为产业互联网就是工业互联网，也有一些人员认为两者有非常巨大的差别，这些激烈的讨论在一定程度上促进了产业互联网的普及。

在产业互联网成为热点的背景下，各种研究力量开始加入相关讨论中，同时，也有部分企业公开宣布要加强产业互联网的推进。2018年9月30日，工业4.0研究院发表了《工业互联网和产业互联网是不同的概念》[③]文章，回应了行业人士对此的关注。2018年11月7日，互联网经济学研究联盟举办了“产业互联网：开启数字经济下半场”小型高端论坛，工业4.0研究院院长胡权专门做了“产业互联网的过去、现在与未来”的分享。2018年11月11日，工业4.0研究院发布了《产业互联网白皮书（2018）》[④]，进一步把产业互联网的讨论推向了新的高点。

不过，真正让产业互联网成为我国主流概念之一，当属腾讯公司对产业互联网的明确表态。2018年，腾讯公司创始人马化腾在不同场合均谈及产业互联网，特别在下半年发布的《给合作伙伴的一封信》中，马化腾指出，

① 美国通用电气在2011年开始提出工业互联网（Industrial Internet）的概念，虽然它是从工业物联网（Industrial Internet of Things）中简化而来，但它赋予了工业互联网新的含义，由此可以认为工业互联网和工业物联网是两个略有差别的概念。

② 这篇文章是田溯宁和丁健撰写，田溯宁为中国宽带资本基金董事长、丁健为金沙江创投董事总经理。

③ 这篇文章是由工业4.0研究院院长胡权撰写，发布在工业4.0研究院官方网站，链接为http://www.innobase.cn/?p=1731。

④《产业互联网白皮书（2018）》发布在工业4.0研究院官方网站，链接为http://www.innobase.cn/?p=1776。

“我们认为，移动互联网的上半场已经接近尾声，下半场的序幕正在拉开。伴随着数字化进程，移动互联网的主战场，赈灾从上半场的消费互联网，向下半场的产业互联网方向发展”。

据工业 4.0 研究院观察，截至 2018 年底，产业互联网、工业互联网和智能制造成为我国在第四次工业革命领域的三大主要概念和流派，它们分别有自己的拥趸，形成了旗帜鲜明的立场和认识。

2018 年，除了学者和专家对产业互联网进行了不少探讨，介入产业互联网领域的企业也越来越多，其中包括腾讯、金蝶和阿里巴巴等知名企业，它们深入参与产业互联网领域的运行，为行业大量的中小企业起到了示范作用，也吸引了更多的实体企业主动了解产业互联网，推动企业传统业务与互联网的融合，实现高质量发展。

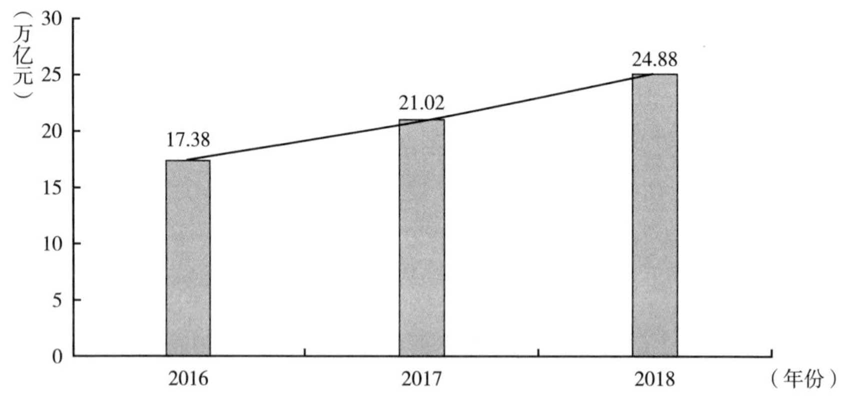

图 1　2016～2018 年产业互联网的经济规模

资料来源：根据工信部网站数据、信通院报告测算。

基于国家统计局和工信部发布的统计数据，参考工信部信通院在数字经济方面的研究成果，工业 4.0 研究院对产业互联网的产值进行了测算①。

① 通常情况下，数字经济的产值分为数字化产业和产业数字化两个部分，根据产业互联网的定义，可以粗略认为产业数字化等同于产业互联网，以此为基础，利用工信部和国家统计局相关数据，测算了产业互联网过去几年的产值。

2018 年互联网经济总体规模达 31.3 万亿元，占我国 GDP 的比重为 34.8%，名义增长为 20.9%，远高于同期的 GDP 增长速度，可见互联网经济已经成为我国经济发展的重要动力。截至 2018 年底，如果以产业数字化作为产业互联网的统计依据，2016～2018 年，我国分别完成 17.38 万亿元、21.02 万亿元和 24.88 万亿元的产值，2018 年占我国 GDP 的比重高达 28%，实实在在成为我国经济发展的主动力之一。

除此之外，大量的中小企业开始加入产业互联网浪潮中，创造了不少新的商业模式。部分企业针对销售渠道、供应链等比较容易跟互联网结合的领域，加强平台化的改造，既降低了成本，也促进了信息之间的贯通，创造了新的价值；还有部分企业针对区域产业集群的创新需要，从资金流、信息流和业务流等共享入手，实现了过去无法实现的协同发展，带动性较好，成为一些中小企业集聚的区域①首选的产业互联网发展模式。

二　2018年中国产业互联网的发展特点

对于产业互联网来讲，2018 年是一个重要的转折点，主要体现为更多的研究力量关注产业互联网和更多的知名企业扛起了产业互联网的旗帜。虽然工业互联网被确定为官方的主流概念，挤压了产业互联网的发展空间，但随着腾讯这样的大型互联网巨头加入，相关研究工作有加速的趋势。在大型互联网和 IT 企业的带动下，进入产业互联网领域的企业越来越多，这从 2018 年频繁出现的产业互联网相关报道可以看出，产业互联网在企业落地的机会更加丰富。

（一）各种研究力量开始关注产业互联网

自 2013 年开始，不少行业人士开始提出产业互联网的概念，由于消费互联网当时还有不少机遇，加上产业互联网相对较重，不容易快速建立一个

① 江浙一带的部分区域选择产业互联网作为其发展概念，形成了一些成功的案例。

平台生态，并没有吸引到足够的关注。即便到2015年，中国互联网协会、中国产业互联网联盟以及一些电信运营商，加大了对产业互联网的关注，产业互联网仍然处于描述性概念的地位，并无严格论证的体系。

即便到了2017年，行业仍然没有研究机构把产业互联网作为主要的研究课题，中国电信和中国联通结合到自己的政企业务开展需要，发布了一些阐释产业互联网经营的规划。2015年4月，中国电信[①]政企客户部产业互联网创新中心和其北京研究院产业互联网研究中心联合发布了《"互联网+"（产业互联网）行动白皮书》，其中明确提及的也是"产业互联网即'互联网+'"；2017年3月，中国联通对产业互联网产生了兴趣，发布了《国内外产业互联网发展及产业链分析》，其内容均为国外电信企业的跟踪分析。

2018年，伴随着"互联网+"的声音渐弱，工业互联网成为主流，追随产业互联网的拥趸有强烈的愿望把产业互联网称为工业互联网的另外一种说法，但两者有较为明显的不同，直接导致两个领域的专家展开了激烈的争论，吸引了不少媒体、公众号以及微信群的关注。

既然产业互联网的概念体系不清楚，这给了不少学者设立研究课题的机会，一些协会或联盟纷纷举办研讨会，邀请互联网经济领域的专家对此发表意见。工业4.0研究院在2018年下半年参加了一些会议，同时发布了《产业互联网白皮书（2018）》，一时间引起了广泛的关注。

（二）互联网巨头和IT企业带动产业互联网应用

传统的互联网企业，特别是BATJ[②]等互联网巨头，在传统的消费互联网领域发展空间遇到了一个瓶颈，迫切需要寻找新的增长点，但由于工业互联网字面含义包含了工业，恰好不是互联网公司擅长的，这迫使它们拥抱产业互联网概念，反之对于完善产业互联网概念体系有了需求。我国的IT企

① 中国电信虽然设立了产业互联网相关机构，随着工信部主要提及工业互联网，它们开始进行调整，提及产业互联网的频度已经改变，例如，在中国工业互联网大会上，中国电信相关代表是以工业互联网为题介绍相关工作的。

② BATJ指百度（Baidu）、阿里巴巴（Alibaba）、腾讯（Tencent）和京东（JD）。

业是早期提及产业互联网概念的力量之一，最近几年时间云计算等技术在企业中的应用逐步增加，使 IT 企业有互联网故事可讲，以 2B 为特征的产业互联网成为它们拥抱的对象。

产业互联网跟实体经济产业价值链结合的情况来看，销售渠道、产品维护、供应链（或采购）等领域成为突破口，一些企业利用这些环节上的独特资源和能力，通过产业互联网平台，降低了企业的相关成本，或者给企业带来了业务等方式，获得了较为快速的发展。

过去产业互联网发展所需的基础设施不足，导致互联网跟实体经济的结合一直没有实质性的进展，从而阻碍了产业互联网的进一步发展。随着云计算、移动互联网、大数据、人工智能和数字孪生体（Digital Twin）① 等技术的实施，产业互联网在实体经济的应用呈现加速发展的势头。同时，工业级的开源应用也逐步出现，促使开源工业互联网②成为现实，开发者生态逐步发展成熟，带动产业互联网以更快的速度进行应用。

以阿里巴巴、腾讯等互联网巨头在智慧城市建设中的实践来看，通过诸如工业大脑或产业互联网平台等云服务，可以方便地渗透到各个实体经济领域，这为更多细分领域应用产业互联网提供了可能。

三　中国产业互联网存在的问题

正如《产业互联网白皮书（2018）》报告中指出的，中国产业互联网发展面临巨大的机遇，但也存在一些关键的问题需要解决。按照佩蕾丝在《技术革命与金融资本》一书对技术革命周期的描述，任何一场技术革命，均需经历构建范式、基础设施、市场扩张和潜力受限四个阶段，工业 4.0 研

① 数字孪生体是基于系统工程的数字化技术，它主要解决物理世界与信息世界的融合问题。在一定程度上，数字孪生体是美国产业界为了解决信息物理系统（Cyber Physical Systems，CPS）实用性不强，专门设计的一套数字化工程概念和工具。与数字孪生体同时进行应用的通常有数字线程（Digital Thread）。数字孪生体在产业互联网发展过程中扮演了基础技术的角色。

② 开源工业互联网是工业 4.0 研究院提出的概念，主要指工业级的开源软件和硬件。

究院判断，产业互联网目前处于构建范式阶段，虽然有一些产业互联网应用产生，但大都属于单个案例，还没有出现通用目的技术（General-Purpose Technologies，GPT）[①]，行业大规模爆发性发展的时机还未到来。

基于技术革命的周期论，发展到2018年底，产业互联网需要解决一些关键问题，促使产业互联网健康持续发展。这些问题分为范式构建、基础设施和试点示范。

第一，按照技术革命的四大周期要求，产业互联网领域应该有一批专家进行研究，就一些根本问题做出回答。

如果把产业互联网作为一个流派来看，它还缺乏成熟的范式体系。库恩在《科学革命的结构》对范式做了很好的阐释，产业互联网还谈不上一个范式，主要是不具备以下两个条件。

一是产业互联网需要有基本概念和体系，奠定基本的理论体系，便于后面加入的研究学者进一步研究。

二是产业互联网需要形成固定的拥趸，它们愿意去传播这个概念，同时也愿意尝试产业互联网倡导的做法。

客观地讲，由于工信部和国家发改委支持的概念主要是两化融合、工业互联网、智能制造、数字经济等[②]，产业互联网缺乏官方支持，目前主要是腾讯研究院[③]、工业4.0研究院[④]、浙江清华长三角研究院[⑤]和中国互联网协会[⑥]等机构对这个概念有一定研究，还缺乏专家的广泛参与。对于产业互联网的拥趸，虽然有一部分行业人士有意追随，但考虑到自身利益，大都选择了官方提及的概念体系，真正践行产业互联网提及的做法，并不是很常见。

---

① 通用目的技术是可以跨领域应用的技术，由于通用性较好，符合规模经济的特点，可以有效解决产业发展中的非标问题，所以技术革命中必然产生通用目的技术。

② 两化融合由工信部信软司支撑，工业互联网主要由工信部信软司、通管局、信通司等支撑，智能制造由工信部装备司主要支撑，数字经济主要由国家发改委支撑。

③ 腾讯研究院召开了产业互联网的研讨会，同时在媒体上发表了一些产业互联网的文章。

④ 工业4.0研究院主要发布了《产业互联网白皮书（2018）》，同时参加了一些研讨会，撰写了一系列相关文章。

⑤ 浙江清华长三角研究院下设了产业互联网研究中心，发布了《2018产业互联网白皮书》。

⑥ 中国互联网协会建立了中国产业互联网研究院，并在各地建设了分院。

第二，产业互联网是一个实践性非常强的概念，只有它获得较大规模发展，才可能吸引更多的企业加入这个浪潮，但这需要有较完善的基础设施。

产业互联网的基础设施主要是低廉的云计算、人工智能、大数据、数字孪生体等，只有具备了这样的条件，产业互联网才可以在各种实体经济领域开花结果。由于大型互联网企业的参与，云计算基础设施基本上已经准备就绪，但对于产业互联网发展所需的人工智能、大数据和数字孪生体，还需要一定的时间来发展，特别是数字孪生体，国内意识到其重要价值的企业还不多。

第三，对于产业互联网的试点示范，由于“互联网+”、工业互联网和数字经济等官方的试点示范众多，产业互联网发展难以具有特点，行业企业难以从中吸取营养。

中国产业互联网发展联盟、浙江清华长三角研究院等机构在会议上或报告中发布了一些案例，但由于缺乏系统性的分析，对这些案例提炼不足，相关案例传播性并不突出，从而也影响了产业互联网的试点示范效果。虽然有一些企业或个人通过公众号、微信群等方式对这些案例进行传播，其中夹杂不同利益相关者，难以客观对待这些案例，在一定程度上影响了产业互联网试点示范的效果。

总而言之，产业互联网在2018年有不少发展，但仍然在范式研究、基础设施和试点示范等三个方面存在挑战，需要各方参与者共同解决。

四　中国产业互联网的发展趋势

自2015年，针对实体经济跟互联网融合发展，我国已经提出了产业互联网、工业互联网、数字经济、智能制造和数字孪生体等新概念，产业互联网作为字面含义跟传统互联网最为接近的概念，自成体系，成为众多概念中脱颖而出的新兴力量。工业4.0研究院在《全球工业4.0研究报告（2019）》①

① 工业4.0研究院每年1月1日发布《全球工业4.0研究报告》，目前已经发布了2017年、2018年和2019年版，该报告发布在工业4.0创新平台上，可以自由浏览。工业4.0创新平台的链接：https：//www.innovation4.cn。

中明确提出产业互联网将与工业互联网和智能制造三分天下，成为引领我国实体经济高质量发展的一支力量。

在我国推进数字化转型过程中，智能制造主要在制造企业的工厂发挥作用；工业互联网作为我国“互联网+先进制造业”的主要承载概念，重点在制造企业，其主战场是从工业设计、生产制造到产品维护这个全价值流程；产业互联网在广泛的实体经济中发挥作用，利用我国互联网大国建设的各种基础设施，更好支撑实体经济的数字化转型，其发展空间巨大。

首先，正如文中前面所述，产业互联网还是一个描述性的概念，虽然有一些专家提出了定义，但均未在行业内得到共识。为了推进产业互联网持续良性发展，产业互联网需要解决范式构建的问题。

工业4.0研究院给出的定义为，“产业互联网（Industry Internet）是消费互联网对应的概念，它借助云计算、人工智能、大数据和数字孪生体等互联网技术的应用，促使传统产业链的优化和重组，更好提供产品和服务”。

随着腾讯研究院、阿里研究院等互联网企业的研究机构加入，由于它们更容易接触到企业的产业互联网实践，这将推动产业互联网范式的快速形成和发展。

其次，对于产业互联网的发展，目前还缺乏有针对性的行业平台，这导致消费互联网赖以快速发展的平台模式发挥不出效用。虽然一些企业在自身所在行业建设了产业互联网平台，但大部分仅仅把消费互联网领域的平台平移到行业应用来，并未对所进入行业进行深入的分析研究，也未有针对性地进行技术研发，所建产业互联网平台可以赋能的潜力有限。

以服装行业为例，最近几年服装行业在产业互联网领域的探索较多，虽然吸引了不少眼球，但其价值有一定的局限性。例如，青岛红领[①]在2012年以数据驱动介入产业互联网，虽然在定制化西服领域有了一些进展，但服装行业自身的经营特点是品牌驱动，仅仅依赖于制造方式的一定改进，希望

① 青岛红领公司是一家服装加工企业，2012年开始涉足C2M（Customer to Manufacturer），通过把西服的各种版式标准化，建立了一个较大的数据库，同时对生产线进行改造，便于对不同尺寸、不同款式及不同定制要素进行定制化生产。

改变这个行业的竞争规则，低估了产业互联网在服装领域应用的难度。

不少企业家已经意识到产业互联网落地实施的挑战是多方位的，不能以单点或单域改进作为产业互联网应用的核心，还需要以经济学视角去看产业发展趋势，以及从管理和产品全生命周期做综合治理，最终形成一个完整的经营战略，换句话讲，任何希望在产业互联网领域大有作为的企业，都应该有一个产业互联网战略，指导未来三年的经营管理工作。

最后，在系统布局产业互联网平台的基础上，要让平台发挥作用，必须找到行业的痛点，打造杀手级应用。前面提及的红领公司，在服装行业打造个性量体裁衣的卖点，并未达到预期大量定制西服的目标；但一些在家居行业的企业，利用房地产发展迅速，房主有意愿定制化家具等需求特点，打造了一套低成本的定制化体系，它们通过可以定制化的产业互联网前台，让消费者自行提交各种定制信息，这些信息流动到产业互联网后台，跟生产现场的信息系统连接在一起，形成了一个良好的互动。

在一些制造企业的产品服务中，逐步把产品交付后的运行维护作为痛点来解决，利用产业互联网平台提供的预测性维护，大幅降低了传统运行维护方式的成本，同时也提供了新价值。事实上，按照国际标准 ISO 55000① 的资产管理要求，这实际上是利用物联网技术，提供了一个产业互联网杀手级应用。

基于以上分析，中国产业互联网面临千载难逢的机遇，预计未来将在理论研究、行业平台和杀手级应用三个方面出现突破，从而促进产业互联网体系的完善，大量的中小企业逐步加入产业互联网生态，将使之繁荣昌盛。

五　中国产业互联网的政策建议

在不断推进我国经济高质量发展的背景下，产业互联网和消费互联网作

① ISO 55000 是针对企业资产管理的标准，目前发展的趋势是跟物联网结合起来，形成预测性维护或智能资产管理等多种模式。

为互联网大国的两大方面，将协同创新发展，促进实体经济产业结构调整，并创造出新型的业务和服务。目前的格局存在主推工业互联网的势头，对于产业互联网的发展，缺乏来自官方的关注和关心，主要还是民间力量在推进，这包括一些民间的智库和企业。

对研究人员来讲，任何概念体系都有自己的优势和弱势，工业互联网作为我国主推的概念体系，跟制造业结合非常紧密，同时也涉及互联网，的确体现了我国互联网大国和制造大国的特点。由于工业互联网的中文含义让非制造业领域的普通人望文生义，很容易产生困惑，即便对于地方主管工业和信息化政策的官员来讲，也是容易产生疑惑的。

我国幅员辽阔，产业种类众多，仅仅以工业互联网一个概念统领所有行业，容易产生潜在风险。

一是，实体经济各细分领域对各种先进概念的接纳度不同，让产业互联网、智能制造、数字经济、数字孪生体等概念拥有发展的空间，可以促进行业多样化发展。按照经济合作与发展组织（OECD，Organization for Economic Co-operation and Development）对产业种类的划分①，可以分为低中高三个层面，对于一些制造过程比较关键的产品，可以加强智能制造的投入，而对于全流程更容易产生价值的制造过程，可以利用工业互联网来加强协同创新，但在供应链、销售渠道等产业价值链上的创新，应让渡给产业互联网来发挥作用。

二是，通过过去40年的发展，我国实体经济已经有比较大的体量，而且种类比较多，仅仅依赖于单一的产业政策推进，容易给参与全球产业竞争的中国带来潜在风险。最近一段时间，中美贸易摩擦中被瞄准打击的经验，充分证明了单一产业政策的巨大风险。

三是，从工业互联网相关政策来看，主要思路过多强调了工业互联网平台建设的重要作用，从推进的情况来看，一些双跨平台并未遵循专业化分工

① 通常情况下，中高层级的技术才是先进制造技术。诸如纺织业等被OECD列为低技术，衡量这些技术的标准是附加值。但随着新一代信息技术的应用，传统的低技术有可能成为中技术或高技术。

的做法，它们利用行业领先的地位，不断攫取产业价值链产生的利益，换言之，这些大型互联网、IT 和电信巨头利用传统资源优势推进工业互联网平台，对于行业专业化分工良性发展并无多少好处，这将给我国大量的中小企业获得发展空间带来负面的影响。

结合上面的分析，为了避免我国经济发展的寡头垄断和不均衡，同时也是为了促进我国创新生态的形成，应该在政策指向多元化、专业化产业互联网平台和共性技术创新上做文章。

一方面，由于我国实体经济种类众多，不宜以单一的产业政策指导相关工作。相关单位为了产业政策多年的延续性，主要基于某个概念来推进相关工作，这虽然可以降低管理难度，但对于我国实体经济的发展，带来了一定的挑战，主要体现为单一的产业政策对各地资源的牵引作用过于强大，其他概念体系的参与者难以平衡这种虹吸作用。

产业互联网在过去几年时间的发展就存在这样的状况。虽然这个概念产生的时间较早，同时行业实践者也比较多，但由于“互联网 +”、工业互联网等概念出来之后，在很短时间内产业互联网少了很多声音。如果我们坚持实践是检验真理的标准，让产业互联网这个概念多“飞”一会儿，可以给我国实体经济发展带来不同的景象，毕竟产业互联网在一些领域的应用价值有目共睹。

另一方面，与消费互联网不同，产业互联网涉及实体经济，如果在实体经济领域垄断性平台过多出现，以及一些企业所称的一站式解决方案过多，它们的产业互联网平台将在实体经济领域产生巨大的作用。

当然，在产业互联网发展初期，不宜对该行业过多进行干预，但也不宜过多地进行支持，因为这种选择式的支持，有可能助长了领先者的垄断力量，特别是一些大型互联网和 IT 企业，它们更有能力对行业资源进行垄断，从而导致其他中小企业缺乏发展空间，甚至是生存空间，这对于整个社会的平衡发展是不利的，从而对整个国家的利益造成伤害。

更进一步，以技术革命发展的规律来讲，我国政策取向应该逐步转向共性技术的支持，传统共性技术的支持，大都以某个具体企业的关键技术为支持重

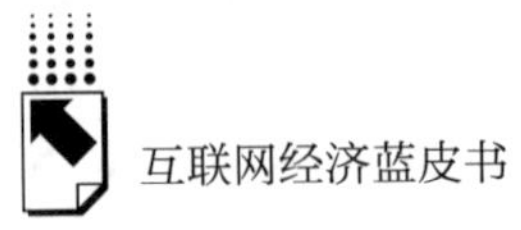

点，并未惠及所有行业参与者，因为这些技术大都没有公开，也无从获得。

消费互联网在过去几十年发展中，开源技术做出了巨大的贡献，并促进形成了代码共享平台 GitHub① 和大量的开源基金会（包括 Apache 基金会、Linux 基金会和 CNCF 等基金会），这为美国的产业互联网发展提供了一个数字化的基础设施。

中国在推进产业互联网的过程中，需要注重开源基础设施的建设，产业政策的支持应逐步转向共性技术的开源项目支持，促进行业企业可获得开源工业互联网应用的发展。

简而言之，中国要推进产业互联网良性发展，需要摒弃传统的政策思路，给产业互联网发展的空间，让互联网企业、IT 公司等发挥引领作用，牵引产业互联网创新发展，同时，以技术革命所需基础设施来看，推动开源工业互联网的发展，成为产业互联网超常规发展的催化剂。

参考文献

〔英〕卡萝塔·佩蕾丝：《技术革命与金融资本：泡沫与黄金时代的动力学》，田方萌等译，中国人民大学出版社，2007。

中国信息通信研究院：《中国数字经济发展与就业白皮书（2019 年）》，2019。

王明芬：《产业互联网白皮书（2018）》，2018。

胡权：《工业互联网和产业互联网是不同的概念》，2018。

田溯宁：《从消费互联网到产业互联网》，2014。

浙江清华长三角研究院：《2018 产业互联网白皮书》，2018。

工业 4.0 研究院：《全球工业 4.0 研究报告（2019）》，2019。

胡权：《产业互联网的过去、现在与未来》，2018。

《国务院关于积极推进“互联网 +”行动的指导意见》，2015。

① GitHub 是一个代码共享的平台，通常开发者希望让其他人参与开发，会把源代码放到开源代码平台上，实现协作开发目标。目前 GitHub 已经被微软收购。

B.8

2018年工业智能迈向规模化的引爆点

——人机边界重构

王　岳*

摘　要：　工业智能的源泉是既有产线的存量数据。以21世纪的智慧、20世纪的机器，同样可以实现智能，而非一味追求无人化生产线。本报告认为，阿里工业大脑通过建立数据流与业务流的双螺旋结构，找准大数据及AI技术的发力点，从业务流程与专家经验中发掘“窍门”，让设备与产线像人一样思考，实现生产制造流程中的产线智能协同。报告从工业大脑发展阶段、部署工业大脑的成功要素、工业大脑发展路径以及工业大脑标杆案例等几个角度详细介绍了阿里在工业+AI领域的实践与体会，为已经踏上工业智能之旅的企业，或是即将上路的企业提供指引与借鉴。

关键词：　人机边界　工业智能　制造业

20世纪50年代，英国科学家图灵第一次提出了“机器思维”概念，相信有一天机器将拥有智能，可以像人类一样进行思考，人工智能概念就此应运而生。不过，这种提法显然高估了人类的智力。机器独特的数据化思维方式与智能体系，在很多方面，比人类看问题更为透彻。机器可以感知到设备

---

* 王岳，工商管理硕士，阿里云研究院高级战略专家，研究方向为产业数字化转型、工业互联网、工业智能、新零售、汽车数字化转型、前沿科技。

未来几时发生故障，可以通过数据模型逆向推导出生产参数间的最优路径，也可以发现芯片上肉眼看不到的纳米级瑕疵。尽管机器智能尚处婴儿时期，但已经充分证明其可以做到很多人类做不到的事情。

如今，制造业正大踏步地迈入机器智能时代，人类给予机器更多的信任，后者则将承担更多的决策任务。如此一来，人类可以腾出大量时间做更多需要想象力与创造力的工作，并将其转化成知识传授给机器，让机器变得更聪明。可以预见，机器智能时代将出现大规模的人机协同，协同不止停留在物理层面，而更多的是脑力间的协同。人类大脑与机器大脑的合作与互补将成为未来制造的新范式，同时也将制造更美好的未来！

一　大数据时代人与机器边界的重构

《机器之心》作者雷·库兹韦尔曾说：“未来的世界，人类和机器将难分彼此，人类将不再是万物之灵！”回顾过去200年工业发展历程，人与机器间的关系不断发生变化。1764年，第一台机械织布机的发明，人类从自家的手工作坊搬到工厂，尝试操作机器完成纺织工作。1913年，福特第一条T型车流水线的问世，人类开始与机器协同进行规模化的生产/组装任务。1969年，第一台可编程控制器（PLC）问世，人类首次可以远程给机器下指令，替代自己完成繁重的、重复性的生产工作。每一次人与机器间关系的变化，都意味着制造水平又一次质的飞跃。

（一）制造业面临的人机关系新挑战

在数字化时代的今天，制造业所面临的新挑战对人机关系又提出了新的需求。

1. 挑战一：规模化、客制化与个性化生产长期并存

一方面，消费者与日俱增的个性化需求，以及C2B、C2M定制化模式的出现，要求工厂具备多品种、小批量、个性化、按需生产的柔性生产能力。同时单件规模化生产依然是制造企业赖以生存的方式。两者如何共存在

同一个生产环境中，做到“刚柔并济”，同时满足不同消费群体的需求，显得力不从心。

2. 挑战二：工业知识封闭与缺少沉淀

发达的制造业国家把先进工业知识埋在设备和系统中，中国企业大价钱引进的技术，仅仅获得的是知识的使用权，而不是拥有权，知其然不知其所以然，自主可控的知识严重缺失。此外，由于劳动力成本攀升，技术工人、工程师人才频繁进出，经验与知识却没有留存下来，企业陷入原地踏步、重复造轮子的窘境。

3. 挑战三：难以捅破的生产“天花板”

随着工业现代化的不断演进，自动化和精益化的生产系统已经发展到了一个很高的水平，但也越来越接近生产的“天花板”。工厂缺少行之有效的手段，让隐形和碎片化的工业问题浮出水面。单纯的工业内部解决方案已经很难进一步提升生产效率、降低能耗、优化设备的利用率或是提升产品检测的效率，工厂运营管理水平已经面临瓶颈。

人机间边界有待再一次重构以应对上述挑战。云计算、大数据、物联网、人工智能等新一代数字技术的爆发，为人机边界重构提供了机遇。机器不仅“手脚”更灵活，也开始有了感知与认知能力，这让机器与人类上升到更为深层次的交互——思想交互。机器渴望从人类那里汲取更多的知识，而后者也乐此不疲地“授业解惑”。两者智力上的协同与互补为未来工厂的发展定下了基调（见图1）。

（二）智能化、数字化与自动化三位一体打造机器智能工厂

人类需要一个什么样的未来工厂？美国第32届总统卡尔文·库利奇曾说过，“建一座工厂就是盖一座圣殿，在工厂干活就是住那里做礼拜”。理想的未来工厂，机器不仅帮助人类跳脱繁重、单调的体力工作，且具有“思考能力”的机器还将替代人类完成大多数决策工作，减轻人类的脑力负担，后者可以有更多精力从事更有创意、更有创造力、更有趣味性的工作。这种由人类赋予机器智能，由机器随时、随地完成复杂决策与逻辑操纵任务

的工厂，被称为机器智能工厂。机器智能工厂与工厂自动化、数字化、智能化的发展路径并不相矛盾，而是该路径最终达到的终局。

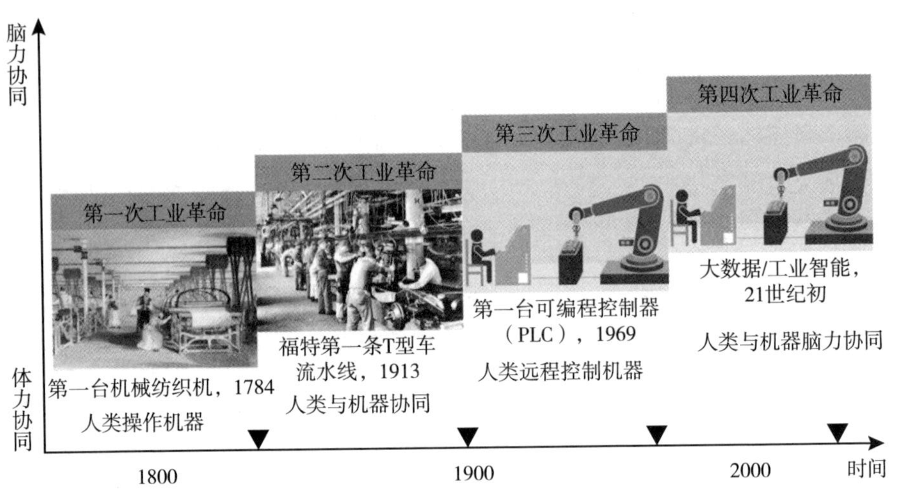

图1　工业4.0进化图

从自动化到数字化再到智能化的发展被众多制造企业奉为未来工厂的标准路径。而互联网时代，上述工厂三部曲并不是呈绝对的线性式发展。得益于中国互联网技术带来的后发优势，中国制造企业可以并联或是交叉方式推进上述三个工厂模式，且三者间相互促进、融合，形成良性循环——数据智能与专家知识融合形成的新知识沉淀到设备以及数字化工具中，加速知识的重用与共享；自动化技术（OT）与数字技术（DT）融合激发数据的流动，为智能的开发提供足够充足的养料；而数据智能所带来的价值与效益，激发企业管理层在自动化与数字技术上的投资欲望，且有助于进一步发现OT与DT部署上的盲点，进一步将数据打穿，更好地为智能服务。

智能化、数字化与自动化三位一体打造机器智能工厂。工厂从无脑到有一颗工业大脑将是继工业1.0机械时代、工业2.0自动化时代以及工业3.0信息时代之后又一次跨越。

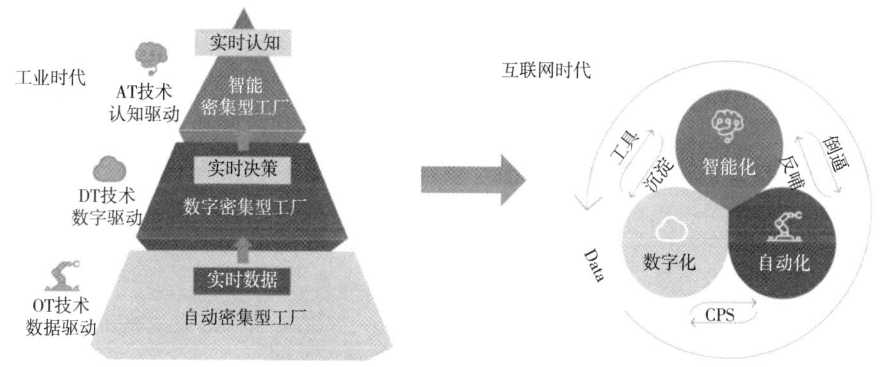

图 2　互联网时代大规模人机脑力协同

资料来源：阿里云研究中心。

（三）工业大脑的四块拼图：云计算、大数据、机器智能与专家经验

工业大脑简单地讲，就是机器独有的数据化思维方式。工业大脑的思考过程是从数字到知识再回归到数字的过程。生产过程中产生的海量数据与专家经验结合，借助云计算能力对数据进行建模，形成知识的转化，并利用知识去解决问题或是避免问题的发生。同时，经验知识又将以数字化的呈现方式，完成规模化的复制与应用。一个完整的工业大脑由四块关键拼图组成，分别是云计算、大数据、机器智能（算法、模型）与专家经验，如图 3 所示。

云算力让想象变为可能。从远古时代的结绳记事到算盘的问世，再到计算器与电脑的大规模应用，每一次计算工具升级都带来巨大的生产力。比如中国第一代原子弹的研发过程中，大量的计算都是由算盘完成的。而云计算的出现，让更多天马行空的想法快速变成现实。部署在云端的上万台电脑可以随时合体成一台超级电脑，每秒处理上千万条指令，撬动工厂中沉睡的数据资源，由此产生的价值是无法想象的。

大数据是智力进化的养分。工厂就像是热带雨林，数据是栖息在雨林中的各种生物，虽然有万种之多，但我们却很少能够看见，因为数据都深埋在设备、工具与系统中。数据中的隐形线索承载着大量的碎片化信息与知识。当这些沉底的数据在不同维度、不同时间、不同频率、不同场景下被唤醒，且数据间能够相互结合、关联或是比对，那么碎片化的知识将被重新拼织起来，为机器与人类专家就问题诊断提供关键依据。

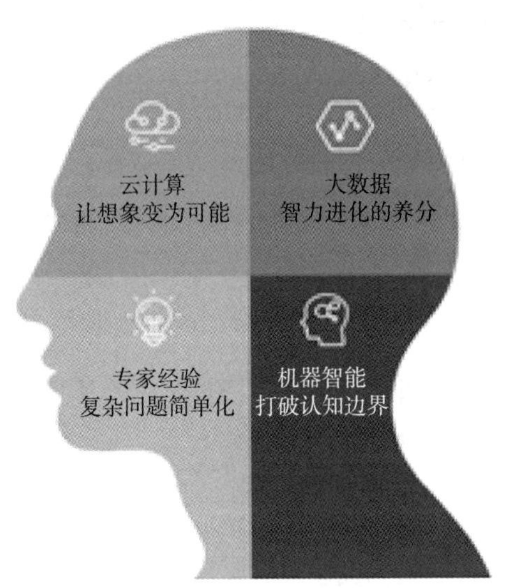

图3　完整的工业大脑

资料来源：阿里云研究中心。

专家经验将复杂问题简单化。由于掌握丰富的工艺参数与设备机理认知，行业专家可参与包括问题识别、确认、模型与算法优化的全过程。专家凭借经验、常识，甚至是直觉，通过排除法做到复杂问题简单化，确保机器智能与实际业务需求吻合，便于模型与算法的开发。比如光伏行业的工艺专家可以在上千个生产参数中快速识别参数间的因果性，并排除对生产质量影响微小的参数，极大减轻建模、算法的工作量，同时提高准确性。

机器智能打破认知边界。数字时代，制造企业的核心竞争力不在于拥有多少资产，而在于拥有多少代码。机器智能具备三个人类所不具备的能力。

机器智能具有生成和分析大量可能性的能力，可以穷尽所有的“选项”，扩展认知的边界，创造新的知识，摆脱“老师傅”的认知局限。

机器智能有完整的记忆能力，会记住每一件事，留意每一条蛛丝马迹，然后再确定这些保存完好的经历中哪些对解决问题是重要的。

与人脑不同，思维需要存在一个身体里。机器智能则可以完全脱离载体，同时在多个地点复制或展示智能。

二 像烹饪一样部署工业大脑

（一）工业大脑部署四个步骤

工业大脑的部署过程不难理解，与烹饪的过程非常相似，可以简单分为四个步骤。

1. 准备食材

海量的工业数据就是工厂中的食材，采集到的数据要新鲜（实时）、丰富（全维）、料足（全量）。数据采集需要不影响正常生产，采集过程可采用小步推进的方式，先从过去历史数据与离线数据入手，当数据不足以支撑模型训练时，再对关键设备升级改造，逐步开放更多关键数据，补足缺失的数据维度。从最初的离线数据批量上云再到实时数据上云，根据算法模型要求和双方约定好的数据采集频率进行数据采集。

2. 食材清洗

收集上来的食材（数据）并不能直接用于烹饪。需要进行清洗，包括过滤脏数据与噪声，解决数据的多源异构，找回丢失的数据以及修正错误的数据。接下来，还要根据用途，对食材（数据）进行分割、分解、分类，以便为下一步的“烹饪”（数据建模与算法）做好准备。

3. 烹饪与菜谱开发

烹饪过程中，食材之间以及与调味料之间，随着温度的变化，会产生不同的化学反应。食材与调料的配比，以及对火候的把握决定了菜肴最终的味道。食材不同配比的调试也就是菜谱开发的过程，生产过程亦是如此，比如炼钢过程中的炉温控制，只有挖掘出煤气热值、压力波动、空燃比等关键参

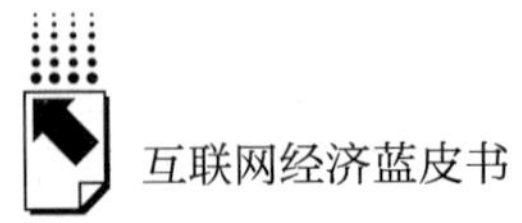

数间的最优关系，并通过实时的参数调节，才能有效降低能耗，提升轧钢的质量稳定性。因此需要以数据关键变量为基础，外加对锅炉燃烧机理的认知，通过锅炉燃烧数据模型与最优算法找出最优的参数组合。

4. 菜谱改进

用新菜谱做出的菜肴需要小范围试吃，以收集顾客的反馈，以做进一步改进。同理，基于模型推导出的最优参数，需要回归到实际生产环境中，以小批量生产来验证效果，做效益分析评估，并根据生产反馈做进一步参数优化，直至可以应用到大规模生产当中。

（二）让每一位厨师都变成“厨神”

工业大脑的最终目标不是外面请大厨来做菜，而是让每一家工厂都变成“餐厅”，让工厂中的每一位工程师都成为“厨神”。工业大脑则是负责帮助建造厨房、提供厨具以及配菜与配方，帮助厨师快速开发满足客人不同口味的菜肴，如图 4 所示。

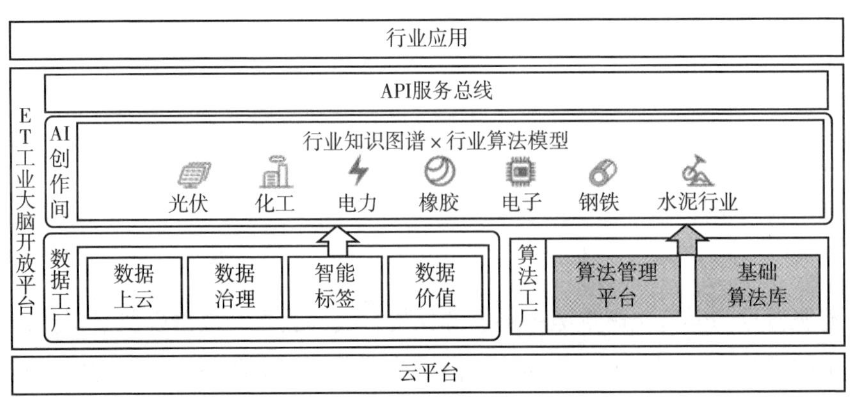

图 4　工业大脑开放平台

资料来源：阿里云研究中心。

1. 厨房（数据工厂）

负责存储与管理来自不同渠道的食材（数据）。包括来自生产设备、仪器仪表、工业软件、图像、语音与视频的数据，甚至是来自外部的电商数据与天气数据都可被有序、实时地存放在数据工厂中。根据数据不同的特性与用途进行统一管理，确保数据的全量、干净与标准，以备随时的数据调用与上传。

2. 厨具（算法工厂）

食材的加工与烹饪离不开高质量的厨具。算法工厂的作用是为算法提供各种工具上的支持，包括提供数据格式和数据接入的管理，支持接入多种计算平台的算法，对算法进行版本的管理，定义算法所能使用的数据范围、资源范围和场景等。

3. 配菜（AI 创作间）

大脑的 AI 创作间负责配菜，提高烹饪效率。依托创作间，模板工程师准备好行业模板与通用的算法模板，将数据与算法用业务化的语言进行表达。算法工程师则根据实际业务场景来选择和使用这些模板，并在此基础上开发出企业专属的智能算法与应用。

（三）工业大脑的正确打开方式：Think big，do small

偶尔的小聪明有时可以解决大问题，但如要切实可靠地解决问题，则需要一个真正智能的过程。一个新组织、一个新平台以及一套新标准可加速工业大脑的整体推进。

1. 一个新组织

企业 CEO 要有数字化变革的魄力，从思想上和战略上提供支持，并且在大脑执行过程中的关键节点给予指导。而项目的具体执行需要一个由首席信息官/首席数据官、制造总裁、厂长以及外部大数据专家组成的跨职能“数字化梦之队”，如图 5 所示。

（1）首席信息官/首席数据官，既要充分理解数据价值，又要谙熟企业业务，还要充分做好迎接数据治理挑战的准备。项目过程中，CIO 需要扮演资源路由的角色，整合内外部资源，同时做好 IT 与业务语言的转换工作，并全程把控项目实施的风险与进度。

（2）制造总裁或厂长，负责工业大脑的中长期规划，明确工业大脑的落地场景、目标以及与之相关的 KPI。制造团队的车间主任、工艺工程师、设备工程师、制成工程师需要参与建模、算法以及验证和评估的全过程，充分发挥经验与行业 know-how 上的优势。

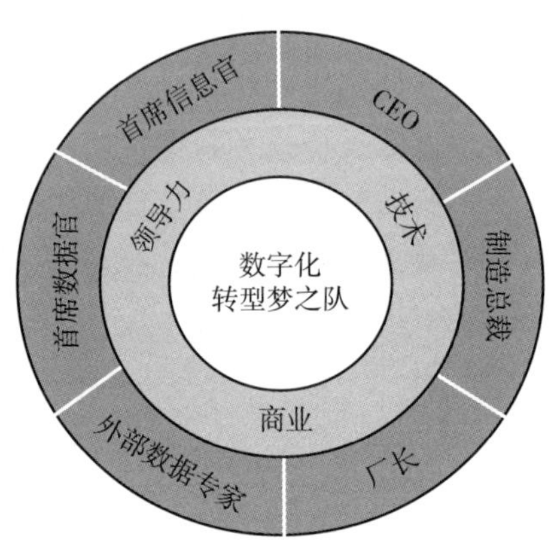

图 5　数字化转型“梦之队”

资料来源：阿里云研究中心。

（3）外部大数据专家，积极引入行业外的创新经验与最佳实践，提供行业领先的云计算与大数据工具，负责算法与模型的开发，以及效果评估，完成项目交付。

团队中，每个角色都有可能成为团队的领导者，领导力、业务洞察能力以及数字能力是成为领导的必备素质。

2. 一个新平台

工业大脑需要一个数字化底座——数据中台。当有了数据中台，企业无须浪费大量精力在无法直接产生业务价值的数据管理环节上，而是可以更加专注利用数据做增值业务上的创新。依托数据中台，数据的自动化接入、数据归集、清洗加工、数据仓库构建、数据可视化以及数据治理都将不再是问题。同时，数据中台通过丰富的接口服务能够对接各类工业生产设备与业务系统，并可支持各类生产优化算法模型应用的部署和运行。

3. 一套新标准

用精益思维管理工业大脑执行的全过程，将流程标准化，减少过程中的浪费、停滞与低效。这套规范的标准动作包括方法论、建模过程、数据质量、模型评估、容错机制、团队管理、风险管理等各方面的标准化，同时包括如何与现有工厂管理标准体系相融合。做到不同的人，在不同的工厂、不同的应用场景下，遵循这套统一的标准，都能确保工业大脑项目稳定与可持续的输出。

（四）工业大脑“四步走”

工业大脑全局规划与顶层设计固然重要，但在执行层面则需“小、快、准”，以最低成本、最少时间、最小风险快速启动工业大脑，并逐步扩展与优化。工业大脑的实施路径可以分为以下四个步骤，如图6所示。

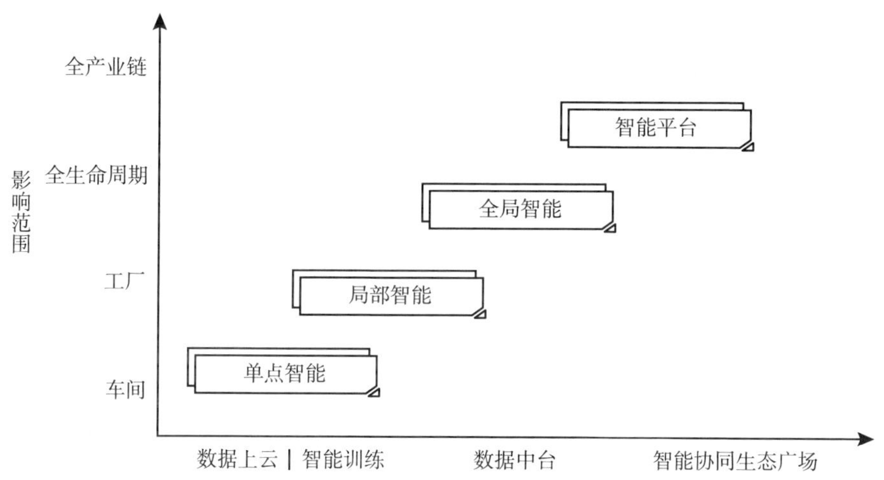

图6 工业大脑的实施路径

资料来源：阿里云研究中心。

1. 单点智能

工业大脑项目团队，精准聚焦关键业务场景，评估项目的可行性以及所需投入的资源。通过试验、试点的方式，快速启动，完成数据在云端的算法训练，以及实际产线上的测试与持续改进。

2. 局部智能

第一阶段单点上形成的突破将加大管理层扩展工业大脑应用的信心，进一步尝试其他生产场景的优化与改进。同时引入数据中台，加强数据间的互联互通与数据的智能化管理，为大脑的规模化、体系化部署打下基础。

3. 全局智能

工业大脑开始进入企业的核心业务战略，企业管理层与项目团队将开始系统性地对工业大脑做整体布局。大脑跨产线、跨车间、跨工厂，直至横跨价值链的大规模应用与复制，加速企业的全局智能升级。

4. 智能平台

工业大脑的使命是“授之以渔”，目的是为企业培训出一支能看懂数据、用好数据的团队。团队获得的不只是解决问题的工具，更重要的是解决问题的能力与方法。企业最终目标是转型成为赋能行业的数字化转型专家，基于工业大脑开放平台，将能力开放给所在行业的上下游企业。

（五）业务场景识别的“三个找寻原则”

工厂就像一片撒满碎金子的沼泽，企业需要具备灵敏的业务嗅觉，以及手术刀式的精准业务场景切入，工业大脑才能快速寻找到属于企业自己的金矿。这里可以参考业务场景识别的“三个找寻原则”，如图 7 所示。

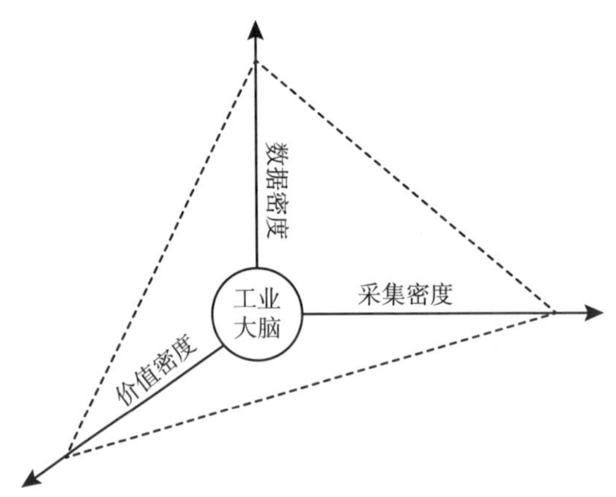

图 7　业务场景识别的“三个找寻原则”

资料来源：阿里云研究中心。

原则一：找寻数据密度最大的地方，哪个生产环节产生的数据越多，数据压强越大，工业大脑的实施难度就越低。

原则二：找寻采集密度最强的地方，哪个环节的数据全量、全维，实时采集能力越强，且数据间可形成闭环，算法的准确性就越高。

原则三：找寻价值密度最高的地方，哪个环节对生产运营影响越大或是产生价值越高，且可以效益量化，就是工业大脑需要集中火力的地方。

三　工业大脑助推制造业数字化转型

（一）工业大脑的四种“超能力”

工业大脑的价值还远未得到充分开发，但已向我们展示了其独特的能力。凭借4种“超能力”，工业大脑正成为制造业数字化转型的最佳助手。

1. 跨界复制

找寻跨行业的最小抽象，60%的工业大脑可以横跨制造全链条，且可做到跨行业复制。比如用于电池片良率提升的工艺参数推荐技术，也可以应用在多晶硅、硅片及电池组件的生产良率优化。恒逸石化工业大脑项目在能耗优化上的经验积累，同样可以复制到钢铁、水泥、纺织等行业。实践证明，工业大脑在图像识别、智能排产、设备预测性维护、能耗优化等方面的沉淀，具有较强的通用性，可以跨行业复用。同时项目的交付时间从最初需要半年时间，甚至可以缩短到几周。

2. 认知反演

工业大脑强大的数学能力加上足够的计算速度，远远超过人类的计算承载力，可同时处理上百万种情况。大脑可以在由海量数据形成的复杂拓扑网络中，以难以置信的速度放大关键的数据节点，并识别数据间的最优量化关系。这种认知反演的方式突破了“老专家”传统的思维定式，将隐性和碎片化的工业问题变得显性化，并由此生成新的知识。

3. 微创手术

数字世界的试错成本远低于物理世界。大脑就像做微创手术一样，并不需要大量的硬件投入与生产线的改变，仅通过在虚拟环境中对数据的改动与优化，即可产生明显的价值与收益，且路线不对可及时掉头。

4. 知识沉淀

知识、经验、方法、工艺与实践可封装在模型、SaaS 软件和工业 APP 中，基于工业互联网平台传播，加速知识的流动。比如，阿里云工业大脑 AI 创作间将行业算法模型、行业知识、大数据能力、AI 算法融合到一起，大幅降低算法门槛，车间里的专家师傅即便不懂写代码，也一样可以进行智能应用的开发。

（二）工业大脑 + 精益管理 = 精益智能

多年来，丰田精益管理模式被奉为制造业的“管理圣经”。丰田精益就是工具，也是文化，旨在帮助员工持续改善工作（Kaizen），杜绝一切浪费和无法产生价值的环节。丰田模式是工业时代，倚仗大量劳动力的生产方式下的产物，意味着更加倚重员工，而不是减少对员工的依赖。然而，随着越来越多自动化设备、工业软件取代人类员工，精益制造的光环正快速褪去，甚至少数企业家认为“精益已死”。显然，这一观点是站不住脚的。虽然工厂对员工的依赖减少，但无论是生产设备、产线、工业应用还是生产参数都是由人类设计、开发。既然有人的参与，就会有浪费与不合理的存在，只是浪费从显性化变为隐性化，隐藏在数据中，更难以发现，比如锅炉设备控制参数的不合理，导致过多燃煤的消耗，或是轮胎生产过程中，不同产地橡胶的配比不精确，影响了轮胎的稳定性。因此，工业大脑与精益管理存在极强的互补性，一是精益管理是基础，不能在错误的流程上做数字化与智能化；二是精益管理过程中识别出的，由数据造成的浪费，只有借助大数据/工业大脑等数字手段才能解决。

精益智能的 4P 金字塔。当精益管理与工业大脑走到一起，将突破旧有精益模式的“音障”，升维成精益智能。精益智能由 4P 金字塔搭建而成，

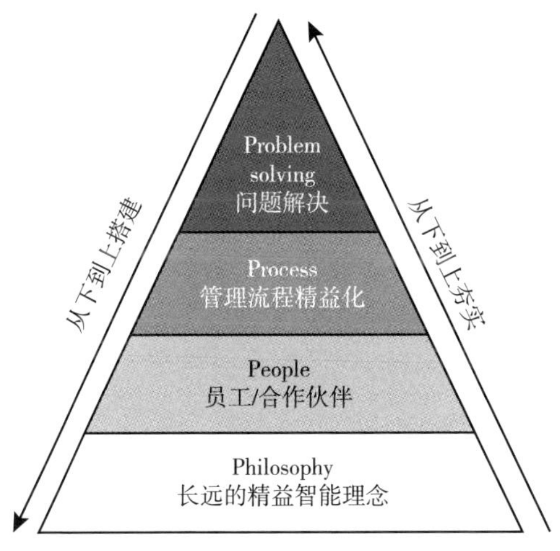

图8　精益智能4P金字塔

资料来源：阿里云研究中心。

包括问题解决、流程、员工/合作伙伴与理念，如图8所示。

第一层是问题解决。工业大脑与精益管理的目标不谋而合，都是旨在缩短从原物料到生产最终成品的消耗时间，有助于促成最佳质量、最低成本及最短的送货时间。精益管理在生产价值流中识别的七大浪费均可通过工业大脑做到小的、渐进的、连续的改善，如图9所示。七大浪费包括生产过剩、现场等候时间、不必要的运输、过度处理、存货过剩、不必要的移动搬运、瑕疵。

第二层是流程标准化与数字化。正确的流程方能产生优异的结果。工业大脑管理流程的精益化是以低成本、高效率达成生产持续性改善的关键。要借助精益工具将工业大脑的执行、监督、管理与决策流程固化，并对流程做持续改进。不仅如此，优化的流程需要以数字化形式展现，工厂员工与跨职能团队遵循一套统一的数字化流程即可保证工业大脑稳定、高质量的输出。

第三层是员工与合作伙伴培养。机器会贬值，而人员通过长期的学习会不断升值。企业需要学会投资于“人”，培养深谙精益智能哲学的领导者，打造学习型组织，培育、教导工厂员工。工厂员工至少要把日常5%的时间用在辨识问题的根源，以及用大数据预防问题发生的可行性研究上。此外，积极邀请外部数据与算法合作伙伴共同学习企业生产方式，形成长期绑定的合作关系，通过“干中学”，加快大脑的创新与落地。

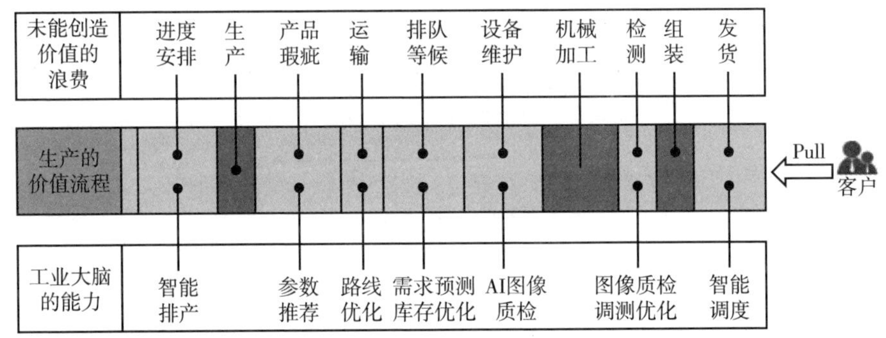

图9　工业大脑解决生产过程的七大浪费

资料来源：阿里云研究中心。

第四层是形成长期的精益智能理念。将精益智能变成企业的DNA。精益智能以长期理念为基础，着眼持续性的投入与长期的成果。同等重要的是，企业有责任将精益智能的理念灌输给客户、合作伙伴，甚至是行业的竞争者，为社会与国家创造更高价值。

（三）永不消逝的智能

工业大脑不会退休、不会跳槽、不知疲惫，智力也永远不会衰退。未来，大脑会像空气一样，虽空虚无形，但无处不在、永不消逝。工业大脑无形的力量将渗透到制造的全生命周期中，且能力将呈指数级增长，如图10所示。

1. 良率提升

天合光能是一家全球领先的太阳能电池片生产企业，其成功借助工业大脑，人工智能技术提升光伏电池片生产A品率。公司首先把从车间实时采集到的上千个生产参数传入工业大脑，通过人工智能算法，对所有关联参数进行深度学习计算，精准分析出与生产质量最相关的30个关键参数，并搭建参数曲线模型，在生产过程中实时监测和调控变量，最终将最优参数在大规模生产中精准落地，提升生产A品率7%，创造数千万元利润。

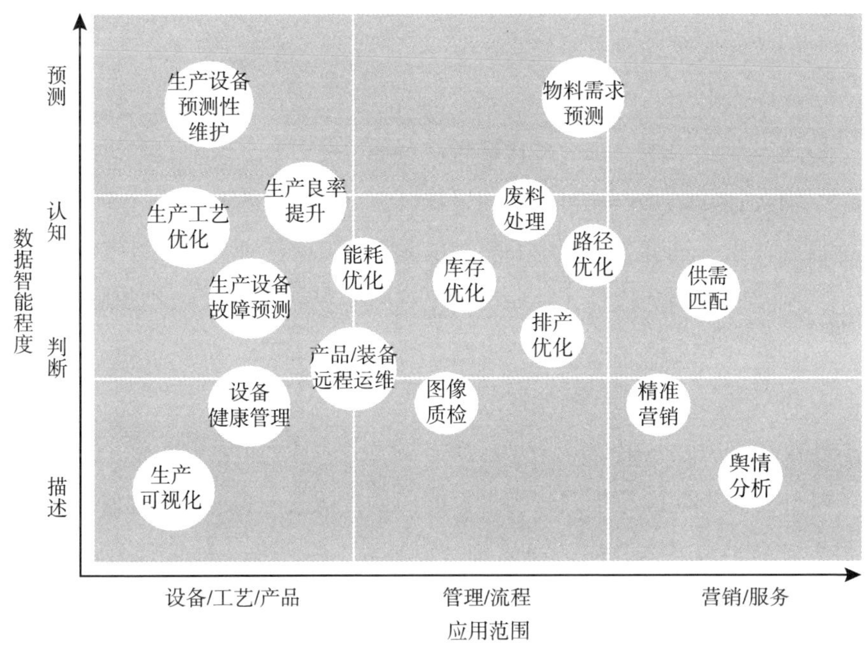

图10　工业大脑全生命周期管理

资料来源：阿里云研究中心。

2. 设备预测性维护

盾安集团是中国一家风力发电民营企业，其利用物联网与算法模型技术提前预测风机故障。通过温度传感器对整个风机的温度测点进行实时监控，并对海量温度数据进行深度研究，构建风机故障检测与感知预测模型，最终做到提前1～2周识别风机微小故障并预警，单台风机单次重大事件维护成本大大降低。

3. 工艺优化

中策橡胶集团是中国最大的轮胎制造企业。作为一种天然植物，橡胶并不能像工业化流水线的出品一样标准，不同原产地、不同批次等因素，都可能带来指标的波动。ET 工业大脑对中策橡胶的各类数据进行深度运算和分析，并给出最优方案。比如，哪几个产地的原料组合在一起质量最好，某个工艺处理环节该用怎样的参数使混炼胶的性能更稳定。通过云计算，中策橡胶集团的混炼胶平均合格率提高 3 ~5 个百分点，达到国际水平。

4. 能耗优化

恒逸石化是中国一家大型化纤生产企业。化纤属于高耗能行业，公司每年煤炭消耗达几亿元人民币。公司以提升燃煤发电效率作为首个突破口，利用喷煤到产出蒸汽整个流程中采集到的数据，基于工业大脑构建算法优化模型，准确实时预测蒸汽量，并向燃煤工程师推荐最优燃煤工艺参数指导实际生产，进而降低总体燃煤消耗。最终，燃煤效率提升 2.6%，这意味着一家工厂一年可节省上千万元的燃煤成本。

5. AI 图像质检

浙江正泰新能源是国内规模最大的民营光伏发电企业。企业在生产电池片过程中都是通过肉眼做产品质检，成本高，效率低。如今，企业利用 AI 图像技术，将带有产品缺陷的 5 万多张图片上传到云计算平台，通过深度学习与图像处理技术进行算法训练。优化的 AI 算法，其识别准确度可达到 97% 以上，碎片率（瑕疵品）下降 50%。不仅如此，从图像拍摄到数据接收、处理，然后到数据上传 MES 系统做缺陷判定，再到最后 MES 系统下达指令给机械手臂抓取缺陷产品，整个流程耗时不到一秒，仅为原先的一半，且检测过程无须人工参与。

6. 检测效率提升

京信通信是全球领先的无线通信与信息解决方案和服务提供商。产品调试一直是通信生产过程中的瓶颈工序。调测成本占总生产成本比重为30% ~40%，单个产品平均耗时超过 1 个小时。京信通信通过云端汇总、打通生产关键环节数据，以测试/检测数据为主体，利用算法模型进行制程能力的综合分析、评估、优化。最终，检测指标项从平均 300 个点位降到 200 个，产品整体调试效率优化 35%。

7. 降本增效

攀钢是依靠自主创新建设发展起来的特大型钒钛钢铁企业集团。脱硫是钢铁生产过程中的一个重要环节，旨在降低铁水中的硫含量。而脱硫环节由于扒渣带铁（脱硫剂反应后产生的脱硫渣中含大量的铁）会带走大量金属料。公司利用脱硫优化模型，取相关数据进行参数优化计算。脱硫操作人员根据推送的推荐参数，动态调节脱硫剂的加入量，减少脱硫剂的消耗。根据实际测算，通过优化的参数推荐，每生产一吨钢可以节省钢铁料约 1 千克。对年产值 400 万吨钢的攀钢西昌钢钒基地来说，年创效预计 700 万元。

四　打造制造业的天猫：大脑生态 + 智力共享 + 工业互联网平台

工业大脑是制造业的“新物种”，其智力发育更像是蝴蝶的蜕变过程，需要经历卵（工业大脑应用）、幼虫（模型/算法沉淀）、蛹（工业大脑开放平台）、成虫（工业智能协同网络）四个变态发育阶段，如图 11 所示。未来，围绕大脑构建的生态、智力共享模式与工业互联网平台将直接决定工业大脑的进化程度。

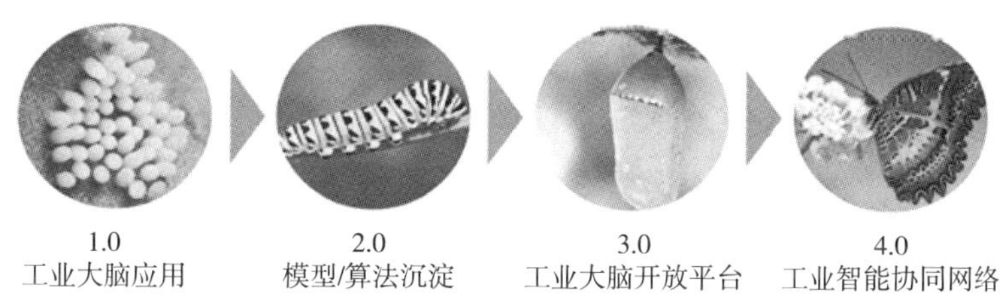

图 11　工业大脑的变态发育过程

资料来源：阿里云研究中心。

（一）哑铃型工业大脑生态加速知识的裂变

哑铃型的生态可有效打通数据、设备、系统、行业以及人之间的壁垒，让数据与知识产生裂变效应。哑铃左侧是数据生态，生态中包括自动化厂商、物联网解决方案服务商、数据接入服务商等，实现高可用、低成本的数据采集、设备互联，促进多源异构数据集成、交换；中间部分是工业大脑平台，平台提供丰富的数据采集插件，沉淀了成千上万种设备的机理模型、数据字典与知识图谱，极大降低开发门槛；右侧是算法与应用生态，生态中的系统集成商、软件开发商与大数据初创企业通过大脑开放平台，快速实现模型的训练和算法开发，提供各种行业颗粒化场景的大数据应用。同时，优秀的行业算法又可回流到平台中，形成新的大脑模板，赋能更多的软件开发者与制造企业用户。

（二）智力众包让大脑发育更成熟

开源与分享是互联网技术发展的加速器。分享经济极大地调动社会资源，推动整个互联网行业的快速发展。工业界同样需要打破长期以来的封闭体系，让工业知识有序开放与分享。企业界以外的设计师、工业界以外的软件工程师都能以众包的模式，填充工业界知识工作者的缺失，同时带来知识的流动。美国通用电气多年前就采用众包模式，将一个发动机托架的设计要求公布到网上，在全世界征集能满足设计要求的人。最终获胜的作品，重量比通用电气公司资深工程师设计的还轻了85%。同样，阿里云组织的天池工业AI大赛也是采用智力众包模式，将真实的业务场景数据脱敏后开放给社会上的大数据与算法专家，优秀的算法可转化为工业大脑的解决方案服务更多的企业。

（三）“1+N”工业互联网平台与工业大脑相互造血

以SupET平台为例，一个横向的工业云平台赋能N个垂直行业平台的“1+N”工业互联网平台模式正快速形成网络效应。工业大脑既需要工业互联网平台为其造血，同时又是平台发展的引擎。向下，工业大脑扎根横向云平台获得强大的数据与计算能力，同时云端的算法与应用可以与设备动态交互，实时下达控制指令。向上，工业大脑服务众多垂直行业平台，以及平台上的万家企业，提供丰富的算法、模型与应用。同时，一个或是多个能够解决生产/运营难题的杀手级工业应用（killing Apps）可以为平台带来巨大的流量。

设想一下，当工业大脑生态、智力共享平台与工业互联网平台组合在一起，将形成一个像天猫一样的工业智能协同网络。网络上的参与者之间自组织、自交互，既分享能力，又是能力分享的受益者。强大的网络协同效应将加速工业智能的无限繁殖，最终的目的是打破知识的封闭性，让知识能够像水一样绵绵不断地流入每一家制造企业，如图 12 所示。

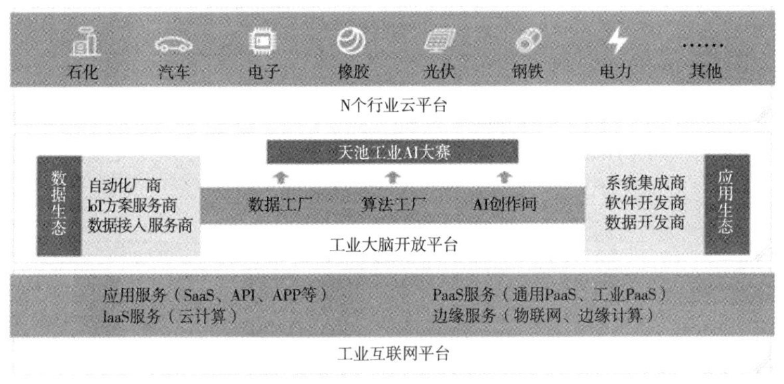

图 12　工业智能协同网络

资料来源：阿里云研究中心。

（四）一场没有终点的旅程

工业大脑是人类智慧与机器智慧深度融合的产物，其完全站在一个全新的角度，用数据、算力与算法破解工厂密码。工业大脑已逐渐超脱工具的角色，形成制造业的一套解决问题的方法、一种管理理念和一种精益文化。工业大脑正快速融入制造业 DNA，企业的组织、文化、流程、人才结构与商业模式也将由此发生重大改变。

工业大脑的旅程看不到终点，因为人与机器的进化脚步不会停歇。法国思想家布莱斯·帕斯卡说过，人类的全部尊严就在于思想。人类应当善用机器来成就自己，让大脑在更高层次上完成机器无法完成的复杂推理与复杂决策。同时，人类也要给予机器足够的信任与敬畏，让机器充分施展才华。在漫漫旅途中，人与机器应学习如何更好相处、共同成长，并一起欣赏沿途的风景。

参考文献

李杰：《云上工业智能》，中信出版社，2017。

《阿里云 supET 工业互联网白皮书》，2019。

《阿里云工业大脑白皮书》，2019。

邓中华：《阿里巴巴云上数据中台之道》，中国工信出版集团，2018。

姜红德：《人机协作，引爆工业智能升级》，《中国信息化》2018 年第 10 期。

B.9

2018年中国“互联网+农业”发展报告

赵俊晔*

摘　要： 近年来，中国“互联网+农业”快速发展，在提高农业产业竞争力、提升农村综合服务水平、服务农民等方面成效显著。本报告简要回顾了中国“互联网+农业”的技术支撑、基础配套设施建设以及农业电子商务发展的基本情况，认为中国“互联网+农业”发展呈现推动力度大、技术应用开始普及、新模式不断涌现、服务能力不断增强等特点，但是也存在技术短板明显、应用成本高、区域发展不平衡、人才缺乏、经济效益尚不明显等问题。在此基础上，本报告分析了未来几年“互联网+农业”发展趋势。

关键词： “互联网+农业”　物联网　大数据　电子商务

一　2018年中国“互联网+农业”发展情况

根据2019年5月8日闭幕的第二届数字中国建设峰会上农业农村部发布的《大力推进数字农业农村发展》数据，2018年中国农业行业增加值中数字经济的占比为7.3%，比2017年增加了0.8个百分点。互联网作为支撑数字经济发展的重要技术和工具，成为推动中国实现数字农业发展的必要支

* 赵俊晔，博士，中国农业科学院农业信息研究所研究员，研究方向为农业信息分析、农业风险管理、农产品市场监测预警。

撑。近年来中国“互联网 + 农业”加速发展，互联网和信息技术在农业生产经营中广泛应用，农业生产智能化已见雏形，农业电子商务迅猛发展，大数据应用不断深化，“互联网 +”推动农业转型升级的成效初步显现，有力地促进了中国数字农业与数字乡村的发展。

（一）“互联网 + 农业”的技术支撑初步形成

1. 农业物联网技术

农业物联网是物联网技术在农业的应用，是通过应用各类传感器设备和感知技术，采集农业全产业链的相关信息，通过无线传感器网络、移动通信网和互联网进行信息传输，将获取的海量农业信息进行数据清洗、加工、融合、处理，最后通过智能化操作终端，实现农业产前、产中、产后的过程监控、科学决策和实时服务①。智能传感器作为通用的系统前端感知器件，可以助推传统农业产业的升级，推动创新应用，农业智能传感技术是农业智能制造和农业物联网的先行技术。“十三五”期间，农业农村部在全国 9 个省市开展农业物联网工程区域试点，截至 2018 年底，已形成了 426 项节本增效农业物联网产品技术和应用模式。围绕设施智能化管理的需求，自主研制出了一批设施农业作物环境信息传感器、多回路智能控制器、节水灌溉控制器、水肥一体化等技术产品，对提高中国温室智能化管理水平发挥了重要作用。

2. 农业大数据和云计算技术

农业大数据是大数据理念、技术和方法在农业领域的实践与应用。一般认为农业大数据是指农业产业维度内全要素、全时段、全区域、全样本的数据集合，农业大数据的获取来源广泛、数据类型多样、结构复杂，并且融合了农业产业和农产品的地域性、季节性、多样性、周期性等特征。农业大数据的收集分析难度较大，同时也具有巨大的潜在价值。近年来，农业大数据技术逐渐深化，用大数据决策指挥、管理服务、引导产销的方式也逐步得到

---

① 许世卫、李灯华、陈威：《“互联网 +”现代农业进展与展望》，《黑龙江农业科学》2018 年第 6 期。

应用。2018 年 5 月，农业农村部开始建设重要农产品单品种全产业链大数据，并率先开展苹果产业大数据中心建设。在农业农村部的支持下，由农业农村部信息中心会同陕西省果业管理局等涉农大数据和苹果产业相关企事业单位、社会组织成立了全国苹果大数据发展应用协作组，建设了国家级苹果产业大数据中心，以期为苹果产业链主体提供高效协同的经营服务。

云计算可以采集、存储具有物联网特性的资产和用户数据，目前也已经在农业领域开始应用。如京蓝科技采用阿里云提供的云计算资源、大数据分析计算能力，成功研发出“作物全生育期灌溉大脑”“京蓝物联网平台”“京蓝灌溉云平台”等涉及现代农业的 SaaS 型产品，在内蒙古、宁夏、山东、广西、河北等地投入使用，取得良好成效。

3. 农业人工智能

人工智能是研究、开发用于模拟、延伸和扩展人的智能的理论、方法、技术及应用系统的技术科学。农业数据获取技术的不断成熟完善，海量农业数据的累积，加速了农业领域人工智能的实现，包括机器人、语言识别、图像识别、自然语言处理和专家系统等都在农业领域加快研发和应用，其中农业机器人技术是多项人工智能技术在农业领域的集成应用。农业机器人本质上是由不同程序软件控制作业，能感知并适应作物、畜禽种类或环境变化，具有检测和演算等功能，并进行自动操作的人工智能机械装备。农业机器人在智能种植、智能养殖、质保、监测巡查等方面都有应用，现已开发出采摘机器人、耕耘机器人、农田信息采集机器人、施肥机器人、除草机器人、喷药机器人、嫁接机器人、分拣机器人等。农业机器人的研制和应用推动机械化农业向智慧农业初步转变。

根据应用地点的不同，农业机器人大致可分为两类，一类是行走类农业机器人，另一类是机械手类农业机器人，行走类农业机器人主要用于大田作业中耕耘、播种、植保、施肥、收获等作业，无人驾驶农机是研发行走类农业机器人的核心技术，华南农业大学罗锡文院士团队和中国农业大学的毛恩荣团队分别以东方红 X－804 拖拉机、铁牛 654 型号拖拉机和雷沃 TG1254 拖拉机为研究平台研发了自动导航控制系统。机械手类农业机器人主要有育苗机器人、喷药机器人、蔬菜嫁接机器人、果树采摘机器人等，我国在果蔬采摘机器人、嫁接机器人等方面都有较好的发展。如国家农业智能装备工程技术装备研究中心开发出了贴接法嫁接机器人，华南农业大学研发了荔枝采摘机器人，中国农业大学研发了黄瓜采摘机器人，工作效率显著提高，并在生产上有了实际应用。

（二）“互联网＋农业”基础设施建设和服务逐步完善

互联网基础设施是互联网经济发展的根基，为互联网经济的良性运行和稳定发展提供了保障。近年来，中国积极推进农村地区互联网基础设施建设，农村互联网质量有明显的提升。特别是“宽带中国战略”的进一步落实和“提速降费”的升级，网络流量资费不断降低，中国宽带网络的覆盖范围不断扩大，带宽质量提升。截至2018年底，中国行政村通宽带比例达到95%，农村家庭宽带接入能力基本达到4兆比特每秒（Mbps），农村网民规模突破两亿，农村互联网普及率提升到34%。

中国大力推进农业农村信息化，持续实施和推进了“信息进村入户工程”“12316金农热线”“农民手机应用技能培训”等一系列“互联网＋”三农信息化工程，促进社会主义新农村的建设发展，切实提高农民的信息获取能力，提升了农村地区互联网应用水平。截至2018年底，全国建成并运营益农信息社27.2万个，提供公益服务9579万人次，开展便民服务3.14亿人次，农民手机应用技能培训受众人次超过千万。以山东、河南等为代表的全国18个省市开展了整省建制的信息进村入户工程，农村信息综合服务能力不断提升①，信息服务已深入农村。根据《2019全国县域数字农业农村发展水平评价报告》，2018年全国县域数字农业农村发展总体水平达到33%，县域财政总计投入数字农业农村建设资金129亿元；县域城乡居民人均电信消费突破500元；农业生产数字化改造快速起步，2018年农业生产

① 《国新办举行深入推进“互联网＋农业”促进农村一二三产业融合发展吹风会》，http：//www.moa.gov.cn/hd/zbft_news/hlw123cyrh/。

数字化水平达18.6%；全国已有77.7%的县（市、区）设立了农业农村信息化管理服务机构。农业互联网信息服务人数逐年攀升，已有数十万家种植养殖户从中受益，农业互联网信息监测处理系统在多个省市内进行推广，取得了良好的效果。互联网在数字农业发展与乡村建设方面，已建成较好的基础设施，促进农业转型升级的成效初步显现。

（三）农业农村电子商务高速发展，新模式不断涌现

农业农村电子商务是“互联网+”在转变农产品流通方式、转变农业发展方式的重要应用，在“互联网+”背景下，农业产业与电商有机结合，农业产业发展与互联网发展产生叠加效应，推动了农业产业发展的网络化、数字化。

根据《中国电子商务发展报告2018》，2018年全国农产品零售额达2305亿元，同比增长33.8%，比全国网络零售额增速高9.9个百分点。农村地区网络、物流等基础设施不断完善，农民运用电子商务的意识和能力不断增强，电子商务带动农产品上行，促进农民增收的作用进一步显现。农业农村电子商务迅猛发展，不断拓宽农产品上行通道，推动农产品种养殖、加工、流通、销售等环节的全流程数字化，促进了农业生产经营管理数字化，不断推动农产品供应链、农资供应链、休闲农业消费体验的升级和提升，电子商务与农业融合取得新突破。

二 2018年中国“互联网+农业”发展特点

（一）政策推动和社会投入力度大

党中央、国务院发布了一系列政策文件支持“互联网+农业”的发展。智慧农业发展方面，《中华人民共和国国民经济和社会发展第十三个五年规划纲要》明确提出“加强农业与信息技术融合，发展智慧农业”。2018年2月，《中共中央国务院关于实施乡村振兴战略的意见》中明确提出，“大力

发展数字农业，实施智慧农业林业水利工程，推进物联网试验示范和遥感技术应用”，2018 年 6 月 27 日，李克强总理主持的国务院常务会议指出，“要加快现代信息技术在农业中广泛应用、实施‘互联网 +’农产品”出村工程，并鼓励社会力量运用互联网发展各种亲农惠农新业态、新模式，满足“三农”发展多样化需求。2018 年 12 月 12 日，李克强总理主持召开的国务院常务会议再次指出，要“推进‘互联网 +’农机作业，促进智慧农业发展”。2017 ~2019 年连续三年提出加强“智慧农业”科技研发，发展智慧农业已成为重要国家战略之一。在农业农村电子商务发展方面，2018 年全国电子商务进农村综合示范新增 280 个示范县，截至 2018 年底，电子商务进农村综合示范已累计支持示范县 1016 个，覆盖国家贫困县 737 个，占国家级贫困县总数的 88.6%，其中支持深度贫困县 137 个。

在国家政策的支持引导下，传统农机企业如中国一拖、雷沃重工等，互联网企业如安徽朗坤物联网、华为、京东、神州数码等，甚至碧桂园、恒大等房地产企业，纷纷布局进入智慧农业领域，给智慧农业注入了新的活力。阿里、京东等电商平台和企业积极探索涉农电商的新模式，助力扶贫攻坚。各路资本的涌入和社会力量的投入，“互联网 +”现代农业进入加速发展时代，农业产业链各环节的“互联网”化迎来了全面发展的黄金时期。

（二）“互联网 + 农业”技术加快普及应用

在政府、科研机构及农业企业的共同努力下，农业物联网技术、农业大数据技术、农业智能技术等得到了初步的应用。如农业物联网技术方面，Zigbee 无线传感器广泛应用于农田灌溉监控系统，“3S”和“5S”集成技术通过运用遥感、光感等技术实现了农业生产的地理环境、天气预测以及土壤信息等数据的收集，在农业环境监测、农作物产量动态监测以及预警方面都有了成功应用。阿里云研发了一套叫作 ET 农业大脑的系统，集成视频图像分析、人脸识别、语音识别、物流算法等人工智能技术，能够实现人工智能养猪，提高猪的存活率和产崽率。其中的“怀孕诊断算法”通过养猪场内的多个巡逻摄像头自动搜集母猪的睡姿、站姿、进食等数据，判断母猪是否怀孕，提高母猪产仔量。京东也推出了智能养殖技术，整套智能养殖计划包括神农大脑（AI）、神农物联网设备（IoT）、神农系统（SaaS）三大模块，可实现“养猪智能化”。其中，“猪脸识别”最受关注，养殖场可以通过这项技术来观测与记录每只猪的体重、生长、健康情况。农业大数据方面，省级层面也陆续开展了重要农产品大数据试点，截至2018年7月，全国21个省市开展了8种农产品大数据的试点，将农业大数据技术用于农产品市场监测预警，初步实践了用数据管理服务，引导产销。

（三）“互联网 + 农业”的新模式新业态不断涌现

“互联网 + 农业”的新模式新业态主要表现在以下几个方面。

一是跨领域农业，即在互联网的支持下，跨越农业的边界，将农业与其他产业充分结合，实现多业态的融合和“跨界”经营，提高农业产业的经营效能，提升农业产值。目前农业与旅游业、金融业以及文化产业等结合产生的观光旅游农业、农业金融和文化农业等项目逐步发展完善。跨领域农业深入挖掘“互联网 +”带来的增值效应，为充分提升农业产业附加值。

二是定制化农业，有别于传统的从生产者到供应商再到消费者的产销模式。定制化农业通过互联网平台将生产者与消费者连接起来，消费者可以直接将对农产品的需要和要求传达给生产者，生产者根据消费者的需求完成定制产品，并将生产流程和生产状况实时反馈给消费者。这种基于互联网的产销模式有助于打破产销信息不对等的壁垒，以直供模式让利消费者，同时提高生产者的收益。

三是智能化农业，智能化农业就是将物联网、大数据以及人工智能等应用于农业的种植、养殖和管理等方面，用机械代替人力，有效提高产量，保障农产品质量，使水土等资源得到充分使用，提高农业生产过程中的抗风险能力。通过运用精确的感知设备技术、智能化管理信息系统和智能化互联互通技术，使农业系统运行得科学有效，从而实现农业的智能化和精准化。

四是安全农业，通过农产品质量安全追溯系统，打通农产品从选种到生产以及销售的各个环节，对农业产业全程进行可追溯的信息化管理，实现在源头上保障农产品质量安全。消费者可以通过智能手机扫描二维码、互联网查询条形码、RFID 电子标签等方式在信息查询平台上搜索到农产品的培育、加工以及物流和库存情况。

五是数字化农业，在“互联网＋农业”时代，实时海量多样的数据收集和运用是指导农产企业生产经营的重要资料。数据农业就是通过大数据的分析，全面掌握生产资料供应、产品生产加工、市场流通、市场营销、供应链管理、消费需求等信息，为产业链环节的生产经营者提供精准的决策服务。

（四）“互联网＋农业”服务能力明显增强

一是“互联网＋”显著提升了“三农”信息化水平，农业产业的信息化水平提高，农民信息获取的便利性显著改善，农村地区信息综合服务水平提高。

二是农业农村电子商务高速发展，为农产品出村上行、休闲农旅服务拓宽了新的营销渠道，有利于广大小农户对接广阔的外部市场，促进增收。

三是“互联网＋农业”的发展，有利于农资、种子、农业机械等需求信息的汇集和对接，推动了农资集中采购平台和农业机械设备社会化服务平台的形成，推动了农业产业发展的社会化服务。

四是“互联网＋”为农业金融服务提供了新工具。针对农村征信难及信用体系不健全等问题，大型商业银行、保险机构通过大数据搜集分析获取有价值的信息，可以更准确评估个人信用情况，推出了更多涉农金融产品，一定程度上解决农业贷款无担保和缺乏抵押、贷款规模小而散、贷款程序烦琐等问题。

三　中国“互联网＋农业”发展存在的问题

总体上看，中国“互联网＋农业”仍处于初步发展阶段，核心技术有待进一步优化完善，应用成本较高，基础条件不平衡、人才队伍不健全、经济回报少等问题较为突出。

（一）“互联网+农业”技术存在明显短板

农业传感器、智慧农业等相关核心技术还存在短板，市场化水平低，限制了推广应用。一是农业专用传感器落后，中国目前自主研发农业传感器数量不到世界的10%，且稳定性差。二是生物模型与智能决策准确度低，很多情况是时序控制而不是按需决策控制。三是农业场景下的作业环境复杂多变，要求农业机器人具备较高的智能系统和柔性生产性能，但目前农业机器人的智能系统和执行部件在灵活性、精准性和适应性上还需要进一步优化改进，阻碍了实际应用推广。四是农业大数据难以应用通常方法处理和分析。

（二）“互联网+农业”技术应用成本较高

在生产环节，智能化农业机械装备成本较高，一般适用于规模化、标准化农业生产，对于我国分散的小农户生产而言成本太高。多数农业智能装备如农业机器人只能应用于特定作物的特定作业环节，使用效率低，增加了应用成本，性价比低是制约农业智能装备商业化应用的关键。在营销环节，农产品电商虽然发展迅猛，但也存在明显的瓶颈。其中一个重要原因是物流成本高，特别是冷链物流成本高。物流运输的高额成本削弱了生鲜农产品在销售价格上的竞争优势，并且冷链物流运输在偏远乡村的普及率很低，在一定程度上阻碍了农产品电商的发展。

（三）“互联网+农业”配套基础设施发展不平衡

“互联网+农业”技术应用与服务，需要具备基本的通信设施，我国农村网络设施建设近年来有显著改善，但区域发展不平衡，整体水平也仍待提升。部分农村地区，特别是中西部偏远地区，网络基础设施普及率不高，甚至基本通信也不能满足，互联网“最后一公里”的问题仍然广泛存在；一些地区虽然具备基础网络，但网络传输能力差，服务范围窄，很难应用于农业生产。即使在网络健全的地区，许多农民和新型经营主体缺乏信息化意识，加上信息化建设投入较大，往往只注重农田水利等农业基本生产条件的改善，而忽略了信息化软硬件设施的投入，农业信息化水平远远落后于其他行业①。配套基础设施薄弱，使农业的智能化和数字化应用水平普遍较低。

（四）“互联网+”应用人才相对匮乏

一方面，农民应用“互联网+”的整体水平较低。我国农民基数大，普遍受教育程度较低，对信息化智能化的现代技术学习和接受能力较弱。虽然近年来农村地区互联网普及率已经有较大提升，但是对于普通小农户而言，把“互联网+”的技术和工具应用于生产经营还存在很大的难度。

另一方面，“互联网+农业”的专业人才欠缺。农业和农村地区的长期弱质性，使其较难吸引到符合“互联网+”发展需求的专业人才，专业人才的本地化培养也面临很多困难，导致懂农业、懂互联网、懂技术的复合型人才非常匮乏，不利于“互联网+农业”的推广普及和深入发展。

（五）部分技术应用带来的经济效益尚不明显

如我国近年来大力推进农产品质量安全追溯体系建设，但许多农业企业参与的积极性不高甚至消极应付，一方面是应用成本较高，另一方面是因为可追溯体系的建设与农产品品牌建设的融合，不能给企业带来显著的直接效益。

四　中国“互联网+农业”发展趋势

综合考虑“互联网+”应用发展趋势和我国发展现代农业的战略需求，

① 贾永贵、苏红英、靳俊英：《“互联网+”背景下的农业信息化研究》，《安徽农业科学》2017年第2期。

预计未来一段时期“互联网+农业”的技术发展重点集中于突破农业智能和农业大数据的核心技术与技术集成，补齐技术短板，在应用上信息服务普及程度将会提高，为生产经营整体提供个性化的精准服务，加快利用“互联网+”改造农业生产方式，提高生产效率，引领现代农业发展。

（一）智能农业将引领“互联网+”现代农业的技术创新

随着我国农业人口逐渐减少、农业用地逐步集中流转，规模化生产将逐步扩大，对农业智能装备的需求也将增加。为适应农业规模化、集约化、精准化、设施化的发展要求，农业智能装备设施将得到全面发展，发挥其智能化、自动化、多功能、高效率等技术特点，为提升农业现代化水平提供技术装备支撑。

在政府政策的持续引导和支持下，科研机构和企业对农业智能装备技术的研发更加重视，推动相关核心技术的创新和技术集成发展。农业物联网技术的发展，将在农作物种植、园艺培育、畜牧及水产养殖方面催生智能化变革。针对当前农业智能装备的应用瓶颈，农业机器人发展需要重点考虑研发低成本高适应性的开放性机器人，为人机协同和多机协作提供良好平台；探索构建“农业大脑”智能决策体系，使物联网中数以兆计的机器人及其他终端实时动态管理。随着人工智能、大数据、虚拟感知系统、多传感器融合等新技术的发展和应用，农业机器人将承担越来越多的农业作业任务，成为农业生产中的关键组成部分。[①]

据国际咨询机构研究与市场（Research and Market）预测，到2025年，全球智慧农业市值将达到300.1亿美元，发展最快的是亚太地区（中国和印度），2017~2025年年复合增长率（Compound Annual Growth Rate，CAGR）达到11.5%，主要内容包括大田精准农业、智慧畜牧业、智慧渔业、智能温室，主要技术包括遥感与传感器技术、农业大数据与云计算服务技术、智能化农业装备（如无人机、机器人）等。

---

① 田娜、杨晓文、单东林等：《我国数字农业现状与展望》，《中国农机化学报》2019年第4期。

（二）数字农业将引领“互联网+”现代农业的应用创新

随着农业大数据的不断积累、汇集，分析技术的不断创新，农业大数据的潜在价值将逐渐释放，成为现代农业发展的最重要资产。当前重点农产品全国大数据平台和各省农业大数据平台陆续建设和运行，各大电商平台农产品电商交易海量数据不断累积，农业全产业链包括环境、生产、加工、产销、贸易、消费等的数据信息，在信息采集系统不断升级优化和完善下，将会更加完整健全。在大数据支持下的农业生产经营的标准化、规模化、精准化、品牌化成为农业产业发展的重要趋势。农业大数据将成为精准对接消费需求、引导农业发展、配置农业资源的指挥棒，农业数据资源将逐渐变成数据资产。

农业大数据库的建设更加重要。从海量、多源、复杂的数据中收集提取有用的信息，建立合理有效的农业数据库和数据集，是未来数字农业发展的重点方向。随着互联网、“3S”、物联网、大数据等技术的融合，农业信息的获取更加需要多层次的监测与实时的反馈。《关于推进农业农村大数据发展的实施意见》中明确指出了农业大数据的应用，并提出相应的发展目标：到2020年实现国家级和省级农业数据集向社会大众全面开放，到2025年建成农业链，完成对全球农业数据调查分析系统的建设①。

参考文献

赵春江：《智慧农业发展现状及战略目标研究》，《智慧农业》2019年第1期。

高万林、张港红、张国锋等：《核心技术原始创新引领智慧农业健康发展》，《智慧农业》2019年第1期。

《国新办举行深入推进“互联网+农业”促进农村一二三产业融合发展吹风会》，http：//www.moa.gov.cn/hd/zbft_ news/hlw123cyrh/。

---

① 田娜、杨晓文、单东林等：《我国数字农业现状与展望》，《中国农机化学报》2019年第4期。

《中华人民共和国国民经济和社会发展第十三个五年规划纲要》。

《关于印发〈“十三五”国家社会发展科技创新规划〉的通知》，http://www.most.gov.cn/mostinfo/xinxifenlei/fgzc/gfxwj/gfxwj2016/201703/t20170315_131996.htm。

《国务院关于印发〈全国农业现代化规划〉（2016—2020年）的通知》。

《中共中央国务院印发〈乡村振兴战略规划（2018~2022年）〉》，新华社，2018年9月26日。

《李克强主持召开国务院常务会议 听取深入推进“互联网+农业”促进农村一二三产业融合发展情况汇报等》，http://www.gov.cn/premier/2018-06/27/content_5301629.htm。

《李克强主持召开国务院常务会议决定实施所得税优惠促进创业投资发展加大对创业创新支持力度等》。

《中国互联网络发展状况统计报告》，http://new s. china. com /new sl00/11038989/20170804/31038938. Html。

葛文杰、赵春江：《农业物联网研究与应用现状及发展对策研究》，《农业机械学报》2014年第7期。

中投顾问：《2018~2022年中国传感器行业深度调研及投资前景预测报告》（上下卷）。

王海宏、周卫红、李建龙等：《中国智慧农业研究的现状、问题与发展趋势》，《安徽农业科学》2016年第17期。

周国民：《我国农业大数据应用进展综述》，《农业大数据学报》2019年第1期。

章玮：《我国农业物联网发展存在的问题与对策》，《现代农业科技》2019年第12期。

Manyika J., C. hui M., Brown. B., et al. Big date: The Next Frontier for Innovation., Competition., and Productivity. Mckinsey' Co, 2011.

B.10
2018年中国“互联网+零售业”发展报告

李正波　罗　森　陈秀珍　黄艳会　芮春芳*

摘　要： 近年来，“互联网+”在商贸流通领域快速推进，电子商务、移动支付、共享经济、智慧物流等新业态新模式层出不穷，成为引领国内商业发展的风向标。本报告主要回顾了2018年我国“互联网+”商贸流通业发展总体情况，包括“互联网+”批发、零售、餐饮、住宿等重点领域的进展情况，分析了“互联网+”商贸流通业在融合线上线下、创新零售服务、便利群众生活、健全国内外市场等方面的新特点，以及在转型路线选择、诚信体系建设、人才队伍培养等方面的问题，并对下一步发展趋势做出基本判断。

关键词： “互联网+”　商贸流通　电子商务

2015年，在十二届全国人大三次会议上，李克强总理在政府工作报告中首次提出制定“互联网+”行动计划，推动移动互联网、云计算、大数据、物联网等与现代制造业结合，促进电子商务健康发展，引导互联网企业拓展国际市场。这次会议标志着“互联网+”行动计划正式升级为国家战略，

---

* 课题负责人李正波，管理学博士，高级经济师，中国国际电子商务中心首席分析师，主要从事宏观经济、商品市场、商贸流通等领域研究；罗森，经济学硕士，高级工程师，长期从事宏观经济、商贸流通研究；陈秀珍，管理学硕士，主要从事商贸流通、消费品市场研究；黄艳会，经济学硕士，高级分析师，主要从事商贸流通、电商、汽车等领域研究；芮春芳，研究分析师，主要从事宏观领域分析。

成为鼓励产业创新以及培育新兴产业的基石。四年多过去了，“互联网+”在各行各业特别是商贸流通领域快速推进，新兴产业和新兴业态快速发展，电子商务、移动支付、共享经济、智慧物流健康成长并引领经济发展，为把消费作为扩大内需的主要着力点，充分发挥消费的基础作用，使经济增长实现由主要依靠投资、出口拉动转向依靠消费、投资、出口协同拉动的重大结构性变革提供强大支撑，有力推动经济平稳运行和高质量发展。

2018 年，我国经济运行总体平稳、稳中有进，经济运行保持在合理区间，消费拉动经济增长作用进一步增强，人民生活持续改善。商贸流通业作为国民经济的基础性行业，继续发挥促进消费升级、推动经济高质量发展的重要作用。同时，随着“互联网+”深入推进，商贸流通领域涌现出一大批新业态、新模式，商贸流通业创新发展迈出新步伐，线上线下融合日益加深，物流配送效率和质量进一步提升，顺应消费需求新变化，得到消费者普遍认可与青睐。

一　“互联网+零售业”

（一）“互联网+零售业”发展基本情况

1. 电子商务交易额突破30万亿元

国家统计局数据显示，2018 年全国电子商务交易额突破 30 万亿元，达到 31.63 万亿元，同比增长 8.5%。

2. 网上零售额突破9万亿元

国家统计局数据显示，2018 年全国网上零售额达到 9.01 万亿元，同比增长 23.9%。其中实物商品网上零售额 7.02 万亿元，同比增长 25.4%，增速比社会消费品零售总额高 16.4 个百分点；对社会消费品零售总额增长的贡献率达到 45.2%，较上年提升 7.3 个百分点。

国家统计局数据显示，2018 年全国网上零售额占社会消费品零售总额的比重为 18.4%，比上年同期提高 3.4 个百分点，比 2015 年初 8.3% 的比重提升 10.1 个百分点，“互联网 + 零售业”的影响力逐年增加。据国家统计局测算，2018 年限额以上单位通过互联网实现的商品零售额占限额以上单位消费品零售额的比重为 10.2%，比上年提升 2.3 个百分点。商务部数据显示，典型零售企业通过电子商务实现销售额同比增长 32.1%，增速比上年加快 5.6 个百分点。中国连锁经营协会数据显示，2018 年我国连锁百强企业线上销售业务同比增长 55.5%。

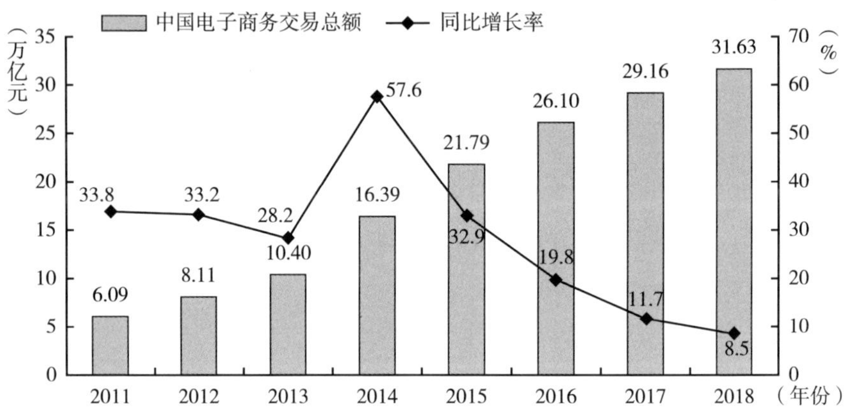

图 1　2011 ~ 2018 年中国电子商务交易总额及增速

资料来源：国家统计局。

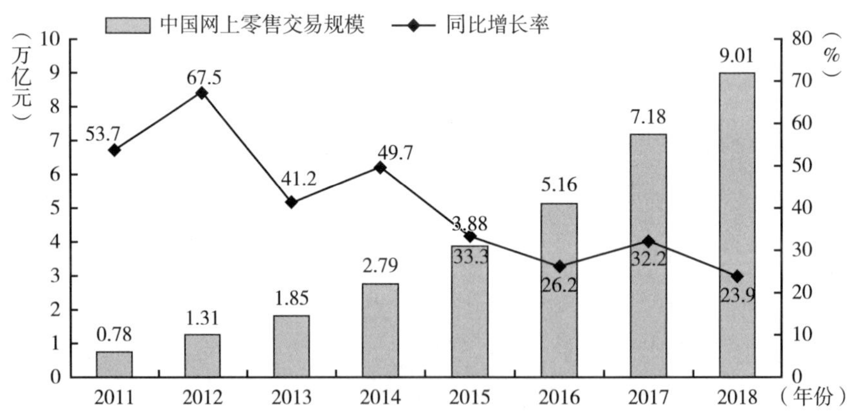

图 2　2011 ~ 2018 年中国网上零售交易规模及增速

资料来源：国家统计局。

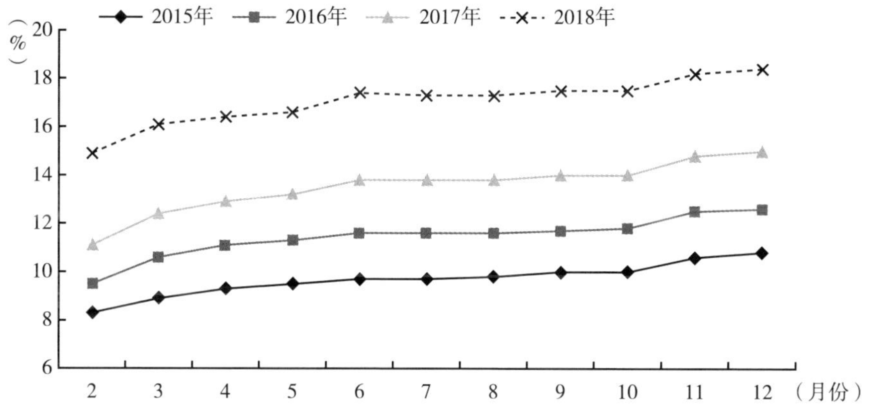

图3　2015～2018年中国网上零售额占社会消费品零售总额比重

资料来源：国家统计局。

在比重增加的同时，我国网络零售商品和服务的供给质量不断提升，有力驱动消费升级。商务部数据显示，2018年我国网络零售B2C市场份额达到62.8%，较上年提升4.4个百分点。智能手表、智能音箱、翻译机等智能产品受到消费者的青睐，销售额同比增速都超过80%。化妆品、粮油食品和家具零售额也实现较快增长，增速分别为36.2%、33.8%和30.1%。

3. 农村电商迅猛发展

互联网销售渠道在农村地区持续拓展下沉，社交电商和微商等营销新方法大大降低了农产品触网销售的门槛，农村地区农产品销售及消费环境持续改善，消费潜力得到释放。商务部数据显示，2018年全国农村网络零售额达到1.37万亿元，同比增长30.4%；全国农产品网络零售额达到2305亿元，同比增长33.8%（见图4）。

4. 跨境电商再上新台阶

降低消费品进口关税政策效应逐步显现，跨境电商保持高速发展。据海关总署统计，2018年我国通过海关跨境电子商务管理平台零售进出口商品总额1347亿元，同比增长50%（见图5）。部分与消费升级相关的消费品进口快速增长，进口化妆品、水海产品分别增长67.5%和39.9%。

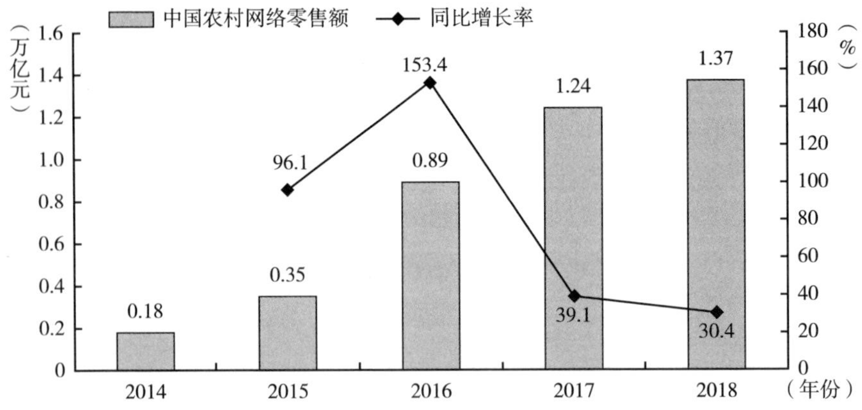

图 4　2014～2018 年中国农村网络零售额及增速

资料来源：商务部。

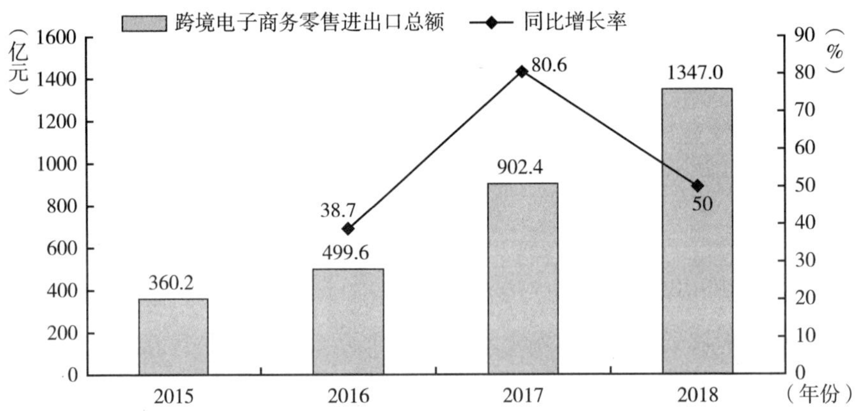

图 5　2015～2018 年跨境电子商务零售进出口总额及增速

资料来源：商务部。

（三）2018年“互联网＋零售业”发展特点

2018 年，“互联网＋零售业”较以往更加走向深入，线上线下从对立区隔走向统一融合，发展过程中产生的矛盾正逐步转化为优势互动，商业模式、技术应用、产品服务创新不断，市场活力持续激发，农村市场现代化与国内外市场一体化加快推进，有力地提高行业供给质量和效益。

1. 线上线下互动创新

（1）创新商业模式

在“互联网+”推动下，电商企业和实体零售积极整合资源，相互引流。线下实体零售企业主动触网。沃尔玛、华润、万宁等线下超市，711、罗森、全家等便利店企业纷纷借助京东到家、美团外卖等线上配送体系丰富销售路径，通过互联网便捷消费者检索商品，丰富选择，进一步补充和提升了线下配送及售后服务体验。与此同时，实体零售门店作为线上企业配送前置仓开展合作，并将线上线下资源融合渗透至社区及社交层面，为消费者增加配送渠道选项，提升资源配置和使用效率，极大地拉近了企业与消费者之间的距离。线上互联网企业积极落地。阿里巴巴、腾讯、小米等具备技术优势的互联网企业积极投资百联、银泰、华联、永辉等百货或超市实体零售企业，并在全国广泛开设实体门店，为线下门店提供一系列创新智慧解决方案，跨境保税线下店、线下服务中心、线下体验中心等让电子商务企业的商品和服务有了实体，“魔镜”等互动科技增加购物趣味，线上带动线下、线下反哺线上的全新交互商业形态加速形成。

（2）创新产品服务

线下实体零售仍然是消费者购物的主要场所，与以往所不同的是人们生活节奏的加快以及个性需求更加多元。为此，企业利用互联网平台的信息处理、数据分析、网络推广等优势逆向整合自身要素资源，充分发挥其在商品经营、供应采购以及硬件设施方面的积累，贴合各类消费群体打造多元化的产品与服务，内容服务和口碑营销已深入消费者生活。例如，永辉、苏宁等企业便基于线下门店积极发展社区拼团业务，通过微信群、小程序等虚拟社区工具获取、转化和培育稳定的客户群体，大幅提升交易效率。百联、大商、王府井、银泰、天虹等则关注首店经济和网红效应，加快集合店、萌宠馆、玩具体验店、数码生活馆等业态的调整与布局，生鲜食品、儿童体验、母婴用品、厨房用品等模块覆盖更加全面，协同聚合式混业经营业态为消费者打造新生活空间。星巴克打造外送星厨，苏宁开辟好物分享+抖音视频新玩法等，打通并重构线上线下体验场景，积极探索核心业务相关领域的各种

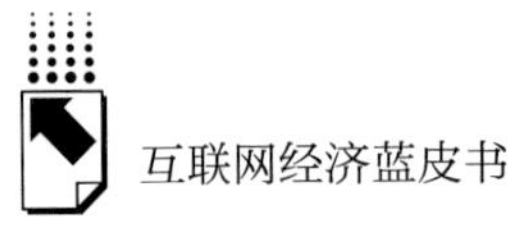

可能性。

2. 实体改革激发活力

（1）改革经营方式

智能手机、移动互联网进一步普及发展，购物、社交、支付等新电子商务消费渠道快速发展并互联互通，使多种类型的商家主体在不入驻平台的情况下也能享受电商企业的营销、物流、金融、大数据等资源服务。百货商场持续转型。百货业整体体量大，历史积淀深厚，是百姓线下消费的重要场所。为顺应消费者注重体验与个性需求的趋势，百货业加大技术应用，经营效率与质量有较大提升。中国百货商业协会调查显示，科技创新成为百货企业经营发展的重要抓手，应用科技的样本企业中，87.9%的铺设无线网络，46.2%的设有自助收费系统，37.9%的设有产品二维码，31.9%的设有Beacon信标做客流分析。老字号改革焕发新活力。随着互联网经济和数字技术的不断发展，不少老字号借助新技术和新平台积极转型，焕发生机。《中华老字号电商发展报告》显示，2017年时电商平台已经成为中华老字号企业增长最快的销售渠道。《非遗老字号成长报告》指出，近五成国家级“非遗”、近800个中华老字号品牌以及数万名商家，都已经入驻淘宝平台。企业在挖掘老字号内涵价值的同时，也推动老字号年轻化发展。

（2）推进服务便利

阿里云研究中心发布《2019数字化趋势报告》指出，零售业等将成为受新技术影响最深的行业领域。在“互联网+”的推动作用下，线上预订、交易、展示等个性化、便利化在线服务和线下消费渠道与服务相结合，发挥各自特征优势，不断便利消费者。工信部等发布的《2018家电网购分析报告》表明，网购是家电市场主流消费方式，2018年中国家电网购规模占到整体家电市场的35.5%。京东到家《1小时生活消费报告》指出，足不出户的“1小时购物”是高频生活消费品上的主流消费方式之一，且二、三线城市的GMV增速已超过一线城市。对消费者提供便利服务的同时，服务内容的生产者也在为自身创造价值。《中国互联网络发展状况统计报告》显示，2018年内容生产者在微博上的收入规模达268亿元。其中网红电商是发展最快、最主要的变现方式，2018年网红电商收入达254亿元，占比为94.8%，同比增长36%。

3. 技术应用更加广泛

（1）丰富应用场景

移动互联网、大数据、物联网、云计算、地理位置服务、生物识别等现代信息技术在认证、交易、支付、物流等商务环节的应用更加广泛。从支付方式看，消费者对微信、支付宝等电子支付产品认可度不断提高，促使盒马、苏宁等各类零售商家不断实现自由购、自助购、智能购物车、刷脸支付等智能支付形式应用，全流程数字化零售场景对传统购买方式形成灵活而又自主的补充，丰富消费者购物选择，无人无感购物、自助扫码结账等也有利于解决高峰时段或夜间店员不足的消费痛点。从精准营销上，在生物识别等数字化系统支持下，实体商家可以对顾客在货架前的选购状态，以及客流性别、年龄、表情和进店次数等数据进行可视化统计，通过大数据分析，描绘出更精准的用户画像，提升商家用户触达能力及营销推送效果。从消费体验上，APP及小程序等零售应用已可以集购物、拼团、社交、评价、追溯并追加回收、开发票、打印等多项服务业务于一体，电子地图找货和个性优惠券等服务功能精准对接消费者，令消费者感到既方便又贴心。

（2）深入应用服务

在追溯查询方面，大数据技术在商务领域深入应用，事中事后监管和服务方式创新建设取得新成效，不少企业利用区块链不可篡改的特性，将区块链技术应用于食品安全追溯，开展商品流通全流程追溯和查询服务。例如，沃尔玛、京东、IBM、清华大学成立安全食品区块链溯源联盟，将区块链技术运用到生鲜食品领域，严格管控食品安全并提高流程透明度；永辉超市上线区块链食品安全溯源系统，为生鲜食品流转的各环节进行存证。在高效配送方面，随着智能物流枢纽相继建成，自动化无人仓储技术助力提高物流仓运转时效，“3公里”“30分钟”“24小时无间断”的即时配送响应效率加速提升，海外直邮的进口商品物流平均时效也大幅提升，核心城市甚至实现“隔日达”，挖掘消费者深层次诉求。更为完善的物流系统解决方案还为农

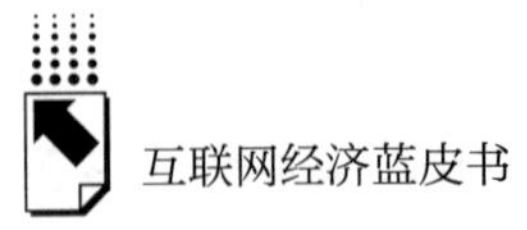

村流通基础建设赋能，共建农村商业新生态。

4. 市场体系更加健全

（1）积极发展农村电子商务

从2014年起，为推动农村流通现代化、完善农村现代市场体系，商务部选取全国8个省份试点开展电子商务进农村综合示范工作。以电子商务进农村综合示范为抓手，农村流通设施建设不断加强，公共服务水平持续提升，新型农业经营主体和农产品、农资批发市场对接电商平台，促进产销对接，农村电子商务快速发展。菜鸟、京东等电商平台协同深化，完善农村电子商务配送及综合服务网络，弥补乡镇市场的物流短板，着力解决农副产品标准化、物流标准化、冷链仓储建设等关键问题。商务部数据显示，2018年电商进农村示范县已达1016个，其中国家级贫困县737个，覆盖全国贫困县总数的88.6%，累计服务2.4万个贫困村的建档立卡贫困户837.6万人，户均增收800元。农业农村部《2019全国县域数字农业农村发展水平评价报告》显示，2018年全国县域农产品网络零售额总计2176.3亿元，占全国农产品网络零售额的94%。95%的贫困村已经接入宽带，为畅通城乡之间现代农产品流通体系打下基础。

（2）加强电子商务国际合作

互联网技术的持续应用实现了国内、国外两个市场无缝对接，围绕“一带一路”建设以及国内消费升级需求不断扩张，各类跨境电子商务服务商快速发展，货物贸易更趋平衡，提升了商品供给能力，满足了消费升级需要。商务部数据显示，2018年我国与俄罗斯、阿根廷等9个国家新建电子商务合作机制，通过召开电子商务工作促进会与企业对接会等，帮助相关国家企业利用电子商务开拓国际市场。我国与柬埔寨、科威特、阿联酋、奥地利等国跨境电商交易额同比增速均超过100%。海关总署数据显示，2018年全国海关验放跨境电子商务进出口清单数据12.4亿份，是货物报关单数量的15.5倍，“双十一”当天，海关清关的跨境电商商品清单达到2754.4万票，同比增长70%。中国国际商会等发布《中国进口消费市场研究报告》指出，中国成为全球最大进口电商消费国，跨境电商进口消费者人数三年来增长10倍。在过去四年多，天猫国际已引进75个国家3900个品类近19000个海外品牌进入中国市场，其中八成以上是首次入华。

（三）“互联网＋零售业”存在的问题

1. 效率成本问题仍存

“互联网＋”背景下的大数据信息化使劳动力成本，特别是掌握前沿技术知识与操作能力的人才成本逐年上升，尽管无人零售相关技术与设备快速普及，但在诸多领域上牺牲了熟练员工高效的销售效率与无可替代的亲和力，并降低了部分消费者的购买效率。除此之外，转型升级所需进行的硬件改造与技术应用带来新的成本上升，部分商业及店铺基础配套及商业设施老化陈旧，存在较高的改造成本和技术难度；客流采集、数据分析、营销引流等前沿技术更迭快速，企业面临创新研发和技术投入成本压力的同时，还要承受技术迭代更新所带来的风险。

2. 转型改造面临挑战

一是实体空间受限。受地理位置等因素影响，一些传统商业实体位于老旧街区，或其本身就是历史保护建筑，设施旧，体量大，与“互联网＋”相适应的改造颇具难度，打造全渠道之路并不平坦。二是配套条件不足。为满足顾客不断升级的各类消费需求，企业往往需要“十项全能”，这既需要主观的努力尝试，如冷链建设、买手队伍培养、激励与试错机制的建立，也需要客观环境的支持，如供应链的成熟、社会诚信机制的完善等，这都需要较长时间实现。三是决策目标不明确。新科技与实体产业融合裂变面临巨大挑战，多数先行者缺乏专业的能力体系和对困难的足够判断，导致短期效益与长期规划之间的决策冲突。

3. 诚信体系有待完善

与“互联网＋”给零售带来的优化与集成作用相伴，虚假广告、虚假交易、虚假承诺等互联网诚信问题备受社会关注，通过互联网平台形成的零售交易受限于其虚拟性，导致买卖双方信息不对称，无法像面对面交易一样观测或监督对方的行为。尤其是近两年，随着社交电商和微商的快速发展，网络零售门槛进一步降低，网络交易主体鱼龙混杂，相关人员及企业资质参差不齐，对交易过程中产生的个人信息、财产信息及交易数据等重要信息的安全保护构成巨大挑战。尽管社会各界探索并初步建立了以信用为核心的新型监管机制，但也存在企业信用管理落后、第三方信用服务不规范等问题，仍需要各方积极推进和共同合作。

4. 人才队伍建设滞后

受行业性质、社会地位和福利待遇等因素影响，近年来部分领域快速扩张，零售行业高素质管理及专业人才严重缺乏，一线员工流动性大。部分企业为降低用工成本、缓解招工困难，倾向于采取第三方补充形式招工，稳定性差。“互联网 + 零售业”深入推进，无论是利用互联网技术推进实体店铺数字化改造，还是通过互联网与消费者建立更为直接的互动体验联系，对零售行业人才专业化分工、专业化程度的要求越来越高，大量大学毕业生选择自主创业，很多企业现有员工年龄结构偏大，对新经营理念以及互联网相关新技术接受反应慢，导致企业发展与转型后劲不足。

（四）“互联网 + 零售业”发展趋势

1. 发展方式创新

一是经营机制创新。发挥龙头骨干企业在“互联网 + 零售业”转型创新过程中的示范作用，推进各零售业态在技术、理念、模式等方面持续创新，围绕客户需求提升数字化管理运营能力，提高供应链管控能力和资源整合、运营协同能力。

二是组织形式创新。连锁经营将向多行业、多业态、数字化方向发展，大数据等技术在精准营销、加盟商招募、协同管理、业务培训等方面助力企业经营水平提升。互联网产业龙头企业有望向社会进一步开放、共享自有物流设施与零售网点，使行业整体运行效率持续提高。

三是互动模式创新。更多企业将运用大数据技术分析顾客消费行为，发挥社群吸引泛社群的作用，围绕社群消费者开展精准服务和定制服务，灵活运用网络平台、移动终端、社交媒体与顾客互动，做深客户体验，依靠智能化无人零售科技满足人们碎片化消费需求，打造全时段商业体验，吸引更多的泛社群消费者走进卖场。

2. 优质供给更加全面

一是构建高品质消费载体。“互联网+”将加快推动传统零售从有形市场向无形市场、从柜面交易向电子交易的转型与融合，通过协调引导促进转型升级，逐步扩大创新科技应用落地，促进企业提质增效。

二是增加优质供给。结合互联网技术优势，深入洞察各级消费群体需求，不断调整和优化商品品类，着力增加痛点需求商品供给，既要增强商品品质与增值服务，又要降低生产流通成本，以合理价格为消费者提供质优价廉的商品。

三是提升服务水平。打破思维定式，整合各行业、各业态间的服务优势，更注重产品本身的特质特征，充分利用大数据、人工智能等技术，提供专业化、个性化服务，优化消费服务体验，更好地满足消费需求。

3. 消费过程更加便利

一是切实贴近需求。“互联网+零售业”在依赖网络技术高效配送的同时，也将依托零售门店构建起“毛细血管”般的便捷生活服务圈，加快发展便利店、社区超市等离消费者最近的小型零售业态，推动现代流通方式由城区到社区、由城镇向农村的延伸和下沉。

二是快速响应需求。适应消费者日益增加的配送到家服务需求，深化电商、快递、门店协同，取长补短，加速提升消费末端配送响应效率，同时兼顾上游商品采购过程，两端齐发力，提供新鲜、即时、高效的供给。

三是准确捕捉需求。依靠智能化零售科技准确捕捉人们碎片化的消费需求，打造切合消费痛点的商品供应体系，实施精准营销，着力提高供给质量和效益。

4. 信息资源共享

一是加强集聚示范作用。在“互联网+”推进下，零售行业不同经营模式和业态将实现优势互补、信息互联互通、消费客户资源共享，商圈消费引领示范作用将进一步增强，域内资源整合能力和消费集聚水平将明显提高。

二是加强诚信信息共享。运用多种方式和载体，不论是经营者还是消费者，信用信息跨地区、跨领域、跨行业共享共用进程将会持续加快，有利于发挥市场诚信自律作用，既营造重视消费者权益保护的环境，也创造尊重商家经营的良好互信消费环境。

三是推动需求合理适配。生活水平的不断提高对现有流通水平下商品供给质量提出了更高要求，这其中就包括更为绿色、新鲜的农产品，以及海外国家的优质产品和服务。农村电商及跨境电商的持续发展，使人们更为自由地导览商品信息并购买和享有。

（五）“互联网+零售业”政策建议

1. 抓好示范引领

深入推动步行街改造提升、电子商务进农村综合示范等工作，总结形成可复制推广创新实践经验，形成典型案例、模式，在相关范围内复制推广。搭建“互联网+零售业”综合服务平台，为企业提供专业技术培训、转型升级咨询、智能改造指导以及投资融资服务等全方位支持。推进互联网龙头企业与零售企业展开合作，加快新一代移动通信技术应用，加大数字化智能设施投入或改造力度，帮助企业实现智能管理和精准服务。充分发挥市场在资源配置中的决定性作用，适当发挥财政资金的引导作用，营造线上线下企业公平竞争的税收环境，促进农村电子商务及跨境电子商务良性发展。

2. 推动协同创新

推动“互联网+零售业”协同创新。加快移动通信、云计算、大数据、物联网、电子标签等技术的应用，推进线上线下融合，提高商品和服务的个性化、精细化水平。借助互联网手段发掘消费潜力与痛点，对接消费新需求、新动向，布局体验式、互动式新兴业态，推动零售从同质化、低端化、单一化向差异化、品质化、多元化发展。积极推进电子商务与物流快递、社区门店、县乡流通体系协同发展，鼓励物流配送、收发模式的多元创新，加强农村流通体系及农村商务信息服务建设，促进跨境电子商务商品和服务优进优出，提高资源配置效率，激发线上线下消费活力。

3. 完善信用管理

创建公平竞争的创业创新环境和规范诚信的市场环境，建立健全电子商务信用记录，完善电子商务信用管理，积极推动信用立法，加快推进信用信息归集共享，完善信用联合奖惩机制，维护公平竞争，降低市场交易成本。深化放管服改革，进一步完善营商环境，以信用监管推动市场主体信用体系建设，营造良好的营商环境和安全放心的消费环境。维护信用信息安全，严格保护商业秘密和个人隐私，严肃查处违规泄露、篡改或利用信用信息谋私等行为。

4. 加强人才培养

加强宣传培训，鼓励大专院校、行业协会、培训机构及企业培养综合掌握商业经营管理和信息化应用知识的高端紧缺人才，建立相关信息技术、商务营销、实践实训课程体系和教材。打造电子商务讲师体系，培养电子商务讲师人才，完善电子商务人才培训工作机制，建立适应电子商务发展和促进现代流通体系发展的继续教育体系。支持开展线上线下互动创新相关培训，引进高端复合型电子商务人才，为线上线下互动企业创新发展提供服务。

二　“互联网+餐饮业”发展现状及趋势

（一）2018年“互联网+餐饮业”发展情况

2018年中国餐饮市场规模已达4.2万亿元，首次突破4万亿元规模，同比增长9.5%。自2011年突破2万亿元到3万亿元用时4年，从突破3万亿元到4万亿元仅用了3年，破万亿元时间缩短了四分之一。随着经济的快速发展和互联网的变革，我国餐饮市场竞争在不断地发生变化，使用互联网订餐的人数越来越多，《中国互联网络发展状况统计报告》显示，截至2018年12月，网上外卖用户规模达4.06亿，较2017年底增长18.2%，网民使用比例为49%；手机网上外卖用户规模达3.97亿，占手机网民的48.6%，年增长率为23.2%。

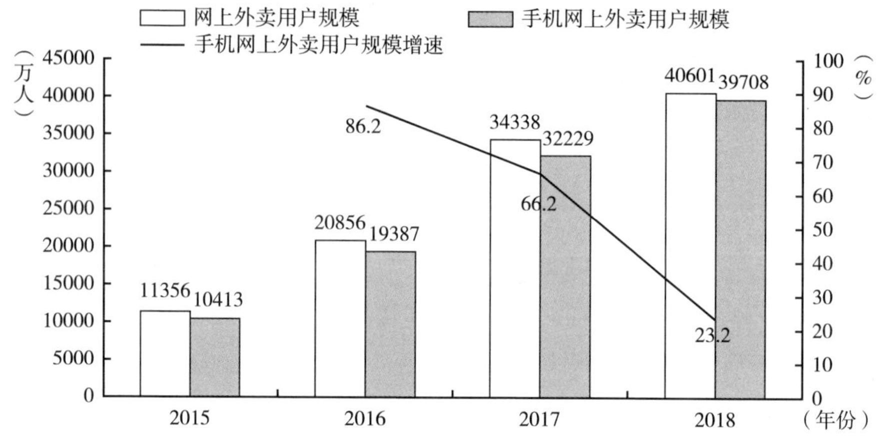

图 6　2015～2018 年网上外卖及手机网上外卖用户规模

资料来源：Wind。

（二）2018年“互联网+餐饮业”发展特点

餐饮行业在不断的发展和进步，餐饮消费成为国内消费市场的重要力量，在“互联网+餐饮业”的大趋势下，餐饮服务进行了积极的线上线下融合创新。

1. 传统餐饮打造智慧餐厅

传统餐饮行业要持续增长，数字化转型是关键，通过技术产品和数据能力驱动餐饮行业的人货场重构。2017 年 11 月，口碑宣布开放智慧餐厅技术，为餐饮商家提供包括智能点餐、智能推荐、服务通知、自助取餐、自动代扣在内的全流程解决方案。2018 年 1 月，百年老字号五芳斋与口碑一同推出了首家智慧餐厅，并实现该门店营业额同比增长超过 40%，笔单价增长了 14.5%；人效增长三倍，点餐时间大幅缩短，用餐效率显著提升；门店员工从原来 13 人缩减到 6 人，相当于每年节省近 40 万元的用工成本。

2. 新兴餐饮打响知名度

在移动互联时代，技术驱动改变价值链条，价值创造的方式也在悄然变化。与以星巴克为代表的传统咖啡店采用门店获客、门店服务不同，中国新零售品牌瑞幸咖啡以“互联网+大数据”为根基，通过网络获客、部分门店服务，大量自提少量配送，价值环节发生了巨大变化。在互联网科技革命和新零售浪潮下，从成立到上市仅用了17个月，截至2018年底，瑞幸咖啡门店已达2073家，累计用户数1687万，复购率为54%，在短时间内依托互联网迅速提升了品牌的知名度。

3. 第三方平台升级供应链

随着互联网技术、资本与人才的不断涌入，京东和美团餐饮业务供应链采用资源整合模式，充分发挥了平台优势。美团餐饮供应链对应的产品——美团快驴于2016年上线，主要由B2B餐饮采购平台构成，以全供应链为切入点，打破B端、C端的壁垒，实现B端直接统购、统采。京东冷链通过F2B2C一站式冷链服务能力价值释放，助力餐饮企业降本增效，构建一体化的餐饮供应链生态。以旺顺阁为例，京东冷链通过集采集送的标准化模式，取代门店采购再配送的传统模式，通过精准的发货计划与采购优化，让旺顺阁的库存周转期从原有的30天缩短至5.5天，旺顺阁的物流成本直降50%。

（三）“互联网+餐饮业”存在的问题及对策建议

1. 食品安全态势依然严峻

消费者在浏览外卖商家时，无法充分获取商家信息，通过线上点单很难了解商家的用餐环境及后厨环境，有些无良商家为降低成本，使用劣质原材料，加工过程粗制滥造，卫生情况达不到标准，建议设立追溯机制，做到餐食来源可查，从原材料购进、生产加工到出餐送餐环节皆可追溯，为提高消费者用餐体验，引入“明厨亮灶”到外卖食物的生产加工环节，消费者可在第三方平台查看后厨环境、食物加工等情况，从而选择更安全放心的商家。除此以外，行业管理部门应当加强监督检查，对外卖食品的生产、加工、仓储和运输环节进行严格调查，严惩生产加工不合格食品的商家。

2. 投诉后续问题维权难

快递员和消费者之间因投诉引发的矛盾频频发生，企业在处理消费者申诉时，为了自身品牌形象和“高效”的处理方式，通常以罚款为“常态处理准则”，处理方式简单粗暴，无法恰当地解决问题，快递员和消费者的权益均得不到保障，应建立快递方和消费方的不良用户黑名单，针对消费方多次投诉或恶意投诉行为，以及快递方的态度散漫、恶意中伤客户行为，企业将其拉入“黑名单”，可在快递官网公示，对双方行为起到规范作用，让双方利益得到保障。

（四）“互联网＋餐饮业”发展趋势

1. 外卖品质成为主要增长动力

艾媒咨询数据显示，2018 年外卖市场规模突破 2400 亿元，2019 年将超过 2800 亿元，尽管市场规模增速持续放缓，但上探空间依然很大。企业间竞争已不局限于配送速度和商家资源，竞争重点向外卖品质倾斜，进而提升企业信用，让消费者放心消费，提高商品复购率。外卖品质将成为未来的主要增长动能。

2. 餐饮数字化成为趋势

从餐饮企业接轨智慧餐厅到青岛火车站引入无人餐厅，越来越多的餐饮企业要持续增长，核心是提升内部效率，餐饮数字化已是大势所趋，数字化升级正是传统餐饮转型的第一步，数据化成为驱动餐饮发展的“新引擎”，更多商家加入对智能硬件和技术的改造中来，实现整体餐饮消费体验和流程的重构。随着餐饮业数字化程度的深入，大数据将开始驱动餐饮行业的人货场重构。

三　“互联网＋住宿业”发展现状及趋势

（一）“互联网＋住宿业”发展基本情况

1. 住宿业持续较快发展

近年来，随着经济发展、居民收入增加、交通出行更加便捷，居民旅游出行需求日趋强烈，国内旅游市场高速增长，加上商务出行需求增加，住宿消费需求旺盛，带动住宿业持续较快发展。国家统计局数据显示，2017 年住宿业法人企业达 19780 家，客房数 393. 2 万间，比 2016 年增加 14. 9 万间，实现营业额 3963. 9 亿元，同比增长 4%。商务部数据显示，2017 年住宿业主营业务收入同比增长 7. 1%。

2. 在线住宿渗透率不断提升

随着在线旅游市场的快速发展，消费者在线预订酒店习惯形成，住宿企业在线销售渠道不断拓展，开展在线预订业务的酒店数量快速增多，在线住宿市场保持快速增长，成为已有住宿业务的重要补充。艾瑞数据显示，2017 年我国在线住宿市场交易规模达 1819. 4 亿元，同比增长 27. 3%，2018 年将达到 2230 亿元，同比增长 22. 6%。在线预订比例逐渐提升，艾瑞数据显示，2017 年住宿市场在线渗透率为 31. 6%，比 2013 年提高 20. 9 个百分点，预计 2022 年将达到 44. 3%。

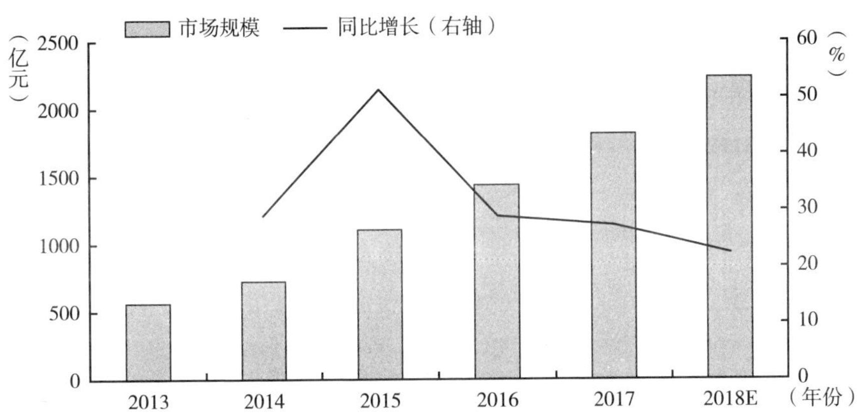

图 7　2013～2018 年我国在线住宿市场交易规模及增速

资料来源：艾瑞咨询。

3. 共享住宿发展迅猛

近年来，随着互联网等新技术应用、个性化消费理念深入人心，共享住宿模式迅猛发展，行业初具规模。国家信息中心数据显示，2018 年全国共享住宿市场交易额 165 亿元，同比增长 37. 5%，占全部住宿业客房收入的 6. 1%；参与者1.3亿人，其中服务提供者超过400万人。C2C模式是共享住宿的主导模式，房源数量与市场规模在国内市场占比近八成。共享住宿作为新业态，整合碎片化住宿资源，满足多样化住宿需求，市场整体处于快速上升阶段。

（二）“互联网+住宿业”发展特点

随着互联网、物联网、大数据、5G等新技术的发展和成熟，新技术在住宿业的应用越来越广泛，与企业运营的结合更加深入，有效改善企业营销预定、运营管理、成本控制、服务创新等，不断提升用户体验。

1. 住宿资源互联网化

随着互联网的快速发展，网络销售已成为住宿业预定的重要渠道。特别是随着移动互联网的发展，预定渠道更加多样，APP、公众号、小程序等更加便捷的预定方式兴起，移动终端的预订率不断提升。住宿企业越来越重视信息化建设，积极构建自有在线预定渠道，同时与在线预定平台加强合作，实现线上线下资源的融合共享。在线预定平台与住宿企业合作加强，通过渠道合作、数据共享等方式，实现线下线上数据一体化，提升住宿资源互联网化水平，2017年入驻在线旅游平台的国内酒店集团品牌数达210家，门店达24679个。随着非标住宿预定平台迅速发展，民宿公寓等更加多样、更加分散的住宿资源整合到互联网上，2017年主要共享住宿平台的国内房源数量约300万套，小猪平台每日在线申请的用户房源达1500个，每日新上线房源数超过500个，截至2018年3月国内房源量达30万套，覆盖全国近400个城市。

2. 会员体系建设增强

互联网实现了住宿企业和消费者的高效连接，消费者获取信息更加便捷，企业接触消费者途径更加多样。利用大数据挖掘等技术，深度洞察消费者习惯和行为，使住宿企业更有效触达目标消费群体，从而更加精准地获取会员，为会员提供个性化服务，有效提升会员黏性。企业获取会员成本显著上升，移动互联网时代酒店获取会员成本是互联网时代的3~5倍，而忠诚客户会员的复购率是非会员的2倍，会员体系建设显得尤为重要。华住酒店集团APP“华住会”打通前台消费者端与后台管理端，并接入摩拜单车、滴滴出行、携程等合作伙伴的服务，为会员提供出行、住宿一站式服务，有效提高会员量，促进入住率提升，截至2018年12月31日，“华住会”已吸引超过1.22亿会员，会员贡献了超过76%的间夜量，全年直销渠道销售了超过86%的间夜量。

3. 运营管理效率提升

科技创新催生新的模式，促进产业效率提升。移动互联网、大数据、物联网等技术对行业运营管理产生全方位的影响，从技术应用、渠道普及到商业模式变革等方面提升行业运营管理能力。利用人工智能终端系统实现订房、选房、入住、退房、支付的全程自动化，大大节约了人力成本和时间成本。阿里未来酒店应用人脸识别等生物识别技术，支持全场景刷脸住宿，不需要前台、收银员和大堂经理等工作人员，大幅降低人力成本。携程推出EASY住自助机，提升入住和离店效率。华住推出自主选房服务，客户实现光速入住、零秒退房，人机占比高达30%～35%，2018年自助入住终端“易掌柜”使用人次达1140万，每台相当于替代人工0.54个人力。

4. 服务创新注重体验

互联网时代，数字化、智能化使住宿企业与消费者交互方式发生变革。消费者需求变化驱动住宿企业服务创新，提供更加丰富独特的服务，重新塑造住宿体验。基于多渠道基础数据，利用大数据技术挖掘数据价值，发现消费需求特征和企业服务短板，为消费者提供个性化、更便捷、更优质的服务，带来全新的消费体验。深度挖掘顾客消费需求特点，建立不同类型酒店，打造主题酒店，满足个性化、差异化住宿需求。应用空气净化、水净化、睡眠促进等人健康技术，改善住宿品质。搭建购物场景，在入住酒店看到的家具、床品、挂饰等，均可通过平台购买，满足客户购物需求。如家Yunik Hotel以好玩、有趣为理念，集衍生品销售、智能娱乐体验、电竞玩乐PK于一体，打造丰富的社群社交和智能娱乐体验。如家电商平台“优选商城”为住客提供与客房及旅程相关的商品，2017年通过客房移动端销售额超过2亿元。

（三）“互联网+住宿业”面临的问题

1. 信息安全问题凸显

近年来，住宿业信息泄露事件时有发生，成为个人信息泄露的主要来源。2017 年 10 月，凯悦酒店集团大量客人数据泄露。2018 年 8 月华住酒店集团 1.3 亿人的个人信息及开房记录在暗网售卖。2018 年 11 月 30 日，万豪酒店旗下喜达屋酒店 5 亿名客人信息被泄露。住宿企业拥有庞大且极具价值的用户信息，易成为不法分子的攻击目标，如何保障用户信息安全是对住宿企业的重要考验。

2. 营销成本高企

随着住宿业的互联网化，住宿业分销方式销售份额提升，企业对在线预订平台的依赖度越来越高，尤其是经济型酒店，通过在线预订平台等分销渠道获取的客源较多。但在线预订平台市场集中度提高，为住宿业带来高流量和大量订单的同时，平台佣金比例也在不断上升，每订一间客房住宿企业给平台的佣金比例达 10% ~20%，压缩了住宿企业的利润空间。

3. 共享住宿标准和监管欠缺

共享住宿属于非标准化的住宿产品，服务流程、质量控制等标准化、规范化难度较大，同时服务由分散的房东个人提供，各平台服务标准规范不统一、不完善，导致服务水平参差不齐，服务质量缺乏保障。共享住宿作为新业态，监管模式有待创新，现有的市场准入办法、监管手段等不能完全适应共享住宿的特点和发展要求。

（四）“互联网+住宿业”发展趋势

随着新技术在住宿业的应用更加深入广泛，住宿业迎来新的发展机遇。智能酒店、无人酒店等概念的提出和落地，新技术的应用场景更加丰富，进一步促进住宿行业转型升级。智能化成为住宿业重要发展方向之一，越来越多的酒店企业开始打造智慧酒店，互联网企业也纷纷跨界智慧酒店领域。智慧酒店利用智能化体系为消费者提供智能化体验，利用数字化能力提升酒店个性化服务水平，实现酒店数字信息化管理，从而节省人力成本，减少能源消耗，改进服务质量，提升服务能力和运营效率。另外，住宿企业利用大数据、在线共享等互联网技术，拓展服务内涵和外延，探索跨界融合，打造生态圈。以消费需求为核心，通过跨界合作，连接各类资源，打造以酒店场景为中心，集住、行、游、吃、购、娱服务于一体的生态体系，使酒店从住宿空间向生活空间转变。

参考文献

阿里研究院、中国国际商会、德勤：《持续开放的巨市场——中国进口消费市场研究报告》，2019。

阿里云：《阿里云发布 2019 数字化趋势报告，未来 5 年零售业数字化程度将达 80%》，https：//yq. aliyun. com/articles/690779。

农业农村部信息中心：《2019 全国县域数字农业农村发展水平评价报告》，2019。

《京东到家 2018 年度消费报告：生鲜消费最重品质与健康 90 后成养生新势力》，赛迪网，http：//www. ccidnet. com/2019/0130/10454015. shtml。

商务部电子商务和信息化司：《中国电子商务报告 2018》，2019。

中国互联网络信息中心：第 43 次《中国互联网络发展状况统计报告》，2019。

《国务院办公厅关于推进线上线下互动　加快商贸流通创新发展转型》，http：//www. gov. cn/zhengce/content/2015 - 09/29/content_ 10204. htm。

《2018 ~ 2019 中国在线外卖行业研究报告》，https：//www. iimedia. cn/c400/64223. html。

《批发零售行业现状发展趋势》，https：//www. sohu. com/a/245034063_ 530801。

《“互联网 +”的战略：互联网与各个行业融合》，https：//cloud. tencent. com/developer/news/12391。

《简析“互联网 +”时代，批发市场现状和发展趋势》，http：//wemedia. ifeng. com/89271840/wemedia. shtml。

中文互联网数据资讯中心、艾瑞咨询：《2018 年中国在线出行住宿行业研究简版报告》，http：//www. 199it. com/archives/794632. html。

《2018 中国共享住宿发展报告》，http：//www. askci. com/news/chanye/20180621/1359081124936. shtml。

数字产业化篇

Digital Industrialization Reports

B.11 2018年中国互联网经济基础设施建设报告

赵 丽 牟春波*

摘 要： 本报告从宽带基础设施、应用基础设施、新型基础设施等三个领域，对互联网经济基础设施建设情况进行总结分析。报告认为，我国光纤宽带、4G移动宽带网络建设成效显著，但在互联网国际出口带宽、空间网络设施等方面存在短板，还存在地域发展不平衡、企业投资压力大、建设统筹力度不够等问题。面向未来互联网经济快速发展，报告提出需从制定顶层战略、推动立法、政策支持、创新机制、优化建设政策

* 赵丽，工学硕士，中国信息通信研究院产业与规划研究所高级工程师，主要从事宽带网络、国际通信和国际通信合作等方面的研究、规划和咨询工作；牟春波，工学硕士，中国信息通信研究院产业与规划研究所副总工，高级工程师，主要从事国际通信和国际合作、宽带网络政策、城市通信基础设施等研究工作。

环境等方面入手，补齐短板，加快5G、工业互联网等新型基础设施及海外信息基础设施建设。

关键词： 宽带基础设施　应用基础设施　新型基础设施　互联网经济

当前，互联网经济基础设施在经济社会发展大局中的战略性、基础性、先导性作用日益凸显，已成为当前和今后一段时期推进发展方式转变、促进经济结构优化、加快增长动力转换、塑造国际竞争优势的战略基石。近年来，中国加速构建高速、泛在、安全、智能的新一代信息基础设施，互联网经济基础设施能力和服务水平显著提升。光纤宽带、4G 网络达到全球领先水平，下一代互联网加快规模部署和商用，云计算、内容分发网络等应用设施加速升级演进，5G、物联网、工业互联网等新型基础设施稳步推进，为互联网经济创新发展提供了有力支撑。

一　2018年中国互联网经济基础设施建设情况

（一）宽带网络设施

1. 固定宽带网络全面迈入光纤时代

我国光纤化进程已基本完成，光纤宽带覆盖城乡，千兆宽带示范已全面展开。根据工业和信息化部统计数据，截至 2018 年底，我国固定宽带接入端口数达 8.86 亿个，光纤到户网络端口总计 7.8 亿个，居全球首位。宽带用户普及水平持续快速攀升，固定宽带接入用户总数达 4.07 亿户，固定宽带家庭普及率达到 86.1%，其中光纤接入（FTTH/O）用户达到 3.68 亿户，占固定宽带接入用户总数的 90.4%。高速率宽带加快普及，接入速率 50Mbps 及以上的用户达 3.65 亿户，占比 89.6%；100Mbps 及以上用户达 2.86 亿户，占比 70.3%，主流宽带接入速率已迈入百兆时代。用户上网实际体验速率大幅提升，据宽带联盟2018年第四季度《中国宽带速率状况报告》，全国固定宽带平均可用下载速率达到28.06Mbps，已接近全球第一梯队。

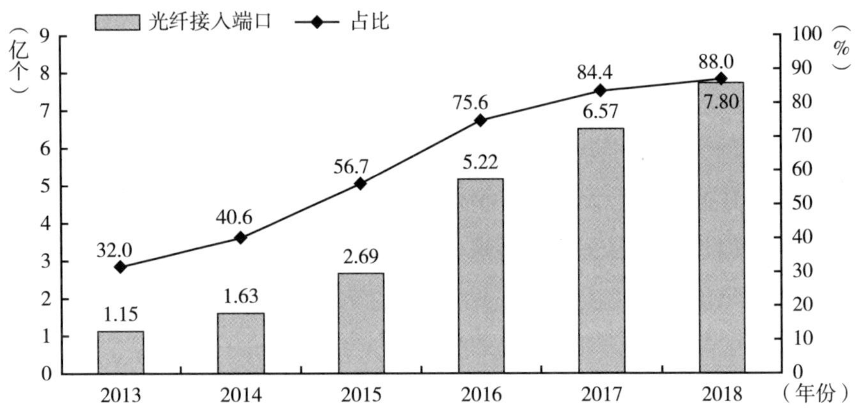

图1　2013～2018年我国固定宽带光纤端口总数及渗透率情况

资料来源：工业和信息化部。

2. 移动宽带网络建设后发赶超

中国持续深入推进4G网络建设，4G网络深度覆盖和广度覆盖取得显著进展，覆盖盲点不断消除，服务质量持续提升。根据工业和信息化部统计，截至2018年底，全国4G基站总规模超过372万个，占移动通信基站总数的57%，4G网络实现了全国所有乡镇以上的连续覆盖、行政村的热点覆盖，以及高铁、地铁、重点景区的全覆盖。移动宽带用户（即3G和4G用户）总数达13.1亿户，移动宽带人口普及率达到93.9%，其中4G用户总数达到11.7亿户，4G用户占移动电话用户总数比重达到74.4%，4G普及程度已经进入全球领先行列。

3. 电信普遍服务试点成效显著

2018年电信普遍服务启动第四批试点，重点支持偏远行政村、重点边疆和海岛等地区的4G网络覆盖，前三批试点项目陆续竣工投产。在近几年电信普遍服务试点工作推动下，截至2018年底，全国行政村宽带普及率超

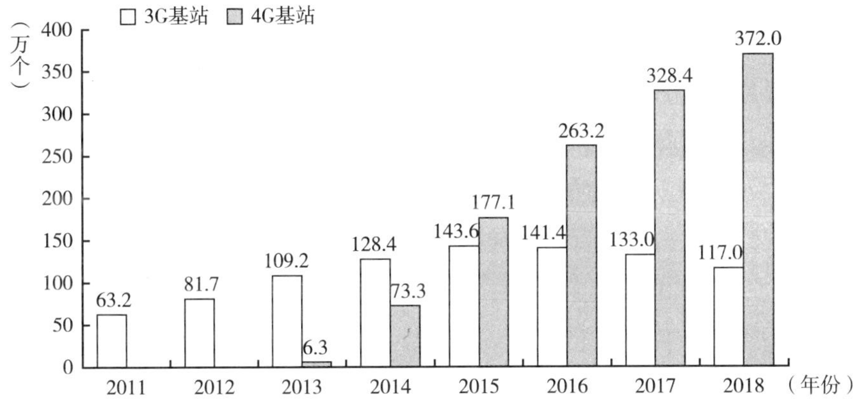

图2　2011～2018年我国3G/4G基站建设情况

资料来源：工业和信息化部。

过99%，行政村通光纤比重达到98%，行政村通4G比重超过95%，贫困村通宽带比重达到97%，提前完成国家"十三五"规划目标。在宽带网络进村入户的同时，农村电商、智慧农业、"互联网+教育"、"互联网+医疗"等应用也在快速向农村农户渗透，网络扶贫正助力乡村振兴和脱贫攻坚。

4. 国际通信设施实现全球通达

经过多年的网络建设，我国已经基本形成多方向、大容量的以海底光缆、跨境陆缆为主的国际传输网络架构，海外网络节点更加广泛。国际互联网出入口带宽持续增长，截至2018年底，我国国际互联网出入口带宽达到7.78Tbps，在全球国际互联网出入口带宽中的占比从2013年的1.7%提高到2018年的1.9%。国际海缆和跨境陆缆建设积极推进，我国大陆地区共实现9条国际海缆登陆，已与俄罗斯、哈萨克斯坦、巴基斯坦、越南、缅甸等12个周边国家建立跨境陆地光缆系统，国际光缆通达北美、东南亚、欧洲、非洲等方向的70多个国家/地区。海外POP点加快部署，我国企业在亚洲、非洲、欧洲、北美洲、南美洲和大洋洲的30多个国家/地区总共部署了超过140个海外POP点。

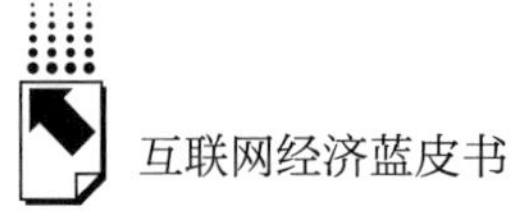

5. 下一代互联网网络基础基本具备

自2017年底两办联合发文《推进IPv6规模部署行动计划》一年来，各地、各部门、各相关企业密切配合、务实推进，IPv6规模部署工作取得了积极进展。一是网络设施的IPv6改造取得阶段性成果，三大基础电信企业全国LTE网络均已完成端到端IPv6改造并开启IPv6业务承载功能，骨干网设备已全部支持IPv6，城域网改造也接近尾声，全国13个骨干直联点中有5个直联点开通了IPv6互联互通，国际出入口IPv6总带宽达到100Gbps。二是重点互联网应用IPv6升级进一步提速。省部级政府网站中可通过IPv6访问的网站共有63家，占比为67.7%；中央企业网站中可通过IPv6访问的网站有92个，占比为94.8%；互联网企业对于IPv6升级改造的积极性和主动性进一步增强，国内用户量排名前50的商业网站及大部分典型互联网应用于2019年底前完成改造。

6. 卫星通信网络部署取得积极进展

新技术的成熟和用户需求的引领促进了我国通信卫星加速创新发展。“中星16号”填补高通量宽带卫星空白，总带宽20Gbps，超过中国在轨通信卫星容量总和，2018年1月23日“中星16号”在轨交付，正式投入使用，开始提供卫星宽带互联网业务。“天通一号01星”实现自主移动通信卫星零突破，已经面向应急通信、野外作业、野外及海洋物联网应用等从业人员开放商用，提供语音通话、短信收发功能。当前低轨道卫星星座成为发展的热点，我国低轨卫星互联网星座也已开始起步，提出“鸿雁”“虹云”等低轨星座计划，并在2018年底成功发射了首颗实验星开展低轨卫星互联网技术验证。

（二）应用基础设施

1. 数据中心和云计算设施进入发展上升阶段

中国数据中心和云计算平台的建设处于快速增长阶段。“企业上云”行动取得积极成效，IDC资源供给规模持续增长。根据工业和信息化部发布数据，截至2017年底，全国在用数据中心机架规模达到166万架，总体数量达到1844个，规划在建数据中心机架规模107万架，数量463个。经济发达的京津冀、长三角、珠三角等地区数据中心和云计算设施需求旺盛，数据中心机架资源仍相对较集中，大型超大数据中心在向资源富集、气候条件适宜地区布局的速度明显放缓，机架资源利用率不高。同时，我国龙头数据中心及云服务企业不断加快全球化布局步伐，中国电信全球数据中心数量超过700个，阿里云也在全球部署数据中心及云计算平台设施，全球有11个地域节点、44个可用区，业务拓展至亚太、美国、中东、欧洲等地，形成对全球主要互联网市场覆盖。

2. 内容分发网络竞争中加快发展

随着互联网、移动互联网流量的爆发式增长，尤其是来自视频以及云计算的高速增长，我国CDN市场潜力逐渐释放，市场增长率保持在35%以上。截至2018年底，我国已有244个企业拿到了CDN牌照，其中阿里云、腾讯云、蓝汛、金山云、网宿科技等16家企业规模较大，允许在全国范围经营CDN服务。在我国CDN企业中，腾讯云市场份额最大，占比为2.43%，在全球服务商中排名第10，提升幅度比较明显；其次是网宿科技，通过海外收购CDNetworks和CDNvideo公司，市场份额得到提升；阿里云市场份额国内企业排第三。

3. 互联网基础资源拥有规模稳中有升

截至2018年底，我国IPv4地址约为3.4亿个，占全球已分配IPv4地址总量的9.3%，全球排名第二，但与美国16.06亿地址量相比还存在较大差距。我国IPv6地址数量为41079块/32，位居全球第二，较2017年底增长75.3%。中国IPv6通告率为9.9%，较2017年有大幅提升。我国域名注册市场发展放缓，截至2018年底，我国域名注册总量达到3792.8万个，“.CN”和“.COM”维持主导地位，其中“.CN”域名达到2124.3万个，保持平稳增长趋势。

（三）新型基础设施

1. 物联网感知设施具备网络接入条件

2018年中国物联网进入快速发展阶段，中国成为全球物联网产业规模最大最活跃的地区之一，物联网及智慧家庭等新业务增长迅猛。NB－IoT 网络基本实现全国覆盖，中国电信 NB－IoT 基站规模超过 40 万个，基本建成精品网，NB－IoT 连接数已达到千万量级，在 20 个城市展开 eMTC 试商用；中国联通建成超过 33 万个 NB－IoT 基站。2018 年我国物联网业务收入比上年增长 72.9%，中国电信、中国移动、中国联通三家基础电信企业发展蜂窝物联网用户达 6.71 亿户，全年净增 4 亿户。4G、AI 等技术的发展为物联网的创新提供了新的支撑，万物互联正向万物“智”联发展。

2. 工业互联网关键基础设施进入部署

2018 年是我国工业互联网全面实施之年，在网络、平台、安全三大核心体系的建设均取得长足进步，我国自主研发的工业以太网、工业无线网络技术被纳入国际标准，工业大数据、工业 APP 开发、边缘采集、智能网关等成为发展热点。截至 2018 年底，工业互联网标识解析体系 5 个工业互联网国家顶级节点全部上线试运行；徐工信息、航天云网等一批二级节点启动建设，初步覆盖工业装备、工业部件、工业物流、工程机械、航天制造等领域；规模在 5000 万元以上的平台企业接近 80 家，具备一定行业、区域影响力的平台超过 50 家，部分平台工业设备连接数量超过 10 万台（套）；通过 2018 年工业互联网创新发展工程遴选出的 29 个工业互联网安全项目相继落地实施。

3. 车联网技术与验证基础设施同步发展

2018 年车联网发展成为全球热点，我国各级政府、互联网企业、汽车企业等共同参与，车联网基础设施实验环境建设火热进行。北京、长沙、上海、重庆等实现了 5G、LTE－V2X 在测试园区、开放道路、高速公路等多种环境的网络覆盖，无锡建成了世界首个车联网（LTE－V2X）城市级开放道路示范样板。2018 年 11 月，上海开展了世界首例跨通信模组、终端设备、整车厂商的“三跨”LTE－V2X 互联互通应用示范。2018 年 12 月，北京在延崇高速公路封闭路段进行了 L4 级自动驾驶以及基于 C－V2X 的车路协同演示。

二 2018年中国互联网经济基础设施建设特点

（一）扩大推进千兆宽带网络建设

2018 年宽带网络提速降费专项行动提出，“面向全球领先水平，加快宽带网络演进升级”。一是推动光纤宽带提速升级。三大基础电信企业积极响应国家号召，陆续发布千兆网络建设计划，在部分城市启动千兆城市建设，加快部署更大容量光纤宽带接入网络，向用户提供 1000Mbps 接入服务能力。上海出台行动计划，到 2020 年底，上海要率先完成“双千兆宽带城市”建设，推进 900 万户家庭千兆覆盖，8000 幢商务楼宇万兆进楼，移动通信网络、固定宽带网络接入能力均达到 1000Mbps。二是加快 5G 网络试点。4G 网络重在查漏补缺，增加覆盖广度和深度，提高覆盖质量。5G 距离现实部署越来越近，工业和信息化部向三大基础电信运营企业正式颁发了全国范围的 5G 系统中低频段试验频率使用许可，在全球率先实现了为三家运营企业至少各许可连续 100MHz 带宽频率资源，有力保障了各基础电信运营企业在全国范围开展 5G 系统组网试验所必须使用的频率资源。

（二）积极弥补网络高质量发展短板

我国在光纤宽带、4G 网络等建设方面已经进入全球领先行列，但是仍有一些网络薄弱环节持续存在，影响我国网络整体发展水平，2018 年继续聚焦补齐宽带网络发展短板。一是持续优化互联互通，推动三家基础电信企业网间带宽扩容了 1500G，进一步改善跨网访问网络性能。二是进一步扩展国际网络能力，新增互联网国际出入口带宽 1.27Tbps，NCP 海缆实现投产，SJC2、新港美等海缆项目在推进中，新批建山西省转型综合改革示范区、广东省珠海市横琴新区和浙江省桐乡市 3 条国际互联网数据专用通道，大大提高相关产业园区的国际通信水平。三是提升网络智能化水平，我国电信运营企业积极推进软件定义网络、网络功能虚拟化、人工智能等技术在现网中应用，着力实现网络智能化、运营智慧化以及管理智能重构。

（三）电信普遍服务试点进入新阶段

随着前三批电信普遍服务试点项目陆续建成投产，我国行政村通光纤比例已经达到98%，北京、天津、上海、江苏、浙江、安徽、山东、河南、广东、重庆、云南等省市行政村通光纤比例达到100%。为补齐农村和偏远地区电信普遍服务短板，工信部和财政部提出了深化电信普遍服务“升级版”方案，即从2018年开始，试点将支持农村及偏远地区4G网络覆盖，力争到2020年实现行政村4G网络覆盖率达到98%以上，更好满足群众对于移动互联网的使用需求。经过评选，2018年度第四批电信普遍服务试点将支持123个地市实施行政村4G基站建设，满足1.2万个行政村4G网络覆盖需求，支持23个地市实施边疆4G基站建设，支持海南省三沙市实施海岛4G基站建设。

（四）产业互联网设施部署开始起步

4G网络全面覆盖为NB－IOT等物联网基础设施建设准备了条件，大大促进我国物联网应用发展，5G的试商用更促进工业互联网、车联网等新型基础设施建设快速实施。工业互联网基础设施建设稳步推进。在《国务院关于深化“互联网＋先进制造业”发展工业互联网的指导意见》、工信部《工业互联网发展行动计划（2018～2020年）》等政策指导下，基础电信企业积极探索构建满足工业需求的企业外网络基础设施；大型工业企业也开始采用新技术改造企业内网络，工业PON、IPv6、边缘计算等技术已在装备制造、石油开采、电子制造等领域的企业中应用部署。车联网基础设施建设开始起步。我国政府高度重视车联网相关技术及产业发展，国务院以及工业和信息化部、国家发改委、科技部等相关部门都在积极推动车联网相关工作。2018年工业和信息化部为车联网规划5905－5925MHz频段共20MHz带宽的专用频率资源，将对我国车联网产品研发、标准制定及产业链成熟起到重要的先导作用。2018年12月，工业和信息化部制定了《车联网（智能网联汽车）产业发展行动计划》，计划指出到2020年，实现车联网（智能网联汽车）产业跨行业融合取得突破，具备高级别自动驾驶功能的智能网联汽车实现特定场景规模应用。《“十三五”现代综合交通运输体系发展规划》《关于加快推进新一代国家交通控制网和智慧公路试点的通知》等文件也将车联网示范应用和道路基础设施的信息化升级作为重要工作，全国多地积极开展应用示范。

三　中国互联网经济基础设施建设存在的问题

近年来，我国互联网经济基础设施发展取得较大成绩，特别是光纤宽带和4G网络部署都实现跨越式发展，互联网经济基础设施作为现代经济重要的支撑，自身也面临一些发展问题。具体有以下几个方面。

（一）网络发展短板依然突出，网络能力尚有提升空间

我国宽带接入网络速率增长较快，但由于某些环节存在短板，部分网络性能指标仍然显著低于发达国家。例如我国国际互联网出入口带宽总体规模、人均资源占有量等方面都严重偏低，远落后美国、德国、英国等发达国家，互联网国际访问时延等指标与国际知名企业相比还有较大差距；空间网络设施全球服务能力不足，相对于美国，我国空间网络设施技术相对落后，应用场景少，全球化布局还不完善，手持终端依赖国际卫星覆盖，通信卫星建设和应用落后全球先进水平；IDC区域供需不平衡，一线城市对IDC建设管控加严，中西部数据中心资源利用率不高，CDN网络的覆盖程度和深度与Akamai等先进企业还存在较大差距，市场份额差距悬殊；IPv6升级改造还有待加快，商业网站和主流移动APP应用改造相对滞后，数据中心、云服务平台、内容分发网络提供商改造缓慢，家庭宽带接入网络设备对IPv6的支持度不高。

（二）发展不平衡长期存在，需统筹协调解决发展需求

受自然地理环境、人口分布、应用水平等影响，我国城市和农村、中西部与东部地区在投资效益方面存在较大的差异，从而反映在网络部署进度和

是否部署等问题上也会差别较大，这种现象长期存在，需要政策层面加以引导和支持。相对国内市场，国外市场参与度和影响力还不高，我国企业还需进一步提升全球信息通信服务能力，支撑“一带一路”建设。

（三）部分地区盈利能力减弱，网络建设投资压力加大

随着电信运营企业间竞争的加剧，加之互联网企业对传统通信业务的冲击，行业利润大幅减少，而网络建设需求不断增加，电信运营企业投资压力逐年增加成为较大挑战。特别是农村地区、中西部和东北地区，地广人稀、网络建设任务艰巨，建设和运维成本高，而用户规模小、业务资费低，很多省份投入产出严重失衡。在业务收入无法有效增长的情况下，企业增加投资只能带来更多的亏损，在新技术新网络建设到来的时候企业也无力投入。

（四）规划建设统筹力度不够，基础设施建设运营困难

城乡信息基础设施规划长期停留在总体规划阶段，控制性详规及规划落地存在较大阻力，选址难、进场难、多方协调难、公共资源不开放、通信设施设备遭盗窃与破坏等问题依然存在，农村地区基站等通信设施电力引入困难、费用高，城区通信管道出租出售、高速公路硅芯管租赁缺乏合理收费标准，农村地区新建光缆杆路强收高额赔补费，这些现象还相当普遍，大大增加网络建设运营成本和企业负担。

四　中国互联网经济基础设施建设的发展趋势

（一）5G加速商用化进程

2019 年是 5G 正式商用元年，围绕 5G 的大规模建设将成为电信运营商、设备供应商、地方政府以及垂直行业关注的重点。5G 试商用网络建设。韩国、美国等国运营企业已经在部分城市推出商用 5G 服务，我国 5G 商用进程也在稳步推进中。按照 IMT－2020（5G）推进组的计划，三大运营商基

本确定2018年进行重点城市的5G试点，2019年预商用，2020年正式商用。我国中低频段试验频率使用许可也已发放，2019年基础电信企业将在5G规模试验的基础上继续增加5G基站规模，建成一定规模的预商用网络。5G基站选址和配套设施改造。由于5G所用频率特点，基站规模将远超4G基站，微站、室内覆盖也会更多，站址及配套设施建设将决定未来5G网络部署速度。海南等很多地方政府已经出台支持5G部署的相关政策，为了充分发挥5G对产业的拉动作用，更多的地方政府会从规划、用地、开放公共设施等方面出台政策支持5G部署。电信运营商也将配合铁塔公司开展全面的5G站址规划，积极推进配套设施改造和升级工作。同时，5G新规划站点的光纤接入、现有站点的传输设备升级，也将需要提前部署。

（二）产业互联网带动基础设施升级

产业互联网是互联网与传统行业融合发展的新形态，随着网络化进程逐渐从个人转向企业，互联网也在加快从消费领域向产业领域渗透。当前，工业互联网、车联网、远程医疗等行业联网已经进入试验推广阶段，其对网络性能、业务组织、安全性、可靠性等都提出较高的要求，传统面向消费者业务的互联网已不能满足很多产业上网的要求，需要建设适应产业互联网要求的基础设施。一是建设高品质企业外骨干网。产业互联网在实现企业之间、异地厂区等互联时仍将依托公共网络来承载，重点是优化升级国家骨干网络，建设低时延、高带宽、广覆盖、可定制的企业外网络，实现产业链各环节的泛在互联与数据顺畅流通。二是改造企业内部网络。企业内部网络是产业互联网的“最后一公里”，产业互联网发展首先将推进企业网络化改造，根据行业特点，时间敏感网络、工业无源光网络、工业软件定义网络等网络技术将被广泛应用。三是推动5G及物联网设施部署。5G更侧重对垂直行业应用的支撑，产业互联网发展需要5G网络提供支撑，产业互联网的发展将加快5G网络部署进程。四是加快IPv6全面部署进程。物联网、工业互联网等快速发展对地址空间、安全性、移动性等都提出了新的需求，产业互联网发展需要IPv6来进行支撑，也将促进我国IPv6网络改造。

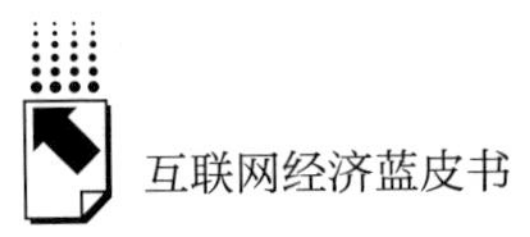

（三）宽带网络深入普及助力脱贫攻坚

宽带网络是开展网络扶贫的重要基础设施，电信普遍服务试点实施以后，行政村通光缆、通4G成绩显著，农村电商等信息应用对农民脱贫起到重要推动作用。当前，脱贫攻坚战进入决胜的关键阶段，宽带互联网的普惠作用还将进一步得到发挥。一是宽带网络继续向人口聚集区延伸。行政村通光纤为更多人口聚集区接入宽带互联网提供了条件，在此基础上，根据地理环境等因素，灵活选择光纤、4G等技术为人口聚集区、移民安置点等分散用户提供宽带互联网接入条件。二是宽带网络向农村产业发展聚集区延伸。4G网络将更进一步延伸覆盖交通要道沿线、农林场矿区、水利设施、智慧农田、景区等场景，为农村发展提供宽带互联网服务。三是推广普及宽带"互联网+"扶贫应用。加强农村互联网应用的培训和引导，推广农村电商、智慧农业、"互联网+教育"、"互联网+医疗"等应用，让更多的人享受互联网发展红利，加快脱贫致富。

（四）卫星互联网成为竞争重要焦点

以低轨卫星星座为主的卫星物联网在实现全球互联网接入方面具有独特优势，随着信息通信技术和电子元器件发展，低轨卫星通信应用时机在逐步成熟，Google、SpaceX等高科技企业纷纷投资低轨卫星通信领域，全球已提出了OneWeb、Starlink等十多个低轨卫星星座方案，目标都是实现全球互联网覆盖。我国也非常重视低轨卫星星座发展，一是科技部将"与5G/6G融合的卫星通信技术研究与原理验证"课题，列入国家"宽带通信和新型网络"重大专项，加强理论和技术研究；二是航天科技和航天科工集团提出的"鸿雁""虹云"低轨星座计划进入技术验证阶段，都已在2018年底成功发射了首颗实验星。随着5G商用进程的清晰化，低轨卫星将可能成为下一步竞争的焦点领域，低轨卫星轨道和频谱资源竞争将愈演愈烈。

（五）海外信息基础设施建设持续推进

"一带一路"倡议得到越来越多国家地区和国际组织的积极响应，中国参与全球化的进程不会改变，除了实体经济和企业，中国会有越来越多的“互联网+”新业态新模式走向全球，将带动我国与全球各国间的信息流量快速增长，中国将继续加快全球化信息基础设施布局和互联网应用推广。一是加快国际光缆布局。结合我国整体国际合作需要，着眼未来10~20年发展，积极开展国际海底光缆全球布局和跨多国陆地光缆信息通道构建。二是持续增强海外业务接入能力。从覆盖区域看，海外业务节点建设重点将从欧美和东南亚向非洲、南美、东欧等区域转移；从建设主体看，除了电信运营企业外，拓展海外应用设施部署已成为众多互联网企业的主要战略方向，更多的互联网企业会参与国际化发展过程中，通过自建、合作、收购等方式，为海外的中国企业以及海外本土企业提供云计算、云存储、内容分发、大数据等服务。

五　中国互联网经济基础设施建设的政策建议

（一）研究制定顶层发展战略

当前我国互联网经济基础设施发展已进入新阶段，信息通信技术快速革新，网络范畴不断扩展，涉及的建设企业和管理部门不断增加，经济社会各领域的数字化转型对互联网经济基础设施发展也提出全新的要求。为适应新形势下发展需求，亟须研究制定顶层发展战略，对互联网经济基础设施发展进行整体统筹规划和顶层设计，明确发展目标和方向，协调各种网络和各方力量，确保未来五到十年我国互联网经济基础设施建设跟上互联网经济发展步伐。

（二）加快立法强化基础设施保护

加快推进《电信法》立法进程，在立法中进一步强调互联网经济基础设施是国家经济社会发展的战略性公共基础设施的定位，强化其公共服务属性。同时，增加配套建设政策和相关保护措施等，强化信息基础设施的保护。如在城乡改造建设中涉及通信设施拆除和改迁的，应按照有关标准予以补偿；依法惩处危害基础设施安全的违法行为，严厉打击盗窃、破坏信息基础设施的犯罪活动，严肃查处野蛮施工破坏信息基础设施的行为，组织相关部门开展通信基础设施保护宣传，确保宽带网络安全建设运营等。

（三）降低互联网经济基础设施建设运营成本

多渠道增加互联网经济基础设施建设资金投入。研究改革互联网经济基础设施建设投资体制，在保证安全的底线下，允许更多主体参与互联网经济基础设施投资建设。成立互联网经济基础设施发展投资基金，支持互联网经济基础设施的基础技术、重点产品、服务和应用的发展。引导社会资金设立一批相关投资基金，加大对互联网经济基础设施的投入。加强政策协调，不断降低互联网经济基础设施建设成本。强化互联网经济基础设施作为公共基础设施的理念，推进城市互联网经济基础设施规划及控制性详规的落地执行。制定政策明确公共资源的开放、租金和赔偿补偿款标准，解决选址难、进场难、多方协调难、公共资源不开放、收费高等问题。统一互联网经济基础设施用电标准，保障云计算数据中心、移动基站等用电需求。减免公路、铁路、机场、码头、轨道交通等财政投资的工程项目和市政设施中收取的管孔租赁费、隧道和涵洞管线穿越费、管理费、资源占用费等费用。

（四）创新农村“网络 + 应用”宽带普遍服务机制

单纯的电话和上网业务不能充分发挥出宽带网络带来的红利，要进一步调整传统电信普遍服务的理念，逐步建立“网络 + 应用”的宽带普遍服务机制，充分发挥互联网企业作用。一是扩展电信普遍服务的定义和范围。在单纯宽带网络建设的基础上，引入特色互联网应用的普及，形成以“宽带网络 + 宽带互联网应用”为基础的宽带普遍服务，并以此为基础，不断完善形成长效机制。二是建立和完善宽带普遍服务基金形成机制。基金资金来源包括基础电信运营企业，也要增加互联网企业，以及其他获得基础电信业务许可的企业。用户超过一定规模的互联网企业，应上交一定普遍服务基金，用于支持农村及偏远地区互联网应用普及。三是支持农村互联网应用渠道建设。作为约束性条件，选择互联网企业参与农村及偏远地区特色互联网应用普及工作，鼓励互联网企业加强农村地区渠道建设，充分发挥互联网企业在产业链上的影响力，合理提升农村农民信息化水平，利用互联网帮助农民增加收入、改善农村生产生活条件。

（五）积极营造鼓励国际设施建设的政策环境

国际通信设施是我国参与国际合作的重要保障，应从国家层面重视国际海缆建设，加强顶层规划和政策设计。一是优化投入机制。国际海缆布局除了要考虑项目盈利情况，还应从网络强国建设目标考虑，对具有战略意义海缆项目，应积极给予融资、考核、审批等配套支持政策。二是鼓励海缆产业上下游合作。完善海缆路由勘测和施工的产业链薄弱环节，提升海缆产业国际竞争力。基础电信企业建设 POP 点、互联网企业建设云计算数据中心和 CDN 节点以及互联网企业业务推广等，可参考我国国际海缆等设施布局，协同部署。三是优化行业监管政策。建议参考美国、日本、新加坡等发达国家做法，建立外资企业安全审查机制，在确保安全的前提下，适当扩大我国对外资开放电信业务范围，吸引国际互联网流量向我国汇聚，增加外国运营企业或 ISP 在我国落地或转接的业务量，提升我国在国际网络中的地位。

参考文献

工业和信息化部：《2018 年通信业统计公报》，http：//www. miit. gov. cn/n1146312/n1146904/n1648372/c6619958/content. html。

中国信息通信研究院：《中国宽带发展白皮书（2018 年）》。

中国信息通信研究院：《中国国际光缆互联互通白皮书（2018 年）》。

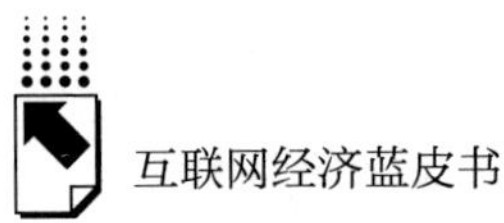

中国信息通信研究院:《数据中心白皮书（2018 年)》。

中国信息通信研究院:《物联网白皮书（2018 年)》。

中国信息通信研究院:《车联网白皮书（2018 年)》。

中国互联网络信息中心：第 43 次《中国互联网络发展状况报告》，2019 年 2 月。

OECD，OECD 国家宽带数据库，https：//stats. oecd. org/。

B.12
2018年中国信息产业发展报告

卢福财　徐双明*

摘　要： 2018年，中国信息产业总体保持平稳增长，软件和信息技术服务业业务收入增速是拉动全行业增长的主要力量。本报告认为，我国信息产业呈现规模增势平稳、产业发展环境持续优化、研发投入不断增强、产业链体系不断延伸、重点区域产业集群效应明显、产业梯次发展格局相对稳定等特点，但是关键核心技术受制于人的局面仍然没有得到根本改变。面向未来，本报告提出若干政策建议，加强政府引导，以市场为导向不断健全创新体系，增强企业创新活力，提高产业支撑能力，完善产业链配套体系。

关键词： 信息产业　电子信息制造业　信息通信业　软件服务业

面对错综复杂的国内外形势，深入贯彻落实党中央、国务院决策部署，大力推进网络强国建设，着力提升基础设施能力，助力信息消费活力释放[①]。2018年，中国信息产业发展总体呈现稳中有进态势，信息产业内部结构趋于稳定，并持续优化。我国电子信息制造业按照高质量发展要求，不断

---

* 卢福财，经济学博士，江西财经大学党委副书记、校长，教授，博士生导师，主要研究领域为新型产业组织形态、产业发展与政策、劳动经济与人力资源管理等；徐双明，经济学博士，江西财经大学战略性新兴产业协同创新中心，讲师，主要研究领域为数字经济、生态经济与可持续发展。

① 中国信息通信研究院：《中国数字经济发展与就业白皮书（2019年）》。

优化结构，加快转型升级，行业运行呈现总体平稳态势，产值与投资增速在工业经济中保持领先，出口平稳增长；我国通信业行业发展稳中有进，信息服务结构不断优化；我国软件服务业总体保持平稳较快发展，产业规模迅速扩大，行业盈利能力稳步提升，创新发展、融合发展态势更加明显。

一 2018年中国信息产业发展情况

信息产业具有产业规模大、产业关联度强、细分行业多、技术进步快等特征，主要包括电子信息制造业、信息通信业、软件和信息技术服务业等。其中，电子信息制造业主要包括通信设备制造业、电子元件及电子专用材料制造业、电子器件制造业和计算机制造业等；信息通信业主要包括基础电信业务和以互联网为主的增值电信业务等；软件和信息技术服务业主要包括基础软件、应用软件，以及信息系统集成等业务①。

（一）电子信息制造业向高质量发展迈进

2018 年电子信息制造业发展呈总体平稳态势，产值和投资增速在工业经济中保持领先。

1. 总体发展情况

从总体上看，2018 年，规模以上电子信息制造业增加值累计增长 13.1%，较上年下降了 0.7 个百分点，如图 1 所示。2018 年，规模以上电子信息制造业增加值增速快于规模以上工业增加值增速 6.9 个百分点；规模以上电子信息制造业主营业务收入 150761 亿元②，同比增长 9.0%，较上年下降了 4.6 个百分点；规模以上电子信息制造业实现出口交货值 55468 亿元，同比增长 9.8%，较上年下降了 4.4 个百分点。

① 《信息产业发展指南》，《中国电子报》2017 年 1 月 20 日。

② 从 2011 年起，规模以上工业企业起点标准由原来的年主营业务收入 500 万元提高到年主营业务收入 2000 万元。

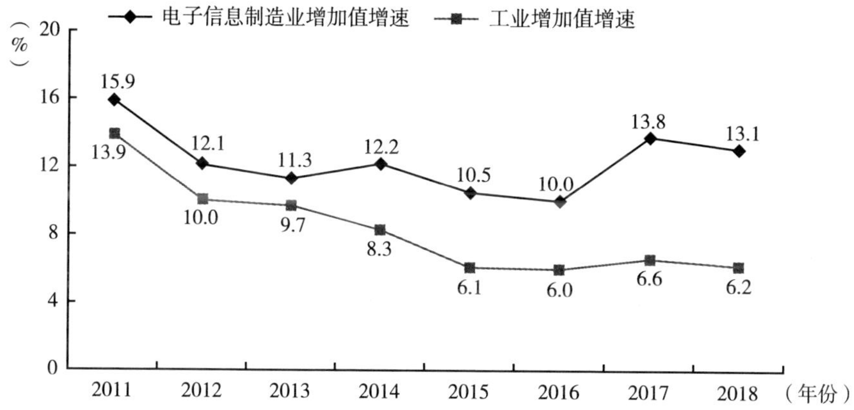

图1　2011～2018年电子信息制造业增加值与工业增加值增速情况

资料来源：国家统计局、工业和信息化部运行监测协调局。

2. 2018年分行业发展情况

通信设备制造业增加值月均增速14.0%，出口交货值月均增速13.9%，如图2所示。电子元件及电子专用材料制造业增加值月均增速13.2%，出口交货值月均增速14.9%，如图3所示。电子器件制造业增加值月均增速

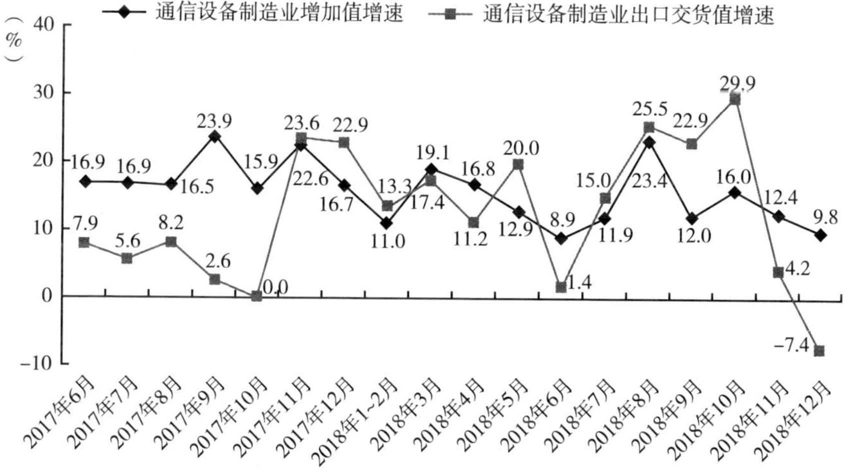

图2　2017年6月以来通信设备制造业增加值和出口交货值分月增速情况

资料来源：工业和信息化部运行监测协调局。

14.7%，出口交货值月均增速8.0%，如图4所示。计算机制造业增加值月均增速9.4%，出口交货值月均增速8.8%，如图5所示。

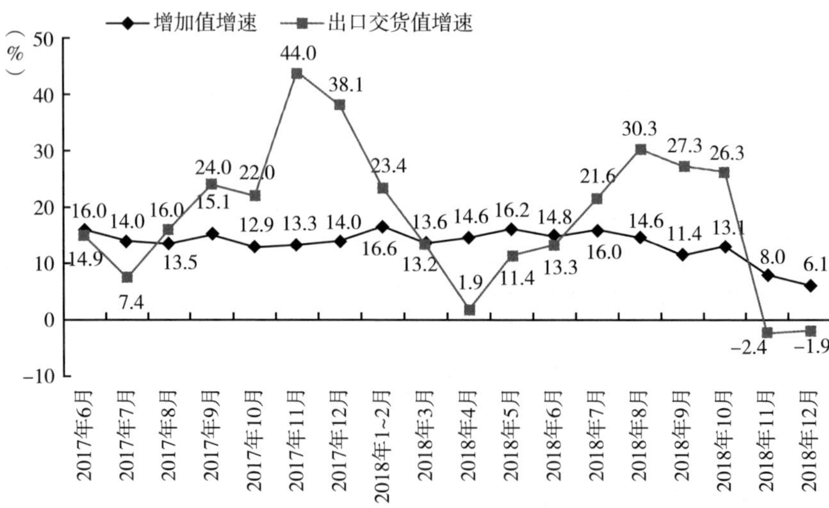

图3　2017年6月以来电子元件及电子专用材料制造业增加值和出口交货值分月增速情况

资料来源：工业和信息化部运行监测协调局。

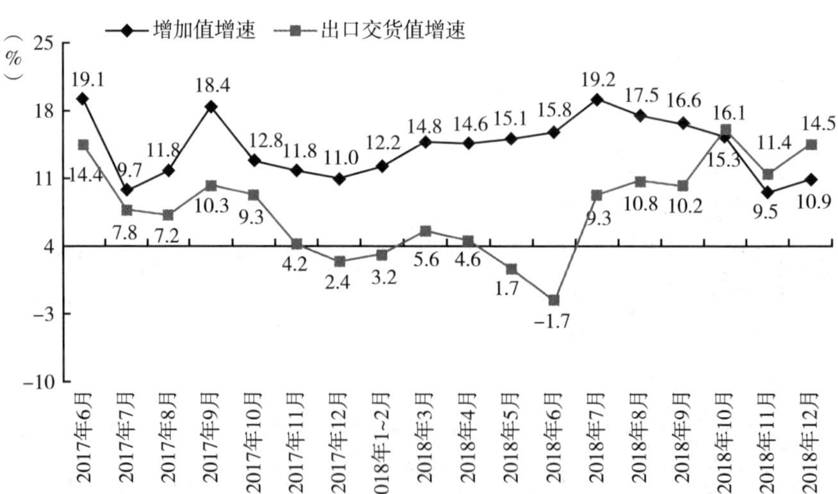

图4　2017年6月以来电子器件制造业增加值和出口交货值分月增速情况

资料来源：工业和信息化部运行监测协调局。

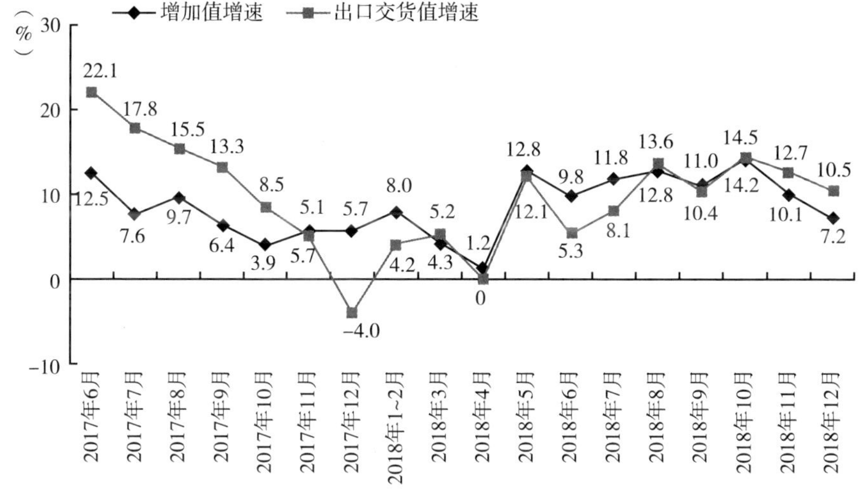

图5　2017 年 6 月以来计算机制造业增加值和出口交货值分月增速情况

资料来源：工业和信息化部运行监测协调局。

（二）信息通信业基础支撑作用不断增强

2018 年，我国通信业发展稳中有进，信息服务结构不断优化。

1. 总体发展情况

电信业务总量保持高速增长，据国家统计局统计公报数据，2018 年电信业务总量累计达到 65556 亿元（按照 2015 年不变单价计算）①，同比增长 137.9%，较上年提高了 61.5 个百分点，如图 6 所示。电信收入增速保持平稳，根据国家统计局 2018 年统计公报数据，2018 年电信业务收入累计完成 13010 亿元，同比增长 3.0%，较上年下降了 3.4 个百分点。从分月数据来看，电信业务总量稳中有进，但下半年增速放缓；从累计数据来看，电信业务总量仍保持高速增长态势，产业基础不断夯实。

① 2010～2015 年电信业务总量按照 2010 年不变单价计算，2016～2018 年按照 2015 年不变单价计算。

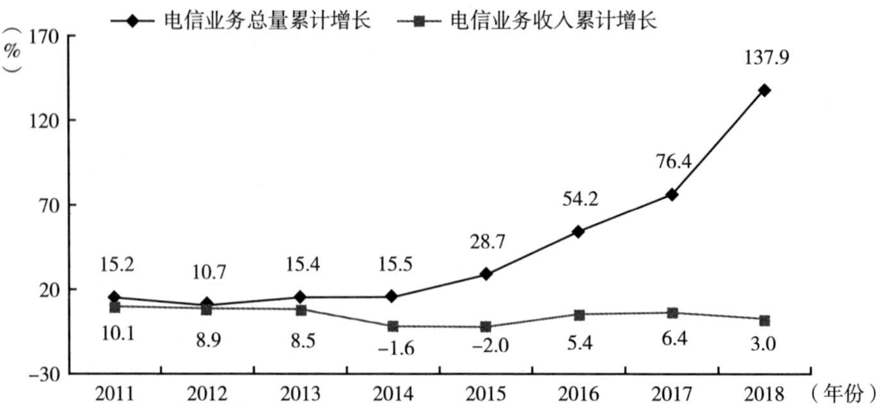

图6　2011～2018年中国电信业务总量与电信业务收入增长情况

资料来源：作者根据国家统计局、工业和信息化部运行监测协调局的数据整理得到。

2. 电信用户发展情况

信息通信网络提速效果显著，工业和信息化部运行监测协调局统计数据，2018年末移动互联网宽带用户（即3G和4G用户）总数达13.1亿户，比上年增加17413万户。2018年末移动电话用户总数达到15.7亿户，比上年末增加1.5亿户；固定电话用户合计1.8亿户，较上年末下降1151万户。2018年末固定互联网宽带接入用户总数达4.1亿户，全年净增5884万户，如图7所示。

3. 电信业务使用发展情况

移动数据流量消费继续高速增长，2018年末移动互联网用户接入流量消费达711.1亿GB，较上年增长189.1%，增速较上年提高26.9个百分点①。2018年末固定本地电话通话时长合计1216.8亿分钟，增速较上年末下滑20.3个百分点；固定长途电话通话时长合计264.4亿分钟，增速较上年末下滑15.8个百分点；2018年移动电话通话时长达51126.5亿分钟，增速较上年末下降5.4个百分点。移动短信业务量累计增长14%，较上年上升14.4个百分点。2018互联网宽带接入端口数量达到8.9亿个，较上年净增1.1亿个，如图8所示。

① 中国信息通信研究院：《中国数字经济发展与就业白皮书（2019年）》。

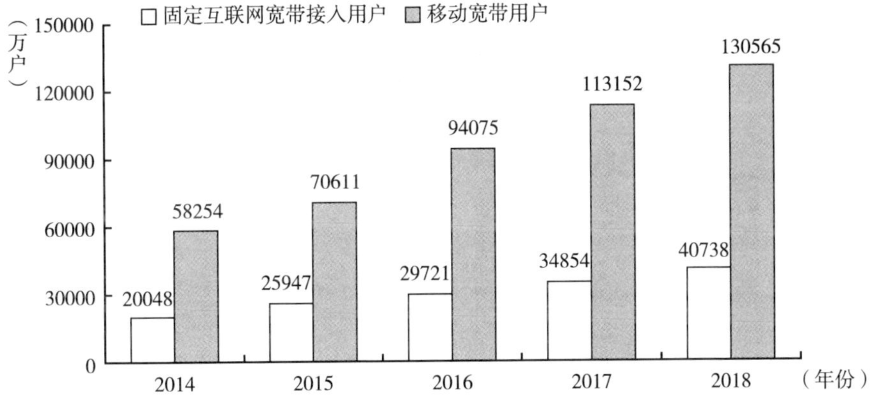

图7　2014～2018年中国互联网宽带用户发展情况

资料来源：国家统计局、工业和信息化部运行监测协调局。

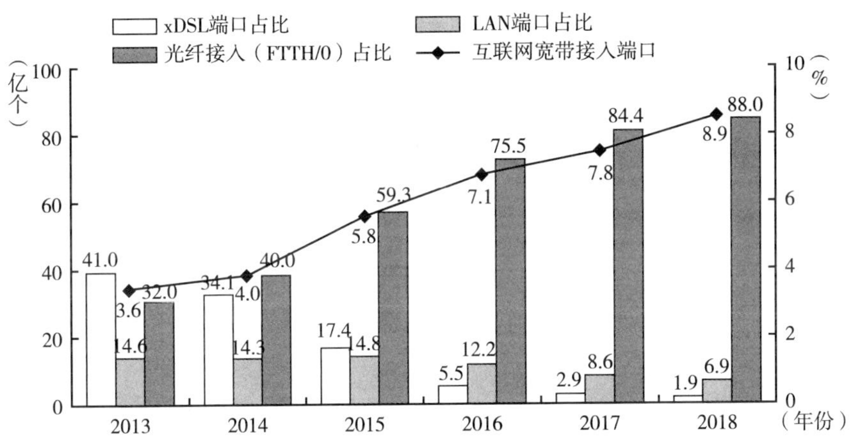

图8　2013～2018年中国互联网宽带接入端口发展情况

资料来源：国家统计局、工业和信息化部运行监测协调局。

4. 地区发展情况

东中西部地区电信业务收入份额基本稳定，但电信用户发展和电信业务使用领域差异显著。在电信业务收入方面，2018年东部、中部和西部地区实现电信业务收入占全国电信业务收入比重为53.4%、22.9%、23.7%，如图 9 所示。在移动互联网接入流量方面，2018 年东部、中部和西部地区移动互联网接入流量增速为 176.7%、192.2%、209.2%，如图 10 所示。

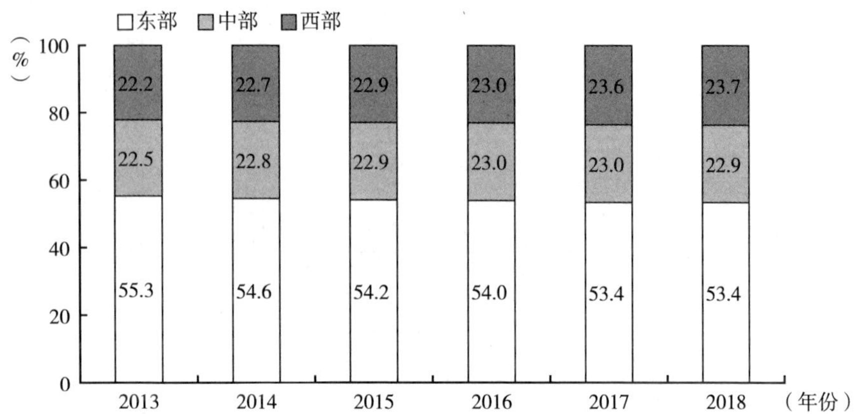

图 9　2013～2018 年东、中、西部地区电信业务收入比重

资料来源：国家统计局、工业和信息化部运行监测协调局。

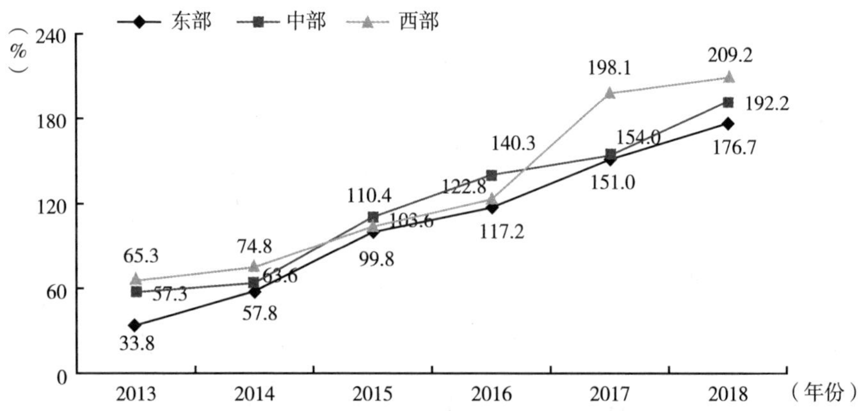

图 10　2013～2018 年东、中、西部地区移动互联网接入流量增速情况

资料来源：工业和信息化部运行监测协调局《2018 年通信业统计公报》。

（三）软件和信息技术服务业平稳较快增长

2018 年，我国软件服务业总体保持平稳较快发展，产业规模迅速扩大，行业盈利能力稳步提升，创新发展、融合发展态势更加明显。

1. 总体发展情况

2018 年软件和信息技术服务业收入规模保持较快增长，盈利能力稳步提升。具体来看，2018 年全国软件和信息技术服务业规模以上①企业 3.78 万家，比上年增加 2881 家，软件服务业累计完成业务收入 63060.9 亿元，同比增长 14.4%。2018 年软件服务业实现利润总额 8079 亿元，同比增长 9.7%（见图 11）。软件业务出口持续低迷。2018 年规模以上软件业务出口额 554.5 亿美元，同比增长 2.5%（见图 12）。从业人数稳步增加。2018 年，全国软件和信息技术服务业从业人数 643 万人②，比上年增加了 25 万人，同比增长 4.2%（见图 13）。软件创新能力大幅提升。2018 年，软件著作权登记量达到 110.5 万件③，同比增长 48.2%（见图 14）。

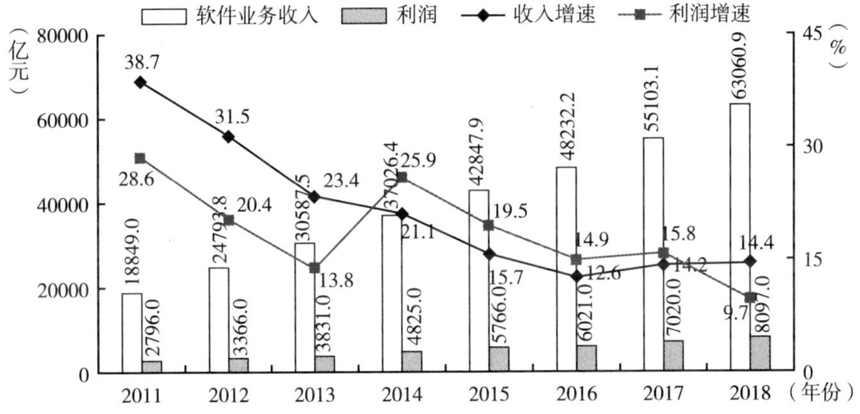

图 11　2011～2018 年软件业务收入发展情况

资料来源：作者根据国家统计局、工业和信息化部运行监测协调局的统计数据整理得到。

① 规模以上指主营业务年收入 500 万元以上的软件和信息技术服务企业。

② 前瞻产业研究院，前瞻经济学人网，https：//www.qianzhan.com/analyst/detail/220/190506-084eaa86.html。

③ 国家版权局：《关于 2018 年全国著作权登记情况的通报》，http：//www.ncac.gov.cn/chinacopyright/contents/483/394383.html。

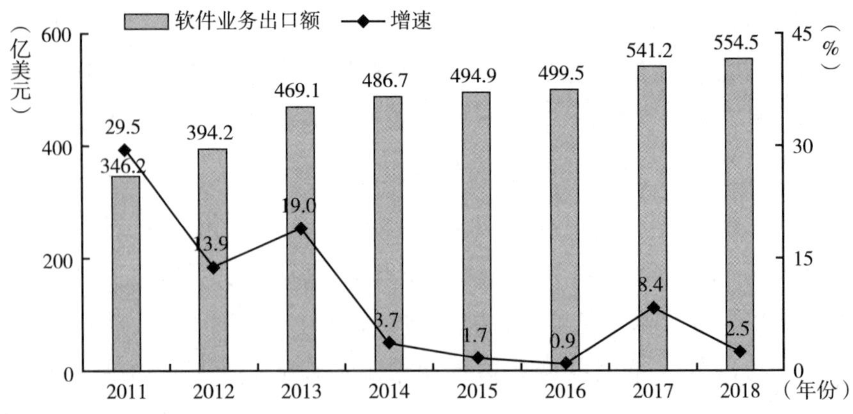

图 12　2011～2018 年软件业务出口发展情况

资料来源：作者根据国家统计局、工业和信息化部运行监测协调局的统计数据整理得到。

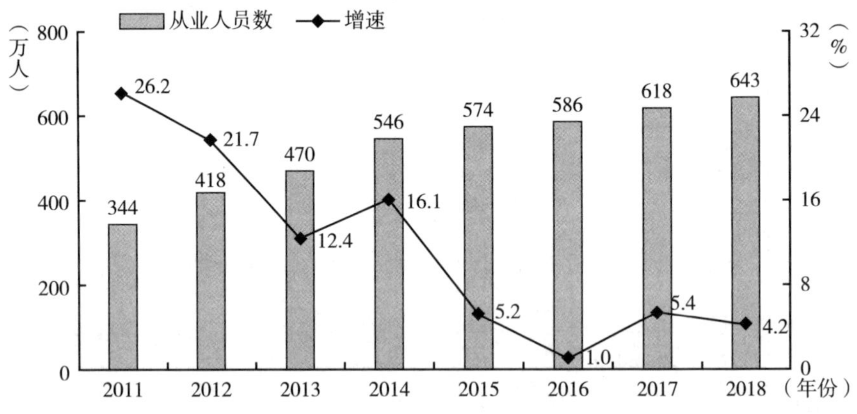

图 13　2011～2018 年软件服务业从业人员数发展情况

资料来源：作者根据国家统计局、工业和信息化部运行监测协调局的统计数据整理得到。

2. 分领域发展情况

软件服务业细分行业结构不断优化。2018 年软件产品业务收入占软件服务业收入比重为 30.7%，信息技术服务业务收入占比为 55.1%，嵌入式系统软件业务收入占比为 14.2%，如图 15 所示。

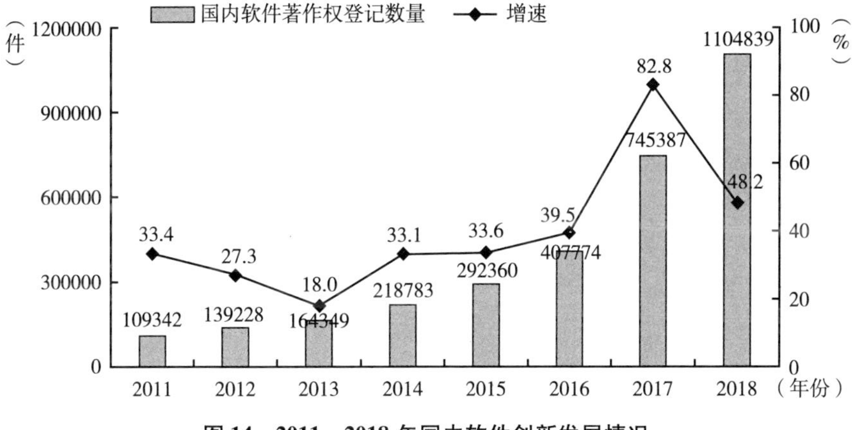

图 14　2011～2018 年国内软件创新发展情况

资料来源：中国版权保护中心。

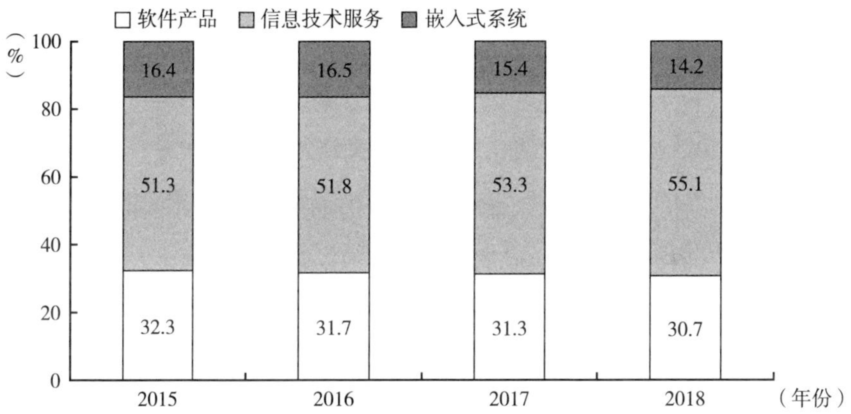

图 15　2015～2018 年软件服务业细分行业收入比重

资料来源：作者根据国家统计局、工业和信息化部运行监测协调局的统计数据整理得到。

3. 地区发展情况

东部地区占据绝对优势，中部地区和东北地区发展缓慢，西部地区发展势头强劲。具体来看，2018 年东部地区完成软件服务业业务收入 49.8 亿元，较上年净增 6.2 亿元；中部地区完成软件业务收入 3.2 亿元，较上年净增 0.7 亿元；西部地区完成软件业务收入 7.2 亿元，较上年净增 1 亿元；东北地区完成软件业务收入 2.9 亿元，较上年提高了 0.1 亿元。2017 年、

2018 年，中、西、东北地区完成软件业务收入分别占比 4.5% 和 5.0% 、11.2% 和 11.4% 、5.1% 和 4.6% ，如图 16 所示。分城市来看，收入排名前十位中心城市连续两年保持软件业务收入两位数增长，其中杭州、成都、济南、武汉中心城市增势强劲。

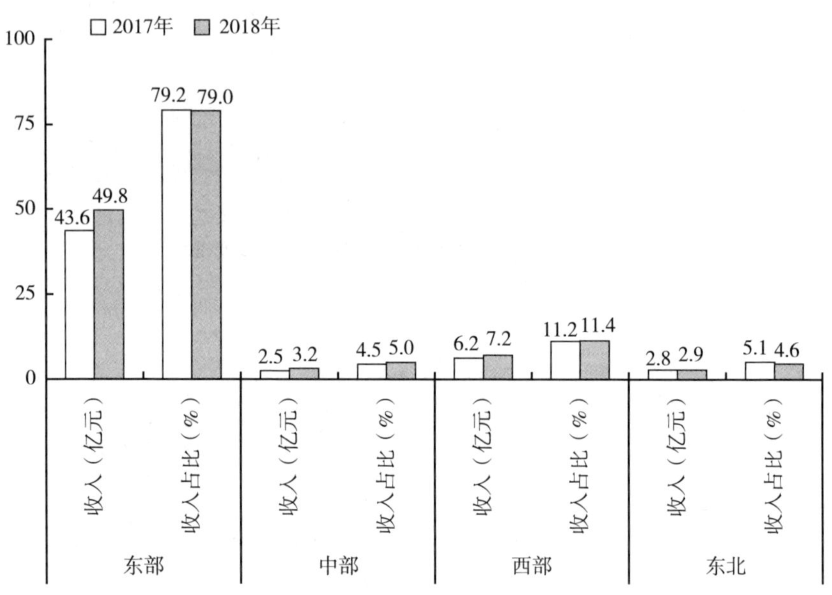

图 16　2017 ~ 2018 年软件服务业收入分区域发展情况

资料来源：作者根据国家统计局、工业和信息化部运行监测协调局的统计数据整理得到。

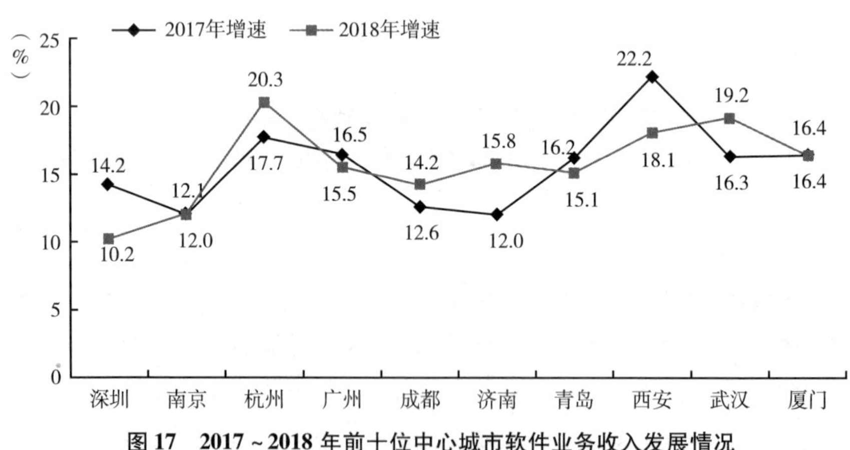

图 17　2017 ~ 2018 年前十位中心城市软件业务收入发展情况

资料来源：作者根据国家统计局、工业和信息化部运行监测协调局的统计数据整理得到。

二　2018年中国信息产业发展特点

（一）信息产业规模增势平稳，对工业增长的贡献逐年增大

2018 年电子信息制造业主营业务收入 150761 亿元，同比增长 9.0%；信息通信业业务收入 13010 亿元，同比增长 3.1%；软件和信息技术服务业业务收入 63061 亿元，同比增长 14.4%。2018 年，中国信息产业主营业务收入 226832 亿元①，同比增长 10.1%，高于规模以上工业主营业务收入增速 1.6 个百分点。2012 ~ 2018 年，信息产业主营业务收入增速分别为 16.0%、12.7%、11.9%、9.7%、9.4%、13.3%、10.1%，近 7 年信息产业主营业务收入平均增速为 11.9%；工业主营业务收入增速分别是 11.0%、11.2%、7.0%、0.8%、4.9%、11.1%、8.5%，近 7 年工业主营业务收入平均增速为 7.8%，显著低于同期的信息产业主营业务收入增速，如图 18 所示。

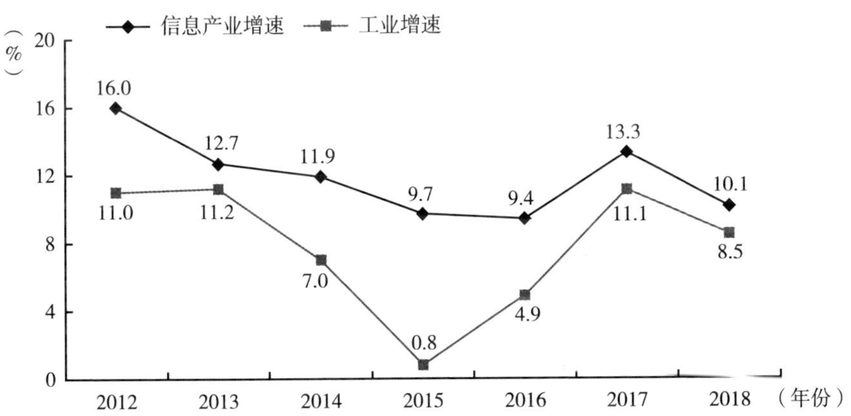

图 18　2012 ~ 2018 年信息产业和工业主营业务收入增速情况

资料来源：国家统计局。

① 作者根据电子信息制造业、信息通信业和软件服务业主营业务收入加总得到。

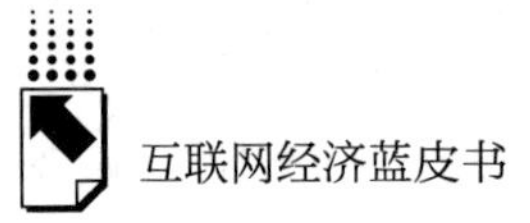

（二）出口保持增长，产业发展环境持续优化

随着减税降费力度加大和营商环境进一步改善，信息消费快速发展，产业投资环境、市场消费环境、就业环境、创新创业环境等均有不同程度增长①。2018 年规模以上电子信息制造业实现出口交货值55468 亿元，同比增长 9.8%，较上年下降了 4.4 个百分点，但较近 5 年平均出口交货值增速提高了 3.9 个百分点，较近 8 年平均增速提高了 2.2 个百分点。2018 年电子信息制造业固定资产投资增速为 16.6%，电子信息制造业对投资的吸引力进一步增强，为产业持续发展奠定基础。2018 年通信设备制造业出口交货值全年月均增速 13.9%；2018 年电子元件及电子专用材料制造业出口交货值全年月均增速 14.9%；2018 年电子器件制造业出口交货值全年月均增速 8.0%；2018 年计算机制造业出口交货值全年月均增速 8.8%。2011～2018 年规模以上企业实现软件业务出口平均增速为 10.0%；从业人员稳步增加，2011～2018 年实现从业人数平均增速为 11.5%。软件创新能力大幅提升。2018 年，软件著作权登记量达到 110.5 万件②，同比增长 48.2%；2011～2018 年国内软件著作权登记数量平均增速为 39.5%。

（三）重点区域产业集群效应明显，产业发展特色突出

2018 年，4 个直辖市和 15 个副省级中心城市实现软件业务收入 5.1 亿元，占全国软件业务收入的比重为 81.2%。其中，软件业务收入超过千亿元的城市包含 4 个直辖市和 11 个中心城市，合计软件业务收入占全国的比重达到 78.3%③。进一步的，前十位中心城市连续两年保持软件业务收入两

---

① 中国信息通信研究院：《新兴产业投资力度加大　手机中高端产品比例提升》，《中国电子报》2019 年 1 月 8 日。

② 国家版权局：《关于 2018 年全国著作权登记情况的通报》，http：//www.ncac.gov.cn/chinacopyright/contents/483/394383.html。

③ 《2018 年（第 2 届）中国软件和信息技术服务业综合发展指数报告》，《智能制造》2018 年第 11 期。

位数增长，其中杭州、成都、济南、武汉中心城市增势强劲，南京和厦门基本持平，深圳、广州、青岛、西安中心城市增势放缓。从区域产业聚集角度来看，集成电路设计与制造、芯片设计与制造、各种显示面板制造、软件开发与应用等具有资金密集型和技术密集型的特点，主要集聚在长三角、珠三角、环渤海等区域，形成众多产业集群，且具有较大的溢出效应。杭州是电子商务重镇，延伸并形成与电子商务相关的产业集群具有绝对优势。江西南昌的虚拟现实（VR）产业是新兴特色产业的代表，将引领江西在新兴服务业领域实现弯道超车。湖北借助“中国光谷”平台创新产业体系，形成一系列与光电子相关的新业态。

（四）信息产业增长强劲，产业区域化格局相对稳定

2018 年，信息产业区域发展水平均有不同程度的提高，产业从东到西梯次格局保持稳定。具体来看，东部地区占据绝对优势，2018 年东部地区完成软件服务业业务收入 49.8 亿元，较上年净增 6.2 亿元，但是东部地区软件业务收入占全国软件业收入的比重有所下降，较上年下降了 0.2 个百分点。中部地区和东北地区发展缓慢，2018 年中部地区完成软件业务收入 3.2 亿元，较上年净增 0.7 亿元，同时中部地区软件业务收入占全国软件业务收入的比重也上升了 0.5 个百分点；2018 年东北地区完成软件业务收入 2.9 亿元，较上年提高了 0.1 亿元，但是软件业务收入占比下降了 0.5 个百分点。西部地区发展势头强劲，2018 年西部地区完成软件业务收入 7.2 亿元，较上年净增 1 亿元，软件业务收入占比也上升了 0.2 个百分点。从横向来看，2017 年、2018 年东部地区完成软件业务收入 43.6 亿元和 49.8 亿元，分别占全国软件业务收入的 75.4% 和 78.9%，中、西、东北地区完成软件业务收入分别占比 4.5% 和 5.0%、11.2% 和 11.4%、5.1% 和 4.6%，可见，东部地区占据绝对优势，中西部都有所增加，但东北地区呈下滑趋势，产业发展格局相对稳定。

三　中国信息产业发展存在的主要问题

首先，笔者就我国信息产业普遍存在的共性问题做一个简要概括，然后就细分行业详细指出存在的主要问题。

（一）信息产业发展普遍存在的共性问题

2018 年我国信息产业发展成果显著。主要表现在以下几个方面①：一是产业规模平稳较快增长；二是产业结构优化升级取得实质进展；三是技术创新能力大幅提升；四是信息基础设施加速升级（例如，光纤接入规模迅速扩大）。然而，我国信息产业基础、创新能力依然薄弱，关键技术如芯片、操作系统、核心零部件等对外依存度过高，更为令人失望的是，信息产业关键领域原始创新、应用创新及协同创新能力不足。因此，从全球视角来看，我国在引领信息产业发展方向、把握信息产业发展主导权的能力不强。基于以上分析，我国信息产品供给数量和质量都不高，仍然处于产业链低端，与发达国家相比，呈现“应用强、技术弱、市场厚、利润薄”② 的倒三角式产业结构。网络与信息安全形势依然严峻，安全保障能力亟待提升。

（二）电子信息制造业发展存在的主要问题

2018 年，我国电子信息制造业在研发创新方面进步明显，产业正在从规模发展向高质量发展转型；软件服务业发展取得不错的成绩，细分行业结构不断优化，但也存在一些问题，主要包括以下几个③：第一，由于内需不足，电子信息制造业是以出口为导向进行生产的行业，受外部环境、税率、汇率波动等

① 《信息产业发展指南》，《中国电子报》2017 年 1 月 20 日。

② 《信息产业发展指南》，《中国电子报》2017 年 1 月 20 日。

③ 中国信息通信研究院：《新兴产业投资力度加大　手机中高端产品比例提升》，《中国电子报》2019 年 1 月 8 日。《2018 年电子信息制造业运行情况》，《智能制造》2019 年第 Z1 期。

因素影响较大，仍然缺乏国内稳定的需求基础。第二，虽然我国电子信息制造业门类齐全，但行业发展中的一些关键领域仍受制于人，例如高端、核心的电子专门材料，电子元器件等技术水平与国际先进水平仍有较大差距。第三，电子信息制造业基础研发与创新投入仍不足，尤其是高精尖产品研发与制造，与发达国家差距巨大。第四，在基础软件研发领域“各自为政”，缺乏资源整合、推进共性技术共享等能力。第五，人才结构性矛盾突出，低层次人才泛滥（主要指低端电子产品制造），高技能人才紧缺，导致低端产品、低技术产品泛滥。

（三）信息通信业发展存在的主要问题

我国在信息技术创新方面虽然取得了显著成就，与此同时，也要清醒地认识到，关键核心技术受制于人的局面仍然没有得到根本改变，大量的关键零部件、系统软件等基本都依赖进口。尽管我国4G用户规模和净增都处于世界领先地位，成就喜人，但我们必须认识到目前整体发展水平仍然不高的事实。我国已建成全球最大4G网络，2018年新建4G基站43.9万个，总数达到372万个，4G网络向纵深覆盖，人口密度较大的农村地区均已实现较好覆盖，网络能力提升拉动4G用户规模快速扩大。截至12月底，4G用户总数达到11.7亿户，全年净增1.69亿户，普及率接近84%，低于国际领先的日本（近110%）和韩国（99%）等国家和地区，仍有发展空间。大力发展4G的同时，我国积极推进5G标准研究和技术试验，构建了全球最大5G试验外场，并完成第三阶段试验规范，初步形成全球领先优势①。

（四）软件产品细分领域发展存在的主要问题②

1. 基础软件方面

目前缺乏拥有自主知识产权的核心技术和产品，产品性能功能、稳定性和成熟度、用户体验等与国外主流产品仍存在一定差距；相关企业缺乏深度

① 工业和信息化部运行监测协调局：《2018年通信业统计公报》。

② 国家统计局：《中国信息产业年鉴2018》。

合作，尚未形成生态链条，难以形成系统化应用能力，产业生态有待进一步培育。

2. 工业软件方面

关键核心技术和产品能力不强，产品化和工程化方面与国外存在较大差距；云计算、大数据、物联网等新一代信息技术与工业融合不断深入，给传统工业软件企业带来新的挑战；软件业与制造业的融合度依然不高，工业软件发挥作用有限。

3. 安全软件方面

中国安全软件市场规模相对较小，安全投入不足是制约产业发展的重要因素；国内安全企业产品线重合度高，从产品种类到服务范围和水平难以拉开档次；中国安全产品领域核心技术、产品和高端服务能力不足，对底层基础性关键技术和产品整合集成研发还需加强。

4. 网络和信息安全问题不容忽视

中国部分关键网络设备、智能芯片、操作系统等关键软硬件产品国产化率较低，信息安全受到严重威胁。个人信息保护缺位、网络支付安全风险、身份以及网站信任服务滞后等问题较为严重。

四　中国信息产业发展趋势

（一）新一代技术创新引领产业新变革，集成化、融合化特征更加显著

全球信息产业技术创新进入新一轮加速期，大数据、物联网、人工智能、云计算、虚拟现实（VR）等新一代信息技术快速演进，单点技术和单一产品的创新正加速向多技术融合互动的系统化、集成化创新转变，创新周期大幅缩短，硬件、软件、服务等核心技术体系加速重构，新业态、新模式快速涌现[①]。大数

① 《信息产业发展指南》，《中国电子报》2017 年 1 月 20 日。《软件和信息技术服务业发展规划（2016 ~ 2020 年）》，《中国电子报》2017 年 1 月 20 日。

据、物联网、人工智能等新一代信息技术的研发及其与其他产业的加速融合，推动全球信息经济进入新的发展阶段。依托优势骨干企业，建设和完善信息网络、大数据、物联网、云计算、工业互联网、智能终端、虚拟现实（VR）、高端电子设备制造等一批重要产业链形成的产业集群，以“硬件+软件+内容+服务”为架构建设形成若干具有国际竞争力的产业生态。

（二）具有国际竞争力、安全可控的产业生态体系逐步建立

以基础软件平台为核心，逐步形成硬件、软件、内容和服务一体的安全可靠关键软硬件产业生态体系。以高端工业软硬件为核心，建立涵盖软件研发设计、系统集成、生产制造自动化、经营管理控制等智能制造关键环节的工业云、工业大数据平台，形成软件驱动制造业智能化发展的产业生态体系①。以智能终端操作系统为核心，建立涵盖移动智能终端（如移动手机，平板电脑、PC 等）、智能家居、物联网、车联网等新兴领域的智能应用，形成相应的产业生态体系。2019 年是我国新一代信息技术元年，随着 5G 技术的成熟与推广应用，具有国际竞争力、安全可控的信息产业生态体系将加速建立，那么我国信息产业地位在全球价值链中的重要性将得到大幅度提升②。

（三）信息消费引领消费转型升级，推动经济持续高质量增长

信息消费主要包括信息产品消费和信息服务消费③。其中，信息产品主要包括智能手机、可穿戴设备、数字家庭等各类联网产品；信息服务主要包括通信服务、互联网信息服务、软件应用服务等④。近年来，随着国家政策红利加速释放和信息通信技术不断演进升级，国民对信息产品与信息服务的

---

① 工业和信息化部信息化和软件服务业司：《打造自主产业生态体系　建设“数据强国”》，《中国电子报》2017 年 2 月 21 日。

② 窦滢滢：《工业和信息化部副部长冯飞：打造具有全球优势的信息产业生态体系》，《中国经济时报》2016 年 8 月 1 日。

③ 李铭毓：《信息消费的概念及发展综述》，《管理观察》2019 年第 5 期。

④ 夏小禾：《中国信通院：我国信息消费发展呈现出新特征新趋势》，《机电商报》2019 年 5 月 20 日。

消费推动了经济持续高质量增长，信息消费俨然成为拉动经济持续增长的新的增长点。一方面，信息产品供给体系质量加快提升，新一代智能硬件变革推动联网设备边界从传统的 PC、手机和电视等信息通信设备向可穿戴、家居、汽车等一般物品广泛延伸。另一方面，信息服务应用持续升级，“互联网+”在生产生活领域全面推进，渗透路径由第三产业向第二产业、第一产业逆向渗透，从消费互联网快速向产业互联网拓展。电子商务、出行旅游和企业服务成为信息服务消费热点领域，餐饮外卖、交通出行等应用快速发展，在线医疗、在线教育等民生类信息消费持续扩大。

（四）新科技革命持续推动数字化转型，新业态不断涌现

21 世纪以来，全球科技创新进入空前密集活跃的时期，科学技术日益呈现交叉融合趋势，一场更大范围、更深层次的科技革命和产业变革正在重构全球创新版图、重塑产业发展方式。首先，应用驱动、体系融合、开源开放使数字技术保持强大创新活力，网络、计算、感知三大主线迭代升级，与大数据的指数级增长相结合，推动 5G、物联网、人工智能、区块链、量子信息等新一代信息技术代际跃迁、前沿突破。其次，信息技术与生物技术、新能源技术、新材料技术等交叉融合，正在引发以绿色、智能、泛在为特征的群体性技术创新，信息、生命、制造、能源、空间、海洋等领域基础性、原创性突破，带动前沿技术、颠覆性技术不断涌现。最后，新一代信息技术与先进制造技术深度融合，加速推进制造业向数字化、网络化、智能化转型，数字制造、先进材料、智能机器人、无人驾驶汽车等新技术新产品不断突破，网络化协同、智能化生产、个性化定制、服务化延伸等新模式新业态不断涌现，不断培育新增长点、形成新动能。

五 中国信息产业发展的政策建议

信息产业实现高质量发展，不仅需要具备完备的产业体系、较强的竞争力，还需要有一个良好的产业发展主客观环境。

（一）加强政府引导，以市场为导向不断健全创新体系

加强政府引导，积极建设以企业为主体、市场为导向、政产学研相结合的行业技术创新体系；调动和发挥各级政府部门发展信息产业的积极性和主动性，不断优化信息产业发展政策及其配套措施；鼓励企业加大研发投入，不断提高企业可持续发展能力，发挥市场力量实现资源要素的有效配置，吸引更多社会资金进入信息技术产业领域，推动信息产业的持续快速发展；强化标准体系建设，制定实施行业品牌战略和知识产权战略，加强自主品牌建设，积极推进产业标准化管理，鼓励龙头企业及科研院所积极参与行业标准、国家标准甚至国际标准的制（修）订工作；坚持以市场为主导，深化体制机制创新，努力突破科技创新的体制机制障碍，激发科技创新体系中各要素的创新活力，增强企业创新的内生动力。

（二）加强产业政策引导，增强企业创新活力

研究制定鼓励优势产业集聚发展的政策措施，采取以奖代补、贷款贴息、税收优惠、创业投资引导等多种方式，支持传统优势企业优化产业结构并采用新技术和生产工业，支持新兴中、小、微企业积极开拓新业态、新领域；积极支持并加快实施中、小、微新技术企业发展所需的财税、金融优惠政策，推动新技术企业创业创新基地建设，以达到扶持初创期创业创新型中小微企业的发展，充分发挥各类平台作用，引导大中小企业建立更紧密协作关系；引导企业树立质量为先、信誉至上的经营理念，支持企业将具有核心竞争力的专利技术向标准转化，提高企业综合竞争力，切实加强中小微企业质量和品牌意识；全面提升企业信息技术运用能力，加速打造企业个性化制造、网络化协同制造、智能制造等生产能力，在动态中不断创新发展新模式，推动企业向价值链高端转型①。

① 《信息产业发展指南》，《中国电子报》2017 年 1 月 20 日。

（三）完善投资政策，发挥财政资金的引导作用

遴选和落实重大工程、重要项目，引导金融机构与社会资本对信息产业项目提供信贷支持。建立健全政银企融资协调机制，完善中小企业信用担保中心建设，继续实施好“财园信贷通”“财农信贷通”等融资模式。鼓励通过市场化手段设立产业投资基金和创业投资基金，建立多元化、多层次、多渠道的投入体系，支持中小微企业开展兼并重组和引技引智，提高中小微企业利用市场资源和开拓国际市场的能力和水平，形成以大企业集团为核心、集中度高、分工细化、协作高效的产业组织形态①，为民间投资进入提供服务引导，吸引各类资金投资重点信息产业和基础研发领域。

（四）打破各种壁垒，构建信息产业合作发展机制

加快建设现代化的信息产业协调体系，积极推进以软件服务业为核心的电子信息制造业与通信服务业的协同发展，优化产业间资源有效配置，促进新兴产业创新集群。探索建立信息产业合作领域的可行性，促进产业分工、产业链延长、功能分区和发展定位，探索建立跨行政区域开发的利益协调机制。清除统一市场的行政及政策障碍，调整产业政策，加快整体推进，拓展建立科技人才、信息、资金等合作领域，形成常态化信息、资金、人才对接平台。加快建设现代化企业合作平台，鼓励行业领军企业发挥带头作用，加强行业交流合作培训机制、标准化信息化、营销平台和创新能力建设等。推动跨行政区市场主体组建官产学研用联盟、技术创新联盟等，联合开展共性技术、高新技术、产业关键核心技术攻关或推广，共同破解产业发展瓶颈。

---

① 工业和信息化部规划司：《增强体系化创新能力　推动信息产业加速发展》，《中国电子报》2017 年 2 月 14 日。

参考文献

工业和信息化部:《2018 年通信业统计公报》。

工业和信息化部:《2018 年通信业统计公报解读》。

工业和信息化部:《2018 年电子信息制造业运行情况》。

工业和信息化部:《2018 年软件和信息技术服务业统计公报》。

工业和信息化部:《2018 年软件和信息技术服务业统计公报解读》。

国家统计局:《2018 年国民经济和社会发展统计公报》。

国家统计局:《中国统计年鉴 2018》。

国家版权局:《关于 2018 年全国著作权登记情况的通报》。

中国软件行业协会编《2018 中国软件和信息服务业发展报告》, 2018。

《中国信息产业年鉴》编委会编《2017 中国信息产业年鉴》, 2017。

中国通信学会:《2017 中国通信年鉴》, 2017。

中国信息通信研究院:《中国数字经济发展与就业白皮书（2019 年)》。

《信息产业发展指南》,《中国电子报》2017 年 1 月 20 日。

工业和信息化部规划司:《增强体系化创新能力　推动信息产业加速发展》,《中国电子报》2017 年 2 月 14 日。

夏小禾:《中国信通院: 我国信息消费发展呈现出新特征新趋势》,《机电商报》2019 年 5 月 21 日。

吴勇毅:《2020 年信息消费规模将达 6 万亿元》,《通信企业管理》2019 年第 1 期。

工业和信息化部信息化和软件服务业司:《打造自主产业生态体系　建设“数据强国”》,《中国电子报》2017 年 2 月 21 日。

窦滢滢:《工业和信息化部副部长冯飞: 打造具有全球优势的信息产业生态体系》,《中国经济时报》2016 年 8 月 1 日。

李铭毓:《信息消费的概念及发展综述》,《管理观察》2019 年第 5 期。

中国信息通信研究院:《新兴产业投资力度加大　手机中高端产品比例提升》,《中国电子报》2019 年 1 月 8 日。

《2018 年电子信息制造业运行情况》,《智能制造》2019 年第 Z1 期。

《2018 年（第 2 届）中国软件和信息技术服务业综合发展指数报告》,《智能制造》2018 年第 11 期。

B.13
2018年中国电子商务发展情况报告

李鸣涛　马丽红*

摘　要： 近年来我国电子商务发展迅猛，在促进消费、带动出口、拉动就业及促进传统行业转型升级等方面发挥了突出作用，已经成为我国数字经济的重要组成部分和先导性产业。本报告主要总结了2018年中国电子商务发展的总体进展情况，包括农村电商、跨境电商、社交电商等重点领域进展情况，分析了电子商务在规范发展、助力脱贫攻坚、推进全球化深入、与传统产业融合、加速"走出去"等方面的新特点，研究了消费投诉、产品质量、市场秩序、国际政策协同等方面的挑战与问题，并对下一步发展趋向做出基本判断。

关键词： 电子商务　消费升级　产业融合

2018年中国电子商务交易总额增速有所放缓，但网络零售及跨境电商交易额继续保持中高速增长，电子商务渗透率不断提升，中小城市及农村电商呈现快速发展势头，社交电商、社群电商、内容电商等新模式蓬勃发展；《中华人民共和国电子商务法》颁布，电子商务进入规范化发展新阶段。

---

* 李鸣涛，工商管理硕士，中国国际电子商务中心研究院院长，高级工程师，主要研究领域为电子商务、数字经济；马丽红，电子商务学士，中国国际电子商务中心研究院高级分析师，主要研究领域为电子商务。

一　中国电子商务发展的年度进展

（一）中国电子商务市场结构

据国家统计局电子商务交易平台调查①，2018 年全国电子商务交易额为 31.63 万亿元，比上年增长 8.5%。自 2015 年以来，中国电子商务交易额年度同比增速呈现逐年下降趋势（见图 1），一方面，受网民数量增长趋缓等影响，网络零售增速有所趋缓；另一方面，在企业电商交易方面受宏观经济形势影响，占 B2B 交易较大份额的钢铁、能源等原材料电商交易增长缓慢，另外电子商务合约交易额受国家相关政策影响有较大幅度的降低。

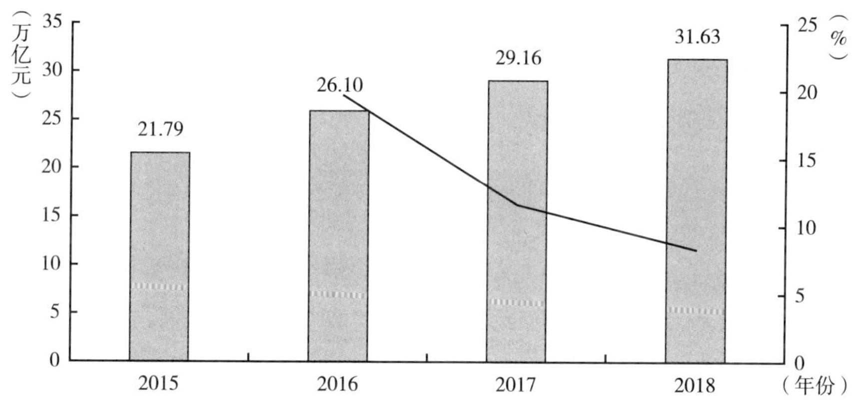

图 1　2015～2018 年中国电子商务交易额

资料来源：国家统计局电子商务平台调查。

在电子商务交易额中，商品类电商交易额为 24.33 万亿元，比上年增长 12.9%，增速回落 8.1 个百分点；服务类电商交易额为 6.28 万亿元，增长 21.1%，增速回落 14 个百分点，尽管增速回落但服务类电商交易的增速仍

① http：//www.zgxxb.com.cn/xwzx/201902200053.shtml.

高于商品类电商交易增速 7 个百分点，呈现出较大的发展空间；合约类电商交易额为 1.02 万亿元，下降 51.3%（见图 2）。

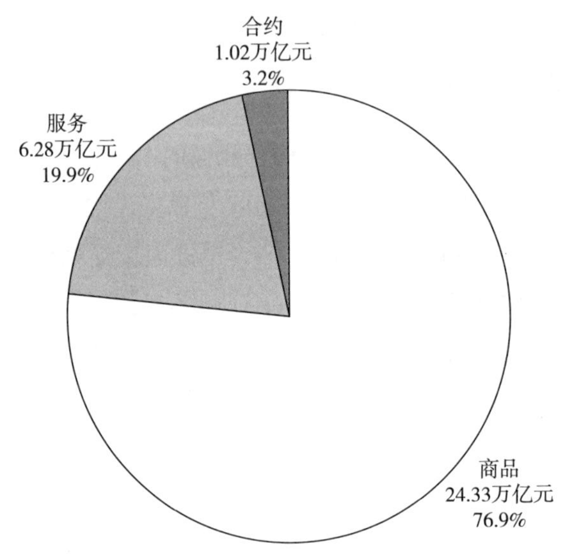

图 2　中国电子商务交易品类分布

资料来源：国家统计局电子商务平台调查。

分地区情况看，经济相对发达的东部地区得益于产业聚集度高、电商配套环境完善等因素，在电商交易额中占比达到 65%，其商品、服务类电商交易额达 19.90 万亿元，比上年增长 14.1%；中部地区交易额 5.34 万亿元，占 17.5%，增长 15.7%；西部地区交易额 4.32 万亿元，占 14.1%，增长 12.5%；东北地区近年来旅游、餐饮等在线交易有较快增长，交易额增速全国领先，其交易额达 1.05 万亿元，占 3.4%，增长 25.2%（见图 3）。

按交易对象分，对个人交易额（B2C + C2C）达 11.18 万亿元，比上年增长 23.6%，增速回落 9.5 个百分点；对单位交易额（B2B）19.43 万亿元，增长 9.9%，增速回落 8.7 个百分点（见图 4）。

另据国家统计局数据，2018 年全国网上零售额 9.01 万亿元，同比增长 23.9%，增速继续呈现平稳趋缓趋势（见图 5）。

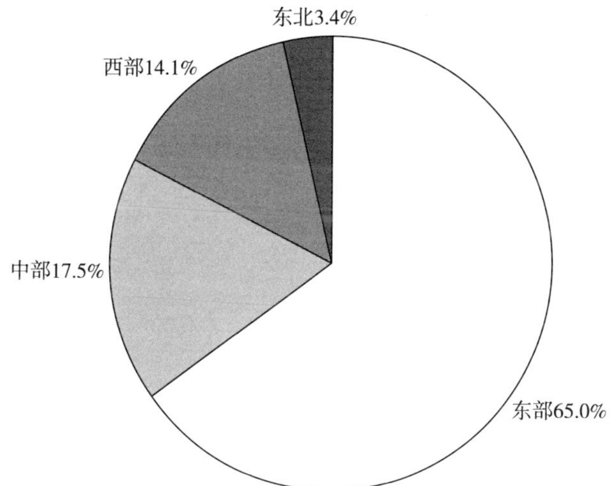

图 3　中国电子商务交易地区分布情况（不含合约交易）

资料来源：国家统计局电子商务平台调查。

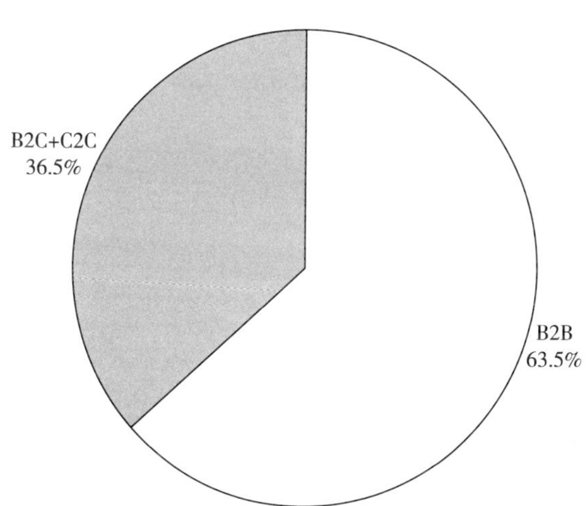

图 4　中国电子商务交易模式结构（不含合约交易）

资料来源：国家统计局电子商务平台调查。

2018 年全年实物商品网上零售额为 7.02 万亿元，同比增长 25.4%，占社会消费品零售总额的比重提升至 18.4%，较上年增加 3.4 个百分点，增速高于同期社会消费品零售总额 16.4 个百分点；非实物商品网上零售额 1.99 万亿元，同比增长 18.7%。实物商品网上零售额中，吃类商品同比增长 33.8%，较上年提升 5.2 个百分点；穿类商品增长 22.0%，较上年提升 1.7 个百分点，用类商品增长 25.9%，较上年下降 4.9 个百分点（见图 6）。

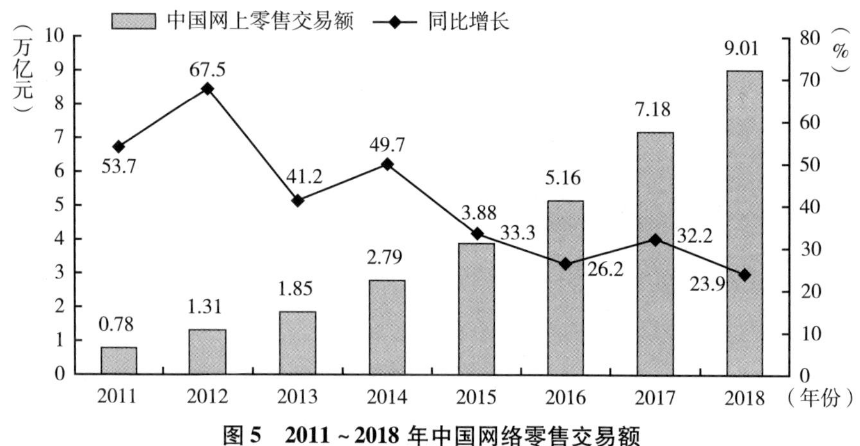

图 5　2011～2018 年中国网络零售交易额

资料来源：国家统计局、商务部《中国电子商务报告》。

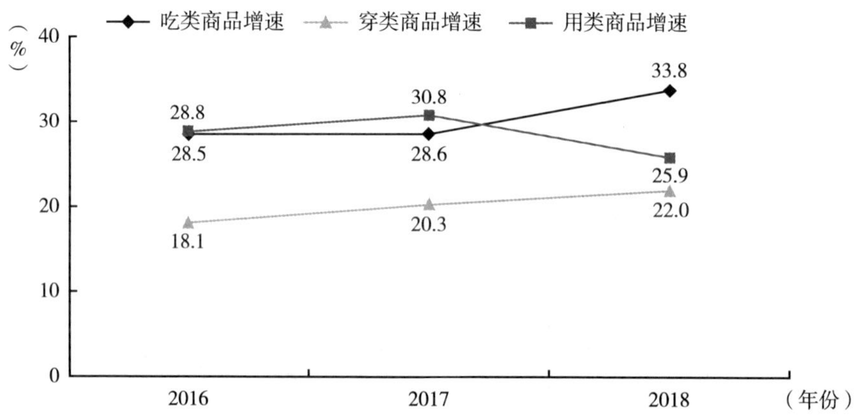

图 6　2016～2018 年全国网络零售吃/穿/用类实物商品交易额同比增速

资料来源：国家统计局。

2018 年纳入统计范围的合约类电商交易额为 1.02 万亿元，比上年下降 51.3%。其中大宗商品类交易额 9952.88 亿元，下降 41.5%；权益类交易额 45.24 亿元，增长 35.2%；文化艺术品类交易额 130.71 亿元，下降 54.9%；其他类交易额 74.66 亿元，下降 97.9%。

（二）中国电子商务用户规模

在网络购物用户规模方面，据CNNIC第43次《中国互联网络发展状况统计报告》发布的数据，截至2018年12月，我国网络购物用户规模已达6.10亿，较2017年底增长14.4%，占网民整体比例达73.6%。其中，手机网络购物用户规模达5.92亿，已占到全部网络购物用户数的97%，较2017年底增长17.1%，使用比例达72.5%。移动互联网已经成为中国网络消费的第一大载体，2018年“双十一”当天，天猫全天交易额突破1682亿元，其中移动端交易占比高达92%，京东移动端产品订单占比达74%，苏宁易购移动端订单量占比67%，其他各大电商平台中移动端交易比例也都在70%左右。

在网络服务消费领域，CNNIC第43次《中国互联网络发展状况统计报告》发布的数据显示，我国网上订外卖用户规模达4.06亿，较2017年底增长18.2%，使用比例达49.0%。手机网上外卖用户规模达3.97亿，增长率为23.2%，使用比例达48.6%；在线旅行预订用户规模达4.10亿，较2017年底增长3423万，增长率为9.1%，占网民整体比例达49.5%。我国网约出租车用户规模达3.3亿，同比增长15.5%，网约专车用户规模达3.33亿，同比增长40.9%。

在电子支付领域，CNNIC第43次《中国互联网络发展状况统计报告》发布的数据显示，截至2018年12月，我国网络支付用户规模达6亿，较2017年底增加6930万，年增长率为13.0%，使用比例由68.8%提升至72.5%。手机网络支付用户规模达5.83亿，年增长率为10.7%，在手机网民中的使用比例由70.0%提升至71.4%。网民在线下消费时使用手机网络支付的比例由2017年底的65.5%提升至67.2%。

以上数据说明，尽管我国网民总数增长近年来逐步趋缓①，但网络消费用户规模依然保持了两位数的较高速增长，同时，伴随移动智能终端的进一

① 我国网民规模2018年底达8.29亿，同比增长3.8%。

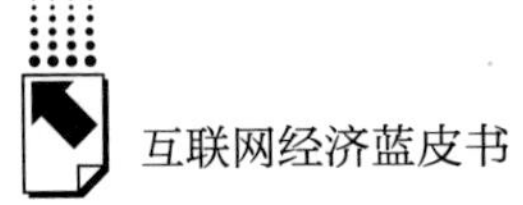

步普及，移动购物、订餐、订车、订票及移动支付的渗透率还在保持较快增长，移动端已经成为网络消费的主战场。

（三）重点领域电子商务发展情况

1. 跨境电商继续保持快速发展

2018 年跨境电子商务继续保持快速发展势头，据测算，2018 年我国跨境电子商务交易总额（含跨境 B2B 和跨境网络零售）已达 8.86 万亿元，同比增长 18.4%（见图 7），跨境电子商务交易额在我国进出口总额的占比已经达到 29%①。

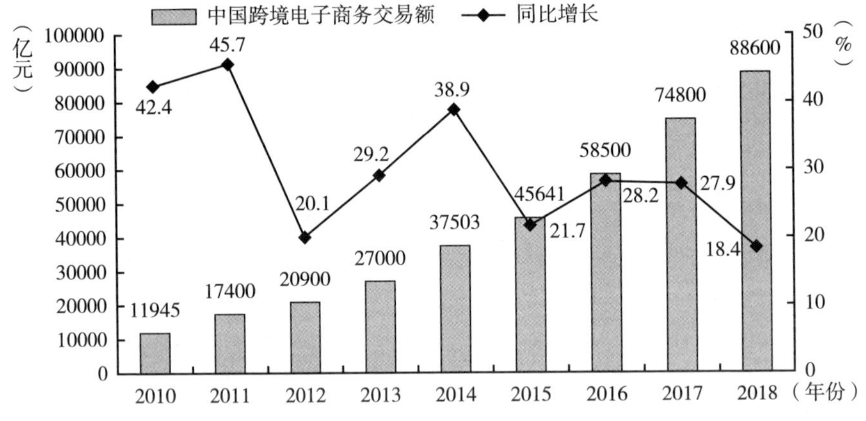

图 7　2010 ~ 2018 年中国跨境电子商务交易额

资料来源：中国国际电子商务研究院。

在跨境零售进出口方面，据海关总署的统计，2018 年通过海关跨境电子商务管理平台零售进出口商品总额 1347 亿元，增长 50%，其中出口 561.2 亿元，增长 67%，进口 785.8 亿元，增长 39.8%。另据中国国家邮政局统计，2018 年我国快递业务量完成 505 亿件，增长 25.8%；其中，国际/港澳台业务量累计完成 11.1 亿件，同比增长 34%，支撑跨境电子商务贸易超过 3500 亿元。

① 按国家统计局公布的数据，我国 2018 年全年货物进出口总额为 305050 亿元。

在法规政策环境方面，2018 年 8 月，第十三届全国人民代表大会常务委员会第五次会议通过了《中华人民共和国电子商务法》，其中“第二章　电子商务经营者”和“第五章　电子商务促进”明确提出关于跨境电商发展的相关要求和措施。法规的颁布明确了跨境电子商务是国家重点支持的电子商务新业态，国家会进一步优化跨境电商的发展环境，促进跨境电商又好又快发展，给整个国内跨境电商产业吃了“定心丸”，增强了行业发展信心。同时，2018 年 8 月 7 日，国务院发布《关于同意在北京等 22 个城市设立跨境电子商务综合试验区的批复》（国函〔2018〕93 号），将我国跨境电子商务综合试验区由 15 个扩大到 37 个①，进一步优化了跨境电商的载体布局，随后国家有关部委陆续出台了《关于完善跨境电子商务零售进口监管有关工作的通知》等 6 个跨境电商相关政策文件，为我国跨境电商的规范发展提供了政策保障。

伴随法规、政策、载体的完善，2018 年成为我国跨境电商发展过程中具有标志性意义的一年，行业发展信心进一步增强，产业链环节加速完善，跨境电商在服务零售进出口的基础上面向传统贸易的渗透率也在不断提升，推动传统贸易的转型升级。

2. 农村电商应用持续深化

2018 年伴随政府开展的电子商务进农村综合示范县工作推进及市场资源的持续投入，我国农村电子商务服务网络加速普及，物流等电商基础设施进一步完善，农村网络零售额再创新高。商务大数据监测显示，2018 年全国农村网络零售额达 1.37 万亿元②（见图 8），同比增长 30.4%，占全国网络零售额的 15.2%。

另商务大数据监测显示，2018 年全国农产品网络零售额达 2305 亿元，同比增长 33.8%，比全国网络零售额增速高 9.9 个百分点。其中，休闲食品、茶叶、滋补食品零售额排名前三，占比分别为 24.2%、12.5% 和

① 《国务院关于同意在北京等 22 个城市设立跨境电子商务综合试验区的批复》，2018 年 8 月 7 日，http://www.gov.cn/zhengce/content/2018-08/07/content_5312300.htm。

② 2018 年商务部对农村、农产品网络零售的统计监测对象、范围、方法进行了调整，同比增速按可比口径计算得出。

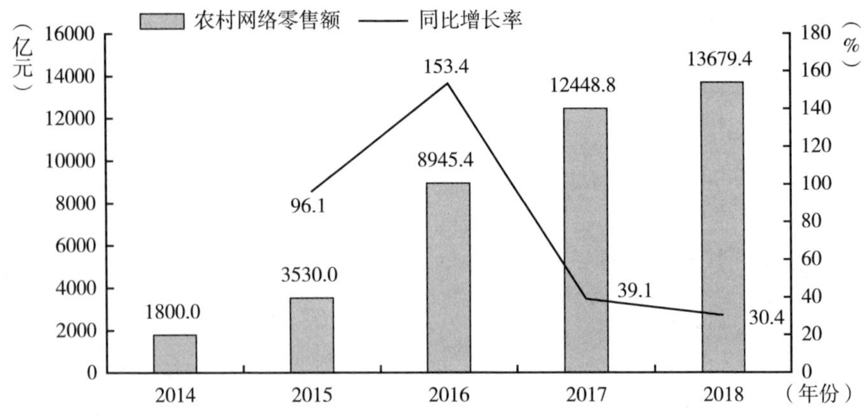

图8　2014～2018年农村网络零售额及增长情况

资料来源：商务部。

12.0%；水果、调味品、豆制品等农产品同比增速排名前三，分别为45.6%、41.9%和41.3%。

2018年我国农村电商相关配套设施加速完善。截至2018年底，全国电子商务进农村综合示范县已达1016个，其中国家级贫困县737个，覆盖了全国贫困县总数的88.6%，建成县级电子商务服务和物流配送中心1000多个，乡村电子商务服务站点7万多个。2018年，我国行政村通光纤比例提升至98%，贫困村通宽带比例达95%；全国乡镇快递网点覆盖率达到92.4%，21个省份实现乡镇快递网点全覆盖。全国新增直接通邮建制村1.6万个，直接通邮率超过98.9%，内蒙古、广西、宁夏、西藏等24个省份实现全部建制村直接通邮。全年农村地区累计收投快件120亿件，支撑工业品下乡和农产品进城超7000亿元。

截至2018年底，农村网店超过1000万家，带动就业人数超过3000万人。据阿里巴巴统计，截至2018年10月，全国24个省份有363个“淘宝镇”，“淘宝村”总计达3202个，较上年的2118个增长51%；全国“淘宝村”活跃网店数超过66万个，带动就业机会数量超过180万个。

3. 社交电商引发市场强烈关注

近年来，以拼多多、云集、小红书等为代表的社交电商快速发展，带动基于微信、小程序、直播等平台的电商应用。据艾瑞咨询测算，2018 年我国社交电商交易规模近 9000 亿元，占我国实物商品网络零售额的近 13%。社交电商的高速发展也引发了传统电商平台企业的高度重视，纷纷推出自己的社交电商服务，淘宝直播、京东拼购、苏宁拼购等纷纷上线。拼多多发布的数据显示，在 2018 年中，拼多多的年度活跃买家总数已经达到 4.18 亿人，超过京东平台成为中国活跃用户数第二大的电商企业，平台成交总金额达到 4716 亿元，并实现 131 亿元的总营收，呈现爆发式成长的态势。拼多多等社交电商企业的快速崛起充分显示出社交电商在中国电商市场的巨大发展潜力。社交电商的快速崛起也引发了电商整体市场对中小城市及农村市场的强烈关注，在发达地区网络消费用户日趋饱和的形势下，渠道下沉，挖掘五、六线城市及农村市场空间日益成为各大电商企业争夺的焦点。

二　2018年中国电子商务发展的主要特点

（一）电子商务进入规范发展新阶段

2018 年 8 月 31 日，第十三届全国人民代表大会常务委员会第五次会议通过了《中华人民共和国电子商务法》（以下简称《电子商务法》），2019 年 1 月 1 日正式实施，标志着中国电子商务发展进入规范发展新阶段。《电子商务法》作为我国首部电子商务领域综合性法律，秉承保障权益、规范行为、促进发展的基本立法原则，对电子商务经营主体权利义务、电子合同订立、电子商务争议解决、电子商务促进等都进行了明确的规定。《电子商务法》针对我国电子商务高速发展过程中出现的市场主体工商登记问题、电子商务税收问题、销售假冒伪劣、水货和侵犯知识产权商品问题、刷单问题、“二选一”恶性商业竞争问题及跨境电商的有效监管和国际协同问题等都进行了明确的规定，并赋予电子商务平台经营者更多的法律义务，有利于形成电子商务的公平市场环境和良性的市场秩序，在保障电商各方主体合法权益的基础上，促进电子商务的规范发展。比如，《电子商务法》提出的电子商务经营者普遍纳税义务有利于形成线上线下一致的公平竞争环境；赋予平台企业向相关政府监管部门提供必要数据的义务有利于保障执法效果；要求平台企业加大产品和服务审核力度有助于促进供给侧的提质升级，尤其是在农村电商和跨境电商领域，合规发展将成为重要趋向。另外，《电子商务法》又是一部促进法，专门设立一章的内容讲电子商务促进，在电子商务发展规划、基础设施建设、标准体系建设、农村电子商务融合、跨境电子商务便利化和国际协同、个人信息保护及绿色发展等方面都提出了具体规定，有助于继续完善我国的电子商务发展环境，促进电子商务未来向国际化、绿色化、协同化方向发展。

（二）农村电子商务助力脱贫攻坚效果显著

2018 年，在政府和市场资源的投入下，伴随我国农村电商基础设施的逐步完善，农村电商对深入推进乡村振兴、促进农村三次产业融合、带动农民增收发挥了重要的先导性作用。在此基础上，商务部、财政部、农业农村部等国家有关部委通过出台引导政策，精准发力与聚焦电商扶贫，引导农村电商产业链需求与贫困人群的产品和服务能力进行有效的融合，电商助力精准扶贫的效果凸显。截至 2018 年底，电子商务进农村示范县创建工作覆盖国家级贫困县 737 个，占国家级贫困县总数的 88.6%，其中支持深度贫困县 137 个，贫困户户均增收超过 800 元。由商务部指导，阿里巴巴等 18 家单位联合发起成立中国电商扶贫联盟，首批帮扶对象覆盖全国 340 个贫困县的 400 余种农产品，对接国家级贫困县超过 500 个，销售农产品超 200 亿元。全国各地也涌现了一大批通过农村电商实现精准脱贫的成功案例，甘肃陇南、江苏睢宁、山东曹县、安徽砀山、山西武乡等地方根据地方特色，因地制宜地通过发展农村电商尤其是地方特色产品电商上行带动精准扶贫的有效实施，取得明显带动效应。脱贫攻坚战是我国全面建成小康社会的三大攻坚战之一，电商扶贫在已经取得初步成效的基础上，面向脱贫攻坚整体目标的实现仍然需要政府和市场更好地整合相关资源，发挥各自优势，打造持续机制，让电商扶贫在助力脱贫攻坚中发挥出更大的作用，取得更多的成效。

（三）跨境电子商务深入推进全球化发展

在全球贸易保护主义抬头、全球化面临严峻挑战的形势下，跨境电子商务正在成为推动全球化深入的重要力量。2018 年 11 月 5 日，习近平总书记在首届中国国际进口博览会上提到，中国将主动扩大进口，进一步降低关税，加快跨境电商等新业态新模式发展。在首届中国国际进口博览会上，国内电子商务企业成为采购军团的一支重要力量。阿里、京东、苏宁、网易考拉、唯品会、小红书等 88 家企业与来自 30 多个国家的 400 余个国际品牌洽谈合作，涉及新型 3C、健康家电、服装服饰、医药保健等多个品类。以进博会为契机，大型电子商务平台与国际知名品牌企业深度合作，引进国外品牌 1000 多个。在经济全球化面临挑战、全球经济发展不确定性因素增多的情况下，消费者的消费信心也受到影响，恰恰给具备较强性价比的跨境电商商品提供了更大的市场空间，加之全球年轻消费者消费能力的提升，也持续驱动全球跨境电商的快速发展。跨境电商以服务普通消费者和中小微企业为主，通过跨境电商的高效率让普通消费者可以选购全球优质商品，让广大中小微企业可以以一种低门槛的方式参与全球市场，同时，跨境电商也会带来新的诸如仓库、物流、数据等基础设施新增投资和增加新的就业甚至是创业机会。随着以“买全球、卖全球”为特点的跨境电商全球大市场的加速形成，未来会有越来越多的普通民众会从跨境电商的利益中感受到全球化带来的好处。

（四）电商与传统产业融合发展趋势进一步显现

在生产领域，发力产品端渐渐成为电商企业的新竞争方向。阿里巴巴以协同效率为核心，依托其消费需求数据与流量优势，用 IoT、大数据、AI 技术等为中小工厂提供数字化改造解决方案和赋能，改造百余家数字化工厂发展“新制造”。拼多多推动“拼工厂”项目，为拼多多上中小品牌商“爆款”产品提供全套代工服务，“拼工厂”的一站式生产，既保证了产能，又方便拼多多对其进行质量把控和管理。网易严选、小米有品、京东“京造”等电商企业自有品牌纷纷发力，联合供应商、制造商资源，进行定制化生产。在农产品电商领域，京东跑步鸡、游水鸭、飞翔鸽成了京东的农产品电商和电商扶贫的招牌项目，由京东提供种苗、养殖标准等保障产品品质，并在京东平台上进行销售；同时，京东又布局蔬菜种植产业，京东植物工厂总面积达1万多平方米，是国内最大的日本技术太阳光和人工光结合型植物工厂，也是国内最大的可量产、商业用途的日本技术水培蔬菜工厂，产品以京觅品牌进入线上、线下市场销售。

在流通领域，电商与线下实体店结合的数字化新物种引领创新方向。2018年以阿里的盒马鲜生、京东的7Fresh、苏宁的苏鲜生等为代表的生鲜零售“新物种”继续在全国热点商圈跑马圈地，盒马鲜生达到86家①，京东7Fresh将在3~5年在全国范围开设1000家门店，永辉超级物种门店数量达到46家。城市社区便利店也成为大型电商平台的重要服务对象，阿里零售通针对线下零售小店提供订货、物流、营销、增值服务等的互联网一站式服务，2018年底其服务已覆盖100万家社区便利店。2018年京东掌柜宝用户数突破百万，新通路联合仓已覆盖30个省份近300个地市，服务70%的掌柜宝门店，合作品牌已经超过5000个。2018年苏宁智慧零售大开发战略新开门店6767家，其中苏宁小店新开3056家②。

在B2B电商服务领域，人工智能、大数据等技术成为B2B服务的新亮点。阿里巴巴ET工业大脑为每条工业生产线赋予智能大脑，并提供多个行业的数字知识图谱，同时提供算法工程，持续生成和积累数字化的工业知识，实现数据价值闭环，加快工业制造的智能化转型；腾讯推出了涵盖空调、玩具、路由器、家居、电视、充值、穿戴、健康等八大行业的智能行业解决方案；京东技术赋能曲美家居，在业务、体验、营销、科技等方面进行整体升级，给消费者带来全新的体验；酷特智能（原青岛红领）建立起大

① http：//news. winshang. com/html/065/4053. html。

② 2018年12月，苏宁控股集团董事长张近东发布数据显示，截至12月中旬，在智慧零售大开发战略的强力推进下，2018年苏宁已累计新开店面近7000家，其中仅苏宁小店就新开近2900家，苏宁零售云店新开近1900家，https：//res. cnfic. com. cn/group1/M00/3C/AA/wKgANVwbD_ CEZrkyAAAAAEdo_ v862. html。

规模 C2M 定制生产服务平台，实现研发设计在线上众包，客户通过网络终端或通过线下门店进行自主定制设计、下单，生产环节实现智能制造。

（五）电商“走出去”步伐进一步加快

近年来，伴随国内网民数量红利的下降，电商市场竞争的进一步加剧，众多电商企业开始关注海外客户群体的开发，积极打造电子商务发展的新蓝海，东南亚、俄罗斯、中东及非洲等新兴市场已成为中国电子商务企业“走出去”的重要目标市场。特别是“一带一路”沿线国家成为中国电子商务企业市场开拓的重点。速卖通已经成为俄罗斯、西班牙第一大跨境电商平台，2018 年在全球购物应用程序中下载量排名第三，已经成为全球网络购物用户最常用的购物 APP 之一；浙江执御信息技术有限公司旗下的 JollyChic 已成为中东地区排名第一的购物 APP，用户数达到 2000 万，年销售额突破 50 亿元；杭州嘉云的 Club Factory 在 29 个国家进行销售，其中在 16 个国家的电商排名均在前五，在印度非标品排名第一，已经成为印度市场排名第二的电商平台。电子商务也已经成为政府间推进经贸合作的重要领域，截至 2018 年底，我国与越南、巴西、俄罗斯、奥地利等 17 个国家建立电子商务合作机制，完成了中国 - 格鲁吉亚、中国 - 新加坡等自贸协定的电子商务谈判，推进区域全面经济伙伴关系（RCEP）、中日韩、中国 - 新西兰等十余个自贸协定电子商务谈判，通过自贸区平台构建互利共赢的电子商务国际规则体系。在多边和区域机制框架下，倡导促成《金砖国家电子商务包容性合作倡议》《中东欧 16 +1 电子商务发展倡议》等合作文件签署。这些文件的签署也为未来中国电商企业更好地开拓海外市场提供了有力的保障。

三　2018年中国电子商务发展的问题与挑战

（一）网络消费投诉量居高不下

近年来，我国网购消费投诉从总量上一直处于快速增长态势，虚假广告、假冒伪劣、质量不合格、经营者拒不履行合同约定等成为投诉重点。2018 年，全国市场监管部门共受理网络购物投诉 168.20 万件，同比增长 126.2%。投诉量大幅增长背后主要原因包括以下几个。一是网络购物普及率的进一步提升，2018 年全年网络购物额已超 9 万亿元，网购总量的提升也一定会有更多的网购消费纠纷的出现。二是网购投诉渠道的便利化。全国 12315 互联网平台提供了 PC 端、APP、微信小程序和公众号、支付宝小程序等多种投诉渠道，消费者可以方便快捷地 24 小时提交投诉。三是社交电商的快速发展。2018 年包括微商、小程序、社群电商、网红直播等电商形式呈现爆发式增长，社交电商在发展初期从产品上以化妆品、非标农特产品、小电器等生活日用品为主，这些产品发生消费纠纷的概率相对会比较高，加上各种社交电商平台的规范化管理还有待进一步提升，也造成了网购消费纠纷数量的大幅度增加。目前网络消费纠纷的解决方式主要有与经营者协商解决、平台调解、消协调解、行政管理部门申诉、仲裁、法律诉讼等。网络消费的维权成本一般都会比较高，消费者（除职业打假人）往往会处于弱势地位。保护好消费者利益，让消费者更敢于、乐于进行网络消费是解决网络消费纠纷的最终目的。因此，应进一步加大网络消费平台的责任，在这方面《电子商务法》也集中地体现了这一立法思路，通过加强平台方的责任来强化网络消费市场的治理，从产品和服务的源头上杜绝纠纷的隐患，同时加强包括信用体系建设在内的自律机制建设。

（二）电商商品质量问题依然严峻

据中国消费者协会《消费者权益保护数据报告 2018》报告，针对电商行业投诉的问题主要集中在虚假促销、质量、售后、信息泄露、物流、网络售假、退换货、发票、高额退票、霸王条款等领域；商品质量问题依然突出成为第二大投诉领域。2018 年“双十一”期间国家市场监管总局专门组织开展了“双十一”电子商务产品国家监督专项抽查，涉及玩具、婴幼儿服装、家用等 7 类共 564 批次产品，涉及天猫、京东商城、1 号店、唯品会、拼多多、网易严选、苏宁易购、当当网等 11 家电子商务平台。抽查发现，有81批次产品没有标明生产厂厂名和厂址，违反了《产品质量法》的相关规定，有37批次产品涉嫌未经3C认证；对标明了生产厂厂名厂址和经过3C认证的产品进行检验，有44批次产品质量不符合强制性国家标准要求①。

（三）电商市场秩序有待进一步规范

一是大数据“杀熟”、虚假交易、刷单炒信、制假售假、个人信息倒卖等问题依然存在。2018年3月，部分典型电商平台先后被曝出大数据“杀熟”问题。2018年中国消费者协会发布的《〈电子商务法〉消费者认知情况调查报告》结果显示，52.4%的受访者表示遇到假货或真假货混卖的问题。二是物流方失信问题较多。物流配送过程中出现冒名接收、恶意索赔、开包窃取、责任推卸等不良现象，严重影响了卖家和消费者对平台的信任度。三是跨境消费额度被“透支”。我国限值内跨境电子商务零售进口商品可享受一定的税收优惠，超出限值，均按一般贸易全额征税。一些消费者在自身跨境消费额已满的情况下，为了继续享受税收优惠，冒用他人身份信息购物。四是共享经济平台中存在用户押金无法退还、用户数据安全缺乏保障等问题。町町、酷奇、小蓝等多家共享单车企业相继遭遇经营困难甚至倒闭，导致大量用户押金无法退还。五是多个社交电子商务平台爆出假货、伪名牌、劣质产品，非法经营的微商、传销返利模式频现新媒体。

（四）个人信息泄露问题引起广泛关注

伴随互联网等数字技术的广泛渗透，能够采集个人数据的渠道和设备越来越多，除智能手机外，智能手环、智能电视、智能音箱、联网安防设备、智能驾驶汽车等各种智能设备都会大量采集个人信息，同时，个人在进行网络消费、娱乐等网络活动时也会被要求同意服务提供方搜集个人信息，这些

① 《市场监管总局组织开展2018年“双11”电子商务产品质量国家监督专项抽查》，http://www.samr.gov.cn/xw/zj/201811/t20181108_277661.html。

信息一般会被用于提升消费服务体验，但也存在超必要需要采集个人数据、数据处理和使用不规范、缺乏必要的数据安全保障机制等问题，这就会造成个人信息泄露的隐患。中国消费者协会调查发现遇到过个人信息泄露情况的人数占比为85.2%，快递数据、网络订房、订票等数据成为数据泄露的重灾区。另外，长期以来对于个人信息及数据尤其是个人隐私数据保护的立法也滞后于现实发展的需要，对于个人信息泄露没有形成法律方面的威慑，个人信息泄露的违法行为往往得不到必要的法律制裁，也会在一定程度上造成在巨大商业利益引诱下个人信息泄露问题的频发。要解决这一问题，根本上还是应该加强个人数据方面的立法，欧盟已经生效的《通用数据保护条例》就为全球在个人数据保护立法方面提供了借鉴，我国的《网络安全法》《电子商务法》都针对个人信息的收集、使用等有相关的保护性条款，在此基础上还应加强专门针对个人信息保护进行专题立法，从个人数据的权属认定、收益权处理等方面系统地对个人信息进行全方位的保护。

（五）社交电商引发消费升级还是消费降级争议

2018年以拼多多为代表的社交电商大行其道，发展迅猛的同时也引发了社交电商代表着消费升级还是消费降级的大讨论。应该说，以所谓小镇青年为代表的新消费红利的出现得益于我国县域及农村电商基础设施的快速完善。在网民数量增速趋缓和流量红利逐渐下降的大背景下，电商企业都在积极寻找新的增长空间，跨境电商、农村电商、社交电商、新零售等都成为争夺的焦点，相应地也加大对相关电商基础设施的投入，比如县乡村电商物流配送网络建设；同时再加上政府开展电商进农村的持续投入，都极大地改善了经济落后地区的电商环境条件，有利于支撑这部分市场消费潜力的挖掘。包括拼多多、微商、短视频电商等在内很好地满足了经济相对落后区域的消费升级的需求以及一、二线城市的相对低端的消费需求，电商带来了海量的较高性价比商品选择，替代了农村很多假冒伪劣商品；同时新电商在营销模式上注重进行社交裂变式创新，进一步降低了营销门槛，增强了用户黏性。未来如何更好地通过模式创新、服务创新满足包括2.11亿农村网民在内的新消费群体的复合消费需求会成为电商发展的主要方向，需要通过电商创新和服务进一步提升他们的消费体验；比如新零售、无人零售进县进村，如何做好区域的电商小流通，甚至如何把海外的优质商品进行渠道下沉，满足县域消费者需求。从电商消费变化趋势看，最大的特点就是呈现分层升级化趋势。消费升级先从一、二线城市开始逐步渗透到乡镇及农村市场；不同阶层的消费都各自呈现出升级的趋势。大城市的网络消费者可能会更关注商品的品质、绿色、健康、个性和消费体验感，而农村市场现阶段可以通过电商实现消费的正品化升级。可以说，未来的电商市场群体既具有区域特征也具有层次特点，呈现各自不同的商品消费诉求。

（六）跨境电商政策协同挑战凸显

在跨境电商的初始阶段，商品大多是个人邮寄物品、礼品等入境，但随着包裹数量的激增以及海外仓的快速发展，在传统贸易商及当地电商企业的推动下，各国政府开始关注公平竞争问题，税收的规范就成了首先要解决的问题；接下来关于消费者数据及个人隐私权保护等问题也会逐步成为规范的方向。2018 年欧盟在跨境电商 VAT 增值税方面的要求越来越严格，5 月生效的 GDPR《通用数据保护条例》更是对电商企业搜集、处理欧盟消费者个人信息/数据提出了更为严苛的合规要求。这些政策的调整都会极大影响跨境电商企业的业务设置甚至涉及企业的战略方面的调整。在这样的形势下，中国跨境电商企业应通过多种渠道更多地向产业政策的制定者反映企业发展方面的政策诉求，在适应监管政策的前提下更多地去影响政策规制的制定。

结合“一带一路”倡议的深入推进，中国政府持续加大与沿线国家在跨境电商领域的全方位合作，促进电子商务基础设施的互联互通和法规、标准的互认，致力于建设电子商务的国际统一大市场。这也将为更多的海外厂商通过跨境电商进入中国市场提供全方位的便利条件。中国的跨境电商已经走在了世界前列，中国所遇到的问题以及我们提出的解决方案，在世界范围内都具有示范性和先导性，可以为世界其他区域贡献“中国智慧”和“中国方案”。

四　中国电子商务发展趋向

在当前数字经济浪潮奔涌而来、新一代信息技术加速成熟的时代背景下，我国电子商务作为具备国际领先优势的先导性产业，规范化、国际化、融合化、多元化发展将成为主题，将成为我国践行“以人民为中心”发展思想、实现普惠化发展的重要力量，助力建设强大国内市场，推动新一轮全球化深入发展。

（一）规范化发展

《电子商务法》已于 2019 年 1 月 1 日正式实施，围绕《电子商务法》赋予相关政府部门在促进发展和协同治理方面的责任，各部门正在抓紧制定相关的实施细则。我国电子商务在经营主体登记、一致性纳税、平台企业责任、消费者权益保障、跨境电商监管等方面都将迎来规范化发展的新阶段。同时，伴随欧盟 GDPR、APEC - CBPRs 等海外法规、标准的逐步实施，海外跨境电商市场的规范性也在提升，我国的跨境电商市场主体也一定会受到比较大的影响。总体上，规范化发展趋势已经不可避免。但是，当前各国对于跨境电商概念的内涵、外延还缺乏一致性的认识，对于相关业务的监管也各不相同，围绕跨境电商的国际规则及标准体系尚未形成。我国正结合国内电商市场及跨境电商的监管经验，通过多双边机制加强电商国际交流与合作，积极推进跨境电商国际统一大市场建设，努力为我国的跨境电商企业创造良好的国际发展环境。

（二）国际化发展

伴随中国电商企业“走出去”步伐的加快，国际化已经成为中国电商市场和资本关注的重要发展方向。习近平总书记在 2017 年“一带一路”国际合作高峰论坛的演讲中提到“我们要着力推动陆上、海上、天上、网上四位一体的联通”，在 2018 年“一带一路”国际合作高峰论坛的演讲中又专门提到数字丝绸之路的建设。积极发展“一带一路”沿线国家间的跨境电商合作也是国家相关部委的重点方向之一。商务部也在积极推进“丝路电商”合作。这些合作方向上都包含促进沿线国家间的企业合作内容，会为广大企业搭建合作的平台，促进项目合作的开展。围绕“一带一路”沿线国家，跨境电商蕴含巨大的发展合作潜力，越来越多的海外客商希望通过跨境电商进入中国庞大的国内消费市场；中国也有越来越多的企业通过跨境电商把优质的中国商品出口到沿线国家，甚至前往沿线国家进行电商投资直接服务当地消费者。这种需求将促使围绕跨境电商方向加速实现政策沟通、设施联通、贸易畅通、资金融通、民心相通，“一带一路”倡议的深入推进将为电商国际化发展提供良好的基础设施和政策环境。

（三）融合化发展

党的十九大报告提出，要推动互联网、大数据、人工智能和实体经济深度融合。电子商务作为数字经济的重要组成部分，一端连接的是消费者，另一端连接的是产品生产商或服务提供商，相对于传统流通最大的优势就是数字化，有了数据的支持电商可以更精准地把握消费需求，更精准地引导产品和服务发展方向。电商的快速发展推动了监管服务模式的创新，也推动了生产商在产品研发、设计、生产、物流、仓储等各环节的数字技术应用，发挥了一个电商相关产业数字化催化剂的作用。伴随我国“互联网 +”战略的深入推进，以电子商务为牵引的一二三产业融合发展态势已经显现。电子商务自身也在与实体零售、流通供应链、生产制造、农业产品、对外贸易等实体经济深度融合。在融合化发展过程中，电子商务通过不断的模式创新、场景创新、技术创新实现自身的创新发展，不断发掘新的市场空间与机会，在服务于实体经济转型升级过程中，电子商务的成长与创新空间依然十分巨大。

（四）多元化发展

以阿里、京东、腾讯等为代表的平台型企业发挥自身生态资源优势，致力于打造新一代的商业基础设施。阿里提出通过商业操作系统帮助企业完成

“品牌、商品、销售、营销、渠道、制造、服务、金融、物流供应链、组织、信息技术”等11大商业要素的在线化和数字化。京东致力于成为新商业基础设施的提供商，通过新一代技术实现智能供应、智能运营和智能营销，并全面为合作伙伴赋能。腾讯提出自身的产业互联网发展战略，在加快发展产业互联网、促进实体经济高质量发展过程中，互联网企业做好连接器、工具箱、生态共建者。在大电商平台企业构建的新商业基础设施的基础上，电子商务流量模式也会呈现出日益多元化的发展态势，社交电商、社群电商、网红直播、小程序等新电商模式快速成熟，未来基于AI、AR/VR、区块链等新信息技术的电商模式也将加速涌现，不断丰富电商应用场景，提升消费服务体验。

参考文献

商务部:《中国电子商务报告2017》，商务出版社，2018。

商务部:《中国电子商务报告2018》，商务出版社，2019。

国家统计局:《中国统计年鉴2018》，中国统计出版社，2018。

B.14

2018年中国数字内容产业发展报告

黄楚新　郭海威*

摘　要： 2018年，中国数字内容产业发展向上向好向优，数字出版、数字视听、数字学习、数字娱乐等领域在内容质量、产业规模、惠及人口规模等方面继续呈增长态势。本报告认为2018年该领域的发展特征主要表现在，用户及流量向头部聚集趋势明显，受技术驱动影响，数字内容生态不断发生新变革，产业环境的优化为内容生态建设提供了有效保障。报告提出，数字内容产业面临一些问题与挑战，包括内容不规范现象时有出现、产业普惠程度仍待提高、业态布局合理性不足、变现能力需要提升。报告建议，应从丰富政策供给、强化技术支撑以及鼓励跨域合作等方面综合发力，推动中国数字内容产业持续健康高效发展。

关键词： 数字内容　技术驱动　内容升级　跨域合作

伴随网络强国、数字中国战略加快实施推进，我国数字经济发展正不断迎来新的发展高峰，成果显著。其中，数字内容产业作为数字经济的重要组成部分，近年来保持高速增长势头，尤其受到我国互联网基础设施建

* 黄楚新，博士，中国社会科学院新媒体研究中心副主任兼秘书长，中国社会科学院新闻与传播研究所新闻学研究室主任、传媒发展研究中心主任，研究员（教授），博士生导师；郭海威，中国社会科学院大学媒体学院博士研究生，主要研究领域为新媒体。

设不断完善、通信资费水平下降、城乡居民收入水平提高等因素推动，网民数字内容需求更加旺盛，产业发展环境更加优越，动力更加充足。当前，随着智慧城市、数字乡村建设陆续被提上议程，大数据、云计算、人工智能、AR/VR 等前沿技术应用愈发广泛深入，数字内容产业发展必将迎来更多机遇。

一　2018年中国数字内容产业发展概况

2018 年，中国数字内容产业整体向上向好向优发展，数字出版、数字视听、数字学习、数字娱乐等领域在内容质量、产业规模和惠及人群规模等方面呈继续增长态势①。

（一）数字出版领域

随着传统产业的数字化转型走向深入，数字阅读在我国网民群体中愈发受到欢迎，数字出版领域近年来也实现了快速发展，在不断提高数字出版质量的同时，也为网民提供了更加丰富的数字阅读选择。

从用户规模来看，数据显示，2018 年，我国大众阅读用户规模达到 4.3 亿，较 2017 年增长 14.4%，专业阅读用户规模达到 1417.9 亿，较 2017 年增长 6.7%②。第十六次全国国民阅读调查结果显示，2018 年我国成年国民的数字阅读使用率为 76.2%，比 2017 年增长 3.2 个百分点③。数字阅读用户规模的增长侧面反映出我国数字出版产品与服务供给更加充足，如 2018 年数字阅读内容创作者为 862 万人，较 2017 年增长 78 万人。

① 本报告参照高诚在《数字内容产业内涵界定》一文中对数字内容产业的类别划分与范围界定，将数字内容产业分为数字出版、数字视听、数字学习和数字娱乐四大类，数字出版包括数字报纸、数字期刊、电子图书、数字地图、电子数据库、数字图书馆等；数字视听包括数字广播、数字电视、数字电影、数字音乐等；数字学习包括网络教育、学习内容制作、工具软件、建置服务、课程服务等；数字娱乐包括网络游戏、数字动漫等。

② 中国音像与数字出版协会：《2018 年度中国数字阅读白皮书》，2019 年 4 月。

③ 中国新闻出版研究院：《第十六次全国国民阅读调查结果》，2019 年 4 月。

从阅读规模来看，2018 年我国数字阅读用户人均阅读量达到 12.4 本，较 2017 年增长 2.3 本，人均数字阅读数量增长较快。与此同时，人均单次数字阅读时长也表现出高时长趋势，达到 71.3 分钟①。

从产业规模来看，2018 年我国大众数字阅读产业规模为 233.3 亿元，专业数字阅读产业规模为 21.2 亿元，二者共计较 2017 年实现了 19.6% 的增长，呈现较快的增长趋势。2018 年我国数字阅读产业的融资金额达到 70.3 亿元，较 2017 年增长 12.5 亿元②，可见，数字阅读产业在 2018 年依旧被资本市场所看好。

作为数字出版领域的标志性指标，数字阅读规模的增长直接反映出我国数字出版产业的良好发展态势。

（二）数字视听领域

2018 年，我国媒体发展升级继续提速，媒体融合也不断向纵深推进，以互联网尤其是移动互联网为支撑的新媒体平台成为数字内容尤其是数字视听内容最重要的集散地，且得益于技术赋能，网民群体成为数字视听内容的巨大贡献力量，推动着数字视听产业的快速发展。

中国互联网络信息中心所发布报告显示，截至 2018 年底，我国网络视频用户数量达到 6.12 亿，相比 2017 年增长 5.7%；网络音乐用户规模为 5.76 亿，相比 2017 年增长了 5%；与此同时，短视频领域表现突出，用户规模达到 6.48 亿，网民的使用率达到78.2%③。可见，2018 年数字视听领域用户整体上呈增长态势。但也需要注意到，2018 年的网络直播用户数量较 2017 年有所下降，网络直播在 2018 年进入自我调整阶段。

从行业布局来看，以腾讯、爱奇艺、优酷为代表的第一梯队视频平台收获了绝大多数用户流量，芒果 TV、哔哩哔哩、搜狐视频等第二、第三梯队

① 中国音像与数字出版协会：《2018 年度中国数字阅读白皮书》，2019 年 4 月。
② 中国音像与数字出版协会：《2018 年度中国数字阅读白皮书》，2019 年 4 月。
③ 中国互联网络信息中心：第 43 次《中国互联网络发展状况统计报告》，2019 年 2 月。

视频平台则共同分割剩余10%左右的用户流量，网络视频的格局分布愈发分明[①]。

另外，数据显示，2018年数字视听领域中的网络剧、网络大电影、网络综艺等整体数量较2017年呈缩减趋势，但是其播放量、票房等表现却更加突出，说明数字视听内容生产正在从量向质过渡，如2018年仅前三季度单部网剧的平均播放量就达到7.18亿，较2017年增长30%，尤其是头部和腰部网剧更是收获大批流量[②]。

整体来看，数字视听产业领域在2018年进入提质增效的转型升级阶段，打造精品数字视听内容是赢得用户、收获流量的关键所在。

（三）数字学习领域

数字学习领域主要涉及在线教育领域，2018年，我国在线教育需求依旧保持旺盛状态，同时得益于技术驱动，在线教育的用户体验不断优化，在线教育行业呈现显著增长活力。

一方面，伴随我国居民收入水平不断提高，以及各类人群对知识的需求不断增强，尤其是在各细分知识或技能领域，人们愿意投入更多时间、精力进行学习，在线教育碎片化、轻量化、可选择性等特点使其被认可度和被接受度不断提高，成为人们进行知识学习时的重要选项，有效促进了在线教育消费升级。另一方面，随着人工智能、AR/VR等技术更加深入地被运用到在线教育领域，有力丰富和满足了用户的多样化、差异化的学习体验，同时也弥补了线下教育的弱势与不足，在知识学习过程中赋予用户更多的自主性。

中国互联网络信息中心所发布数据显示，截至2018年底，我国在线教育的用户规模已经达到2.01亿，较2017年增长29.7%，其中手机在线教育更是实现了63.3%的用户规模增长，有1.94亿用户通过手机进行在线学

---

① 中国网络视听节目服务协会：《2018中国网络视听发展研究报告》，2018年11月。

② 中国网络视听节目服务协会：《2018中国网络视听发展研究报告》，2018年11月。

习，可见，移动在线学习越来越受到用户欢迎。与之相对应，在线教育行业也更加重视其产业布局，或主动或被动地进行自我调整以实现升级或上市，如尚德机构、精锐教育、21 世纪教育、英语流利说等均在 2018 年前三季度内实现了上市。与此同时，用户需求的不断增长使在线教育行业愈发受到资本青睐，如作业盒子获得 1 亿美元的融资，一起作业获得 2.5 亿美元的融资，VIPKID、作业帮更是分别获得 5 亿美元的融资，学前收费等商业模式有效保障了投资收益的稳定性和低风险，是在线教育被资本看好的重要原因。

（四）数字娱乐领域

数字娱乐领域主要包括数字游戏、数字动漫等，目前，随着数字娱乐的渗透力和影响力不断增强，其愈发成为数字内容产业的重要组成部分，并持续贡献较大比重。在丰富人们娱乐生活的同时，有效促进和激发了消费活力，推动数字娱乐产业健康快速发展。

在数字游戏领域，中国互联网络信息中心发布数据显示，截至 2018 年底，我国网络游戏用户规模达到 4.84 亿，较 2017 年增长 9.6%，即有 58.4% 的网民都是网络游戏的使用者，用户基数庞大，且保持较快增长。由中国音像与数字出版协会游戏工委和伽马数据共同发布的报告显示，仅在 2018 年上半年，我国游戏产业实际销售收入就达到了 1050 亿元，其中移动游戏产业占比达到 60.4%，为 634.1 亿元，较 2017 年同期增长 12.9%①。与此同时，由《每日经济新闻》和伽马数据共同发布的数据显示，2018 年 IP 改编的移动游戏市场收入达到 908.4 亿元，较 2017 年增加 162.7 亿元②，体现出 IP 在游戏市场中强大的变现能力。

在数字动漫领域，作为数字内容产业的重要垂直细分领域，其整体呈增长趋势，但同样面临挑战。一方面，艾瑞咨询预估，2018 年我国动漫产业

① 中国音像与数字出版协会游戏工委、伽马数据：《2018 年 1～6 月中国游戏产业报告》，2018 年 8 月。

② 《每日经济新闻》、伽马数据：《IP 改编移动游戏价值评估报告》，2018 年 11 月。

总产值或将达到1747亿元，其中在线内容市场规模将达到141.6亿元，相比2017年将实现50%的增长，数字动漫总用户数量方面则达到2.19亿①，为动漫内容生产带来强大的需求动力。另一方面，2018年的数字动漫领域也出现了一定程度的分化现象，头部阵营收获了大多数的用户与流量，后续梯队的动漫平台则共同分割为数不多的剩余用户与流量，由此也导致不同平台在战略投资和布局上的差异化。与此同时，变现能力直接影响到该领域的投融资情况，2018年我国动漫领域共有51起投融资，相比2017年下滑了一半以上，探寻有效的变现模式、提升变现能力是动漫企业或平台当前面临和迫切需要解决的关键问题。

二　2018年中国数字内容产业发展特征

2018年，中国数字内容产业各细分领域呈现蓬勃发展态势，虽然各具特色，但是也呈现出一些共同的发展特征，整体来看，主要体现在以下几个方面。

（一）用户与流量向头部集中，马太效应更加凸显

纵观2018年中国数字内容产业的整体格局，在数字出版、数字视听、数字学习以及数字娱乐领域，头部企业或平台依托其强大的资本优势，除在相关领域内进行全域布局，还将产业链不断向外延伸拓展，产业生态更加完整和可循环。在此情形下，头部内容的规模效应愈发凸显，用户与流量不断向头部集中，而在第一梯队之外的企业或平台由于产业布局能力有限，一部分虽然进行了全链条布局，但是整体实力趋减，另一部分则深耕细分市场以增强核心竞争力，从而最大限度地收获长尾地带的用户与流量。

与此同时，伴随数字内容产业的马太效应持续凸显，头部企业或平台对尾部的并购现象时有发生，从而使其占据更多的市场份额，有效吸引和收获

---

① 艾瑞咨询：《2018年中国动漫行业研究报告》，2018年12月。

更多资源，综合实力和竞争力进一步提升，最终导致强者愈强。但是分化现象并不是绝对趋势，不乏出现米读等新兴平台以行之有效的运营模式来赢得用户与流量，米读作为趣头条的联动平台，通过主打免费阅读模式，加上丰富的内容资源，在短时间内即吸引了大批用户，成为移动阅读领域的一支新锐力量。

由此可见，产业发展无论处于何种阶段，优质内容和有效的运营模式将一直是平台或企业制胜的重要法宝，也是其得以持续发展与升级的关键支撑。

（二）技术驱动作用愈发强化，产业生态发生变革

2018 年，中国数字内容产业继续表现出强有力的生长态势，除了有效的运营模式和布局理念之外，技术力量的驱动作用进一步显现和强化，其在推动数字内容产品与服务发展升级的同时，也在强有力地变革着产业生态与格局。这一局面的形成主要有两点原因，一是国内不断优化的创新环境有效带动和促进了新兴信息技术密集出现并快速迭代升级，这些新兴信息技术随后被数字内容行业迅速感知和捕捉到，并被运用到具体的内容生产与传播实践当中；二是随着网络强国、数字中国建设上升到国家战略层面，党和政府从全局高度为新时代的数字化建设做了周密细致且极具鼓励性的顶层设计与规划布局。在这两大环境的激发激励作用下，技术力量开始愈发频繁和紧凑地介入数字内容行业中，尤其是以大数据、人工智能、AR/VR 等技术为代表，不断创新和重构着数字内容产业生态，为行业发展持续注入新鲜活力。

以 AR/VR 为例，随着技术发展不断趋于成熟，加之应用场景更加丰富，AR/VR 被广泛运用到数字内容产业的各个领域，如在数字出版领域，AR/VR 能够帮助实现虚拟立体展示，在内容的精准呈现、防伪等方面具有绝对优势；在数字视听领域，AR/VR 进一步增强了用户在内容观看过程中的现场感和沉浸感，优化观看体验；在数字学习领域，受到人工智能、5G 等技术加持，AR/VR 为用户带来了全媒体在线学习体验；在数字娱乐领域，

AR/VR 对数字游戏体验的深化尤其深刻，让用户在游戏时能有身临其境的真实感，同时也使游戏的应用场景更为多元。

（三）产业发展环境持续优化，内容生态向上向好

2018 年，数字内容产业所面临的外部综合环境显著优化，对产业的促进作用也明显增强，推动数字内容生态建设继续向上向好发展，从而能够持续向用户输出优质内容产品和服务。

从政策环境来看，2018 年作为全面贯彻实施党的十九大精神的开局之年，同时也是我国实现全面建成小康社会的关键一年，政策激励与管理措施更加完善。一方面，为有效推动网络强国和数字中国建设，党和政府高度重视数字内容行业发展，发布一系列鼓励性措施，如教育部于 2018 年 4 月印发《教育信息化 2.0 行动计划》，旨在推动数字学习资源在更大范围内普及与覆盖，该计划有效促进了在线教育行业发展；另一方面，政策监管也继续趋严趋紧，旨在保障数字内容行业向社会输出更加优质的产品和服务，如国务院办公厅、司法部等相继就校外培训机构监管、促进民办教育发展等印发文件和公开征求意见，这些举措通过强化对数字内容行业的监管和提高准入门槛，有效促进了数字内容产业的健康有序发展。

从技术环境来看，相关信息技术迭代升级，其在数字内容行业中的可嵌入度也持续提升，加之技术使用成本不断下降，因此逐渐被广泛运用到数字内容生产、传播、运用等的全链条中，强劲有力的技术支撑为数字内容产业发展提供着不竭动力，如人工智能技术目前已经深刻嵌入数字内容行业中，在智能识别、智能推荐、场景建构等个性化、智能化服务方面不断优化用户体验。

从社会环境来看，随着我国经济建设持续加快推进，人们对美好生活的向往愈发强烈，在物质需求已经较为丰富满足的基础上，社会对数字内容的需求更加旺盛，这种需求的增长有效促进和带动了数字内容产业的快速发展。得益于我国互联网触网门槛降低，更加充实丰富的数字内容成为人们的日常必需品，尚未被满足的内容需求成为数字内容产业发展的最重要的驱动力。

三 中国数字内容产业当前所面临的挑战

2018年，中国数字内容产业稳中有进，无论是在内容本身，抑或在产业形态、用户体验等方面都表现不俗，但与此同时，低质劣质内容、版权侵权等现象仍有存在，对产业发展造成一定干扰，数字内容在普惠大众方面仍有不足，业态布局以及经营模式亦需进一步探索优化。

（一）内容不规范现象时有出现

2018年，在政府、企业、公众等多方参与下，我国数字内容产业在内容质量方面整体上有所提升，数字内容生态得到完善优化。然而也需注意到，数字内容领域的不规范行为仍时有发生，需加以规范和引导。

在内容质量方面，部分内容生产或传播者唯流量是图，导致一些低质劣质及不良信息在网络中传播，严重危害数字内容生态，其中不乏夹杂非马克思甚至反马克思的意识形态内容，尤其随着全球网络互联互通程度不断提高，一些质疑、诋毁、反对等声音的音量渐高，甚至呈泛滥之势，潜移默化中对网民的价值观造成干扰和误导，威胁主流价值观和主流意识形态安全，应加强警惕。2018年，以网信办等政府部门为主导，多家内容平台积极响应，处罚、关停了一大批违规违法账号，以高压态势整顿治理网络空间内容生态，取得显著效果。

在版权保护方面，2018年数字内容的版权环境依旧不容乐观，维权骑士等发布数据显示，在超过5万名的优质内容创作者中，被侵权作者占41%[①]，侵权形式较以往更加多样化。与此同时，针对网络侵权盗版展开的“剑网2018”专项行动利剑出鞘，查办了一大批侵权盗版的重要案件，有效净化和保护了网络空间的版权环境。

① 维权骑士、鲸版权、士值传媒：《2018年度内容行业版权报告》，2019年2月。

（二）产业普惠程度还有待提高

触网门槛的不断降低使更多民众享受到了互联网所带来的便利，尤其是网络空间中丰富多样的数字内容极大满足了网民的信息需求和对美好生活的向往，然而在此过程中，数字内容产业的普惠程度仍然有限，距离互联网使用的平等化还有较大提升空间。

一方面，受到区域发展水平、居民收入水平、网络使用技能等因素影响，我国仍有规模庞大的未触网人群，中国互联网络信息中心发布数据显示，截至 2018 年底，我国网民规模达到 8.29 亿，互联网普及率为 59.6%，但仍有 4 亿多人口尚未触网。虽然当前网络空间中的数字内容已经非常丰富，这些人却限于无法使用互联网而难以从中受益，这与网民群体形成鲜明对比。网民群体由于能够及时有效接触到网络空间中的海量信息内容，其精神世界不断得到满足，同时也能学习获取大量的知识类、技能类信息，使个人能力不断增强，而未触网人群由于不能及时接触到网络空间中的信息内容，其对社会环境的感知也往往滞后于网民群体，精神生活相对匮乏，同时也难以通过网络获知和学习到有效的知识或技能，两类群体之间的“知沟”不断扩大，群体分化现象将有所加剧。

另一方面，在网民群体中，由于不同个体的触网条件和能力有所不同，因此其对互联网的利用度也不尽一致，加上一些数字内容平台或企业往往在产业布局上向部分地域或人群倾斜，导致不同网民对网络信息的使用度、使用效率及使用效果有所不同。

（三）业态布局合理性仍须优化

2018 年数字内容产业在产业布局上进行了一些调整探索，如以在线教育行业为例，一些综合性学习平台如网易云课堂等进一步丰富拓展其产业链条，致力于满足用户更为多元和个性化的需求，从而有效打造产业闭环。但与此同时，部分细分领域中的企业或平台尚未清晰定位，造成资源浪费、效率不高。

在数字视听领域，2018 年数据显示，第一梯队视频平台集中了绝大多数的网络视频用户和流量，头部平台的优势进一步凸显和强化，从其布局策略来看，已基本形成以视听内容为核心的集数字出版、数字视听、数字娱乐、智能设备等于一体的全域生态布局，产业链条更加完整。相比来看，第二梯队及其后的视频平台在业态布局上呈现出一定弱势，如何依托平台当前自有优势，找准垂直领域持续深耕，从而打造成为细分领域的独角兽是这些平台进行产业布局优化的重要路径之一。

同样，在数字娱乐领域，以网络游戏为例，2018 年在游戏行业中上市企业估值为百亿级的仅有 10 家左右，在市场份额配比上依旧是腾讯和网易遥遥领先，占据近 60% 的市场份额，其他企业市场份额几乎均在 2% 以下，“2 + N” 格局继续延续。在游戏用户方面，移动端用户约 5.5 亿人，PC 端用户约 4.2 亿人，家用终端用户约 0.4 亿人[①]，面对不同用户的差异化条件与需求，探索更为有效的服务机制与模式，是各游戏企业尤其是第二梯队及其后企业抢占更多用户和市场份额的关键所在。

（四）变现模式亟须进一步探索

随着数字内容产业的市场成熟度持续提高，其内容供给和服务策略近年来也在不断调整优化，但作为衡量产业发展效率最核心的指标之一，变现能力依旧是市场中各参与主体的关注重点。

2018 年，中国数字内容产业整体变现模式进一步清晰化、合理化，产业经营渠道更加丰富，模式更加成熟，市场表现整体趋向良好。但是一些细分领域由于尚未探索出有效的商业模式，变现能力依然较弱，尤其在政策监管趋严的背景下，能否做到以优质内容为支撑，找寻有效的盈利路径，赢得市场青睐，关系到企业能否在日趋激烈的市场竞争中立于不败。

以数字动漫产业为例，2018 年我国动画电影在票房和观影人次上均出现下降，其中，票房收入较 2017 年减少了 12.97%，观影人次较 2017 年减

① MobData：《2018 年中国游戏行业研究报告》，2018 年 12 月。

少了10.79%[①]，动画电影市场形势严峻，找寻有效的商业模式来撬动数字动漫产业成为业内普遍关注和思考的重点议题。目前，随着政府补贴模式逐渐退出，加之国外动漫公司开始进入中国市场，用户的内容和消费需求日渐升级，动漫产业的生长环境已经发展巨大变化，必须加快创新探索行之有效的变现模式。在此过程中，优质内容依然是提升变现能力的第一动力，在内容种类、内容价值、技术制作等方面持续发力，将有效助力产出优质动漫作品，为探索更为有效的变现模式提供强有力支持。

四　中国数字内容产业未来的发展趋势

新时代背景下，随着我国经济社会持续发展进步，国家综合实力显著增强，人们对美好生活的追求与愿望更加强烈，尤其是在精神领域的需求目前已经进入高速增长期和爆发期，中国的数字内容产业也日益向更深、更广、更远发展演进。

（一）内容升级带动体验优化和消费升级

面对日益旺盛的用户需求，内容升级的形势愈发紧迫。在内容生产上，无论是用户生产内容，还是专业生产内容，内容质量都将更上新台阶，优质内容依旧是今后数字内容产业取胜的关键；在内容种类上，垂直细分领域是数字内容产业的布局重点，通过不断丰富内容主题，多元化、差异化满足各类用户需求，将助力数字内容产业继续做大做强；在内容形式上，人工智能、大数据、AR/VR/MR等技术不断升级和发展成熟，将被更加广泛有效的嵌入数字内容生产、传播和使用等环节中，如可以通过VR设备实现智能学习、智能演练等。

在内容升级的同时，用户体验和消费亦将同时实现升级。数字内容在生产、传播、呈现、使用等方面将更加智能化，内容的应用场景也将更加多

① 国家电影专资办：《中国动画电影发展报告（2018）》，2019年5月。

元，在此基础上，用户将收获更加个性化、差异化的内容体验。加上人们收入水平提高，其对数字内容的消费意愿也不断增强，愿意在丰富自身精神生活方面进行更多消费，由此助推数字内容产业的消费升级，且用户消费不只局限于内容本身，从内容延伸出的更大范围的产业链条都将是用户消费的重要领域。

（二）细分领域的产业融合继续走向深入

从人类社会发展的趋势来看，行业分工必将越来越细，专业化程度也将越来越高，在数字内容领域同样如此。随着数字内容产业发展愈发成熟，产业内部的垂直细分程度也不断提高，近年来也颇受资本市场青睐，在各细分领域的投资比例不断增加。在今后发展过程中，垂直细分仍是大势所趋，但各细分领域间的产业融合现象也将更加频繁出现，融合层次和深度将继续向深推进。

一方面，垂直细分领域由于其深耕特定产业，导致其产业链条相对较短，辐射范围有限，而不同细分产业之间的共同合作将能够充分发挥各自优势，放大一体效能，如文学、动漫、视频、游戏、音乐以及智能设备等在有效融合的基础上，能够形成以网络视频为核心的全域产业链条，同时也可以从线下开展服务，围绕特定 IP 为用户打造多主题、多形态、多品类的服务体系。

另一方面，在细分产业的优势打造方面，同其他细分产业的有效融合可以实现“集百家所长于一身”，这种借力既能为自我节约成本，同时又能实现双方或多方共赢，从而使细分产业能够更加专注于对自我优势的打造提升，以特有“长板”取胜。

（三）文化“走出去”的内生动力更强劲

随着我国越来越深入地参与到全球化发展进程中，世界各国了解和认识中国的愿望也更加强烈，文化“走出去”战略不仅是为世界了解中国提供一个窗口，更是将中国智慧贡献给全世界。

网络强国、文化强国等作为新时代中国特色社会主义的奋斗目标，在党和政府高瞻远瞩的战略规划和布局下，正一步步向我们靠近。以数字中国建设为抓手，以智慧城市、数字乡村建设为着力点，以数字内容产业发展为重要驱动力，我国数字经济发展势头更加迅猛，为文化“走出去”战略提供了强有力的支撑。

如今，数字内容产业的发展不再仅局限于国内，全球化使其或主动或被动地参与到同世界范围内数字内容产业竞争的大环境中，抓住机遇，不断增强自身实力和竞争力，将不仅为产业发展赢得主动，更将有效推动中国文化走向世界。近年来，我国在数字出版、数字视听、数字娱乐、数字教育等领域走出国门的步伐不断加快，在今后发展过程中，数字内容产业在坚持盈利的同时，应更加肩负起国家和社会责任，助力中国文化、中国精神、中国方案对外输出，以增强中国在世界范围内的影响力和话语权。

（四）移动内容消费将主导未来竞争格局

中国互联网络信息中心发布数据显示，截至 2018 年底，我国有 98.6% 的网民通过手机上网，移动化是互联网未来发展的重要趋势。习近平总书记在主持中共中央政治局第十二次集体学习时强调，要坚持移动优先策略。另外，各项数字内容用户使用数据均显示，移动端是用户进行数字内容消费的主要选择，尤其随着上网更加便利，以及 5G 技术即将全面投入使用，移动互联网的用户与流量规模将更加巨大。因此，未来数字内容产业的竞争格局将主要取决于用户在移动端的内容消费。

目前看来，数字内容产业内相关企业或平台都已加快在移动端的布局，通过便捷接入、丰富内容、优化体验等手段吸引用户与流量。同时，针对移动端的经营模式将有更多探索和创新，其不只是内容的简单搬运和供给，而更多的将是基于用户所处场景和内容使用偏好，向其提供高品质、定制化的内容服务，移动端的内容服务将更加智能化、个性化，其在作为用户和流量主要端口的同时，亦将直接主导对数字内容产业格局的重新划分和建构。

五 多策并举推进数字内容产业健康高效发展

新技术、新需求催生了新趋势、新方向，新业态、新格局急需新思路、新模式，面对愈发多元的产业环境，数字内容产业要实现转型升级和健康高效发展，就有必要在把脉当前产业发展现状的基础上，准确感知其在今后的发展趋势，找寻有效的推进路径，从而确保数字内容产业发展做到蹄疾步稳。

（一）丰富政策供给，坚持引导与规制并重

纵观2018年及以前中国数字内容产业的发展历程，国家政策一直是产业发展演进的重要参考与支撑，同时也是确保产业规范化发展的有效保障。在今后发展过程中，丰富和完善针对数字内容产业的政策供给，对于激发数字内容产业增长动能与活力、推动数字内容产业破局突围极为必要和有意义，具体来看，可以从引导性政策、激励性政策和规制性政策三个方面发力，为数字内容产业向深、广、远发展提供支撑与保障。

在引导性政策方面，要做好顶层设计与规划布局，准确把握和评估数字内容产业发展现状与趋势，并及时上升到政策层面，可按照短期、中期、长期三种框架进行政策规划设计，从而为数字内容产业发展提供引领。在激励性政策方面，要继续创新思路方法，以新观念新逻辑考虑设置有关数字内容产业的激励措施，从而充分激发数字内容产业领域变革的积极性，增强数字内容产业领域的创新活力。在规制性政策方面，要继续完善数字内容产业发展的监管政策，针对数字内容产业发展过程中已经出现或可能出现的一些问题提前制定好相关规制措施，确保数字内容产业向上向好方向推进发展。

（二）强化技术支撑，提高智能化服务水平

已有的信息技术在自我迭代升级中愈发趋于成熟，更具开创性的新技术

也不断涌现，数字内容产业在未来发展过程中，应善于运用技术为自我赋能，进一步强化技术在产业发展升级过程中的支撑作用，将人工智能、大数据、云计算等技术更加广泛深入地运用到数字内容产业的全链条中，建设以技术力量为关键驱动力的智能化数字内容服务供给机制。

在内容生产领域，可以综合运用新兴信息技术来进行信息采集、智能生成、特效制作等多种操作，如通过人工智能、大数据生产的数据新闻等内容已广泛出现，无形中正在重构新闻传播格局与生态，随着技术的处理能力不断提高，其在未来将为数字内容生产带来更多希望与可能；在内容传播领域，数字内容产业应注重推行更加可视化、更具沉浸感的体验方式，尤其是基于用户使用场景的内容传播，将使内容呈现更加智能化；在内容使用领域，应继续强化新兴技术在数字内容产业中的嵌入度和匹配度，推进实现基于物联网的数字内容服务模式。另外，针对数字内容的监管也应继续加大技术投入，充分利用人工智能等技术实现智能识别与审核，确保不恰当的内容不能在网络中进行传播，助力营造清朗的网络空间。

（三）鼓励跨域合作，打造多样化内容生态

在当前的融合传播时代，数字内容的传播渠道愈发多元、形态更加多样、推送更加精准，面对大融合的信息传播趋势，数字内容产业也应及时应变，在内容生产源头上就要为其注入多样化、多元化、差异化的传播基因，注重产业内部及与其他产业之间的融合，开发更能适应新传播环境的数字内容产品，进一步丰富数字内容产业生态，优化用户体验，提升传播效果。

一方面，要鼓励加强数字内容产业的内部合作共建，如以文学 IP 为源头，联合数字视听、数字出版、数字教育、数字游戏等多个领域，对 IP 进行多维度的深度挖掘，打造以该 IP 为核心、辐射多个细分领域的全品类内容生态，形成集网络文学、网络电影、网络剧、网络综艺、网络游戏、网络音乐以及线下文创产业等于一体的产品体系，并形成联动效应，有效放大

IP 价值。另一方面，要鼓励加强数字内容产业同其他产业之间的互利共赢，善于借力，在发展数字内容产业的同时，拉动其他产业的经济增长。如与智能设备等硬件产业之间的合作，在优化提升用户数字内容体验的过程中，能够同时激活和唤起生产制造、电子商务等行业的发展活力，协同推进我国数字经济增长。

B.15
2018年中国新业态发展分析：以“新零售”与“共享单车”为例

刘 倩*

摘 要： 报告以2018年新业态发展的两大典型事件，新零售与共享单车为例，分析新业态发展的主要特点：以消费者为核心，始终围绕消费者需求；结合云计算、人工智能、物联网等新兴信息技术推动发展；新业态重构传统价值链、追求价值链创新。新业态发展趋势，即新业态升级方向也包含三方面：提升智能化体验，追求创新驱动的跨界融合，以及构造更智能、更高效的数字化供应链。新业态发展面临的问题有：资本追逐风口，引发行业内的恶性竞争；盈利模式模糊，经营管理不力，新业态无法持续发展；“伪需求”催生“伪新业态”，是新业态消亡的原罪。依据新业态发展的问题，报告相应提出发展建议。

关键词： 新业态 新零售 共享单车

新业态是指基于不同产业的组合，企业内部价值链和外部产业链环节的分化、融合，行业跨界整合以及嫁接信息和互联网技术所形成的新型企业、商业乃至产业的组织形态。近年来，移动互联网、云计算、大数据等新兴信息技术已在金融、工业、农业、商业、物流、文创、医疗、教育、旅游、餐饮等行业

---

* 刘倩，管理学博士，中国互联网经济研究院助理研究员，主要研究领域为互联网用户行为分析、开放式创新、众包。

催生出多种形式的新业态。发展至2018年，由技术创新催生的新业态市场规模不断扩大，成为引领中国经济增长的重要力量。国际数据公司（IDC）发布《中国公有云服务市场（2018年下半年）跟踪》报告显示①，2018年下半年中国公有云服务整体市场规模（IaaS/PaaS/SaaS）超过40亿美元，其中，IaaS市场增速再创新高，同比增长88.4%，PaaS市场增速更是高达124.3%。中国信息通信研究院发布的《物联网白皮书（2018年）》显示②，截至2018年中期，我国物联网产业总体规模已达1.2万亿元。2018年，中国移动互联网月度活跃智能设备规模增至11.3亿元，1~7月全网网上零售额达47863亿元，同比增长29.3%。按国家统计局最新发布数据，2017年全国“三新”经济增加值为129578亿元，占GDP的比重为15.7%，比上年提高0.4个百分点。

一 2018年新业态发展的两大热点事件

（一）新零售极速扩张

电子商务渗透率的持续提高导致线上流量的红利见底，纯电子商务模式的发展遭遇天花板效应。为突破电子商务的发展瓶颈，业界、学界以及政府开始共同探讨并界定“新零售”这一新兴概念：

> 2016年10月，阿里创始人马云提出：“未来，线下与线上零售将深度结合，再加现代物流，服务商利用大数据、云计算等创新技术，构建未来新零售的概念。”
>
> 2016年10月，小米创始人雷军提出：“新零售就是更高效的零售。我们要从线上回到线下，但不是原路返回，而是要用互联网的工具和方法，提升传统零售的效率，实现融合。”
>
> 2017年3月，阿里研究院提出：“以消费者体验为中心的数据驱动

① 国际数据公司（IDC）：《中国公有云服务市场（2018年下半年）跟踪》，2019年5月6日。

② 中国信息通信研究院：《物联网白皮书（2018年）》，2018年12月12日。

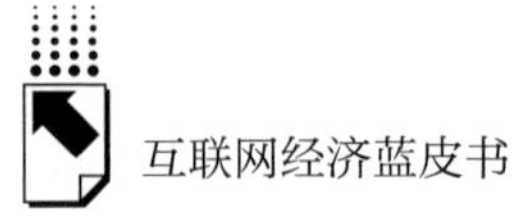

> 的泛零售形态，从单一零售转向多元零售形态，从‘商品 + 服务’转向‘商品 + 服务 + 内容 + 其他’。”
>
> 2017 年 9 月，商务部提出：“新零售是以消费者体验为中心，以行业降本增效为目的，以技术创新为驱动的要素全面更新的零售。”

2018 年是新零售急速扩张的一年，市场竞争日趋激烈，具体表现为如下几点。

1. 推行新零售的企业为率先抢占市场，加快铺设实体门店

仅 2018 年，阿里巴巴旗下的盒马鲜生新开店 86 家，是 2016 年和 2017 年开店总和 23 家的 3 倍多；永辉超市旗下的超级物种开店 46 家，是 2017 年开店 27 家的近 2 倍；步步高旗下的鲜食演绎开店 13 家，与 2017 年持平；盒马 & 大润发旗下的盒小马开店 12 家；苏宁旗下的苏鲜生开店 4 家。另外，美团、宝能、万科、佳兆业、家乐福企业也纷纷推出新零售业态。截至 2018 年底，盒马鲜生全国门店数量接近 110 家，超级物种门店数量达 73 家，成为新零售的典型代表。

2. 新零售涉及的业务大范围扩张，迅速覆盖各行业

2017 年，新零售主要集中于“生鲜新零售、跨境新零售、家具新零售、母婴新零售、便利店新零售以及电子产品新零售”。发展至 2018 年，新零售的范围不断延展，拓展至“商圈新零售、品类新零售、地产新零售、城市新零售、县域新零售、教育新零售、金融新零售、美妆新零售、家政新零售、旅游新零售、零食新零售、酒店新零售以及餐饮新零售”。新零售概念大范围拓展至各行业，繁衍出种类繁多的商业模式。

3. 新零售业务发展出八大业态模式

八大业态模式包含“全渠道、线上线下相结合、新电商、新实体店、无人零售、生鲜、新零售科技和新零售物流”。由创业邦研究中心发布的《2018 中国新零售白皮书》总结了该八大业态模式的特征①，并列举了具体

① 创业邦研究中心：《2018 中国新零售白皮书》，2018 年 12 月 12 日。

的企业示例（见表1）。以全渠道业态为例分析，此种新零售模式具有以下特征：全程、全面、全线；消费者不受时间、消费方式以及空间的限制；采取实体、电商、移动电子商务渠道整合营销。典型的企业示例有盒马鲜生和超级物种等。盒马鲜生是阿里旗下的全渠道生鲜电商平台。超级物种是连锁餐饮零售商、未来超市+餐饮业态服务商。

表1　2018年中国新零售的八大业态模式

新业态	特征	企业示例	企业概述
全渠道	•全程、全面、全线 •消费者不受时间、消费方式、空间的限制 •采取实体、电商、移动电子商务渠道整合营销	盒马鲜生	阿里旗下的全渠道生鲜电商O2O平台
全渠道		超级物种	连锁餐饮零售商，未来超市+餐饮业态服务商
线上线下相结合	•线上线下同品牌、同款、同价、同质量，信息实时同步 •线上选择和支付，线下实体店获取商品和服务 •线下实体店科技化、便利化 •线上购物平台结合线下物流配送	速位	智能点单/取餐工具开发商，主要为快餐业提高中午峰值时段效率
线上线下相结合		万江龙网络	全套商业中心职能化服务的第三方公司，提供智能化技术和数据管理平台
新电商	•全新理念模式和技术驱动 •以顾客需求为动力的主动式转化，更注重与顾客之间的互动	小红书	提供购物信息、分享购物需求和心得的平台
新电商		360商城	一家网络购物的大型网站，和京东商城一起打造中国的360度全方位购物体验、质量保证网络购物平台
新实体店	•技术赋能，改造传统店面，实现数字化运营 •不易受电商渠道影响，线上线下互融互存 •以舒适环境和体验提升人气和流量 •向无界实体零售发展，比如将餐饮、休闲、娱乐、购物等多功能整合到一家实体店	木窄木不	新茶饮品牌，主打水果奶盖茶，以潮、酷、有趣的生活方式为理念，为年轻消费者打造以茶会友的综合性时尚社交空间
新实体店		见福便利店	巷口文化、大众消费、网络节点的综合体，是为顾客与消费者提供安全、快捷、有趣的便利生活方式服务运营商

续表

新业态	特征	企业示例	企业概述
无人零售	•受物联网、人脸识别及移动支付等技术驱动明显 •多形态布局,关注垂直人群的垂直场景 •数字化与智能化管理,实现精准营销 •具有可复制和规模推广性	缤果盒子	全球第一款可规模化复制的24小时无人值守便利店
		考拉便利	办公室无人零售货架运营商,致力于打造企业员工零食福利一站式平台
生鲜	•生鲜消费属于高频刚需品,易消耗并且支出稳定,市场需求大 •生鲜行业的线上与线下零售深度结合,构成生鲜平台的新零售模式	中粮我买网	中粮集团旗下食品平台,依托中粮产业链,提供家庭一站式购物体验
		易果生鲜网	专业的进口生鲜水果食品网络购物平台
新零售科技	•以数据为驱动,在人、商品、供应链等各个环节上进行数字化改革 •助力企业软件系统升级,将所有企业内部系统转化为便捷的云端模式 •新科技来监控市场动态和消费习惯,确定供应链运营策略,加强精细化运营	易商	为电子商务、零售业以及冷链行业提供仓储设施开发及服务
		中集电商	致力于以e为原点的末端智能交付网络的运营,实现快递包裹的无人交付,解决电商物流租后100米交付的痛点
新零售物流	•新零售物流整合物流过程中沉淀的大数据,精准分析物流客户行为 •大数据的引用摆脱流程烦琐的模式,成为全程互联网化的高效便捷 •供应链的完善,实现商流、物流、信息流、资金流的一体化运作	快金数据	通过自建EDI数据枢纽中心,为电商平台、电商ERP、仓储系统、清关公司、跨境电商、快递柜等公司提供系统级发货解决方案
		点我达	“众包式的即时物流平台”,致力于末端即时物流服务,以众包共享模式,为用户提供直接从门到门的快速、准时、可信赖的物品送达服务

资料来源:创业邦研究中心《2018中国新零售白皮书》,2018年12月12日。

（二）共享单车艰难求存

2018 年是共享单车艰难求存的一年。2018 年，共享单车用户规模达 2.35 亿人，增长率为 14.6%。与 2017 年相比，2018 年的用户规模仅仅增长了 0.2 亿人，增长率大幅下跌 617.5%。2017 年，共享单车融资总额达 258 亿元。然而，截至 2018 年底，仅 ofo 和哈啰单车两家企业公布获得融资，分别为 8.66 亿美元和 30 亿元。ofo 的周活跃渗透率从 0.925% 下降至 0.231%，摩拜的周活跃渗透率从 0.903% 下降至 0.226%。2017 年，国内共享单车企业达 77 家，累计投入 2300 万辆共享单车。然而，进入 2018 年，共享单车企业频频出现问题，3Vbike、町町单车、小鸣单车、小蓝单车等多家企业倒闭，还有大批企业面临倒闭危机。

2018 年，摩拜和 ofo 相继出现危机情况。2018 年 4 月，美团收购摩拜，IPO 招股书显示，摩拜于 2018 年 4 月 4 ~30 日获得的骑行收入约为 1.47 亿元，只够弥补运营开支的 1.58 亿元；摩拜的固定资产折旧为 3.96 亿元，无法获得任何补偿，净亏损为 4.07 亿元，每日亏损约为 1500 万元。

ofo 的情况更加不容乐观，具体事件如图 1 所示。2017 年底到 2018 年 1 月，ofo 否定了与摩拜的合并方案，因此失去滴滴与主要投资人朱啸虎的支持。2018 年 2 月，ofo 通过借款抵押的方式，将共享单车作为质押物，换取了阿里巴巴共计 17.7 亿元的融资。3 月，ofo 发布内部反腐败邮件，称自 2017 年底共查处 8 起贪腐事件，涉案金额数百万元，主要涉及职务侵占、倒卖公司财产等违法违规情况。4 月，郑州市城管局对共享单车第一季度的运维管理进行考核，ofo 单车因排在末尾，被削减市场 5000 辆市场配额。8 月底，凤凰自行车起诉东峡大通（ofo 小黄车的运营主体）欠款 6851.11 万元。9 月，因公路货物运输合同纠纷，百世物流已将东峡大通公司起诉至浙江省杭州市滨江区法院。11 月，ofo 出现无法退还押金的情况。12 月底，ofo 收到“限制消费令”：公司及创始人不得坐飞机、软卧等，不能在星级宾馆等场合消费等。另外，ofo 小黄车进一步收缩国际版图，并且进行变现探索，配合管理架构调整以应对财务危机和运营难关。

2017 年底到 2018 年 1 月→ →ofo 否定了与摩拜的合并方案，滴滴与投资人朱啸虎放弃与 ofo 合作

2018 年 2 月→ →ofo 通过借款抵押的方式，将共享单车作为质押物，换取了阿里巴巴共计 17.7 亿元的融资

2018 年 3 月→ →ofo 发布内部反腐败邮件，称自 2017 年底共查处 8 起贪腐事件，涉案金额数百万元，主要涉及职务侵占、倒卖公司财产等违法违规情况

2018 年 4 月→ →郑州市城管局对共享单车第一季度的运维管理进行考核，ofo 单车因排在末尾，被削减市场 5000 辆市场配额

2018 年 8 月→ →凤凰自行车起诉东峡大通（ofo 小黄车的运营主体）欠款 6851.11 万元

2018 年 9 月→ →因公路货物运输合同纠纷，百世物流已将东峡大通公司起诉至浙江省杭州市滨江区法院

2018 年 11 月→ →ofo 出现无法退还押金的情况

2018 年 12 月→ →ofo 收到“限制消费令”：公司及创始人不得坐飞机、软卧等，不能在星级宾馆等场合消费等

2018 年 12 月→ →ofo 进一步收缩国际版图，并且进行变现探索，配合管理架构调整以应对财务危机和运营难关

图 1　2018 年 ofo 经历的负面事件

资料来源：依据互联网新闻报道整理。

二　新业态发展的主要特征

（一）以消费者为核心，围绕消费者需求发展新业态

新业态以消费者为核心，始终围绕消费者的需求出现、发展或调整。特别需要强调的是，这里提出的消费者需求一定是“真需求”，而不是靠烧钱起来的“伪需求”。例如，消费者希望吃到高品质的、快捷的、价格较低的新鲜海鲜，消费者希望能解决通勤路上“最后一公里”的问题。抓住消费者的“真需求”，为满足“真需求”调整业态结构，不断提升品质服务是新业态得以出现、快速发展及持续辉煌的关键。

剖析消费者特征、明确消费者价值定位、抓住消费者的真需求，构建能够深入满足消费者需求的新零售模式。80 后、90 后消费群体作为互联网的

原生居民，追求自然、安逸、亲和力、安全、质量、服务等价值元素。他们的消费意识较强，希望获得尊重和认可，追逐新事物，并且对价格不是特别敏感。盒马鲜生作为“餐饮+超市”的新业态，正是聚焦于新生代的消费者，把握消费者更多样化的、快速迭代的需求，对零售的价值观进行重构，提供到店体验消费与送货上门并行的品质服务。盒马鲜生主打生猛海鲜，让消费者以便捷、高效、低价的方式体验到新鲜的成品。生猛海鲜属于高端消费品，价格高、难料理、对储存环境要求高，使普通消费者难以高频次消费。盒马鲜生以前店后厂、简要加工、现场品尝的方式解决了这些痛点，满足了新生代消费者消费生猛海鲜的需求。并且，盒马鲜生提供快递与夜间服务，全方位地迎合用户需要、激发用户需求。

共享单车是“互联网+交通工具”衍生的新业态，以“方便快捷，低碳环保，租费低廉”满足了消费者“最后一公里”的通勤需求。尽管在共享单车出现之前，多地政府都曾推出公共自行车服务，以解决市民“最后一公里”的出行需求。然而，公共自行车的取车与还车服务必须在停放桩上进行，这就增加了消费者取车与还车的成本。物联网技术的发展，破解了自行车定位、解锁、监管等一系列的难题，使消费者可以自由骑行，十分便捷。提升便捷度抓住了用户的核心需求，因而共享单车在出现初期获得巨大的关注度。然而，共享单车经历快速扩张后，影响用户需求的问题频现，致使共享单车企业逐渐走向衰落。例如，单车质量差，消费者骑行困难；单车无序投放、乱停乱放，影响市容市貌；单车的押金难退，损害消费者权益，降低了消费者体验。

（二）云计算、人工智能、物联网等新信息技术推动新业态发展

新信息技术的发展，例如云计算、人工智能、物联网、大数据、智能机器人、虚拟现实、区块链等，为诸多新业态的出现提供了可能性，并推动新业态持续发展。新信息技术的应用体现在新业态出现、发展以及升级的全过程中，既是新业态得以实现的技术保障，又是新业态模式的创新驱动力。

在零售新业态中，新信息技术通过数据专项分析，对产品的生产、配送、

销售等全链过程进行全新的升级与改造。例如，RFID 技术可自动识别目标对象并获取相关数据信息，可应用于实时掌握货品的动向路径，对偷窃商品进行报警，及时更新盘点数据，追踪店内商品的动态信息等。区块链技术使供应链的各参与方（例如，制造商、分销商、物流服务商、零售商）能够直接、高效、真实地获取到供应链的可信信息，而无须通过信息中介方。人工智能技术可以通过分析庞大的数据，让零售企业能充分利用消费者喜好的相似性，为位置的偏好提供建议。人工智能技术的应用，催生了无人自动便利店、零售机器人、超市智能机器人、无人机空中智能配送服务、零售业社交媒体营销平台、面部识别精准广告、智能虚拟穿衣镜、智能货架等新业态。

物联网技术的发展，解决了公共自行车无法随时随地取车及还车的缺陷，促成了共享单车新业态的出现。单车的智能锁包含了很多“黑科技”功能，例如，卫星定位、远程开锁、防盗报警灯等。摩拜智能锁内置物联卡，通过 2G 网络与云平台进行数据传输，将车辆所在位置（GPS 信息）、车辆当前状态（锁定状态或使用状态）及时反馈给云平台，为用户提供更加完善和精准的大数据支持。ofo 小黄车也逐渐将机械锁升级到智能锁，并推出行业首款 NFC 智能锁，不需要用摄像头扫描二维码，直接用手机触碰车锁就能快速解锁。NFC 智能锁在提升效率的同时，也可以有效避免共享单车二维码被不法分子偷换所导致的诈骗事件。另外，电子围栏技术助力解决共享单车被乱停乱放的问题，为消费者取车或还车建立电子规范。

（三）重构价值链、追求价值链创新促进新业态发展

重构价值链、追求价值链创新是新业态发展的关键增值点。价值链在经济活动中是无处不在的，上下游关联的企业与企业之间存在行业价值链，企业内部各业务单元的联系构成了企业的价值链，企业内部各业务单元之间也存在价值联结。价值链上的每一项价值活动都会对企业最终能够实现多大的价值造成影响。

新零售是对传统零售价值链的变革，是线上、线下、物流以及数据的价值链整合。新零售价值链具有数据驱动、渠道融合、平台管理、客户体验等

特征。数据驱动指数字化赋能，通过大数据分析，提升整个价值链的效率，降低运营成本。渠道融合指线上与线下的一体化。线上、线下出售的商品是同一商品、同一品质、统一价格，线上提供下单、支付等服务，线下则提供配送和体验式服务场景，给消费者提供直观的消费感受。线上线下结合，既能提高消费的交易效率，又能为消费者提供高品质的服务体验。平台管理标准化，有助于新零售整个价值链的标准化。标准化体系的建立，对于促进企业管理和技术进步、提升企业管理水平、提高产品质量和档次，进而增强企业市场竞争力和提高产品市场占有率方面具有极其重要的作用。数字化赋能、线上线下融合、标准化平台管理都以提升客户体验为出发点和最终目标。新零售概念强调体验式消费，价值链的重构均以提升客户体验为标准。

共享单车的价值链十分复杂，纵向是传统自行车行业从生产到回收的全流程，横向是互联网相关的人才整合、运营管理、全球化布局等。共享单车新业态把消费者和共享单车企业、平台运营商、第三方支付服务商、移动网络技术支持成员和后续不断加入的各方投资者连成一个有机整体。共享单车新业态的各个参与主体之间已经不再是单一的价值链，而是构成了一个庞大的、复杂的价值网。在共享单车价值网中，各参与主体之间共享信息资源，共享客户资源，共享市场渠道，共享行业价值。并且，各参与主体之间也互为客户关系，存在交叉的价值链，只有追求整个价值链的最大化，才能实现价值最大化，从而为各参与主体创造价值。共享单车企业的价值链复杂且长，数字化程度低，是共享单车新业态持续发展的主要障碍。

三　新业态的发展趋势

（一）提升智能化体验将是新业态升级的发展方向

提升智能化体验将是新业态升级的发展方向。经过传感器普及，现实世界实现数字化，人工智能也开始广泛应用于安防系统、新零售、智能家居等领域。人工智能技术将线下用户行为轨迹上传，将线上和线下打通，对零售、交通、仓储、物流、教育、医疗、农业、能源、娱乐等传统行业实现巨大提升。

以新零售为例，消费体验中的智能化交互触点包括商品上的条形码、APP 上的付款码、APP 的通知、APP 的订单、叫号大屏、广告活动二维码和礼品卡等。通过找到这些把“人－商品－数字工具－金钱”串联起来的触点，让数字产品承担起线下购物中的助手，甚至承担起智能导购的角色。2018 年，永辉超市将超级物种的广州漫广场店作为试点，开启智慧零售＋无人机配送模式的探索，提升用户消费场景体验。本次配送所用无人机是亿航智能研发的四旋翼物流无人机，飞行速度可达 40 千米/小时，配送半径约 4.5 千米，载重 500 克。据悉，这是国内第一批正式获批的无人机物流配送常态化运行飞行航线。使用无人机进行配送服务，超级物种的生鲜用户从下单到取餐，整个流程将从 30 分钟缩短为 15～20 分钟，可节省 40%～60% 的配送时间，配送成本可降低 50%。

以共享单车为例，智能锁将自行车从传统公共自行车的换车桩解放，搬到云端，用户只需要进行二维码的扫描就能实现借车和还车，从而让人们的出行效率得到提升。便捷智能的体验成为共享单车能够在短时间内被用户接受的关键。在可以预见的未来，共享单车在智能体验上还有很大的发展空间。例如，建立共享单车智能存取库，设置便捷电子围栏，追踪“僵尸单车”等，解决共享单车乱停乱放的问题；利用大数据，推算消费者使用规律，提升共享单车的线上配置效率。

（二）创新驱动的跨界融合将成为新业态升级的发展方向

互联网、移动互联网与传统零售业、金融业、服务业等行业进行纵深跨界融合，衍生出了众多创新性的新业态。其中，涉及娱乐、商务、生活的互联网应用服务多种多样，例如移动支付、位置服务、移动医疗、可穿戴设备、车联网、智能家居、智能交通等。另外，跨界融合模式把线上和线下流量入口整合，进行贯通及高效的数字化运营，通过线下服务的体验引导与线上消费者前置拦截提升融合新业态的综合绩效。

盒马鲜生将餐饮体验引入超市卖场，通过增加餐饮服务、店内代加工提供了更丰富更新鲜的生鲜类购物体验，这有助于提高来店消费者的频次，扩大人群范围。在红孩子母婴店中，商品的销售面积只占一定比重，整个门店更大范围则是构建亲子活动、教育等区域以提高用户体验。北京乐语通讯门店（Funtalk）完全打破传统手机连锁店模式，在手机卖场引进大量娱乐化、互动体验、前沿科技、家庭生活等元素，提供多种功能性、增值性服务。传统书店从运营模式、业态融合、品类创新、主题营造、增值功能等方面进行多元化创新，打破原有商业模式，构建高颜值、体验化、情怀式的新书店。

共享单车作为新业态在发展过程中曾出现过多次跨界融合的成功案例。ofo 与大电影《神偷奶爸 3》合作，推出结合小黄人形象的“大眼萌车”。摩拜单车与唯品会 719 周年庆展开合作，推出唯品会 719 宝箱车。同样的思路，摩拜单车相继与一号店、快乐大本营以及迪士尼合作，推出定制车，为一号店 9 周年庆定制红色摩拜，为快本 20 周年投放“快乐车”，为迪士尼投放“戴蝴蝶结”的米奇米妮单车。在跨界营销基础上，共享单车积极寻求跨行业发展，探讨新的盈利模式。共享单车与旅游业结合，整合景区车辆与景区资源，做成一个以自行车为核心并拥有完整生态圈的休闲社交类垂直电商平台。摩拜单车跨界餐饮业，创建摩拜单车 Wagas 主题餐厅，推出与单车主体契合的标语、装饰、套餐等项目。

（三）更智能、更高效的数字化供应链将成为新业态升级的发展方向

数字化供应链是基于物联网、大数据与人工智能等关键技术，构建的以客户为中心，以需求为驱动的，动态、协同、智能、可视、可预测、可持续发展的网状供应链体系。人工智能与算法是数字化供应链的核心与大脑，帮助企业构建更智能、更高效的数字化供应链。华为、阿里、京东、美的、海尔、富士康等企业引入数字化供应链，为它们的业务带来了巨大的效益。

新经济时代下，消费者需求呈现出个性化、场景化、全渠道等新特征，数字化供应链为新零售满足用户的不确定需求提供了可能性。以盒马鲜生为

例，智能算法已经渗透到盒马选品采购、销售、最后物流履约的全流程当中。盒马鲜生的全链路的数字化由多个智能化系统支撑，智能店仓作业系统不仅知道货位在哪里，任务怎么派，而且还能对不同工种之间进行调动。智能履约集单算法基于线路、时序、客户需求、温层、区块实现最优的订单履约成本，在算法指导下系统把订单串联起来，并且保证串联出最优的配送批次，实现多单配送。智能配送调度系统依据配送员的位置、技能、对商品订单及区域的熟悉度做最优匹配，实现配送效率的最大化。智能订货库存分配系统依据盒马门店的历史销量，依据区域点开页面的次数及页面跳转成交的比例，去达成智能的库存分配。另外，广泛地对商品使用电子标签，将线上和线下的数据同步，线上下单线下有货，后台统一促销和价格，实现供应链全链可视化。

复杂、冗长、数字化程度低的供应链是限制共享单车健康发展的重要因素。一方面，共享单车要连接传统的自行车制造行业，深入自行车的设计、研发、生产、运输、投放、后期维护、废车回收等流程。另一方面，共享单车要利用移动互联网平台连接广大消费者群体，从品牌塑造、广告宣传、促销活动、保留用户、平台运营等各方面发力。此外，共享单车企业的内部管理问题也十分复杂。例如，大量的单车维护与维修人员，由于监控性差等出现怠工、贪腐等问题。共享单车供应链的数字化更多的是体现在互联网平台与用户使用端，单车的生产、维护、回收等传统自行车制造业的数字化程度低。随着工业制造业的发展，更智能、更高效的数字化供应链将成为共享单车新业态发展的升级方向。

四　新业态发展的问题及建议

（一）资本追逐风口，引发行业内的恶性竞争

资本方在新业态发展过程中扮演着双刃剑的角色。一方面，资本的注入为新业态的发展与壮大提供了强有力的支持；另一方面，资本的推动对新业

态而言可能是“揠苗助长”的过程，使其违背自然的发展规律，盲目追求“大跃进式”的快发展。“资本 + 互联网”的发展模式强调快速占领市场，形成垄断，消灭对手，成为行业老大，之后才会考虑服务质量、运营及盈利模式等问题。

在盈利模式模糊的情况下，共享单车企业依靠资本的力量疯狂扩张，完全违背了正常的新业态发展规律。2016 年，共享单车兴起，短短数月，共享单车企业达几十种，出现了“小黄”“小红”“小蓝”“小绿”等多种颜色。2017 年上半年，共享单车企业吸引了上百亿元的投资资金进入市场，大打价格战。例如，ofo 与摩拜的价格战，双方推出了免费骑、红包车、免押金等诸多措施。2017 年下半年，诸多共享单车企业因为资金链断裂，宣告倒闭。2018 年，共享单车企业艰难求存。ofo 被披露公司整体负债 64.96 亿元，出现无法挤兑押金的现象。持续烧钱，盲目扩张，恶性竞争，都是扼杀共享单车的罪魁祸首。

2018 年是新零售急速扩张的一年，出现开店热潮，涉及多种行业，形成多类新业态。作为新零售代表的盒马鲜生，急速扩张，截至 2018 年底已开店 110 家。然而，这并不能说明“餐饮 + 零售”的新业态模式的成功。规模扩大，有可能带来店面的持续亏损。急速发展，也可能无法完全保证产品质量。2018 年 11 月 15 日，盒马鲜生被爆出更换胡萝卜外包装的日期标签，被市场监管局立案调查。京东 7FRESH 的开店速度一再放缓，永辉的超级物种被爆亏损达 10 亿元，并且盒马鲜生也被爆出关闭部分店面。新零售的持续发展，还是要回归产品质量本身，不能一味追求高速发展，大打价格战。

（二）盈利模式模糊，经营管理不善，新业态的持续发展面临困境

新业态作为新事物，在不确定的环境下，清晰的盈利模式与良好的经营管理模式是新业态持续发展的充分必要条件。

共享单车在快速发展的同时，暴露出诸多棘手问题。首先，最主要的问题是缺乏盈利模式，收入来源匮乏。共享单车创立之初，主要有四个收入来

源——押金收入、用户预存收入、骑行收入、广告收入。免押金模式的出现，进一步挤压了共享单车的收入来源。截至2018年底，尚没有共享单车企业宣布实现盈利，并有半数共享单车企业宣布倒闭。另外，退还押金周期过长或无法退还押金。2018年，小蓝单车、酷奇单车、小鸣单车相继出现押金难以退回的现象。2018年6月，ofo小黄车调整了退押金的时间，从原来的1～10个工作日，变为1～15个工作日。

经营管理方面，首先，作为重资本业务，共享单车运营和维护成本过高。据调研，37.3%的用户遇到共享单车质量问题，并且质量问题多集中在坐垫损坏以及车把、铃铛、车头损坏，分别占43.5%和43.0%。一些恶意行为，如损坏二维码、私占车辆、损坏车辆等，不仅使共享单车无法“共享”，更给运营企业和相关管理部门带来了困扰。其次，共享单车无序投放，乱停乱放，严重影响城市交通和形象。截至2017年9月，一线城市北京、上海、广州、深圳，以及二线城市武汉、杭州、福州、郑州、南京等共12个城市先后发布通知暂停共享单车的新增投放。乱停乱放问题较为突出，致使多个小区贴出“共享单车禁止入内”的标语。最后，骑行安全问题凸显，事故责任难以判别。引发安全事故的原因复杂，例如共享单车发生故障，本身质量有问题，或者骑车人未满12周岁，不满足骑行条件，或者用户自身使用不当，没有遵守交通规则，涉及多个主体，事故责任难划分。

（三）“伪需求”催生“伪新业态”，是新业态消亡的原罪

“伪需求”是伪新业态出现的前提。创业者“发明”一个又一个的跨界业态，以为是发现新大陆，实际上却是一片死海。“伪需求”的极度放大催生“伪新业态”，然而很多时候对于需求的极度放大也有可能是一种假象，用户以为自己有需求，但实际上这可能是用户一种尝鲜的需求，而不是一种刚性的需求。创业者经常盲目地把尝鲜需求与刚性需求画等号，极大地放大用户的尝鲜心理。

以餐饮零售业为例，“泡面小食堂”“健身餐或月子餐”“早餐外卖”“奢侈品豆浆油条”，这些“伪需求”只是在某种情况下，吸引了消费者的

目光，尝鲜过后很难维持客源。伪需求的一大特点是消费频次低。早餐是刚需，但早餐外卖却成为伪需求。早餐外卖的客户分散，客户量小，消费频次低，难以支撑其持续发展。以共享经济为例，随着共享单车的火爆，共享充电宝、共享雨伞、共享包包、共享衣服等层出不穷。充电宝、雨伞等是在某种特定情境下部分人的个性化需求，难以形成规模；包包和衣服等私密性物品的共享性更低，不符合高阶层女性的生活习惯。以O2O为例，上门洗车/保养、上门送药、上门美业、上门家教等一系列便捷服务，虽然也是用户的需求，却不是刚性需求。离开资本的支持，很难沉淀用户，获得长期发展。以智能硬件为例，智能化水杯，兼具听歌、打电话、提醒喝水等功能，实际上多项功能的杂糅并不能起到用户体验相加的效果。

参考文献

国际数据公司（IDC）：《中国公有云服务市场（2018年下半年）跟踪》，2019年5月6日。

中国信通院：《物联网白皮书（2018年）》，2018年12月12日。

创业邦研究中心：《2018中国新零售白皮书》，2018年12月12日。

治理创新篇

Governance Innovation Reports

B.16 2018年互联网经济政策法规综述

闫德利　李家琳 *

摘　要： 互联网经济衍生出不同创新形态，对监管治理提出严峻的挑战。本报告通过梳理2018年党中央和地方政府颁布的各项法规政策发现，在基础层面上，互联网安全、新媒体信息内容和网络基础设施等领域受到政府重视；在行业层面上，数字经济、电子商务、工业互联网、人工智能等领域开始成为我国互联网政策立法关注的热点方向，制造业和新零售领域得到政府监管的重点关注。但现有法规政策仍然存在诸多局限性，未来还需要政府加强引导，完善相关政策体系。

关键词： 互联网经济　政策法规　平台治理

* 闫德利，硕士，腾讯研究院高级研究员，主要研究领域为数字经济；李家琳，硕士，中国信息通信研究院信息化与工业化融合研究所工程师，主要研究领域为数字经济。

互联网经济是依托信息网络，以信息、知识、技术等为主导要素，通过经济组织方式创新，优化重组生产、消费、流通全过程，提升经济运行效率与质量的新型经济形态①。近些年伴随着大数据、云计算和人工智能等网络技术的进步，以及信息化基础设施建设的完善，互联网经济的外延逐步扩大，多个新型领域正在形成。究其源头，互联网经济是由“互联网+”概念演变而来的，是互联网在与传统行业深度融合中形成的新经济形式，进而推动传统经济领域的繁荣发展。其中，互联网是基础，在这种新经济形式中发挥着引领性的作用。2018 年，我国互联网和相关服务业保持平稳较快增长。在物联网、大数据、云计算等信息技术和资本力量共同催化作用下，互联网行业业务不断创新拓展，共享经济、数字支付、跨界电商等新兴业态逐渐发展壮大，激发居民消费需求加快升级，对经济社会发展的支撑作用不断增强。根据中国互联网络发展状况统计调查，2018 年我国网络购物用户规模达6.10 亿，较2017 年底增长14.4%，占网民整体比例达73.6%。网络支付用户规模达6.00 亿，较2017 年底增加6930 万，使用比例由68.8%提升至72.5%。社交电商等新玩法的出现，也让电商领域增添新活力。电子商务交易额快速增长，网络零售额连续六年稳居世界第一。

由于互联网经济发展迅猛，宏观背景逐渐复杂化，这让互联网经济发展风险与机遇并存。一方面，现有的监管政策和法律法规开始面临新的挑战，另一方面，经济活动的深刻变革也会推动现有法律、政府监管方式以及政策规划进行创新。如何保障新兴商业活动健康有序地开展，从而为互联网经济的运行保驾护航，成为目前立法的重要议题。

互联网是治理监管的核心。自党的十八届四中全会提出《中共中央关于全面推进依法治国若干问题的决定》以来，依法治网纲领实施成果显著。统计数据显示，截至2017 年5 月，与网络信息相关的法律及有关问题的决定51 件、国务院行政法规55 件、司法解释61 件，专门性的有关网络信息

① 参见孙宝文等《互联网经济：中国经济发展的新形态》，经济科学出版社，2014。

的部委规章132件，专门性的有关网络信息的地方法规和地方性规章152件，至今已初步形成了覆盖网络运行安全、网络数据安全、网络内容管理、个人信息保护、网络资源管理、网络行业管理、电信服务管理、电子商务、网络侵权、网络犯罪等领域的网络法律法规体系①，新兴商业模式相关政策也在逐步跟进，但仍存在领域的空白。报告通过梳理2018年发布的各项政策法规发现，数字经济、电子商务、工业互联网、人工智能等领域各项法规开始跟上，成为我国互联网政策立法领域的热点问题，政府积极出台相关法律和政策，探索创新性解决路径。

一　发展情况

纵观2018年国内互联网经济相关立法项目，设计框架清晰，围绕主题明确，涵盖范围丰富。核心目的仍然是促进互联网经济有序发展，基础层面上保障互联网安全、信息服务以及信息资源等顶层架构建设完善，行业层面上广泛考虑以互联网媒介融合各个经济领域的经济活动。

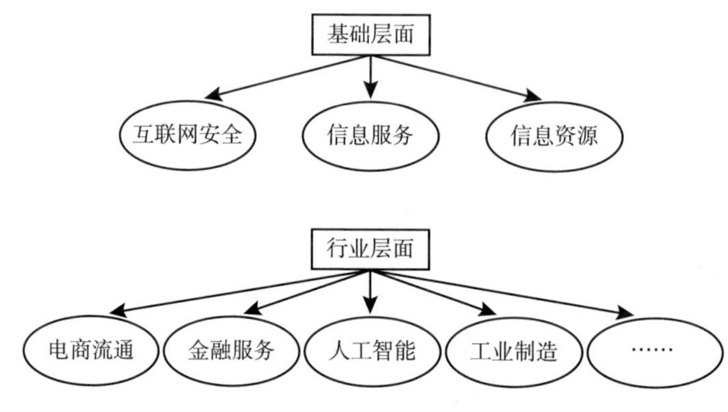

图1　互联网经济政策法规分类

① 李欲晓、邬贺铨、谢永江：《网络安全法律体系的构建与发展》，《网络传播》2018年第2期。

（一）中央高度重视互联网经济立法

1. 互联网安全领域

随着网络信息技术快速应用，网络安全问题处于重要位置，而有法可依是依法治网的前提。相比 2017 年，2018 年互联网安全立法更多由公安机关等部门提出。9 月，公安部编制《公安机关互联网安全监督检查规定》。根据规定，公安机关应当根据网络安全防范需要和网络安全风险隐患的具体情况，对互联网服务提供者和互联网使用单位开展监督检查。规定作为公安机关在《网络安全法》等互联网安全领域的执法程序规章，明确了公安机关执法的职责权限，以及企业配合公安机关执法的权力和义务。11 月，公安部相继制定《具有舆论属性或社会动员能力的互联网信息服务安全评估规定》，加强对具有舆论属性或社会动员能力的互联网信息服务和相关新技术新应用的安全管理，规范互联网信息服务活动，维护国家安全、社会秩序和公共利益。以上规定明确提出将由公安机关等部门严格执法，排查具有安全隐患的互联网信息服务，从中央层面上更加重视互联网安全的防范工作。总体而言，虽然国家在互联网安全立法方面不断推进，但我国网络安全法律资源仍远远不能适应网络安全和信息化建设的进程，满足社会公众对健全法律体系、保障自身权益的需求，后续仍需加强完善。

2. 信息服务领域

中央层面更加注重网络平台上信息内容的整治规范。2018 年 2 月，国家工商总局制定出台《工商总局关于开展互联网广告专项整治工作的通知》，加强互联网广告事中事后监管，紧紧围绕事关广大群众人身财产安全的重点领域，严肃查处虚假违法互联网广告，切实维护互联网广告市场秩序。当月，中央网信办编制发布《微博客信息服务管理规定》，基于使用者关注机制，以简短文字、图片、视频等形式实现信息传播、获取的社交网络服务制定统一的管理规定。11 月，中央网信办又编制《具有舆论属性或社会动员能力的互联网信息服务安全评估规定》的文件，该规定明确了具有舆论属性或社会动员能力的互联网信息服务的具体情形，在信息服务功能、服务范围、软硬件设施、安全管理制度和技术措施落实、风险防控等方面，要求各互联网信息服务提供者自行或者委托第三方开展安全评估，并将安全评估报告通过全国互联网安全管理服务平台，提交所在地地市级以上网信部门和公安机关。以上对互联网上信息发布的内容给予引导，旨在构建文明和谐的网络社区，塑造健康有序的信息环境。

3. 信息资源领域

工信部非常重视信息基础资源的建设与完善，2018 年 5 月制定《关于深入推进网络提速降费加快培育经济发展新动能 2018 专项行动的实施意见》，进一步提升信息通信业供给能力，补齐发展短板，优化发展环境，促进数字经济发展和信息消费扩大升级，有力支撑经济发展新旧动能转换。

在行业层面上，各个部委均积极响应国家号召，落实网络强国发展战略，在电商流通、金融服务、交通出行、民生健康、人工智能、工业制造等方面的法规政策不断完善，权责范围逐渐清晰。

4. 电商流通

国务院不断推进快递物流转型升级、提质增效，促进电子商务快速发展。2018 年 1 月制定《国务院办公厅关于推进电子商务与快递物流协同发展的意见》，7 月印发《国务院关于同意在北京等 22 个城市设立跨境电子商务综合试验区的批复》，着力在跨境电商企业对企业（B2B）方式相关环节的技术标准、业务流程、监管模式和信息化建设等方面先行先试，探索跨境电商发展新经验、新做法。11 月，商务部等七部门制定《关于完善跨境电子商务零售进口监管有关工作的通知》，做好跨境电子商务零售进口（以下简称跨境电商零售进口）监管过渡期后政策衔接，促进跨境电商零售进口健康发展。国家通过相关政策文件旨在提高商品的交易效率，深化供给侧改革，保证商品在流通过程的公开透明。

5. 金融服务

为全面贯彻落实党的十九大精神，充分发挥资本市场在资源配置中的重要作用，规范和促进网信企业创新发展，推进网络强国、数字中国建设，中央网信办、中国证监会于 2018 年 3 月印发《关于推动资本市场服务网络强国建设的指导意见》，从而推动网信事业和资本市场协同发展，保障国家网络安全和金融安全，促进网信和证券监管工作联动。5 月，中国人民银行出台《互联网黄金业务暂行管理办法（征求意见稿）》，中国证监会、中国人民银行发布《关于进一步规范货币市场基金互联网销售、赎回相关服务的指导意见》，对互联网黄金业务和货币市场基金加以规制，切实防范风险，促进规范发展。

6. 交通出行

作为一种新生事物，网约车尚未被完全纳入现有的监管框架中进行治理，长期处于政府监管的灰色地带。顺风车有很强的社交属性，容易诱发乘客安全问题，同时网约车的数量剧增还带来城市交通拥堵和环境污染问题。为加强推进网约车的健康发展，2018 年 8 月 31 日，交通运输新业态协同监管部际联席会议决定，由交通运输部等十部门自 9 月 5 日起对滴滴等网约车顺风车平台企业进行为期半个月的全面安全专项检查。2018 年 9 月 10 日，交通运输部办公厅和公安部办公厅联合发出《关于进一步加强网络预约出租汽车和私人小客车合乘安全管理的紧急通知》，要求 2018 年 12 月 31 日前在全国范围组织开展打击非法从事出租汽车经营的专项整治行动，“全面清退不符合条件的车辆和驾驶员，并基本实现网约车平台公司、车辆和驾驶员合规化”。2018 年 11 月 28 日，交通运输部等联合检查组成员单位召开网约车顺风车进驻式安全专项检查工作新闻通气会，通报了检查中发现的突出问题和安全隐患，并要求滴滴公司等网约车平台公司限期整改，加快平台内车辆和驾驶员的合规化进程，配合政府部门完成数据对接和合规监管。

7. 人工智能

工信部较重视人工智能等技术的创新，希望提升制造业智能化水平，推动人工智能和实体经济深度融合，印发《促进新一代人工智能产业发展三年行动计划（2018～2020 年）》，全面部署人工智能产业发展相关工作。11 月又发布《新一代人工智能产业创新重点任务揭榜工作方案》，旨在用“揭榜挂帅”的工作机制，突破人工智能产业发展瓶颈，树立领域标杆企业，培育创新发展的主力军，加快我国人工智能产业与实体经济深度融合，促进创新发展。

8. 民生健康

国家逐渐关注互联网融合民生健康领域，2018 年 4 月，国务院制定《国务院办公厅关于促进“互联网 + 医疗健康”发展的意见》，旨在提升医疗卫生现代化管理水平，优化资源配置，创新服务模式，提高服务效率，降低服务成本，满足人民群众日益增长的医疗卫生健康需求。在网络食品安全领域也开始出台相应法规政策，国家食品药品监督管理总局制定颁布的《网络餐饮服务食品安全监督管理办法》将于 2018 年 1 月 1 日正式实施，包括立法宗旨，适用范围，网络餐饮服务交易第三方平台提供者、通过第三方平台和自建网站提供餐饮服务的餐饮服务提供者义务，监督管理以及法律责任等内容，加强了网络餐饮服务食品安全监督管理。除此之外，国家还将民生就业问题放在重要位置，9 月，国家发展改革委等 19 部门印发《关于发展数字经济稳定并扩大就业的指导意见》，多方面提供保障，缓解数字人才供给缺口大、适应劳动者流动性和就业方式多样化的就业服务及用工管理制度有待完善等问题。

9. 工业制造

作为新一代信息技术与制造业深度融合的产物，工业互联网成为 2018 年最大趋势之一，IDC 数据显示，2020 年的中国工业互联网市场规模可达 1275 亿美元，2015 ~2020 年年均复合增速约 14.7%，该领域呈现集中增长的趋势。工信部部长苗圩于 2018 年工业互联网峰会上表示，工信部将统筹推进工业互联网发展的“323”行动，2018 年成为中国全面实施工业互联网建设的开局之年，开启三年（2018 ~2020 年）起步行动，相继发布《工业互联网 APP 培育工程实施方案（2018 ~2020 年）》《工业互联网发展行动计划（2018 ~2020 年）》《工业互联网专项工作组 2018 年工作计划》《工业互联网平台建设及推广指南》《工业互联网平台评价方法》，计划打造资源富集、多方参与、合作共赢、协同演进的工业互联网平台应用生态。

（二）地方立法积极跟进

2018 年，为贯彻落实中央政策，各个省份也在积极推进互联网经济法规政策制定工作，并取得初步进展。基础层面，西部地区在信息消费、数字经济等领域重点发力，贵州省接连制定《省人民政府关于印发贵州省实施“万企融合”大行动打好“数字经济”攻坚战方案的通知》《省人民政府办公厅关于进一步扩大和升级信息消费的实施意见》，陕西省也印发《陕西省人民政府办公厅关于进一步扩大和升级信息消费持续释放内需潜力的实施意见》。东部地区则强调网络市场环境的系统性监管，天津市商务委和网络市场监管部门同时印发《天津市商务系统2018网络市场监管专项行动（网剑行动）方案》的通知和《天津市网络市场监管部门联席会议关于印发2018网络市场监管专项行动（网剑行动）方案》的通知，旨在营造诚实守信、公平竞争的网络市场环境，促进网络市场健康有序发展。

行业层面上，地方政策主要集中于医疗健康、电商流通、工业互联网、人工智能等领域。医疗健康方面，天津市、河北省、福建省、广西壮族自治区、吉林省、河南省、湖北省、湖南省、四川省等地均出台《促进“互联网+医疗健康”发展的实施意见》，上海市食品药品监督管理局发布《关于贯彻执行医疗器械网络销售监督管理办法》有关事项的通知，广东省、山西省两地人民政府印发制定《促进“互联网+医疗健康”发展行动计划（2018~2020年）》。电商流通方面，辽宁省、江苏省人民政府均出台《关于推进电子商务与快递物流协同发展实施方案》，辽宁省、陕西省相继发布《关于印发中国（沈阳）跨境电子商务综合试验区实施方案的通知》和《关于印发中国（西安）跨境电子商务综合试验区实施方案的通知》。工业互联网方面，北京市、天津市均发布《工业互联网发展行动计划（2018~2020年）》，河南省印发《河南省智能制造和工业互联网发展三年行动计划（2018~2020年）的通知》，青海省发布《关于深化“互联网+先进制造业”发展工业互联网（2018~2020年）的实施意见》。天津市、福建省、广东省、山西省、重庆市、安徽省、宁夏回族自治区、河北省均出台《关于深化“互联网+先进制造业”发展工业互联网的实施意见》。

除此之外，湖南省印发《深化制造业与互联网融合发展的若干政策措施的通知》，天津市、上海市松江区推出工业互联网相关财政配套的规定，福建省人民政府办公厅发布关于加快全省工业数字经济创新发展的意见。

人工智能方面，天津市印发《天津市新一代人工智能产业发展三年行动计划（2018～2020年）的通知》，上海市推出《闵行区推动新一代人工智能产业发展的实施意见的通知》和《杨浦区促进新一代人工智能及大数据产业发展的若干意见的通知》，广东省、广西壮族自治区、吉林省均发布《关于贯彻落实新一代人工智能发展规划的实施意见》，贵州省发布《关于促进大数据云计算人工智能创新发展加快建设数字贵州的意见》。

二　互联网经济政策法规发展特点

通过梳理相关法律法规，报告分别从基础层面和行业层面上总结2018年互联网经济政策法规的发展特点。

（一）基础层面特点

1. 严格互联网安全监管手段

根据国家信息安全漏洞统计平台的数据，2018年共计13957个漏洞被曝光。互联网安全出现重大隐患，各方面越来越需要有法可依、有据可查。2018年国内在行业安全服务、网络安全技术、数据安全管理等领域出台一系列配套政策法规，强化网络域名、基础设施、应用融合方面的安全监管，加大网络安全综合治理力度。如《公安机关互联网安全监督检查规定》赋予公安机关更大的监管监察权限，明确指出依法处置不合法的情形要求，从而提高识别和处理破坏网络与信息安全行为的可能性，有利于网络安全责任准确落地。同年出台的《具有舆论属性或社会动员能力的互联网信息服务安全评估规定》也明确了具有舆论属性或社会动员能力的互联网信息服务的具体情形，并在信息服务功能、服务范围、软硬件设施、安全管理制度和技术措施落实、风险防控等方面，要求各互联网信息服务提供者自行或者委托第三方开展安全评估，并将安全评估报告通过全国互联网安全管理服务平台，提交至当地网信部门和公安机关。由此可以看出，2018年国家在推进互联网安全监督管理工作上趋向法制化、规范化，更加注重互联网经济的安全基础，严格安全监管手段方式。

案　例①

2018年1月11日，工业和信息化部信息通信管理局针对媒体报道相关手机应用软件存在侵犯用户个人隐私的问题，约谈了北京百度网讯科技有限公司、蚂蚁金服集团公司（支付宝）、北京字节跳动科技有限公司（今日头条）。信息通信管理局指出，对照《网络安全法》、《全国人民代表大会常务委员会关于加强网络信息保护的决定》、《电信和互联网用户个人信息保护规定》（工业和信息化部令第24号）有关规定，三家企业均存在用户个人信息收集使用规则、使用目的告知不充分的情况，要求三家企业本着充分保障用户知情权和选择权的原则立即进行整改。

网络运营者、网络产品或者服务的提供者均可能成为行政处罚的对象，报告提到的上述案例中，工业和信息化部信息通信管理局约谈的三个公司，或都存在因侵害个人信息而受到《网络安全法》第六十四条规定的行政处罚的可能，但各个案例中对于个人信息的侵犯程度明显不同，实际处罚可能涉及的多个问题也有待明晰。例如，根据《网络安全法》的有关规定，国家网信部门、电信主管部门、公安部门和其他有关机关在各自职责范围内负责网络安全保护和监督管理工作，但《网络安全法》第六十四条规定“有关主管部门”可以作出行政处罚，具体由何等级别的哪个行政主体进行处罚，目前尚不明确。又如，侵犯个人信息的程度、危害结果等因素，对于实际处罚结果有何影响，亦尚不明确。针对这种模糊性，企业不能掉以轻心，反之，应当严格遵守个人信息保护的相关规定，避免遭受“有关主管部门”作出的任何行政处罚。

2. 集中整顿互联网新媒体信息内容

为推动微博等新媒体服务健康有序发展，国家互联网信息办公室在2018年2月2日发布《微博客信息服务管理规定》，管理范围包括微博客服务提供者主体责任、真实身份信息认证、分级分类管理、辟谣机制、行业自

---

① 王维众、严静安、杨通梅：《经典案例回顾丨一窥企业违反〈个人信息安全规范〉的潜在法律责任》，2018年4月27日。

律、社会监督及行政管理等条款。新规定要求提供互联网新闻信息服务需要有相关资格证明，还要加强实名认证管理，要求对账号实施分级分类管理并报备案，即拥有更多关注度的账号将会承担更多的法律责任和社会责任。这是互联网法治成果运用到微博客的具体化体现。

《工商总局关于开展互联网广告专项整治工作的通知》则是互联网法治监管应用到广告领域的体现，以社会影响大、覆盖面广的门户网站、搜索引擎、电子商务平台、移动客户端和新媒体账户等互联网媒介为重点，集中整治社会影响恶劣、公众反映强烈、危害人民群众人身财产安全的虚假违法互联网广告。此次整治工作通知旨在加强互联网广告事中事后监管，强化导向管理，严格监管执法，切实维护互联网广告市场秩序，保护消费者合法权益。

案　例①

进入4月，短视频领域迎来强监管风暴。先是网信办约谈“快手”“火山小视频”，责令全面整改；再是国家新闻出版广电总局责令今日头条永久关停“内涵段子”，要求全面清理类似视听节目产品；随后，网信办会同工信部、公安部、文化和旅游部、国家新闻出版广电总局、全国“扫黄打非”办公室等五部门，开展网络短视频行业集中整治，依法处置19家网络短视频平台。2018年，短视频迎来爆发式发展，伴随狂飙突进，短视频内容也呈现出泥沙俱下的态势，低俗化、同类化、恶趣味等内容的价值维度遭受拷问，鼓吹算法推荐而没有价值观，加重乱象丛生、竞相比差的态势。当监管袭来，短视频行业整顿成为常态，相比以往以约谈、短暂下架，如今的永久下架将形成震慑。这也敦促短视频平台应承担起内容审核责任，营造优质内容生态，同时也警示平台，不能只要价值，不要价值观，产品不能沦为算法的“奴隶”。

3. 深入推进网络提速降费

为进一步提升信息通信业供给能力，补齐发展短板，优化发展环境，促

---

① 北京大学法治与发展研究院：《2018互联网十大法律风险事件》，2019年1月13日。

进数字经济发展和信息消费扩大升级，有力支撑经济发展新旧动能转换，工业和信息化部、国资委出台《关于深入推进网络提速降费加快培育经济发展新动能2018专项行动的实施意见》，决定组织实施深入推进网络提速降费、加快培育经济发展新动能2018专项行动。在政策的推动下，2018年三大运营商发布的数据显示：中国移动完全取消了流量漫游费用，移动互联网流量单价同比下降61%，国际漫游流量平均单价下降50%，互联网专用线平均单价下降23%，截至2018年11月，中国电信的固定宽带单位带宽价格较2017年底下降了40%以上，中小企业的宽带和租用线路电价不断降低，全国手机流量漫游费已经完全取消，而手机流量单价已经下降了60%以上。中国联通完全取消了全国移动互联网流量的漫游费用。移动流量平均单价较2017年底下降57.4%，家庭宽带资费下降41%，互联网专用资费下降10%，国际语音和数据漫游资费分别下降44%和75%。在专项行动的要求下，网络基础环境得到全面优化，极大便利丰富居民的网络经济生活。

4. 数字经济领域法规实现突破

随着数字经济蓬勃发展，数字经济领域就业加速增长，新就业形态不断涌现。但数字人才供给缺口大、适应劳动者流动性和就业方式多样化的就业服务及用工管理制度有待完善等问题仍较突出。《关于发展数字经济稳定并扩大就业的指导意见》就在这样的背景下应运而生，意见主要从加快培育数字经济新兴就业机会、持续提升劳动者数字技能、大力推进就业创业服务数字化转型、不断完善政策法律体系等四个方面出发，提出要推动数字产业发展壮大，拓展就业新空间；促进传统产业数字化转型，带动更多劳动者转岗提质就业；激发数字经济创新创业活力，厚植就业增长沃土；强化数字人才教育和数字技能培训，缓解结构性就业矛盾；做大做强服务孵化平台，促进数字经济创业带动就业等政策措施。以数字经济为主题的规定出台，更加强调数字经济等新模式新业态在实现经济社会转型发展过程中的重要地位，也逐渐聚焦在就业等宏观经济发展重要方面，切实解决数字经济蓬勃发展阶段出现的民生问题。

（二）行业层面特点

1. 行业监管政策趋于多元化和系统性

随着互联网与其他行业的不断融合发展，不断推动技术进步、效率提升和组织变革，提升实体经济创新力和生产力，形成更广泛的以互联网为基础设施和创新要素的经济社会发展新形态。在科技革命和产业变革的影响下，“互联网＋”具有广阔前景和无限潜力，正对各国经济发展产生影响，成为不可阻挡的潮流趋势，同时也逐步推动“互联网＋”领域监管政策创新。作为新兴行业，互联网行业的监管法律法规尚处于逐步建立健全的过程中，至2018年，如大数据、人工智能、数字经济、网络借贷、共享服务等领域都已出台政策保障措施，逐步形成系统化监管模式。

2. 制造业行业政策扶持力度大

进入2018年，工业互联网相关政策更是持续加码，从年初的政府工作报告到年末的中央经济工作会议，国家和地方无不在加大工业互联网决策部署的力度和速度。在中央层面政策的推动下，上海、北京、天津、浙江、江苏、广东、山东、河南、吉林、四川、陕西、福建、安徽等主要制造业省市陆续出台一系列旨在加快工业互联网应用的产业发展政策，以此推进互联网和先进制造业融合发展，加速制造业转型升级步伐，预计后续还将有更多地方加入支持工业互联网发展的行动中。

3. 新零售监管迎来春天

2017年开始，各大互联网巨头、创业企业纷纷在互联网经济新模式上进行尝试探索，尤其是在跨界超市、生鲜社区店、B2B杂货店、体验式专业连锁、无人零售等多个领域产生一些落地的成果，行业的活力明显增强。作为全国新零售建设领先城市，杭州市政府出台《关于推进新零售发展（2018～2022）若干意见（征求意见稿）》，拟推进实体商贸零售行业的新零售转型。同时，杭州市每年将安排1亿元新零售发展资金扶持该行业发展，主要用于传统商贸零售企业的新零售提升改造，以及线上龙头企业与传统商贸零售企业的合作项目。《关于推进新零售发展（2018～2022）若干意见》

里边的高频词统计如下[①]：新零售 47 次，服务 20 次，线上 17 次，线下 16 次，电商 15 次，消费 14 次，体验 14 次，扶持 14 次，系统 13 次，龙头企业 10 次，转型 7 次，升级 7 次，智能收银 7 次，创新 6 次，智慧 6 次，餐饮 6 次，配送 5 次，融合 4 次。通过这些关键词可以看出，新零售模式的推进方向主要体现于促进线上线下融合、改善消费用户体验、智能化发展等。线上线下融合有助于打破电子商务和传统零售之间的信息孤岛，从而使两种零售业态保持独立却不孤立。其次，这种注重消费体验的零售方式，迎合了用户需求，也回归零售的本质。通过新技术手段和新运营理念实现零售智能化，从而进一步提升经营效率、降低管理成本。在率先出台的政策文件指导下，新零售将实现有序健康发展。

4. 行业监管政策的国际化趋势日益强烈

现今互联网领域从基础设施搭建、标准制定、行业应用到监管治理各方面都会涉及国际化内容。随着“一带一路”倡议的深入，互联网行业监管政策也将融合国际规则，近些年的政策文件也逐渐显现这个趋势，重点方向是提高网络全球辐射能力，完善我国国际通信网络的总体架构和出入口布局，加强互联网国际数据专用通道建设和运行管理。另外，完善跨境电子商务、跨境物流等新业态新模式的监管模式和措施方面也是重点，同时政府将积极服务地方对外开放合作和产业升级，推动互联网行业开放合作。

三　互联网经济政策法规的局限性及建议

虽然 2018 年互联网经济领域各项法规政策百花齐放，但仍然存在监管领域的局限性。

1. 数据赋权法规成空白

作为互联网经济生活中的一个重要信息来源，数据成为国家基础性的战略资源，并对全球的生产、流通、分配、消费活动以及经济运行机制、社会

---

① http：//www. sohu. com/a/280761148_ 100020651.

治理方式产生影响。数据在为人民生活生产服务的同时，也给社会带来新的挑战。不少企业开始利用个人信息谋取商业利益，造成信息泄露、数据交易、数据滥用等一系列问题，当互联网经济出现道德伦理、公平公正等争端时，市场机制可能无法自发解决，而迫切需要数据保护方面的政策，然而该领域的法律法规依然是空白，这将造成不良后果。

案　例

2018 年 1 月 12 日，因 APP 存在侵犯用户个人隐私问题，工信部约谈百度、支付宝、今日头条，要求本着充分保障用户知情权和选择权原则，立即整改。6 ~ 8 月，顺丰、华住、A 站、圆通等公司相继被曝出信息泄露，部分数据被打包在暗网出售。10 月，华大基因因“数据泄露门”被科技部开出罚单。11 月，中国消费者协会发布《100 款 App 个人信息收集与隐私政策测评报告》，备受社会关注。12 月，陌陌被爆 3000 万条用户数据在暗网被售卖。连续一整年，用户隐私、数据泄露成为焦点话题，伴随的真实风险和危害接连发生。大众对于自身隐私问题的关注正在觉醒，不再是泛泛质疑；监管部门对个人信息的保护愈加重视，约谈整改罚款连续袭来；制度层面，个人信息保护领域的法律法规需要进一步精细化、严格化。2018 年数据立法势在必行，2017 年顺丰与菜鸟事件、新浪诉脉脉案、大众点评诉百度地图案、HIQ 诉 linked-in 案纷争落下帷幕，这些行业事件和案件的发生反映出企业间围绕数据争夺的不可避免的商业冲突。数据赋权等问题的探讨已在 2017 年各类学术讨论会上成为专家学者热议的话题，数据的用户权利属性和商业属性使人们对它的未来充满想象。

2. 新技术的风险防范不健全

随着互联网经济领域新技术的不断崛起，相应监管体系也逐步跟进，然而某些领域仍存在监管盲区。比如 2018 年位于舆论风口的区块链技术，尽管发展还处于非常初级阶段，但是与数字货币相关的风险已然产生，从而影响区块链技术的实际应用。通过对当前国家监管层面以及地方政府对区块链方面的相关政策进行简单梳理，总体而言，政府积极鼓励区块链技术运用到应用场景，服务实体经济，而且工信部等政府部门也积极推动制定区块链技术标准的统一，但也强调要谨慎对待并防范数字货币或 ICO 风险，将来需要完善相应风险防范监管体系并丰富政策手段。

针对新兴商业模式，现有的法规体系可能无法适用，将暂时出现法规制度空缺。随着互联网经济渗透范围逐步广泛，相关部门可以采取高频率、小范围地制定法规政策。确定的管理范畴可以先推法规，没有把握的部分可先观望，之后再讨论跟进。

3. 平台经济治理有待多方联动

当前互联网从消费走向产业，形成众多新的产业模式，包括新零售、工业互联网、共享经济在内的平台，通过线下线上不断延伸，逐步在医疗、金融、交通等多个细分领域都开展了丰富的模式创新。在这种背景下，平台经济在促进经济快速发展的同时，亦引发了一系列新现象、新问题。

如今平台经济治理存在三大挑战①：权益保护、合理税收和公平竞争。建议在治理层面，对尚处于初级阶段的平台经济，要将鼓励创新与发展作为治理的首要目标，其监管应体现出足够的包容性和审慎性，从战略和立法层面保护国家的创新能力，引领数字经济发展。互联网技术推动了平台经济的发展，而平台经济呼唤着创新的平台治理。改变传统的监管思维，创新顺应时代变化的治理体系，已经刻不容缓。

关于平台经济的发展和治理的问题，社会普遍进行热切讨论。平台经济是跨行业、跨领域的，治理是跨部门的协同治理，相关的研究工作也有着鲜明对策跨学科、跨领域等特征，需要各界加强交流与合作，共同推进平台经济创新发展。治理过程中涉及多个部门的管理范围可能导致多头并进，执行法规时缺乏主线。也有可能出现部门越权管理，或者互联网经济领域的监管盲区。因此在制定法规政策时，政府部门应多开展讨论会议，明确各方的管理职责，一方面避免部门间产生利益冲突，降低管理效率，另一方面避免多部门齐头并进，人浮于事，法规内容交叉重复。

---

① 阿里研究院、德勤研究：《平台经济协同治理三大议题》，2017 年 8 月。

附表1　2018年中央互联网经济政策法规汇总

领域	名称	部门	文件编号	成文日期
互联网安全	《具有舆论属性或社会动员能力的互联网信息服务安全评估规定》	公安部		2018/11/15
	《公安机关互联网安全监督检查规定》	公安部	公安部令第151号	2018/9/30
信息服务	《工商总局关于开展互联网广告专项整治工作的通知》	工商总局	工商广字〔2018〕23号	2018/2/9
	《微博客信息服务管理规定》	中央网信办		2018/2/2
	《具有舆论属性或社会动员能力的互联网信息服务安全评估规定》	中央网信办		2018/11/15
信息资源	《关于深入推进网络提速降费加快培育经济发展新动能2018专项行动的实施意见》	工业和信息化部、国资委	工信部联通信〔2018〕87号	2018/5/11
民生健康	《关于发展数字经济稳定并扩大就业的指导意见》	国家发展改革委、教育部、科技部、工业和信息化部、公安部、财政部、人力资源社会保障部、自然资源部、农业农村部、商务部、中国人民银行、税务总局、市场监管总局、国家统计局、银保监会、证监会、知识产权局、全国总工会、全国工商联	发改就业〔2018〕1363号	2018/9/18
	《国务院办公厅关于促进"互联网+医疗健康"发展的意见》	国务院	国办发〔2018〕26号	2018/4/25
	《网络餐饮服务食品安全监督管理办法》	国家食品药品监督管理总局	国家食品药品监督管理总局令　第36号	2017年9月5日通过，2018年1月1日起施行

续表

<table>
<tr><th>领域</th><th>名称</th><th>部门</th><th>文件编号</th><th>成文日期</th></tr>
<tr><td rowspan="2">人工智能</td><td>《新一代人工智能产业创新重点任务揭榜工作方案》</td><td>工业和信息化部</td><td>工信厅科〔2018〕80 号</td><td>2018/11/8</td></tr>
<tr><td>《促进新一代人工智能产业发展三年行动计划(2018~2020 年)》</td><td>工业和信息化部</td><td>工信部科〔2017〕315 号</td><td>2017/12/13</td></tr>
<tr><td rowspan="4">电商流通</td><td>《中华人民共和国电子商务法》</td><td>全国人大常委会</td><td></td><td>2018 年 8 月 31 日通过, 2019 年 1 月 1 日起施行</td></tr>
<tr><td>《国务院办公厅关于推进电子商务与快递物流协同发展的意见》</td><td>国务院</td><td>国办发〔2018〕1 号</td><td>2018/1/23</td></tr>
<tr><td>《国务院关于同意在北京等22 个城市设立跨境电子商务综合试验区的批复》</td><td>国务院</td><td>国函〔2018〕93 号</td><td>2018/7/24</td></tr>
<tr><td>《关于完善跨境电子商务零售进口监管有关工作的通知》</td><td>商务部、发展改革委、财政部、海关总署、税务总局、市场监管总局</td><td>商财发〔2018〕486 号</td><td>2018/11/30</td></tr>
<tr><td rowspan="3">金融服务</td><td>《关于推动资本市场服务网络强国建设的指导意见》</td><td>中央网信办、中国证监会</td><td>中网办发文〔2018〕3 号</td><td>2018/3/30</td></tr>
<tr><td>《互联网黄金业务暂行管理办法(征求意见稿)》</td><td>中国人民银行</td><td>银市场〔2018〕21 号</td><td>2018/5/8</td></tr>
<tr><td>《关于进一步规范货币市场基金互联网销售、赎回相关服务的指导意见》</td><td>中国证券监督管理委员会、中国人民银行</td><td>中国证券监督管理委员会公告〔2018〕10 号</td><td>2018/5/30</td></tr>
<tr><td>交通出行</td><td>《关于进一步加强网络预约出租汽车和私人小客车合乘安全管理的紧急通知》</td><td>交通运输部、公安部</td><td>交办运〔2018〕119 号</td><td>2018/9/10</td></tr>
</table>

续表

领域	名称	部门	文件编号	成文日期
工业制造	《工业互联网发展行动计划(2018～2020年)》和《工业互联网专项工作组2018年工作计划》	工业和信息化部	工信部信管函〔2018〕188号	2018/5/31
	《工业互联网APP培育工程实施方案(2018～2020年)》	工业和信息化部	工信部信软〔2018〕79号	2018/4/27
	《工业互联网网络建设及推广指南》	工业和信息化部	工信部信管〔2018〕301号	2018/12/29
	《工业互联网平台建设及推广指南》和《工业互联网平台评价方法》	工业和信息化部	工信部信软〔2018〕126号	2018/7/9

附表2　2018年地方省份互联网经济政策法规汇总

区域	省份(市)	名称	日期
东部地区	北京	《北京市工商行政管理局关于转发工商总局开展互联网广告专项整治工作的通知》	2018/3/2
		《北京工业互联网发展行动计划(2018～2020年)的通知》	2018/12/7
	天津	《关于促进"互联网+医疗健康"发展的实施意见》	2018/11/13
		《关于印发天津市工业互联网发展行动计划(2018～2020年)的通知》	2018/9/28
		《关于印发天津市加快工业互联网创新应用推动工业企业"上云上平台"行动计划(2018～2020年)》和《天津市工业企业"上云上平台"财政补贴实施细则的通知》	2018/9/17
		《天津市人民政府关于深化"互联网+先进制造业"发展工业互联网的实施意见》	2018/4/23
		《天津市商务系统2018网络市场监管专项行动(网剑行动)方案》的通知	2018/8/21
		《天津市网络市场监管部门联席会议关于印发2018网络市场监管专项行动(网剑行动)方案的通知》	2018/7/31
		《关于印发天津市新一代人工智能产业发展三年行动计划(2018～2020年)的通知》	2018/10/29
		《天津市审计机关大数据审计人才库建设和管理办法(试行)》的通知	2018/11/26

续表

区域	省份(市)	名称	日期
东部地区	河北	《河北省人民政府办公厅关于促进“互联网+医疗健康”发展的实施意见》	2018/12/3
		《河北省人民政府办公厅关于印发进一步深化“互联网+政务服务”推进政务服务“一网、一门、一次”改革工作方案的通知》	2018/8/23
		《河北省人民政府关于推动互联网与先进制造业深度融合加快发展工业互联网的实施意见》	2018/4/4
	辽宁	《辽宁省人民政府关于印发中国(沈阳)跨境电子商务综合试验区实施方案的通知》	2019/1/8
		《关于印发辽宁省推进电子商务与快递物流协同发展实施方案的通知》	2018/4/18
	上海	上海市松江区人民政府关于印发《松江区工业互联网产业创新工程专项资金管理办法》的通知	2018/11/29
		上海市人民政府关于印发《上海市工业互联网产业创新工程实施方案》的通知	2018/7/9
		上海市杨浦区人民政府办公室关于转发区建管委制订的《杨浦区鼓励和规范互联网租赁自行车发展的实施意见(试行)》的通知	2018/1/16
		《关于促进上海网络视听产业发展的实施办法》	2018/5/4
		《普陀区加快发展网络游戏产业实施意见》	2018/2/9
		上海市食品药品监督管理局关于贯彻执行《医疗器械网络销售监督管理办法》有关事项的通知	2018/3/29
		闵行区人民政府关于印发《闵行区推动新一代人工智能产业发展的实施意见》的通知	2018/8/21
		上海市杨浦区人民政府批转区发改委制订的《杨浦区促进新一代人工智能及大数据产业发展的若干意见》的通知	2017/12/18
		静安区科学技术委员会关于修订印发《静安区关于促进大数据产业发展的实施办法》的通知	2018/12/10
	江苏	《省政府办公厅关于推进电子商务与快递物流协同发展的实施意见》	2018/7/16
	福建	《福建省人民政府办公厅关于加快推进“互联网+医疗健康”发展的实施意见》	2018/12/2
		《福建省人民政府关于深化“互联网+先进制造业”发展工业互联网的实施意见》	2018/4/25
		《福建省人民政府办公厅关于加快全省工业数字经济创新发展的意见》	2018/2/1

续表

区域	省份(市)	名称	日期
东部地区	广东	《广东省人民政府办公厅关于印发广东省促进"互联网+医疗健康"发展行动计划(2018~2020年)的通知》	2018/3/20
		《广东省人民政府关于印发广东省深化"互联网+先进制造业"发展工业互联网实施方案及配套政策措施的通知》	2018/6/5
		《广东省人民政府关于印发广东省新一代人工智能发展规划的通知》	2018/7/23
	广西	《广西壮族自治区人民政府关于贯彻落实 新一代人工智能发展规划的实施意见》(桂政发〔2018〕24号)	2018/5/23
		《广西壮族自治区人民政府办公厅关于印发 广西促进"互联网+医疗健康"发展实施方案的通知》(桂政办发〔2018〕122号)	2018/10/15
		《广西壮族自治区人民政府关于印发 广西数字经济发展规划(2018~2025年)的通知》(桂政发〔2018〕39号)	2018/9/17
中部地区	山西	《山西省人民政府办公厅关于印发山西省促进"互联网+医疗健康"发展行动计划(2018~2020年)的通知》	2018/9/18
		《山西省人民政府关于深化"互联网+先进制造业"发展工业互联网的实施意见》	2018/8/24
	吉林	《吉林省人民政府办公厅关于促进"互联网+医疗健康"发展的实施意见》(吉政办发〔2018〕31号)	2018/8/24
		《吉林省人民政府关于深化工业互联网发展的实施意见》	2018/5/4
		《吉林省人民政府关于落实新一代人工智能发展规划的实施意见》	2018/1/5
	安徽	《安徽省支持数字经济发展若干政策》	2018/10/30
		《安徽省人民政府关于深化"互联网+先进制造业"发展工业互联网的实施意见》	2018/4/2
	河南	《河南省人民政府办公厅关于促进"互联网+医疗健康"发展的实施意见》	2018/12/10
		《河南省人民政府关于印发河南省智能制造和工业互联网发展三年行动计划(2018~2020年)的通知》	2018/4/18
	湖北	《省人民政府办公厅关于促进"互联网+医疗健康"发展的实施意见》	2018/12/30
	湖南	《湖南省人民政府办公厅关于促进"互联网+医疗健康"发展的实施意见》	2018/12/29
		湖南省人民政府办公厅关于印发《深化制造业与互联网融合发展的若干政策措施》的通知	2018/12/20
		《湖南省人民政府办公厅关于进一步鼓励移动互联网产业发展的若干意见》	2018/9/26

续表

区域	省份(市)	名称	日期
西部地区	重庆	《重庆市深化“互联网+先进制造业”发展工业互联网实施方案》	2018/5/22
	四川	《四川省人民政府办公厅关于促进“互联网+医疗健康”发展的实施意见》	2018/11/21
		《四川省人民政府关于印发加快推进四川省一体化政务服务平台建设进一步深化“互联网+政务服务”工作实施方案的通知》	2018/11/5
	贵州	《省人民政府关于印发贵州省推动大数据与工业深度融合发展工业互联网实施方案的通知》	2018/8/8
		《省人民政府办公厅关于进一步扩大和升级信息消费的实施意见》	2018/5/21
		《省人民政府关于印发贵州省实施“万企融合”大行动打好“数字经济”攻坚战方案的通知》	2018/2/11
		《省人民政府关于促进大数据云计算人工智能创新发展加快建设数字贵州的意见》	2018/6/21
	陕西	《陕西省人民政府办公厅关于进一步扩大和升级信息消费持续释放内需潜力的实施意见》	2018/10/23
		《陕西省人民政府办公厅关于印发中国(西安)跨境电子商务综合试验区实施方案的通知》	2018/12/13
	甘肃	《甘肃省工业互联网发展行动计划(2018～2020年)》	
	青海	《青海省人民政府关于深化“互联网+先进制造业”发展工业互联网(2018～2020年)的实施意见》	2018/6/15
	宁夏	《宁夏回族自治区人民政府关于加快“互联网+先进制造业”发展工业互联网的实施意见》	2018/8/27

B.17
2018年中国政府运用大数据加强市场监管报告

欧阳日辉　常莹娜*

摘　要： 政府运用大数据加强市场监管是推动商事制度改革、提升市场监管效率与质量、积极融入第三次信息技术革命的时代要求。本报告研究了我国政府运用大数据进行市场监管的情况，2018年，体系架构基本建立，政策颁布主要集中在三大主题，用大数据进行市场监管的成果良好，信用体系建设是全年重点。但是，我国政府运用大数据进行市场监管仍然存在理念落后、数据应用问题较多、信用体系建设欠缺等问题。因此，我国政府应在牢牢把握大数据市场监管科学化、一体化、社会共治的趋势，注重完善数据共享机制、加强与业界合作、增强人才体系建设和完善法律法规体系，推动大数据市场监管在我国进一步发展。

关键词： 大数据　市场监管　信息共享　信用体系

大数据（Big Data）是指数据量超过传统数据库软件工具捕获、存储、

---

* 欧阳日辉，经济学博士、教授，中央财经大学中国互联网经济研究院副院长、清华大学电子商务交易技术国家工程实验室互联网经济与金融研究中心主任、桂林旅游学院数字经济研究院院长、永州众智数字经济研究院院长，主要研究领域为数字经济、电子商务和金融科技；常莹娜，中央财经大学经济学院。

管理和分析能力的数据集①，并具备经典的“4V”特征（Volume、Variety、Value、Velocity）②。2018 年 4 月 10 日，国家市场监督管理总局正式挂牌成立，反映出我国从“工商行政管理”向“市场监督管理”的理念转变，并全面推行“双随机、一公开”和“互联网 + 监管”③。随着新一代信息技术的发展以及工商登记制度改革的推进，我国市场主体快速增多、信息量爆炸式增长，运用大数据以加强市场监管是提高市场监管效率与质量的时代要求。

一 2018年发展现状与特点

当前我国政府运用大数据进行市场监管的体系架构基本建立。2018 年，我国运用大数据进行市场监管呈现政策颁布主题集中、全年市场监管成果较好和重点加强信用体系建设的现状与特点。

（一）运用大数据进行市场监管的体系框架基本建立

根据《大数据标准化白皮书（2018 版）》④ 和《进一步深化“互联网 + 政务服务”推进政务服务“一网、一门、一次”改革实施方案》⑤ 的相关研究和政策框架，我国目前政府运用大数据进行市场监管的体系结构分为“基础、平台、应用”三个层次，拥有政策法规、管理机制等制度保障。基础层包括网络、计算、储备等技术支持。应用层分为两个子分层：①数据库，包括电子证照库、人口综合库、法人综合库、公共信用库等；②平台，包括中国政府网、国家企业信用网、信用中国、全国市场监督管理局等核

---

① 麦肯锡：《大数据：创新、竞争和生产力的下一个前沿》，2011 年 5 月，https：//wenku.baidu.com/view/0c8d422aac02de80d4d8d15abe23482fb5da0210.html。

② IDC（国际数据公司）最早提出。

③ 《国家市场监督管理总局职能配置、内设机构和人员编制规定》，2018 年 9 月 10 日。

④ 中国电子技术标准化研究院：《大数据标准化白皮书（2018 版）》，2018 年 3 月 29 日，第 47、84 页，http：//www.cesi.cn/201803/3709.html。

⑤ 《进一步深化“互联网 + 政务服务”推进政务服务“一网、一门、一次”改革实施方案》，2018 年 6 月 22 日，http：//www.gov.cn/zhengce/content/2018 -06/22/content_ 5300516.htm。

心、一体化平台网站。应用层包括移动端的APP、两微（微博、微信）入口和政务大厅的人工或智能服务窗口。三个层次紧密配合，为大数据的“血液流通”提供良好的客观环境，极大地提升了市场监管效率。

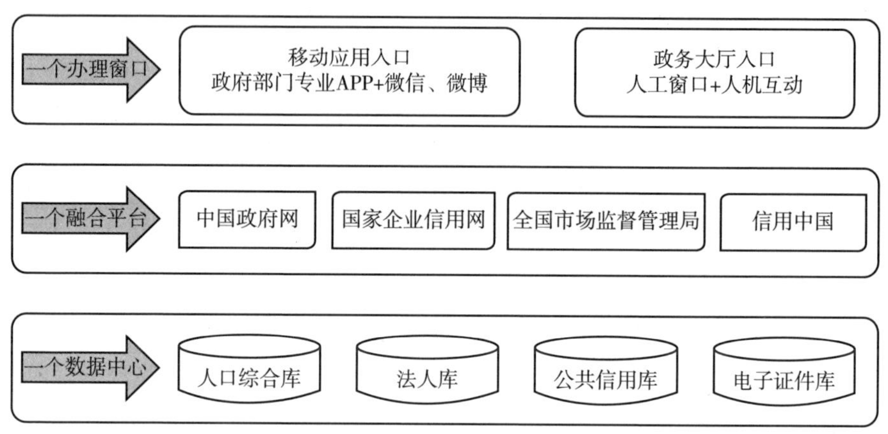

图1　我国政府运用大数据进行市场监管的基本框架

资料来源：https：//dwz. cn/fUxJFG8E。

（二）政策法规制定集中在三大主题

2015～2018年，我国政府在运用大数据加强市场监管方面颁布了一系列政策，呈现由单一市场监管到总体政务协调，由纲要规划到具体规定的思路变化。总体上可以划分为三阶段。

第一阶段，2015～2016年是政府重视大数据监管的元年。相继颁布《国务院办公厅关于运用大数据加强市场主体服务和监管的若干意见》《促进大数据发展行动纲要》《大数据产业发展规划（2016～2020年）》等重要的纲领性文件。指出要“加快建立统一的信用信息共享交换平台；运用大数据科学制定和调整监管制度和政策”①，“推动有关政府部门和企事业单位将市场监管、检验检测、违法失信、企业生产经营、销售物流、投诉举报、

① 《国务院办公厅关于运用大数据加强对市场主体服务和监管的若干意见》，2015年7月1日，http：//www. gov. cn/zhengce/content/2015－07/01/content_ 9994. htm。

消费维权等数据进行汇聚整合和关联分析，统一公示企业信用信息”[①]，“促进大数据在市场主体监管与服务领域应用”[②]，指出运用大数据进行市场监管的有机构成。

第二阶段，2017 年，“政务大数据”成为高频词汇，强调要把大数据市场监管放入大数据政务的范畴中，建立联动监管机制和“一体化”的数据信息平台，这是在认知上反对“割裂式”数据监管。此阶段颁布一系列重要政策文件，《政务信息系统整合共享实施方案》《政务信息资源目录编制指南（试行）》《加快推进落实〈政务信息系统整合共享实施方案〉工作方案》《加快推进落实〈政务信息系统整合共享实施方案〉工作方案》等政策为一体化的政务平台建设与信息管理提供了实施标准。

第三阶段，2018 年政府在运用大数据加强市场监管上，密集推进“信用体系”建设，重点关注“公共信息资源”“政府网站”主题，进一步翔实大数据市场监管的核心内容。相继颁布《关于对统计领域严重失信企业及其有关人员开展联合惩戒的合作备忘录（修订版）》《关于对安全生产领域守信生产经营单位及其有关人员开展联合激励的合作备忘录》等多领域的联合惩戒和激励备忘录；《进一步深化“互联网 + 政务服务”推进政务服务“一网、一门、一次”改革实施方案》等政府网站工作规定；《关于印发实施〈公共信用信息标准体系框架〉等六项工程标准的通知》等公共信息资源应用标准的政策。

表 1　2018 年我国政府运用大数据进行市场监管主要相关政策梳理

日期	来源	名称	主要内容
2018 年 1 月 5 日	中央网信办、发改委、工业和信息化部	《公共信息资源开放试点工作方案》	释放数据红利，更好推动大数据和实体经济深度融合，推动国家治理体系和治理能力现代化；确定北京市、上海市、浙江省、福建省、贵州省为试点地区，开展公共信息资源开放试点工作

① 《关于印发促进大数据发展行动纲要的通知》，2015 年 9 月 5 日，http：//www. gov. cn/zhengce/content/2015 - 09/05/content_ 10137. htm。

② 工业与信息化部：《大数据产业发展规划（2016 ~ 2020 年）》，2016 年 12 月 18 日，http：//www. miit. gov. cn/n1146290/n4388791/c5465401/content. html。

续表

日期	来源	名称	主要内容
2018年1月9日	国家发改委、中国人民银行	《关于印发首批社会信用体系建设示范城市名单的通知》	确定杭州市、南京市、厦门市、成都市、苏州市、宿迁市、惠州市、温州市、威海市、潍坊市、义乌市、荣成市等12个城市为社会信用体系建设示范城市
2018年3月2日	国家发改委	《关于印发实施〈公共信用信息标准体系框架〉等六项工程标准的通知》	国家发改委同国家信息中心、中国标准化研究院、全国信用信息共享平台(二期)项目共建单位等部门,共同编制了《公共信用信息标准体系框架》等六项工程项目标准,并在全国信用信息共享平台(二期)项目建设中率先应用
2018年3月2日	国家发改委、人民银行、安全监管总局等	《印发〈关于对安全生产领域守信生产经营单位及其有关人员开展联合激励的合作备忘录〉的通知》	联合激励对象为同时符合"公开向社会承诺并严格遵守安全生产与职业健康法律、法规、标准等有关规定,严格履行安全生产主体责任"等六项条件的生产经营单位及其有关人员。给予"电信业务支持"等二十二大类激励措施
2018年3月5日	国家发改委	《关于充分发挥信用服务机构作用加快推进社会信用体系建设的通知》	发挥信用服务机构的作用,构建以信用为核心的新型市场监管体制;鼓励信用服务机构主动采集重点领域市场主体信用信息,建立全面规范的信用主体信用档案;实现公共信用信息与市场信用信息的有益整合
2018年3月8日	国家发改委	《关于做好〈关于加强和规范守信联合激励和失信联合惩戒对象名单管理工作的指导意见〉贯彻落实工作的通知》	督促联席会议成员单位抓紧与其他有关部门和单位联合签署相关领域守信联合激励和失信联合惩戒合作备忘录,明确各部门(单位)、各领域对红黑名单的奖惩措施
2018年3月8日	国家发改委	《关于在办理相关业务中使用统一社会信用代码的通知》	2018年1月1日后,企业(包括农民专业合作社,下同)的组织机构代码证和未加载统一社会信用代码的营业执照停止使用,改为使用由工商、市场监管部门核发的加载统一社会信用代码的营业执照。自2018年6月30日起,机关事业单位、社会团体、基金会、民办非企业单位、基层群众性自治组织、工会等组织机构代码证和未加载统一社会信用代码的登记证照停止使用,改为使用由相关登记管理部门(或批准单位、归口管理单位)制发的加载统一社会信用代码的登记证照

续表

日期	来源	名称	主要内容
2018 年 3 月 28 日	国务院	《国务院办公厅关于做好政府公报工作的通知》	建设政府公报数据库。要建立政府公报数据库并向公众开放,提供文件检索功能,方便公众查阅和开发利用。完善数据库建设标准规范;加强政府公报数据库安全管理;推进政府公报数字化工作;鼓励依托政府公报数据库创新数字化产品。政府公报数据库要与政府网站资源统筹开发利用,避免重复建设
2018 年 4 月 3 日	国家发改委	《关于对失信被执行人实施限制不动产交易惩戒措施的通知》	主要包括四方面内容:一是各级人民法院限制失信被执行人及失信被执行人的法定代表人、主要负责人、实际控制人、影响债务履行的直接责任人员参与房屋司法拍卖。二是市、县国土资源部门限制失信被执行人及失信被执行人的法定代表人、主要负责人、实际控制人、影响债务履行的直接责任人员取得政府供应土地。三是各地国土资源部门在为失信被执行人及失信被执行人的法定代表人、主要负责人、实际控制人、影响债务履行的直接责任人员办理转移、抵押、变更等涉及不动产产权变化的不动产登记时,将相关信息通报给人民法院,便于人民法院依法采取执行措施。四是建立健全全国信用信息共享平台与国家不动产登记信息平台信息互通共享机制
2018 年 4 月 8 日	国务院	《2018 年政务公开工作要点》	构建以全国公共资源交易平台为枢纽的公共资源交易数据共享平台体系,推动实现公共资源配置全流程透明化;组织开展公共信息资源开放试点工作,依托政府网站集中统一开放政府数据;加快政府公报电子化进程,推进政府公报数据库建设,有序开放政府公报数据
2018 年 6 月 6 日	中国人民银行	《关于进一步加强征信信息安全管理的通知》	提出六条通过完善征信业务操控流程,提高征信信息安全管理水平措施;提出三条完善征信内控制度的措施以及其他完善信用监管体系的措施

续表

日期	来源	名称	主要内容
2018 年 6 月 10 日	国务院	《进一步深化“互联网 + 政务服务”推进政务服务“一网、一门、一次”改革实施方案》	推进事中事后监管信息“一网通享”：积极推进跨部门“双随机、一公开”监管信息共享，依托“信用中国”网站和国家企业信用信息公示系统，提供登记备案、行政许可、行政处罚、经营异常名录、严重违法失信企业名单、监督检查、质量抽检等信用信息查询和共享服务。推进事中事后监管信息与政务服务深度融合，整合市场监管相关数据资源，加强对市场环境的大数据监测分析和预测预警，推进线上线下一体化监管
2018 年 9 月 10 日	国务院	《国家市场监督管理总局职能配置、内设机构和人员编制规定》	全面推行“双随机、一公开”和“互联网 + 监管”，加快推进监管信息共享，构建以信息公示为手段、以信用监管为核心的新型市场监管体系；运用大数据加强对市场主体服务；规范计量数据使用
2018 年 10 月 8 日	国家发改委、财政部办公厅等	《关于印发〈公共资源交易平台系统数据规范（V2.0）〉的通知》	规范定义公共资源交易的统一交易标识码编码规则，明确了公共资源交易的分类原则与类目，规定了工程建设项目招标投标、政府采购、土地使用权出让、矿业权出让、国有产权交易等领域交换共享数据的数据格式要求，同时为碳排放权、排污权、林权、药品和二类疫苗等交易领域的交易数据交换共享做了衔接
2018 年 10 月 31 日	工业和信息化部	《关于公布 2018 年大数据产业发展试点示范项目的通知》	试点政务大数据项目 17 项，其中和大数据市场监管有关项目 2 项
2018 年 10 月 31 日	国家发改委	《关于推动开展综合信用服务机构试点工作的通知》	经自愿申报、综合审查，并通过“信用中国”网站公示，确定首批 26 家机构参与综合信用服务机构试点工作。请积极支持开展相关工作，培育发展信用服务机构和信用服务市场，加快推进社会信用体系建设

续表

日期	来源	名称	主要内容
2018 年 11 月 27 日	国务院	《政府网站集约化试点工作方案》	2019 年 12 月底前，试点地区完成政府网站集约化工作，实现本地区各级各类政府网站资源优化融合、平台整合安全、数据互认共享、管理统筹规范、服务便捷高效。确定北京、吉林、安徽、山东、湖北、湖南、广东、广西、重庆、贵州 10 个省(区、市)和西藏自治区拉萨市作为试点地区
2018 年 11 月 29 日	国家发改委、人民银行、人力资源社会保障部等	《关于对社会保险领域严重失信企业及其有关人员实施联合惩戒的合作备忘录》	联合惩戒的对象是指人力资源社会保障部、税务总局和医疗保障局会同有关部门确定的违反社会保险相关法律、法规和规章的企事业单位及其有关人员，其严重失信、失范行为主要包括用人单位未按相关规定参加社会保险且拒不整改等九类情形。惩戒措施包括限制招录(聘)失信人为公务员或事业单位工作人员(实施单位：中央组织部、人力资源社会保障部等相关部门)等三十二条联合惩戒措施
2018 年 12 月 5 日	国家发改委、人民银行、财政部等	《关于对政府采购领域严重违法失信主体开展联合惩戒的合作备忘录》	联合惩戒对象主要指在政府采购领域经营活动中违反《政府采购法》，以及其他法律、法规、规章和规范性文件，违背诚实信用原则，经政府采购监督管理部门依法认定的存在严重违法失信行为的政府采购当事人联合惩戒措施主要包括：依法限制获取财政补助补贴性资金和社会保障资金支持。依法限制参与政府投资工程建设项目投标活动。依法限制取得政府供应土地。依法限制取得认证机构资质和认证证书等三十四条联合惩戒措施
2018 年 12 月 11 日	国家发改委、工业和信息化部	《关于组织实施 2019 年新一代信息基础设施建设工程的通知》	加快推进“宽带中国”战略实施，有效支撑网络强国、数字中国建设，着力解决我国信息基础设施发展不平衡不充分问题，助力脱贫攻坚，国家发展改革委、工业和信息化部联合组织实施 2019 年新一代信息基础设施建设工程

续表

日期	来源	名称	主要内容
2018年12月15日	国家发改委、人民银行、统计局等	《关于对统计领域严重失信企业及其有关人员开展联合惩戒的合作备忘录(修订版)》	联合惩戒的对象为存在数据造假、提供不真实资料、不如实反映情况、拒绝或阻碍数据统计、转移隐匿篡改等失信人员。惩罚措施:依据统计法对失信企业及失信人员采取惩戒措施。依法限制取得财政资金和社会保障资金支持等四十二条惩戒措施
2018年12月25日	国家发改委、人民银行、统计局等	《关于对会计领域违法失信相关责任主体实施联合惩戒的合作备忘录》	联合惩戒对象:主要指在会计工作中违反《会计法》《公司法》《证券法》,以及其他法律、法规、规章和规范性文件,违背诚实信用原则,经财政部门及相关部门依法认定的存在严重违法失信行为的会计人员;联合惩戒措施主要包括:罚款、限制从事会计工作、追究刑事责任等惩戒措施。罚款、限制从事会计工作、追究刑事责任等惩戒措施等二十一条惩戒措施

资料来源:中国电子信息产业发展研究院《中国大数据产业发展评估报告(2018年)》,https://www.sohu.com/a/230160985_498758;方是咨询,https://dwz.cn/kJqbNk63;国务院,http://www.gov.cn;国家发改委,http://www.ndrc.gov.cn;工业和信息化部,http://www.miit.gov.cn。

(三)运用大数据进行市场监管取得一定成效

运用大数据进行市场监管为简政放权和商事制度改革提供技术支持,促进市场主体的增加。2018年前11个月,我国新设市场主体1939.8万户,同比增长11.6%,市场主体总量为1.09亿户①;新设企业604.2万户,同比增长10.1%,总体企业量为3434.6万户。2018年,我国营商环境从世界第78名上升至第46位,排名上升32位,商事改革+大数据市场监管初见成效②。

① 第(三)部分数据来源于《2018,这些市场监管大数据与你我生活息息相关》,搜狐网,2018年12月29日,http://www.sohu.com/a/285521523_120025816。

② 世界银行:《2019年营商环境报告:为改革而培训》,2018年10月31日,https://www.sohu.com/a/273576581_398736。

大数据背景下，市场监管实行的“双随机、一公开”抽查制度已基本实现。2018 年，全国市场监管部门共抽查企业 153.9 万户次，占企业总数的 5.07%；在金融等重点领域随机抽查企业 5 万次，问题企业占比 27.3%；跨部门联合“双随机”抽查 13.5 万户。

大数据背景下，企业年报和信息公示制取得良好成效。2018 年，我国大数据市场监管系统年报公示率为 91.5%，共归集公示涉企信息 6.29 亿条，多部门联合推进的“多报合一”进度良好。至 11 月底，全国经营异常名录实有市场主体 552.4 万户，严重违法失信企业名单实有 49.7 万户，企业信用大数据对市场主体信用情况披露能力增强。

（四）信用体系建设成为重点

信用从广义上是指主观诚实守信与客观偿付能力的统一；信用机制是一套完整的保障经济良性运行的社会治理机制[①]。现代市场核心是金融市场，金融市场以信用为基础，因此信用大数据研判是市场监管的最核心手段，信用体系建设处于重要地位。

大数据背景下信用体系建设主要包括三方面内容。①法律保障：一国信用环境良好发展的基石；②征信与评信机构：信用市场的细胞。大数据背景下，一般包括政府部门信用信息系统和民间组织、行业协会、其他第三方机构等的信用网站。③制度建设：核心是惩戒与激励制度对市场行为的规范。

2018 年，我国政府显著加速颁布信用体系建设方面的相关政策，促进信用大数据的发展。全年，国家发改委联合多部委发布关于推进信用服务机构发展的政策文件超过 3 部；关于完善联合惩戒与联合激励制度的政策文件超过 9 部；关于信用信息管理的政策文件至少 3 部（见表 1）。这些文件快速补充了我国信用建设重要领域的立法空白，为我国政府运用大数据进行市场监管提供了良好的信用法律保障。

2018 年，我国政府稳步推进信用制度建设。信用体系的核心制度是失

① 郭志光：《电子商务环境下的信用机制研究》，北京交通大学博士学位论文，2012，第 4 ~ 5 页。

信惩戒与守信激励制度。2016 年 5 月，国务院发布《关于建立完善守信联合激励和失信联合惩戒制度加快推进社会诚信建设的指导意见》，提出了失信联合惩戒和守信联合激励机制设计的主要框架，例如：激励守信行为的“绿色通道”和“容缺受理”措施，处理失信行为的联合、市场性、行政性约束与惩戒等，但是并未深入具体领域，相关措施规定比较粗略。2018 年，国家发改委协同多部门相继在乘坐火车、乘坐民用航空器、公共资源交易、社会保险、统计领域、会计领域等市场监管细分领域签订联合惩戒与激励备忘录，极大推动联合惩戒与激励制度的具体落地，并且多部门协同为“触发机制”的运行提供了良好的基础。

2018 年，我国政府加快推进信用服务机构建设，欲用市场力量带动信用市场繁荣。2018 年国家发改委发布《关于充分发挥信用服务机构作用加快推进社会信用体系建设》和《关于推动开展综合信用服务机构试点工作的通知》两部重要文件，指出信用服务机构是“促进政府和市场共建共创、共享共用、互利互赢，形成社会信用体系建设强大合力①”，要从引入信用记录采集、参与红黑名单认定、签署信息共享协议、协助备案等方面加强政府与市场信用服务机构的合作，并确定了首批 26 家参与综合信用服务机构试点工作的名单，包括北京宜信致诚信用管理有限公司、考拉征信服务有限公司、深圳市信联征信有限公司等多家非政府信用服务管理机构。2018 年 3 月 19 日，拥有我国第一个“个人征信牌照”的百行征信挂牌成立。信用大数据采集市场化的趋势不可阻挡。

二　中国政府运用大数据加强市场监管存在的问题

目前，我国政府运用大数据进行市场监管处于初步阶段，存在大数据理念薄弱、数据壁垒、数据安全隐患、数据质量不高、信用体系建设十分落后等问题。

---

① 国家发改委：《关于充分发挥信用服务机构作用加快推进社会信用体系建设的通知》，2018 年 2 月 2 日，http：//www. ndrc. gov. cn/zcfb/zcfbtz/201803/t20180305_ 878866. html。

（一）大数据理念与新型监管理念依然薄弱

数据理念主要指的是运用数据发现潜在的客观事实或规律，注重挖掘数据间的相关关系，用数据决策优化经验决策，用相关关系补充因果推断①。数据科学的发展引发决策方式的革命，传统的依靠经验积累、直觉判断乃至样本推断已经不能完全适应当前社会的运作效率，运用大数据进行市场监管可以通过画像等技术进行更加精准、高效、低成本的决策。然而短时间内科学决策人才的匮乏、财政预算有限、老一辈决策人员的定式思维等都对大数据的理念发展与实际应用造成阻碍。

新型市场监管理念是顺应大数据科学决策的必然配套产物。新形态的市场监管以拥有开放公共数据库、科学数据决策、低门槛严惩戒等为主要特征，实际上监管思路上发生从手工经验式监管②向整体信息化方向的转变。由于历史惯性，短期内市场监管队伍人才与机构架构难以完全适应新型市场监管的要求，新型监管理念的渗透与应用仍需时间沉淀。

（二）数据应用问题突出

1. 数据安全存在隐患

运用大数据进行市场监管的数据安全问题主要包括数据泄露与权限识别模糊两个方面。与云计算服务商只扮演数据管理者角色不同，大数据环境下机构扮演着集数据采集、数据管理与数据使用于一体的角色，产生数据的主体难以对数据进行加密防护，个人隐私面临巨大的泄露威胁③。具体主要表现为信息的被收集、误用、二次使用以及未授权访问四种形式④。同时由于

① 范宇翔：《大数据时代上海市场监管模式转型研究》，上海师范大学硕士学位论文，2017，第29页。

② 颜海娜、曾栋：《大数据背景下市场监管模式的创新探索——以南沙自贸片区为例》，《探求》2018年第1期。

③ 冯登国、张敏、李昊：《大数据安全与隐私保护》，《计算机学报》2014年第1期。

④ 刘雅辉、张铁赢、靳小龙、程学旗：《大数据时代的个人隐私保护》，《计算机研究与发展》2015年第1期。

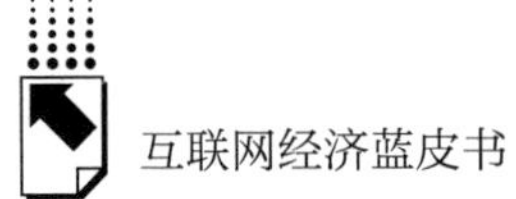

大资料来源广泛，且拥有大量半结构化、非结构化数据，因此难以判定用户权限的应设范围，从而造成数据泄露的隐患。

2. 数据壁垒显著

数据壁垒又可以称为“信息孤岛”“数据烟囱”等，数据壁垒使数据的流动性、共享性、完备性与系统性低下，从而导致数据的贬值。我国政府利用大数据进行市场监管面临数据壁垒阻碍，主要是由于：①政府部门职能划分存在空白及交叉，从而导致市场监管数据的缺失与重复[①]；②政绩竞争机制导致部门间存在“各自为政”的隐形阻碍；③数据传送与交换的标准需要进一步完善。这种壁垒主要体现在中央与地方、政府与市场、政府内部之间三个维度。因此要解决数据应用的壁垒问题，应该着重从技术提升、机构改革、引入市场三个角度进行治理。

3. 数据质量不高

数据质量不高具有不实、误差、单薄三个层次的基本内涵，总体上是指不能满足市场监管的大数据分析需求。造成数据质量不高的原因是多方面的。①在数据采集上，由于统计造假、采集方式单一、各部门数据割裂等因素，原始数据质量不高；②在数据传输上，由于采集口径多元、传输标准不完善等因素，数据失真与损坏；③同时大数据的异质性强，语义分析和数据挖掘面临非结构化或者半结构化数据分析与处理标准难以统一的问题，因此实际可用、可比数据量缩水。

（三）信用体系建设比较落后

与某些拥有成熟信用体系的国家相比，我国信用体系建设比较落后，这不利于信用大数据监管市场效能的发挥。因为不发达信用市场产生大规模、高质量信用大数据的可能性低，数据分析决策能力差，因此利用信用制约进行市场监管效果不佳。这种相对落后主要体现在四个方面。

---

① 何剑：《浅谈大数据赋能市场监管》，《电脑迷》2018 年第 9 期。

1. 信用立法比较薄弱

当前我国还无社会信用的基础法律法规，与信用有关的立法散落在《合同法》《反不正当竞争法》《消费者权益保护法》等经济类法律法规中，呈现碎片化特征[①]。2014 年 6 月国务院颁布的《社会信用体系建设规划纲要(2014～2020 年)》是我国首部国家级社会信用体系建设专项计划[②]；对比之下，美国 20 世纪 60 年代颁布《诚实信贷法》，目前已形成以《公平信用报告法》《平等信贷机会法》为核心，涵盖 16 项立法的社会信用法律体系[③]。

2. 信用服务市场规模小，信用衍生品发展仍处于初级阶段

截至 2017 年底，美国信用服务市场规模达 712.6 亿元，中国为 37.3 亿元[④]，相差近 20 倍。20 世纪 90 年代信用衍生品在美国金融市场大放异彩；2010 年，我国才发行首个信用风险缓释工具 CRM,[⑤] 目前我国仍然处于信用衍生品发展初期，市场风险分散化程度低。

3. 真正的信用大数据少

大数据的思维逻辑是直接采集到接近总体的数据，而不是样本推断，因此大数据的“大”不仅指数量多，更强调样本的全覆盖与数据的异质性。我国信用体系法律基础薄弱对信用数据保护程度低，信用市场规模小导致数据采集渠道有限，因而如今的信息化建设不能简单等同于大数据发展的概念，真正符合信用大数据标准的数据存量与流量有限。

三 中国政府运用大数据加强市场监管的发展趋势

大数据监管市场是科技发展的必然结果。运用大数据进行市场监管具有

① 任小青：《大数据背景下市场主体信用监管研究》，宁波大学硕士学位论文，2017，第 22 页。

② 黄卓群：《我国社会信用体系机制：事前甄别还是失信惩戒——来自于创业投资的证据》，《山西财经大学学报》2019 年第 1 期。

③ 李忠东：《美国的社会信用立法体系》，《检察风云》2017 年第 10 期。

④ 易观：《2018 中国信用服务市场专题分析》，2018 年 8 月，https：//www.useit.com.cn/thread-20003-1-1.html。

⑤ 邓冕：《我国信用衍生品发展现状及建议》，《金融经济》2016 年第 18 期。

科学化、协同一体化、社会共治的未来发展特征，我们要在把握趋势的基础上，推动大数据市场监管朝着积极的方向发展。

（一）以数据驱动市场监管的智能化与科学性

政府运用大数据进行市场监管的最终技术落点是大数据分析与决策，运用大数据促进市场监管的科学化和智能化是由大数据科学的本质特点所决定的：大数据决策具备动态性、全局性和不确定性特征[①]，即持续刻画事物发展情况、综合运用多维数据、用相关关系替代因果关系分析。因而大数据决策具备比传统决策的静态、孤立、因果分析更及时、准确和容错度高的特征，科学程度因而提高。图灵获奖者 Jim Gray 认为数据探索（Data Exploration）是科学研究的“第四范式”（The Fourth Paradigm）[②]，正是对大数据研究与大数据决策科学性的承认。

运用大数据可从三个方面促进市场监管的科学化：一是大数据市场监管促进“事前事中事后”科学监管流程的形成，即事前用大数据动态监测发现违法违规，事中用大数据分析取证并执法，事后将这一流程大数据存入数据库[③]，市场监管链条长度得到拓展。二是大数据促进市场监管的动态化，这是基于大数据特殊处理技术而实现的，可以提高市场监管的及时性与同步性。三是大数据促进市场监管精准性与高效性，这是由大数据的大体量和分布式计算方式所决定的。

此外，大数据与云计算、人工智能等新一代信息技术联合使用，将推动市场监管的智能化发展。即以大数据为基础利用机器学习、人机交互等技术构建模型模仿、预测市场主体的各种行为参数，给出市场违规违法行为的预测[④]，具有一定的自主性、提前性、警示性等智能化特征。

---

① 于洪、何德牛、王国胤、李劼、谢永芳：《大数据智能决策》，《自动化学报》2019 年 5 月 15 日。

② H. Tony，T. Steward，T. Kristin，《第四范式：数据密集型科学发现》，潘教峰等译，科学出版社，2012，第 15 ~ 19 页。

③ https：//dwz. cn/q9XnPfJs.

④ 张志清：《应用人工智能提升市场监管效能》，《中国市场监管研究》2018 年第 3 期。

（二）以联动促进政府监管的协同化与一体化

运用大数据进行市场监管，将逐渐形成政府监管部门协同化、一体化的监管趋势。总体上看，大数据推动政府监管一体化是由政府机构改革趋势、大数据技术应用环境要求、市场监管新特点三方面共同决定的。

首先，我国长期形成的行政管理制度存在部门职权划分、地区管辖权归属、具体事项处理权限划分不清晰问题[①]，导致市场监管方面存在重复监管和监管空白，因而政府机构改革本身就是促进政府监管协同化与一体化的重要力量。其次，大数据的应用环境要求数据采集具备广泛性（涉及部门多）和高质量（重复性低）特征，数据转化传送具备标准化，这些要求增加了政府机构改革的迫切性与倒闭力量。最后，随着商事改革等“放管服”措施的推进，市场主体大幅增加，依靠单一的市场监管部门与数据将不能满足市场监管综合性强的特点，因而需要通过部门的一体化与协同化加大监管力度。

从政府运用大数据进行市场监管的已有成果与新出台政策可以看出这一明朗发展趋势。目前“信用中国”已与42个相关政府部门展开部际合作，2018年国务院和发改委推出多部部门联合惩戒和激励的政策措施，并弱化“市场监管”的字眼，主要使用“政务”等代表“一体化”的措辞表达。这些说明大数据市场监管愈发成为大数据政务监管的总体一环，强调用“一张网”[②]的视角推动未来市场监管的重要趋势。

（三）以合作与信用体系建设逐步实现市场多元共治

社会共治的理论基础是多中心治理理论，奥斯特罗姆将多中心概括为

---

① 李永才：《大数据语境下基层市场监管方式的创新实践》，《中国市场监管研究》2016年第5期。

② 周洪美：《构建“全国一张网”数据的支撑应用体系》，《中国市场监管研究》2016年第6期。

“交叠管辖、权力分散”，意指决策中心的非单一性、相互关联性、竞争性[①]。多中心治理不是反对权威，而是强调利用分散的决策点，提升整体决策的完备性与科学性。由于政府监管存在监管漏洞、资源配置效率有限等“政府失灵”的时刻，因此联合多方力量延长市场监管触角是提高市场监管的重要思路转变[②]。大数据凭借其无处不生产、无处不流通的特点，为市场的多元监管、社会的多元共治提供了技术保障与倒逼动力，协同化、一体化趋势由单独的政府部门协同升级到社会多部门协同。

在大数据背景下，市场多元共治的最终落脚点是信用体系建设，落脚方式是加强政府与民间的合作。德国信用机构 SCHUFA1927 年成立，拥有6630 万条个人信用记录和 420 万条企业信用记录[③]，完善的信用体系网络使得电话费没有及时缴纳便会影响签证的办理，严格的联合惩戒起到市场高度监管的作用。因而信用体系建设占据着市场监管最重要的地位。这种市场多元共治强调与商业机构、非营利机构、公民等社会力量合作，将市场监管的“大网”从政府手中撒向全体社会各方。2018 年，一系列联合惩戒与激励备忘录的颁布，以及信用服务机构试点工作名单的确定正是大数据市场监管“合作与共治”大趋势的有利印证。

四　中国政府运用大数据加强市场监管的政策建议

面对我国大数据市场监管的发展现状与问题，我国政府应该积极从推进共享机制、加快商业合作、增强人才培养和完善法律法规等方面推动大数据市场监管的进一步发展。

---

① 郁俊莉、姚清晨：《多中心治理研究进展与理论启示：基于 2002 ~ 2018 年国内文献》，《重庆社会科学》2018 年第 11 期。

② 唐齐鲁、胡春风、蒋斌：《关于构建大数据时代市场监管新模式的思考》，《中国市场监管研究》2017 年第 2 期。

③ 孙百昌：《2018 年使用大数据实施市场监管的建议及使用大数据实施市场监管的发展趋势展望》，2018 年 3 月 10 日，http：//blog. sina. com. cn/s/blog_ 594da32f0102xcpo. html。

（一）运用政府力量：推进大数据共享机制完善

不断推进大数据共享机制的覆盖率与完善程度是提升大数据市场监管质量的重要保障。大数据应用 1.0 是市场监管部门内部数据的共享融合；大数据应用 2.0 是政府部门之间的数据共享融合；大数据应用 3.0 是社会化的数据共享融合[①]。当前我国处于从强调运用大数据进行市场监管变为强调政务大数据综合概念的大数据应用 2.0 阶段，政府仍然掌握大量加密数据，数据共享程度仍然有限，数据共享机制覆盖仍然较低。因而政府应该积极建立大数据统筹部门或管理局，统筹不同的政府部门、政府与社会部门的数据共享事务，化解传统信息沟通速度慢、效率低下的问题。或效仿贵州的大数据产业先行发展模式[②]，用产业发展倒逼共享与连接程度提升，再建立专门的综合治理部门。

（二）凝聚业界力量：加快大数据市场监管落地

加强与业界合作是提高大数据市场监管落地效率的重要手段。市场是资源配置的主要方式，也是技术转化为应用的第一实践场，因而相对于政府部门，业界力量在大数据具体的应用落地上拥有更多的经验和行动力。政府一方面要发挥自身协调资源和战略制定的优势，加强顶层设计和制度建设，另一方面要积极和企业部门合作，不断汲取新的技术手段和思路方法，推动大数据市场监管紧跟时代的发展步伐。

2018 年 10 月，工业和信息化部办公厅发布大数据产业发展试点示范项目通知，确定开展了 200 个政府与业界合作的大数据项目，涉及大数据储存管理、大数据分析挖掘、大数据安全保障、产业创新大数据应用、政务数据共享开放平台等十个方向的合作。这是我国政府尝试与业界合作发展大数据的重要一步，建议在未来增加开展专门针对大数据市

① 李钰：《大数据时代的“放、管、服”》，《中国工商管理研究》2015 年第 12 期。

② 李晓鹏：《大数据时代市场监管模式研究》，郑州大学硕士学位论文，2016。

场监管的业界合作，用商业力量逐步完善不同细分监管领域的大数据监管系统与机制。

（三）加大研究投入，增强人才吸纳计划

加大科研投入，加快人才培养与引进，是政府运用大数据提升市场监管效率的活力源泉。加大与大数据有关的科学研究是保证我国大数据安全、大数据产业根基稳固的根本举措，有助于我国在国际新一轮信息革命竞赛中取得自身独特的竞争优势。政府部门应该积极成立独立的、与高校合作、与商界合作的多层次研究机构或研究组织，梳理我国政府在大数据市场监管中的经验，探索进一步运用大数据进行市场监管的方案，积极跟进国际大数据监管领先国家的步伐，形成一批在大数据市场监管领域的专业智库，以在框架设计和政策制定方面给予更加科学的指导。

同时要注重培养和引进运用大数据进行市场监管的交叉型人才，并不断更新原有管理团队的大数据素养。具体可以分为三个方向：一是通过定期培训、专家讲座等方式，提升传统管理团队的大数据素养，提升“业务人才”的“技术水平”。二是积极引入专业的数据科学人才，切实提高监管团队的专业化水平。三是制订相关人才引进的激励计划，或者与高校的联合培养计划，为政府监管相关领域培养更加符合要求的专业型人才。

（四）加快完善大数据法律体系建设

当前，我国运用大数据进行市场监管的整体立法情况薄弱，没有专门的大数据治理法律或者成体系的大数据市场监管法律法规。尤其是在信用立法、大数据安全立法等重点领域，法律法规比较缺乏。在数据安全方面，我国主要有《保密法》《政府信息公开条例》《行政管理部门信息共享管理条例》等，但对于具体的数据开放内容、对象、标准、实效等细节问题缺乏法律规范①。在

① 颜海娜、曾栋：《大数据背景下市场监管模式的创新探索——以南沙自贸片区为例》，《探求》2018 年第 1 期。

信用立法方面如前所述，我国和主要的发达国家之间有着很大的差距，因此我国监管当局应该以需求为导向，以解决主要矛盾为目标，加快构建符合我国国情的信用体系。但是值得注意的是，我国国情与信用体系发达的国家有所不同，在认识到不足和差距基础上，应当注重把握时代发展机遇与后发优势，建立更加灵活和符合时代特征的信用体系制度。

参考文献

蔡旭：《大数据背景下市场监管方式创新》，《厦门特区党校学报》2016 年第 1 期。

郭志光：《电子商务环境下的信用机制研究》，北京交通大学博士学位论文，2012。

李皇蓉：《大数据背景下资本市场监管研究》，浙江工商大学硕士学位论文，2018。

李建刚、覃超建：《运用大数据加强改进市场监管》，《中国工商报》2017 年 8 月 24 日。

李钰：《大数据时代的“放、管、服”》，《中国工商管理研究》2015 年第 12 期。

林永宏、王华：《基于大数据的工商市场监管系统设计》，《信息技术与信息化》2018 年第 4 期。

刘敏：《驾驭大数据　监管再升级》，《中国市场监管研究》2016 年第 5 期。

刘雅辉、张铁赢、靳小龙、程学旗：《大数据时代的个人隐私保护》，《计算机研究与发展》2015 年第 1 期。

刘智慧、张泉灵：《大数据技术研究综述》，《浙江大学学报》（工学版）2014 年第 6 期。

潘宸、严瑞：《基于大数据的国有建设用地动态监管系统研究与应用》，《现代测绘》2017 年第 3 期。

施建军：《简政放权背景下的市场监管模式创新——基于“互联网 + 信用 + 大数据”模式的工商监管》，《中国工商管理研究》2015 年第 6 期。

石高平：《市场监管大数据应用实践与思考》，《中国工商报》2017 年 10 月 17 日。

吴进中、史元兵、戴鹏辉：《运用“大数据 +”推进市场监管路径优化》，《中国工商管理研究》2015 年第 10 期。

谢力、谭诗赏：《大部门 · 大数据 · 大智慧——两江新区市场监管局利用大数据智能化创新市场监管模式》，《当代党员》2018 年第 2 期。

张黎平：《大数据技术在精准营销中的应用》，《电子技术与软件工程》2019 年第 9 期。

B.18

2018年中国“互联网+政务服务”发展报告

陈晶晶*

摘　要： 政务服务水平的提升有助于促进互联网经济的发展，“互联网+政务服务”成为提升服务能力、创新治理形态的重要抓手。本报告发现：当前我国的政策环境持续优化，“互联网+政务服务”用户广泛，在顶层设计、发展模式、服务理念等方面体现中国特色，但是发展过程中也存在一些问题，诸如标准化实践应用不足、平台一体化建设缓慢、城乡服务“数字鸿沟”显现等。随着政务服务水平的不断提升，“互联网+政务服务”彰显出以需求为导向、技术协同治理、安全保障第一的发展趋势，今后可在实行清单式管理、提升标准化服务、加速平台一体化建设、推广使用移动政务等方面持续发力。

关键词： “互联网+政务服务”　流程标准化　平台一体化　清单式管理

党的十九大报告提出，要转变政府职能，深化简政放权，创新监管方式，增强政府公信力和执行力，建设人民满意的服务型政府①，“互联网+政务服务”为此提供了重要的抓手，政府各职能部门积极部署落实，取得

---

* 陈晶晶，工程师，就职于中国互联网络信息中心，主要从事互联网经济、网络零售行业及标准、网约车等方面的研究。

① 《习近平在中国共产党第十九次全国代表大会上的报告》，人民网，2017年10月28日。

显著成效，但也遇到了一些问题。报告以2018年“互联网+政务服务”的发展情况为依托，总结发展特点，分析存在的问题，预测发展趋势，最后提出对策建议。

一 2018年“互联网+政务服务”发展情况

（一）政策环境持续优化

2018年3月，十三届全国人大一次会议记者会上，国务院总理李克强在回答记者关于“放管服”改革相关问题时强调，推动简政放权、放管结合、优化服务改革，理顺政府和市场关系，激发市场活力和社会创造力①。在放宽市场准入条件方面提出“六个一”，具体指：企业开办时间再减少一半；项目审批时间再砍掉一半；政务服务“一网通办”；企业和群众办事力争“只进一扇门”；“最多跑一次”；凡是没有法律法规规定的证明一律取消。“放管服”改革有助于激发经济增长动能。“六个一”是对“放管服”的进一步深化，营造了一流的营商环境②。

2018年6月，国务院办公厅印发《进一步深化“互联网+政务服务”推进政务服务“一网、一门、一次”改革实施方案》，在加快推进政务服务“一网办通”和企业群众办事“只进一扇门”“最多跑一次”方面进行重要部署，工作目标是：到2018年底，“一网、一门、一次”改革初见成效，先进地区成功经验在全国范围内得到有效推广，“一网、一门、一次”致力于解决“办事难”问题，借助信息化手段设计了满足人民需求的新思路，通过构建数字政府新模式开创社会治理新途径③。

---

① 《李克强总理会见采访两会的中外记者并回答提问》，新华网，2018年3月20日。

② 《李克强总理会见中外记者并答记者问（全文实录）》，中国政府网，2018年3月20日，http://www.gov.cn/guowuyuan/2018-03/20/content_5275962.htm#allContent。

③ 《国务院办公厅关于印发进一步深化“互联网+政务服务”推进政务服务“一网、一门、一次”改革实施方案的通知》（国办发〔2018〕45号），中国政府网，2018年6月22日，http://www.gov.cn/zhengce/content/2018-06/22/content_5300516.htm。

2018 年 7～10 月，全国政务服务大厅、国家政务服务平台系统标准规范出台并实施，包括《政务服务中心进驻事项服务指南编制规范》《政务服务中心服务现场管理规范》《政务服务中心服务投诉处置规范》《国家政务服务平台数据交换与共享接口　第 1 部分：数据交换要求》《国家政务服务平台电子证照跨区域共享服务接入要求》《国家政务服务平台证照类型代码及目录信息》《国家政务服务平台可信身份等级定级要求》《国家政务服务平台统一身份认证系统信任传递要求》《国家政务服务平台统一身份认证系统身份认证技术要求》《国家政务服务平台统一身份认证系统接入要求》《国家政务服务平台政务服务事项基本目录及实施清单　第 1 部分：编码要求、第 2 部分：要素要求》，上述标准规范的出台和实施，进一步落实了国家政策，为“互联网＋政务服务”提供了具体的服务标准和衡量指标①。

（二）服务载体受众广泛

2018 年，我国“互联网＋政务服务”不断深化，各级政府职能部门运用互联网、大数据、云计算、人工智能等信息技术，优化服务流程，提升网络协同水平，进一步增强政府服务效能。根据 CNNIC 第 43 次《中国互联网络发展状况统计报告》数据，截至 2018 年 12 月，我国在线政务服务用户规模达 3.94 亿，占整体网民的 47.5%②。我国共有政府网站③ 17962 个，主要包括政府门户网站④和部门网站⑤。其中，部级行政单位共有政府网站 1080

① 《2018 年中国互联网＋政务十大事件发布》，国脉电子政务网，2018 年 12 月 11 日。

② CNNIC：第 43 次《中国互联网络发展状况统计报告》，2019 年 2 月 28 日。

③ 政府网站是指各级人民政府及其部门、派出机构和承担行政职能的事业单位在互联网上开办的，具备信息发布、解读回应、办事服务、互动交流等功能的网站。

④ 县级及以上各级人民政府、国务院部门要开设政府门户网站。乡镇、街道原则上不开设政府门户网站，确有特殊需求的特殊处理。

⑤ 省级、地市级政府部门，以及实行全系统垂直管理部门设在地方的县处级以上机构可根据需要开设本单位网站。县级政府部门原则上不开设政府网站，确有特殊需求的特殊处理。

个，省级及以下行政单位共有政府网站 16882 个，分布在 31 个省（区、市）和新疆生产建设兵团①。

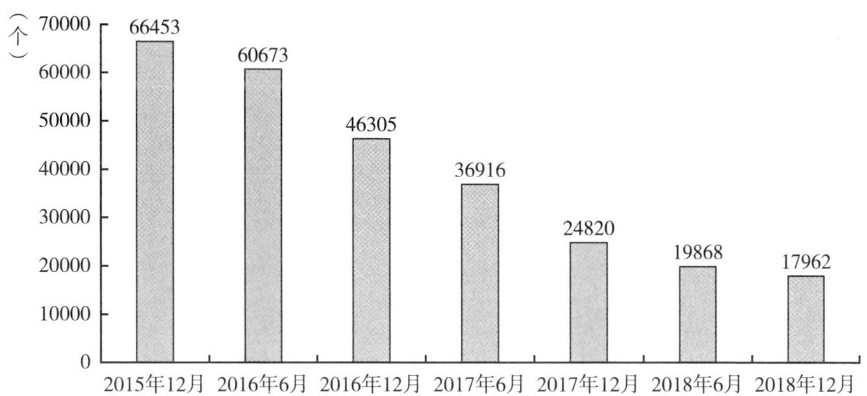

图 1　2015 年 12 月至 2018 年 12 月政府网站数量

资料来源：开普云。

2018 年 9 月，《国务院办公厅关于加强政府网站域名管理的通知》出台，针对政府网站的域名管理，在管理体制、域名结构、注册注销流程、安全防护及监测处置等方面进行约束和规范②。11 月，国务院办公厅印发《政府网站集约化试点工作方案》的通知，针对政府网站存在的建设分散、数据不通、使用不便等突出问题，建设基于统一信息资源库的政府网站集约化平台，以信息资源共享共用带动试点地区政府网站提升管理和服务水平，建设整体联动、高效惠民的网上政府③。

---

① CNNIC：第 43 次《中国互联网络发展状况统计报告》，2019 年 2 月 28 日。

② 《国务院办公厅关于加强政府网站域名管理的通知》（国办函〔2018〕55 号），中国政府网，2018 年 9 月 6 日，http：//www. gov. cn/zhengce/content/2018 – 09/06/content _ 5319675. htm。

③ 《国务院办公厅关于印发〈政府网站集约化试点工作方案〉的通知》（国办函〔2018〕71 号），中国政府网，2018 年 11 月 9 日，http：//www. gov. cn/zhengce/content/2018 – 11/09/content_ 5338761. htm。

截至2018年12月，微信城市服务累计用户数达5.7亿个[①]。

截至2018年12月，经过新浪平台认证的政务机构微博达到138253个[②]。

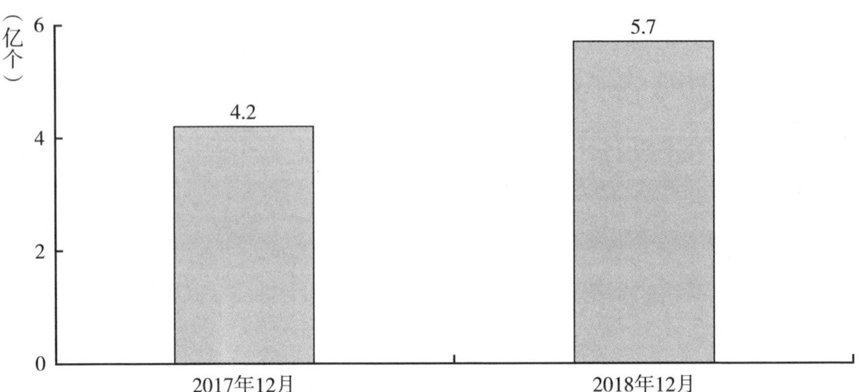

图2　微信城市服务累计用户数

资料来源：腾讯。

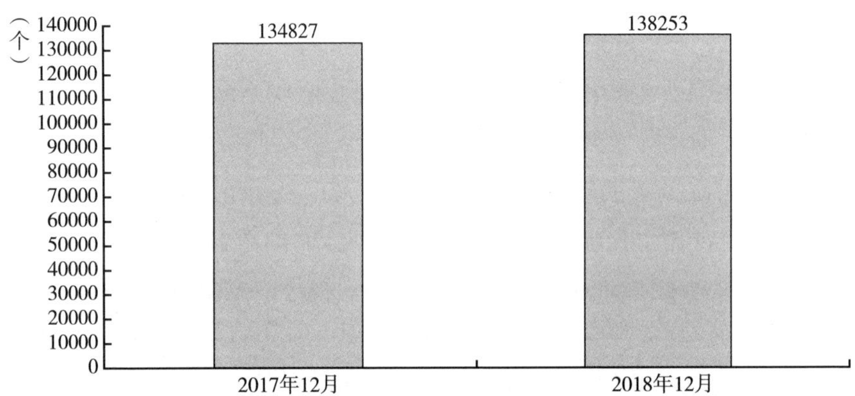

图3　政务机构微博数量

资料来源：新浪微博。

截至2018年12月，各级党政机关单位共开通政务头条号78180个，较2017年底增加7286个[③]。

① CNNIC：第43次《中国互联网络发展状况统计报告》，2019年2月28日。
② CNNIC：第43次《中国互联网络发展状况统计报告》，2019年2月28日。
③ CNNIC：第43次《中国互联网络发展状况统计报告》，2019年2月28日。

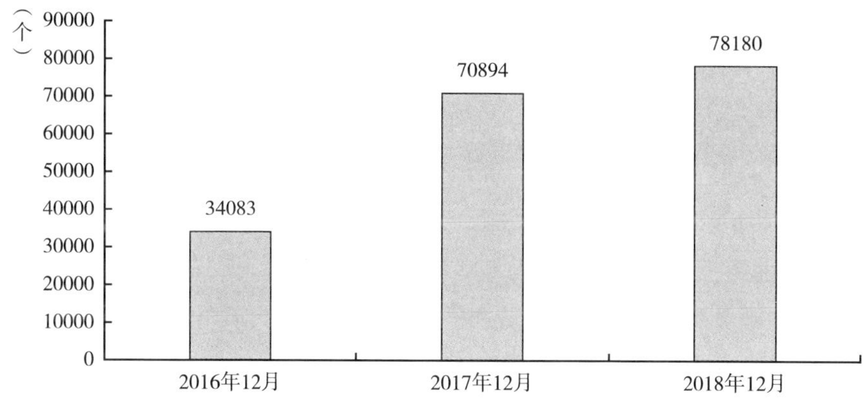

图4 政务头条号数量

资料来源：今日头条。

二 2018年"互联网+政务服务"发展特点

（一）顶层设计日臻完善，制度环境不断优化

改革开放40年来，党和国家不断深化政府职能转变，推进服务型政府的建设。党的十八大以来，我国政府各职能部门加速向服务型转变，以包容审慎的态度大量减少对经济活动的微观管理和直接干预，注重宏观调控、市场监管和公共服务等职能建设，在全国范围内不断深化"放管服"改革和推进政府职能转变，中国特色社会主义进入新时代，我国社会的主要矛盾已经转化为人民日益增长的美好生活需要和不平衡不充分的发展之间的矛盾，服务型政府旨在让人民群众在共享改革发展成果中拥有更多的获得感、幸福感、安全感①。

李克强总理在2017年全国深化"放管服"改革电视电话会议上提出

① 《服务型政府建设在改革开放中深入推进》，人民网，2018年9月9日，http://politics.people.com.cn/n1/2018/0909/c1001-30281473.html。

“五个为”[①]，在2018年全国两会上回答记者“放管服”改革相关问题时提出“六个一”，这些举措奠定了服务型政府职能转变的基调，需要借助网络协同来实现。随后推出的《进一步深化“互联网+政务服务”推进政务服务“一网、一门、一次”改革实施方案》[②]，进一步明确了服务型政府网络协同的措施。全国政务服务标准规范的出台实施，细化了落实服务型政府网络协同的指标和要求。由此，从顶层设计到服务基调，从方案措施再到指标要求，我国以“互联网+政务服务”为抓手，营造了良好的服务型政府制度环境。

（二）发展模式基本成熟，效能建设逐步深化

高质量地开展“互联网+政务服务”需要以科学的发展模式为前提。顶层设计等一系列政策文件的出台，以全局的视野和战略的高度明确了“互联网+政务服务”的基本定位和发展方向。地方各级政府对标中央政策，出台“互联网+政务服务”的具体实施细则，确保中央政策的积极落实、普惠于民。浙江的“最多跑一次”改革，江苏创新“不见面审批（服务）”改革，上海“一网通办”改革，深圳的“秒批”改革等“互联网+政务服务”创新模式均受到社会公众的认可和好评。2018年省级政府网上政务服务平台均已基本建成。2019年1月1日，西藏各级政府服务实体大厅的正式运行，标志着全国31个省（区、市）和新疆生产建设兵团省级政府网上政务服务平台全部建成[③]。

当前，我国的“互联网+政务服务”正在逐步从构建基础性平台向服务效能提升转型升级。“互联网+政务服务”初始于各级政务服务大厅推动的行政审批改革；政务平台的网络化协同、数据信息的互认共享、业务审查的智能处理使“互联网+政务服务”效果显现；必须遵循以人民为中心的

① “五个为”：为促进就业创业降门槛、为各类市场主体减负担、为激发有效投资拓空间、为公平营商创条件、为群众办事生活增便利。

② 《国务院办公厅关于印发进一步深化“互联网+政务服务”推进政务服务“一网、一门、一次”改革实施方案的通知》（国办发〔2018〕45号），中国政府网，2018年6月22日。

③ 翟云：《高质量发展“互联网+政务服务”》，《学习时报》2019年4月7日，http://www.cac.gov.cn/2019-04/07/c_1124335472.htm。

发展思想，坚持服务理念，秉承创新发展，坚决破除阻碍“互联网+政务服务”发展的体制机制障碍和利益固化藩篱，形成顶层设计更完备、发展环境更优化、协同推进更有力、服务质量更高效、服务供需更均衡的网上政务服务发展新格局，是对“互联网+政务服务”发展的更高要求①。

（三）标准理念持续强化，服务具有中国特色

2018 年，国家推出《政务服务中心进驻事项服务指南编制规范》等全国政务服务大厅标准规范 3 则、《国家政务服务平台数据交换与共享接口　第 1 部分：数据交换要求》等国家政务服务平台系统标准规范 8 则②。以标准化的理念贯穿“互联网+政务服务”，将国家政策细化为具体的服务指标进行落实，有助于规范政府人员的服务行为和态度，强化政府服务的层次和效果，接受社会公众的监督和反馈，从而提升人民群众的满意度水平。

我国的“互联网+政务服务”不断深化，具有覆盖广、效能高、弹性大的特点。覆盖广旨在使政务发展的成果普惠我国 31 个省（区、市）和新疆生产建设兵团的全体民众。效能高使办事的企业和民众“只进一扇门”“最多跑一次”“一网通办”，实现“数据多跑腿，群众少跑路”。弹性大，指各级部门统分结合，推动全城通办、就近办理、异地可办，同一事情既具有标准化操作，换个地方还能办；各级各地区政府部门协同创新，构建普惠于民的长效机制，形成各具特色的便民利企之路。

三　“互联网+政务服务”存在的问题

（一）标准化实践应用不足

“互联网+政务服务”依托信息化技术提升人的服务效力，信息化技术

① 翟云：《高质量发展“互联网+政务服务”》，《学习时报》2019 年 4 月 7 日，http：//www. cac. gov. cn/2019 -04/07/c_ 1124335472. htm。

② 《2018 年中国互联网+政务十大事件发布》，国脉电子政务网，2018 年 12 月 11 日，http：//www. sohu. com/a/281100375_ 99983415。

语言的运用是以标准化为前提的，搭建科学、规范、系统的标准化服务流程和体系成为关键环节。2018 年我国虽然发布并实施了全国政务服务大厅、国家政务服务平台系统标准规范，但是在具体的标准化建设方面仍然任重道远，主要表现在以下三个方面。

审批服务事项分散。我国大部分地区，审批服务事项尚未形成集成机制，具体操作分散在各部门及各科室，未能借助信息化手段有效实现“前台一窗综合受理”“后台系统分类审批”“综合窗口集中出件”的标准化集成模式。

服务流程优化不足。在政务服务过程中，尚存在办事手续交叉繁杂，递交填写材料冗余，需要反复、提交往返数次，难以预约、等待时间过长等问题，症结在于制度层面统筹规划不足，未借助信息化和标准化手段优化服务流程。

业务指引不够清晰。各地政府服务部门通常都有服务指南，但适用性不强。服务指南往往以部门为单位进行编制，办事群众对政府组织架构了解不多，无法理解服务指南内容，对细碎的办理事项无法对应到大类。政府机构制定的服务指南尚未有效起到标准化引导作用，服务大厅内的引导员数量有限，无法满足便捷高效的业务指引需求①。

（二）平台一体化建设缓慢

近来，我国在提升“互联网 + 政务服务”水平和加速推进政务服务平台建设方面，印发了《关于加快推进“互联网 + 政务服务”工作的指导意见》《关于印发“互联网 + 政务服务”技术体系建设指南的通知》《关于深入推进审批服务便民化的指导意见》《关于进一步深化“互联网 + 政务服务”推进政务服务“一网、一门、一次”改革实施方案》等一系列重要文件。2018 年 7 月，国务院出台了《关于加快推进全国一体化在线政务服务平台建设的指导

① 刘云强：《“互联网 + 政务服务”的两个痛点》，http：//www. sohu. com/a/140327669_787300。

意见》，就深化“互联网+政务服务”、加速推进全国一体化在线政务服务平台建设、全面落实政务服务“一网通办”作出重要部署①。然而，具体的推进过程中仍然遇到不少问题，主要表现在以下三个方面。

推进力度不够。部分地区存在“等等看”的心态。虽然也想积极响应国家政策推进工作，但是不敢创新、缺少担当、怕担责任，为求稳妥等待其他地区经验成熟之后再跟着走，延缓了全国“一盘棋”“一张网”的进程。同时，一些地区进入“争论不休”的状态。虽然也抱着积极推进工作的想法，但是各有各的主张，意见分歧比较大，缺少定调决策人，致使工作难以推进。

信息共享乏力。政务服务平台是信息共享的载体，只有相关部门各级平台之间实现互联互通、证照互认、信息共享，才能最大化“互联网+政务服务”的价值，然而部门之间由于权责原因不愿意共享，导致平台之间形成信息孤岛，难以发挥数据资源整合的效力，平台一体化建设进程延缓，民众仍然多次往返于部门之间，政务服务网络协同的效力大打折扣。

技术支撑不足。由于存在技术障碍，配套支撑不匹配，不能实现一号认证，证照互认；相关数据名义上由部门掌握，实际上存储于系统开发公司，对接造成困难；数据梳理清洗不到位，平台之间缺少统一的数据标准，想打破数据孤岛尚存技术障碍。

（三）城乡“数字鸿沟”显现

我国城乡二元结构由来已久，“互联网+政务服务”城乡发展的“数字鸿沟”问题显现。农村地区人口众多，却是容易被“互联网+政务服务”忽视的地区。国家统计局数据显示，2018 年我国城镇常住人口 83137 万人，乡村常住人口 56401 万人，城镇人口占总人口比重（城镇化率）为 59.58%②。农

① 《国务院印发〈关于加快推进全国一体化在线政务服务平台建设的指导意见〉》，中国政府网，2018 年 7 月 31 日，http：//www.gov.cn/xinwen/2018-07/31/content_5310825.htm。

② 《我国大陆 2018 年末总人口接近 14 亿》，新华网，2019 年 1 月 21 日，http：//www.xinhuanet.com/politics/2019-01/21/c_1210043265.htm。

村地区智能手机的使用率显著提高，互联网应用普及水平仍然较低，通过互联网办理政务服务的网民比例更低。CNNIC 数据显示，截至 2018 年 12 月，我国农村网民规模 2.22 亿，占整体网民的 26.7%[①]。研究显示，农户对“互联网 + 政务服务”的知晓率很低，未来的使用意愿也不强烈。“互联网 + 政务服务”在农村地区的推广使用仍有很长的路要走。70% ~ 80% 的农村居民基本上不用政府官方网站和“两微一端”，需要和政府打交道时，农户更倾向于进行面对面的沟通，或者找人代劳。

农户不接触“互联网 + 政务服务”的原因在于：一方面，缺乏必要的上网技能和信息渠道，对网上政务服务功能没有基本的认知；另一方面，未形成互联网应用习惯，固有的熟人社会面对面沟通或“走关系”导致人们对于网上政务服务缺少使用动力。即便如此，农户对提升政务服务效率仍有强烈的需求，只是缺少有效的实践方法和途径。大多数受访者认为需要医疗、教育、交通、农业等公共领域广泛接入互联网，提升应用效率和服务体验。在实践的过程中，农户仍然需要循序渐进掌握必要的信息辨别常识和使用技巧，需要经历一个较长实践的适应过程[②]。

四 “互联网 + 政务服务”发展趋势

（一）“需求导向”解决民众个性化问题

中国特色社会主义新时代，“互联网 + 政务服务”着力打造全流程一体化互联网服务平台，逐一解决当前群众反映强烈的办事难、慢、繁的问题。面对新的发展形势、历史使命、发展任务，创新发展动力、模式、机制、重心成为“互联网 + 政务服务”加速推进的关键环节，从以解决民众问题为导向，向以服务民众需求为核心进行转变，标准化与个性化兼顾，既满足不同用户

① CNNIC：第 43 次《中国互联网络发展状况统计报告》，2019 年 2 月 28 日。

② 马亮：《中国农村的“互联网 + 政务服务”：现状、问题与前景》，2018 年 5 月 24 日，http://www.sohu.com/a/232816161_224692。

特定需求又注重服务流程的普及推广，提高政府服务效能，增加民众的获得感、幸福感和安全感。如威海市优化营商环境，各级各部门的窗口服务单位落实深化“一次办好”改革要求，从企业和群众关心的问题入手优化服务流程，向社会公布“一次办好”事项实施清单7172项①。大连长兴岛探索企业投资项目承诺制审批，变前置审批为事中事后监管，其经验做法在全国推广，截至2018年9月底，大连长兴岛经济技术开发区已对10个投资项目实行承诺制审批管理，部分项目开工时间比实施承诺制前要提前8个月②。

（二）技术协同政府治理变革创新

习近平总书记在网络安全和信息化工作座谈会上的重要讲话强调，要以信息化推进国家治理体系和治理能力现代化，信息化作为推进国家治理现代化的重要力量，正在引发新一轮政府治理模式变革③。2018年，随着国家政府服务平台和“一网、一门、一次”的有序推进，各地“一号、一窗、一网、一门、一次”的部署实施，国家、省级、地方基于大数据、云计算和人工智能技术的平台服务体系架构初步形成。“一网、一门、一次”取得实效的关键在于政务服务大数据的有效整合、互认共享；利用大数据技术为民众提供精准化、个性化服务，成为构建高质量政务服务体系的重要依托。云计算成为解决资源共享和模式创新的有效途径，既降低成本，又配合大数据的运用实现科学决策、按需供给。人工智能的崛起将使政府在控制人员规模、提升办公效率、提高公共服务质量方面得到进一步优化。虽然各地由于经济发展不平衡、信息化基础不同，网络协同建设方面层次不一，但是技术在协同推进政府治理变革创新方面的作用已凸显。

① 《坚持需求导向 优化便民服务》，《威海日报》2018年9月12日，http://www.weihai.gov.cn/art/2018/9/12/art_16952_1433084.html。

② 《今年将实现“互联网+政务服务”全覆盖》，《半岛晨报》2019年1月10日，http://finance.sina.com.cn/roll/2019-01-10/doc-ihqhqcis4683344.shtml。

③ 《实现互联网与政务服务深度融合》，人民网，2017年6月14日，http://theory.people.com.cn/n1/2017/0614/c40531-29337698.html。

（三）政务云安全成为基本服务要求

“放管服”改革、“六个一”要求、“一网、一门、一次”承诺的兑现需要借助政务云来实现。所谓政务云融合了云计算的技术特点，对政府服务职能进行整合、精简、优化，通过构建基础的信息技术服务平台，借助互联网手段实现各种业务流程便捷化、标准化、高效化。近年来，随着政务云应用力度的逐渐增大，数据安全、信息篡改、数据备份以及安全责任的界定等问题凸显，安全成为基本的服务要求。在采购比选时和服务过程中对政务云系统进行全流程监管审查，委托具有资质的第三方评估机构对资源提供商的云计算服务进行测试、评估、审查成为确保政务云系统安全运行的重要环节。2014 年，我国开启了云计算服务安全国家标准的试点工作，2015 年正式启动首批云计算服务安全审查工作，2016 年 9 月 20 日，中央网络安全和信息化领导小组办公室（2018 年更名为中央网络安全与信息化领导委员会办公室）公布了首批通过党政部门云计算服务网络安全审查的云计算服务名单，浪潮软件集团有限公司的“济南政务云平台”、曙光云计算技术有限公司的“成都电子政务云平台（二期）”和阿里云计算有限公司的“阿里云电子政务云平台”等 3 项云服务通过网络安全审查①，到 2019 年，通过网络安全审查的数量拓展到16 项。

五　“互联网 + 政务服务”对策建议

（一）全面实行清单式管理和标准化服务

服务事项是标准化建设的主线，细节内容的标准化围绕服务事项展开，顺应这一思路，应全面梳理服务事项清单，并根据民众具体政务服务需求，

① 《中央网信办公布首批通过审查的云服务名单》，中央网信办，2016 年 9 月 22 日，http://www.cac.gov.cn/2016 - 09/22/c_1119603980.htm。

周期性动态优化服务事项清单；尽可能统筹精简服务环节，标准化服务流程，受理个性化服务需求；将服务清单和标准流程公开在政务大厅，并丰富网站、搜索引擎、电话和“微端”查询渠道；构建前台一窗受理、后台集成审批、职责集中归口、全程电子监察的模式。针对编制指南存在的问题，按照标准化格式编制各类事项的“办事指南”，尽量用图表的形式展示，注明对应部门，使之通俗易懂，提升民众阅读体验。

（二）加速推进平台一体化建设落实问责机制

“互联网＋政务服务”提出多年，在国家顶层设计和统一部署的形势下，各地的观望不作为有渎职之嫌，应对其问责。信息共享是推进“互联网＋政务服务”的基本保障，按照《政务信息资源共享管理暂行办法》（国发〔2016〕51号）规定，各地应积极开展信息共享推进工作，包括编制政务信息资源共享目录，构建统一的数据共享交换平台体系，建立分级共享制度，编制信息共享使用指南等。建立以我国公民身份证号码或者法人信用代码为通信标识的一号申请、信息共享和证照互认机制。按照《网络安全法》规定的网络安全等级保护制度建立健全信息系统安全保障体系。各级各地政府统筹规划，遵循集约化建设原则，打破部门机构间的信息壁垒。

（三）通过推广使用移动政务缩小“数字鸿沟”

近年来，智能手机在农村居民中的使用率显著提升，发展移动政务是推进农村“互联网＋政务服务”的重要方式。提升政务水平，缩小城乡“数字鸿沟”，应以移动政务为核心发展战略，加强农村地区移动互联网的基础设施建设，着力发展以智能手机为载体的移动政务，加大对移动政务的宣传推广力度，通过志愿者团队帮助农村居民知晓、了解、接受、使用移动政务，切实提升移动政务的服务水平。在人力、财政和技术条件有限的农村地区，将移动政务的推广使用列入“精准扶贫”计划，并探索政企合作的公益服务模式，使“互联网＋政务服务”普惠民众。

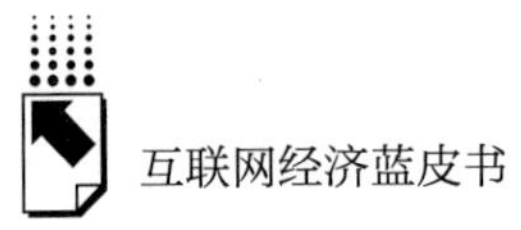

参考文献

《李克强总理会见中外记者并答记者问（全文实录)》，中国政府网，2018 年 3 月 20 日。

《国务院办公厅关于印发进一步深化“互联网 + 政务服务”推进政务服务“一网、一门、一次”改革实施方案的通知》(国办发〔2018〕45 号)，中国政府网。

《国务院办公厅关于印发〈政府网站集约化试点工作方案〉的通知》（国办函〔2018〕71 号)，中国政府网。

中国互联网络信息中心（CNNIC)：第 43 次《中国互联网络发展状况统计报告》，2019 年 2 月 28 日。

《高质量发展“互联网 + 政务服务”》，《学习时报》2019 年 4 月 7 日。

刘云强：《“互联网 + 政务服务”的两个痛点》，2017。

马亮：《中国农村的“互联网 + 政务服务”：现状、问题与前景》，2018 年 5 月 24 日。

《今年将实现“互联网 + 政务服务”全覆盖》，《半岛晨报》2019 年 1 月 10 日。

《中央网信办公布首批通过审查的云服务名单》，中央网信办，2016 年 9 月 22 日。

B.19

2018年中国数据治理研究报告

陆 峰*

摘 要： 本报告研究了2018年我国数据治理领域发展情况、总结了发展特点、剖析了存在的九大问题。本报告发现，2018年我国公共信息资源开放开发加快，数据滥采滥用日益严重，数据泄露和非法交易事件频发，企业间数据交易纠纷频发。本报告认为，未来数据泄露、滥采、滥用问题还会持续爆发，国家数据治理将会进一步提上日程，数据治理相关法律法规将会进一步健全。本报告从制度和技术两个维度，提出了加快推进我国数据治理的十大对策建议。

关键词： 个人信息 数据安全 数据治理

数据是基础性、战略性资源，是发展数字经济、构建智慧社会、建设数字中国的关键核心支撑。随着互联网、大数据、人工智能和实体经济的深度融合，经济社会各个领域数据开发利用活动变得日益频繁，有效地促进了治理能力提升、产业转型升级和经济新动能的培育。然而，数据作为一种潜在的资产，已经成为各方争夺的焦点，大规模个人数据非法交易、个人数据滥采滥用、企业数据利用纠纷、重要数据违规出境等问题频发，对保障个人信息安全、维护市场秩序、保障国家信息都构成了严重威胁，加强数据治理，已经刻不容缓。

* 陆峰，博士，高级工程师，工业和信息化部赛迪研究院电子研究所副所长，主要研究领域为数字经济、网络社会治理、智慧城市、电子政务、大数据。

一 发展情况

（一）公共信息资源开放开发加快

随着“互联网+政务服务”、“一站式”协同监管的推进，以及各类互联网服务的发展，社会对公共数据共享开放开发的呼声越来越高。2018年初，为贯彻落实党中央、国务院关于推进公共信息资源开放的有关工作部署，中央网信办、国家发展改革委、工业和信息化部联合印发《公共信息资源开放试点工作方案》，确定在北京、上海、浙江、福建、贵州等地开展公共信息资源开放试点，要求针对当前开放工作中平台缺乏统一、数据缺乏应用、管理缺乏规范、安全缺乏保障等主要难点，在建立统一开放平台、明确开放范围、提高数据质量、促进数据利用、建立完善制度规范和加强安全保障6方面开展试点，探索形成可复制的经验，逐步在全国范围加以推广。方案要求，试点地区要结合实际抓紧制定具体实施方案，明确试点范围，细化任务措施，积极认真有序开展相关工作，着力提高开放数据质量，促进社会化利用，探索建立制度规范，于2018年底前完成试点各项任务。

（二）数据滥采滥用日益严重

随着移动互联网的快速发展，各类移动应用深入大众购物、出行、社交、娱乐、学习等生活的各个环节，为生活提供了极大便利。出于服务精细优化和商业精准营销需要，各类移动应用对个人信息的采集和开发利用越来越频繁，通信、位置、聊天、社交、网购、喜好等个人信息采集越来越多，且数据挖掘分析越来越深入，对个人画像越来越精准。根据2018年中消协通报的100款APP个人信息收集与隐私政策测评情况报告，共测评的10类100款APP中，有91款APP都存在过度收集用户个人信息的问题，近半数APP隐私条款内容不达标。美图秀秀、e代驾、中国工商银行、悟空理财、139 邮箱、百合婚恋等都不同程度存在问题。另外，支付宝滥用个人数据的事件引爆网络，2018 年初支付宝公布的 2017 全民账单详细列出了每个人的消费详情，但有网友发现在查看自己的数据之前，有一行授权界面的小字“我同意《芝麻服务协议》”，不但字特别小，而且是默认勾选好的。

（三）数据泄露和非法交易事件频发

2018 年，个人数据泄露事件频繁发生，网站、酒店、快递公司等都成为信息泄露的源头。2018 年 6 月 13 日，视频网站 AcFun 对外宣称 900 万条用户数据外泄；6 月 16 日，招聘网站前程无忧的 195 万条用户求职简历泄露；6 月 19 日，圆通快递 10 亿条快递数据被售卖；7 月 18 日，顺丰快递 3 亿用户数据被兜售；8 月 28 日，5 亿条华住旗下酒店客户开房数据被出售；9 月 10 日，万豪集团 5 亿名客人的信息被泄露。出售个人信息已经成为一条公开的黑色产业链，本应该被保护的个人信息，却成了公开兜售的商品，公众在互联网世界里形同“裸奔”。

随着我国大数据产业发展，社会对重要数据资源的需求量越来越大，非法数据交易现象日益猖獗，爆发了大量的重大公民个人信息盗窃案件（见表 1）。从这些案件看，主要呈现出三个特点。一是非法数据交易和使用事件发生频率呈上升趋势，并从之前的小规模、多频次向大规模、多频次转变，从线下交易的上万条记录级别向网上交易的上亿条记录级别转变。比如此次涉案的数据堂公司。二是非法交易数据逐渐从低价值向高价值转变，从之前联系电话、邮箱等通信方式信息逐步向个人网上购物、购房购车、教育医疗、卫生保健、金融资产等个人重要信息拓展，这些信息一旦落入诈骗分子或国外情报分子手中，将对整个社会构成巨大危害。三是非法数据交易呈现产业链作案特征，其分工明确、网络协作、隐蔽性较强，形成了一条从数据窃取、数据贩卖到数据挖掘使用的黑色产业链，作案呈现团伙化趋势。

表1　2018年国内部分重大公民个人信息案件情况

时间	案件内容
2018年3月	山东省泰安肥城网警打掉一个涉及全国18个省份33个地市的特大网络贩卖公民个人信息犯罪团伙,查获嫌倒卖公民个人信息300余万条
2018年4月	湖北警方破获一起重大侵犯公民个人信息案,查获公民个人信息超过500余万条
2018年7月	崇左警方破获一起特大侵犯公民个人信息案,收购转卖公民信息超20亿条
2018年8月	绍兴警方破坏一伙犯罪分子非法从运营商流量池窃取30亿条用户数据
2018年8月	北京警方破获一起重大侵犯公民个人信息案,查获各类公民个人信息350余万条

（四）企业间数据交易纠纷频发

近年来，随着企业间业务合作的深入，企业之间数据流通越来越频繁，作为数字经济时代重要资产，考虑到商业利益，企业之间数据交易纠纷频繁发生。例如，2018年腾讯和今日头条竞争再起冲突，腾讯以短视频整治为由屏蔽了今日头条、西瓜、抖音、火山分享在微信朋友圈分享链接。此外，在全国大规模推进企业上云的大背景下，各种网络云平台以技术不支持为理由绑架用户，甚至采用对数据进行专有格式加密等方式，阻碍用户数据和应用跨平台迁移，严重破坏了数字市场竞争规则。

（五）数据治理制度建设加快

大数据时代，个人信息的商业价值和法律意义都在提升。面对利益的冲击，更需要筑牢法律的防火墙，让企业提高数据的安全保护重视程度，让职能部门强化对市场、行业的监督管理，让司法机关严厉惩处违法行为，为公民隐私穿上“保护衣”。随着数据问题频发，数据治理立法建设加快。2018年9月7日，十三届全国人大常委会立法规划公布，《个人信息保护法》与《数据安全法》被列入第一类项目，个人信息保护和数据安全立法正式被提上日程。另外，数据治理行业规范建设加快，为深入贯彻落实《网络安全法》，指导互联网企业建立健全公民个人信息安全保护管理制度和技术措施，北京市网络行业协会、北京邮电大学和公安部第三研究所相关专家研究起草了《互联网个人信息安全保护指引》。

二 发展特点

（一）非法数据交易现象日益猖獗

随着我国大数据产业发展，社会对重要数据资源的需求量越来越大，非法数据交易现象日益猖獗，社会上爆发了大量的重大公民个人信息盗窃案件。作案呈现团伙化趋势。

（二）互联网已成为非法数据交易的重要渠道

非法数据交易渠道主要有线上和线下两个渠道，从目前破获的案件来看，线上交易是主流。线上非法数据营销渠道主要有论坛、QQ 群、微信群、微信公众号、微博、博客、电子商务平台、暗网、网盘、邮箱等。其中，论坛、QQ 群和微信群是非法数据交易的重灾区。从查获的案件来看，非法数据交易基本都是通过 QQ、微信、邮箱、暗网等直接传送，或是通过收费网盘支付费用后下载。非法数据交易信息在网上泛滥，不仅为非法数据交易行为拓展了市场空间，也加大了打击防控的难度。

（三）个人数据是当前非法数据交易的主要数据类型

当前非法交易数据主要涉及以下几类信息。一是个人联系方式信息，包括个人电话、联系邮箱、单位和家庭通信地址等，此类信息主要用作营销通信联系。二是个人网购信息，包括用户在各类电子商务平台上的购物记录，此类信息主要用来挖掘客户购物偏好和分析商品市场需求量。三是社交偏好信息，包括用户在微博、微信、QQ 等各类社交平台上行为偏好信息，此类信息主要用于挖掘做网上精准广告营销。四是购房购车、银行卡、身份证等信息，此类信息主要用作销售推广，包括房产买卖、车辆保险、车辆保养服务等的销售推广以及个人资产评估等。五是教育培训和医疗健康信息等，此类信息主要用作教育培训、医疗保健服务、生育服务等的销售推广。六是企

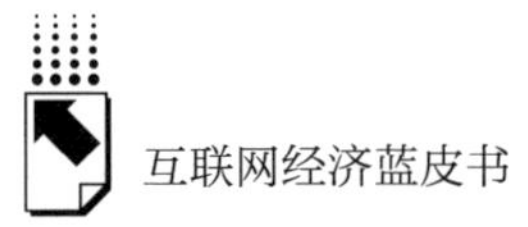

业征信信息，包括企业资产、收入、纳税、处罚信息，主要用于企业征信评估。这些非法交易的数据除了用作正常的精准营销外，还被诈骗分子用来实施精准诈骗。

（四）个人信息滥采滥用现象十分严重

主要表现在以下几个方面。一是个人信息滥采现象十分严重，目前大部分 APP 软件在安装过程中都或多或少存在获取与软件应用功能无关的个人信息，主要包括个人通讯录、地理位置、个人相册等众多信息访问权限。以手机电筒 APP 软件为例，除了要求获取电池和摄像头访问权限之外，还要求访问用户通讯录和地理位置等与软件功能无关的个人信息。二是企业通过软件服务获取用户个人信息后，究竟如何使用这些个人信息，是否存在信息倒卖或者过度挖掘等行为，用户完全不知，也无法掌控。三是用户许可协议流于形式，尽管许多软件在安装过程中都有用户许可协议步骤，但许可协议存在条款冗长难以阅读、霸王条款强迫用户等行为，甚至替用户勾选等现象也大量存在。

（五）企业数据流通缺乏市场规则

主要表现在以下几个方面。一是数据流通交易缺乏统一规范性国家合同文本，交易双方权利和义务难以全面有效规范，致使个人信息等不该流通交易的数据被流通交易，或者数据超双方合同授权约定使用或非授权使用等现象大量存在。二是数据流通交易缺乏计量、定价标准和溯源手段，数据交易定价无序，流通交易数据质量得不到保障，社会普遍存在数据流通交易会导致数据失控的担忧。三是非法数据交易猖狂，企业数据人为泄露、非法窃取、地下黑市交易等现象十分严重，导致社会对企业个人数据安全保障普遍担忧。四是设置技术壁垒阻碍数据跨平台转移，数据在不同企业平台之间迁移难度极大、成本极高，平台通过数据绑架用户现象十分普遍。五是数据垄断问题日益严重，互联网企业频繁并购加剧数据集中，部分大型企业利用数据垄断地位破坏市场竞争规则，挤对竞争对手。

（六）公共数据共享开放开发推进缓慢

主要表现在以下几个方面。一是政务数据资源共享和交换困难重重，不仅阻碍了“互联网＋政务服务”推行，影响了政务服务体验感的提升，导致了部门监管脱节，跨区域、跨层级、跨部门协同监管难以高效实现。二是政府和企业数据对接推进缓慢，人口、法人、证照、信用等政府持有基础信息难以对企业有效开放，导致互联网企业开展网络服务缺少了资质、证照、信用等基础信息验证支撑，网络平台自身治理困难重重。三是重要公共企业数据沦为部门资产，受体制机制约束，难以有效开放开发，不仅社会价值得不到有效发挥，也影响了公共服务创新和品质提升。

（七）数据跨境流动安全保障风险极大

主要表现在以下几个方面。一是外资企业大量采集我国个人和企业重要数据，并将数据无限制地传输和存储到国外，给国家数据治理和监管带来了极大的困难。二是国内企业涉外数据合作没有得到有效规范，服务外包导致大量重要数据流入国外公司手中，合作结束后没有及时销毁，给国家安全造成了巨大隐患。三是部分组织和机构为了商业利益或政治图谋，利用大数据影响社会舆论，进行网络政治营销，发布国家经济走势、公共卫生、环境安全等特殊敏感领域大数据报告，严重危害了社会稳定和国家安全。四是跨境数据流动缺乏有效监管，规范和制度等缺失，监管手段滞后，技术支撑能力不足，使得国家数据主权难以得到有效保障。

三　存在的问题

（一）缺乏正常的数据交易渠道

大数据开发利用已经成为一种不可逆转的发展趋势，越来越多的部门都在积极利用大数据技术，促进产业、商业、管理、服务和治理等领域业态创新，然而部门数据资源匮乏制约着各部门大数据技术的利用。目前，掌握数据资源的部门向社会开放的步伐推进缓慢，各政务部门和金融、物流、航空、铁路、旅游、能源等重点行业的数据资源都封闭在部门和单位内部，形成了一个个封闭的信息孤岛，社会企业缺乏正常的获取渠道。同时，电子商务、网络社交、搜索引擎、地理信息、网约车等领域的互联网企业，大都是通过建设数据开放平台、提供收费信息服务等模式推进部分数据的开放，但这种开放模式的开发利用深度非常有限。以电子商务交易信息为例，电子商务交易信息挖掘利用有商业精准营销、企业按需定制生产等多种用途，商业价值巨大，外部机构对阿里、京东等电子商务企业交易信息挖掘需求巨大。例如，入学信息等教育数据资源的挖掘，可应用于教育产业链众多企业商业规划和策划，市场需求也十分旺盛。尽管有些部门数据资源不能直接向社会开放，需要脱敏处理后方可向社会开放，但目前脱敏处理后的开放渠道都很少，甚至缺失。正常的重要数据资源获取渠道缺失，使得较多机构千方百计通过地下渠道去获取需要的数据资源，进而导致地下非法数据交易市场非常旺盛。

（二）数据资源缺乏全生命周期管理

信息系统建设和运维以及大数据挖掘过程中缺乏对数据的全生命周期管理，管理不周、内部窃取成为数据资源泄露重要原因之一。目前各部门、各行业都在推进信息化建设，建设信息系统和平台是其中不可或缺的环节，较多非 IT 部门自身没有信息系统开发和运维的能力，都采用外包开发和运维模式，外包服务模式给部门加强部门数据全生命周期管理带来了巨大挑战，许多系统外包开发和运维服务商在运维过程中都有意无意备份系统数据，这些备份数据事后管理不善成了数据泄露的重要原因之一。以物流、房产、住宿、旅游等行业为例，近年来这些行业较多数据泄露事件中由外包服务引起的占据绝大部分。部门数据保护内控机制不健全，对运维人员数据获取缺乏有效约束，也是当前数据泄露重要原因之一。另外，拥有大数据的企业缺乏有效的挖掘技术，进而将数据委托给外部企业进行挖掘，也是当前数据泄露的重要途径之一。

（三）重要漏洞未能及时发现和修补

网络防御、数据溯源等相关技术存在短板，重要信息系统和网络平台漏洞未得到及时发现和修补。网络防御技术支撑能力不足是引发数据泄露的重要原因，目前我国各领域信息化建设采用的数据库系统绝大部分都是国外商业数据库或开源数据库，这些数据库是否存在漏洞甚至后门，我国企业都无法全面掌握。每当这些数据库重大漏洞爆发时，我国企业都处在事后被动修复状态，而且不同类型企业事后修复时间存在较大差异，大型 IT 企业都会及时修补，很大一部分传统企业都是漏洞曝光后搁置较长时间才知晓并修复，有些没有技术能力支撑的企业甚至长年累月不知晓漏洞修复，黑客入侵窃取数据的大门始终敞开着，至于数据库存在的后门，国内企业更是无法掌握，这种形势对我们国家保障网络数据安全构成了极其严峻的挑战。以此前某知名电商公司 12G 用户数据泄漏事件为例，原因在于 2013 年 Struts 2 的安全漏洞的爆发，Struts 框架广泛应用于政府、公安、交通、金融行业和运营商的网站建设，作为网站开发的底层模板使用，该框架漏洞爆发对行业影响较大。该公司相关技术人员表示，当受此漏洞影响导致数据泄露的企业远不止其一家。另外，数据溯源技术的短板也导致了我国企业数据泄露之后无法查清数据泄露从何而来、中途经历过程等。

（四）个人信息安全防护措施薄弱

部分政府部门和企业在个人信息的采集、存储和使用中安全防护基础措施保障不到位，难以应对复杂网络、新技术应用、技术服务外包等各种条件下个人信息保护需求。个人信息保护技术攻关研究和推广应用步伐滞后，尤其是针对移动互联网、云计算、大数据、物联网、人工智能等条件下，个人信息保护技术支撑能力不足，技术存在不成熟、未体系化等一系列问题。政府和企业信息系统和网络平台的个人信息保护制度不完善，网络、技术、人员、外包等多个环节制度不健全、不系统、不精细，个人信息泄露和滥用风险极大。

（五）个人开发利用标准规范缺失

个人信息范围、权属和使用权限等标准缺失，尤其是针对网络平台和大数据挖掘情况下个人信息的界定和使用，没有统一的国家或行业标准，致使很多个人信息开发利用处在灰色地段。个人信息采集、存储、清洗、使用等环节操作流程、业务规范、防护要求等没有统一的标准，导致企业在个人信息开发、利用、保护等环节缺乏合规合法对标尺度，个人信息滥采和滥用现象十分严重，风险隐患较大。个人信息开发利用负面清单制度缺乏，导致许多企业在个人信息采集、开发、利用和保护中，都是“摸着石头过河”，以试探政府和社会反应为依据，来推进个人信息开发利用创新，企业业务创新风险极大。缺乏统一、规范、标准的个人信息采集和使用用户承诺书，导致许多企业制定用户承诺书都是以企业利益最大化为目标，无限制强化自身权利，对个体保护自身信息存在极大不公平。

（六）非法交易传播渠道未能及时切断

非法数据交易信息互联网传播渠道尚未被及时、有效切断，多部门协同打击的常态化机制尚未建立。利用论坛、QQ 群、微信群、微信公众号、电子邮件、网络硬盘、电子商务平台、电子图片、短信等渠道，采用公开或是半公开模式进行数据交易网络营销已经成为非法数据交易的主要营销渠道，目前这些营销渠道尚未被及时、有效、全面封堵，导致了非法数据交易行为不断蔓延。网络渠道营销影响范围广、传播速度快，已经成为非法数据交易信息扩散的主要渠道。以身份证信息为例，非法身份证交易 QQ 群、微信群在网上大量存在，通过搜索引擎等渠道能够方便地搜索到相关的交易群和大量案件报到信息；另外，利用电子商务平台进行身份证信息买卖方式也时有发生，平台服务提供商有时未能及时发现，导致信息大量扩散；各种论坛里面谈论身份证信息交易帖子更是不胜枚举。切断非法数据交易信息互联网营销渠道需要网信、公安、工信、商务等多部门建立常态化的执法互助机制。

（七）网络化的监管治理模式尚未建立

目前大部分非法数据交易都是基于互联网展开，与线下案件不同，基于互联网的案件具有高技术、跨地区、跨时空、数量大等特性，要求执法部门具有强大的技术平台保障案件侦查。近年来，这种利用个人信息泄露开展精准电信诈骗的案件时有发生，但由于大部分案件涉案金额较少，跨地区执法成本较高，主管部门多处于无暇应对状态，只能针对一些大案要案进行查处。另外，传统的线下进场执法手段除了成本高外，也存在技术能力不足和无暇应对状况，这就对监管部门网络化、平台化和在线化监管手段提出了更高要求。

（八）法律对非法交易震慑作用不强

数据保护相关法律要求不明晰，非法数据交易法律法规震慑作用不够。尽管已经出台的《网络安全法》《电信和互联网用户个人信息保护规定》等相关法律法规、部门规章中对包括个人信息在内的各种数据保护提了较多规定和要求，但是相关规定和要求过于宏观，且相关条款司法解释缺失，导致企业在执行过程中按照规定执行缺乏具体、详细和标准化的参考依据。另外，非法数据交易法律法规震慑作用不够，大部分案件都难以做到违法必究，即使有些案件被查处了，处罚力度过轻，难以起到震慑作用。

（九）行业自律尚未发挥作用

技术研发、应用推广等方面致力于推动企业发展的联盟很多，但属于约束企业行为的个人信息保护行业自律联盟缺乏，尽管有政府部门牵头少量企业成立，但重点企业的积极性和主动性不足。缺乏个人信息保护行业自律公约，重点企业和重点行业在个人信息保护方面的引导和示范作用尚未发挥。

缺乏个人信息保护行业自律发展水平评估，行业个人信息保护状态缺乏摸底评估，大量企业个人信息保护透明度不高。

四 发展趋势

（一）数据泄露、滥采、滥用问题还会持续爆发

2019 年，随着互联网、大数据、人工智能和实体经济的深度融合，社会治理、民生服务、产业发展等各个领域对数据应用的需求将会进一步增强。由于正常数据共享交换、流通交易渠道尚未建立，市场需求又十分迫切，通过窃取、滥采等模式来满足数据黑市需求的数据黑色产业链将会持续存在，各类信息系统数据被窃取和泄露的事件还将持续爆发。另外《网络安全法》和《电信和互联网用户个人信息保护规定》对数据采集、存储和开发利用等相关规定过于原则和宏观，缺乏执法操作性，对数据滥采滥用现象还起不到严重震慑作用，浏览器、APP 应用程序等各类应用数据滥采和滥用现象还会持续存在。

（二）国家数据治理将会进一步提上日程

随着国内大规模个人数据泄露以及企业间数据交易纠纷的频发，欧盟《一般数据保护条例》和美国《云法案》的出台，以及我国数字经济和全球数字贸易的快速发展，我国数据治理也将进一步提升日程，个人信息保护、企业数据合规利用、数据跨境流动等领域数据治理步伐将进一步加速，打击非法个人数据交易、加强个人数据保护、规范企业间数据流通行为、保障数据跨境流动安全将会成为数据治理的主题，网信、公安、工信、市场监管等多部门协同治理将会加速推进。

（三）数据治理相关法律法规将会进一步健全

针对非法个人数据交易猖獗、APP 应用数据滥采滥用严重、数据跨境流

动风险较大等问题，为了进一步规范数据流通秩序、依法推进数据治理、保障个人数据权益和国家数据安全、促进数字经济和数字社会健康发展，预计2019 年，国家在数据治理领域法律法规和部门规章将会密集出台，APP 应用数据采集、数据跨境流动、数据安全、儿童个人信息保护等领域法律法规和部门规章有望提前出台。

五 对策建议

（一）树立正确的大数据发展观

客观理性地看待大数据作用，大数据对提升人类洞察能力具有很大促进作用，但是技术不是万能的，技术也是把双刃剑，技术应用能力和效果与人的认知和价值观、社会治理机制有很大关系。本着与时俱进、促进发展、造福人类的原则，积极推进大数据和经济社会深度融合，完善数据治理体系，更好地护航数字中国发展。坚持发展和安全双轮驱动原则，既要鼓励和支持大数据应用，又要同步做好安全风险的防范，积极稳妥推进大数据应用。

（二）鼓励发展大数据交易服务

面向社会重点应用需求，加快推进政务信息资源和公共信息资源开放和共享，完善政务信息资源、公共信息资源开放和共享网络服务基础设施，提供平台化、网络化和在线化开放和共享服务。推进大数据交易平台建设，支持各地大数据交易所和交易中心建设，鼓励政务信息资源、公共信息资源和其他企事业单位信息资源进交易所交易，强化数据脱敏等工作，确保国家安全、商业秘密和个人隐私保护。鼓励互联网企业大力建设企业数据开放平台，提供深度数据挖掘服务，为外部企业开展数据业态创新提供有效支撑。

（三）加快数据流通交易规则制定

加快制定大数据应用伦理道德准则，综合考虑社会需求、发展趋势、应用场景、潜在风险、民族风俗、文化习惯、宗教信仰、法律法规等相关要素，明确大数据发展的宗旨、目的、原则等，把准大数据发展航向。加快制定大数据发展法律法规，明确数据所有者权益，规范数据控制者和处理者的权责以及相应法律责任。加快个人数据保护相关规则制定，制定个人数据采集、流通和开发利用宗旨原则、负面清单、流程规范、防护要求和操作指南等，明确个人数据权利，确保个人数据采集、流通、开发和利用安全有序。加快企业间数据流通、交易、开发相关规则制定，建立数据定量和计价参考指南，编制企业间数据交易合同参考样本，出台企业间数据流通、交易、开发流程规范，完善数据交易纠纷处理机制。完善公共数据开放开发规则，出台公共数据开放开发管理办法，明确数据开放开发主题目录、时间表、路线图、激励考核机制。加快制定跨境数据流动相关规则，制定跨境数据流动规范，出台跨境数据流通负面清单，建立跨境数据流动安全评估机制。

（四）强化数据全链条安全管理

加强对信息系统和网络平台开发、建设和运维过程中数据安全全链条管理，确保数据安全保障不出现环节短板。规范信息系统和网络平台开发、建设和运维全过程数据资源管理，出台相关实施指南、技术标准、合同规范和管理制度等，建立贯穿开发、建设、运维等全过程的数据内控机制，确保整个过程数据管理可管和可控。开展对存储重要信息的信息系统和网络平台开发、建设和运维等全环节的报备管理，强化企业终身责任意识，确保数据泄露后可查可溯。继续开展对重要信息系统和网络平台数据安全保障日常执法检查，提高执法技术保障支撑能力。

（五）加快大数据算法深度治理

针对网络零售、社交娱乐、旅游餐饮等领域滥用个人信息精准营销行为，建立大数据算法公开制度，从社会伦理、法律法规、商业合规、技术安全等角度广泛接受社会监督，确保算法合情合法合规。加快建立大数据算法安全评估制度，从舆论动员能力、个人隐私保护、商业合规性、国家数据主权等角度，加强算法应用前安全评估，确保算法执行效果安全可控。针对影响面广的特殊领域，加快建立大数据算法报备制度，按算法作用、运行原理、技术实现、应用场景、自评合规性等情况，提高对算法商业应用治理能力。加强对大数据算法及相关产品安全测评，查找算法漏洞，解决算法瑕疵，确保算法和相关应用产品安全可靠运行。

（六）构建新型数据综合治理机制

加快形成政府监管、企业履责、社会监督、网民投诉等多主体参与，经济、法律、技术等多种手段相结合的数据综合治理格局。强化政府数据监管，革新理念，优化流程，创新手段，提高政府对数据全生命周期协同治理能力。压实企业履责责任，规范企业数据采集、存储、流通、交易和开发等各环节安全保障措施，建立企业数据合规和风控机制，促进企业自律和自治，推进数据治理关口前移。完善社会监督机制，鼓励开展第三方数据监测和评估服务，发挥行业联盟和媒体监督作用，推进社会化协同治理。提高网民意识，普及数据安全使用和防护意识，畅通网络举报渠道，发挥数据治理的首要监察员作用。要综合经济、法律、技术等多种手段，多措并举，强化数据综合治理，提高经济制裁、法律威慑和技术阻断的威慑能力。

（七）提高监管执法在线化水平

加强监管队伍执法能力建设，提高监管执法的网络化和在线水平。整合网信、公安、工信、商务等部门相关职能和执法力量，成立国家数据安全保护机构，统筹数据安全保护全生命周期执法职责，并建立省、市两级直属派出执法机构，构建全国统一调度的数据安全保护执法队伍。建设国家级数据安全保护执法监管平台，提高执法监管网络化、平台化、在线化水平，强化对网络和大数据技术的利用，建立常态化、在线化的数据安全保护执法机制。充分整合互联网企业、金融机构、电信运营商等部门资源，构建信息共享和执法互助机制，加强网络监管平台技术和资源保障。

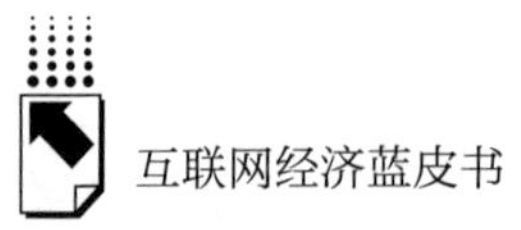

（八）提高数据治理技术支撑能力

推进互联网、大数据、人工智能和国家数据治理的深度结合，加快构建政府数据治理网络大平台，强化大数据和人工智能技术深度应用，推进数据治理的数字化、网络化和智能化，提高网络空间数据采集、传输、存储、开发和利用等环节态势感知监测水平，提升实时应急响应和协同联动能力。加强对数据采集、存储、传输、交易、流通、使用等过程中数据保护技术研究，提高技术自主可控能力。加快推进数据采集、存储、传输、开放、共享、流通、交易、使用等过程全生命周期标准化安全管理，出台相关技术标准和实施指南，以安全管理标准化降低数据泄露风险。加强数据库相关技术研究，大力发展国产数据库和大数据分析工具，强化数据溯源技术攻关研究。加强数据出境评估管理，建立重点领域数据出境安全评估和许可管理制度，确保国家数据安全。

（九）强化行业自律制度建设

加快构建数据合规联盟，围绕个人数据保护、企业数据交易流通、公共数据开放开发、国家数据跨境流动等领域，加快制定数据采集、流通、开发和利用行业规范和标准，加快形成数据治理方面的行业共识，提高行业自律能力。依托行业联盟，发布数据治理行业自律承诺，推动互联网、电信、金融等领域大数据应用更加重视个人数据保护、商业诚信和社会公德，更加重视数据合规性，形成社会引导和示范效应，带动全行业数据应用公信力的整体提升。开展行业数据开发和治理发展水平评估，总结行业数据开发和治理经验，查找问题和不足，提高数据应用社会透明度，提升社会对企业数据应用的信任度。加强数据开发利用和治理行业交流，定期组织相关企业开展应用创新和治理研讨，共同商讨数据应用和治理创新模式。

（十）增强法律法规的可操作性

进一步完善法律法规，提高法律引导性和执法可操作性。出台《网络安全法》相关条款司法解释、实施细则、操作指南和技术标准，明确可进入市场流通交易的数据类型及要求，提高法律引导性和可操作性。制定数据托管存储、开放共享、流通交易、挖掘利用等环节合同范本，明确相关数据安全技术保障、责任机制、使用边界、销毁处理等内容要求，确保数据全生命周期可管可控。加强法律法规宣传，提高用户保护个人数据安全意识，确保用户数据不被非法途径采集和窃取。

参考文献

习近平在《实施国家大数据战略，加快建设数字中国》政治局集体学习上的讲话。

习近平在网信工作座谈会上的讲话。

习近平在全国网络安全和信息化工作会议上的讲话。

《中华人民共和国网络安全法》。

《电信和互联网用户个人信息保护规定》。

《App 违法违规收集使用个人信息行为认定方法（征求意见稿）》。

《网络安全审查办法（征求意见稿）》。

《数据安全管理办法（征求意见稿）》。

《儿童个人信息网络保护规定（征求意见稿）》。

《个人信息出境安全评估办法（征求意见稿）》。

《互联网信息搜索服务管理规定》。

《互联网信息服务管理办法》。

欧盟《个人数据保护指令》。

欧盟《一般数据保护条例》。

欧盟《非个人数据自由流动框架条例》。

中央网信办、国家发展改革委、工业和信息化部联合印发《公共信息资源开放试点工作方案》。

陆峰：《加快构建国家数据治理体系》，《学习时报》2018 年 9 月 26 日。

陆峰：《大数据时代，突破个人隐私保护困境》，《互联网经济》2018 年第 4 期。

案 例 篇

Case Reports

B.20 京东数字科技B2B2C模式

亿邦动力研究院*

摘　要： 随着人工智能加快场景化应用，传统金融机构和金融科技企业之间加强合作的趋势将愈发明显，金融领域进入科技驱动时代。在这样的背景下，B2B2C模式不止步于满足C端需求，而是通过嫁接不同B端，产生更加多种多样的金融服务，让B2B2C模式的生命力更加旺盛。2015年，京东数科提出了B2B2C服务模式，主张“以科技颠覆金融”，2018年京东数科金融服务收入占比减少，而科技服务收入占总收入的比例较2017年翻了3倍。

* 亿邦动力研究院是亿邦动力网旗下的研究和咨询机构，专注于电子商务产业研究，在网上零售、跨境电商、社交电商、产业互联网以及电商服务等领域有丰硕的研究成果。长期为国家发改委、商务部等部委提供电子商务政策研究服务，是目前国内电子商务政策规划的重要智囊机构之一。

关键词： B2B2C　京东数科　金融服务　人工智能

京东数字科技的前身是创立于京东内部、于2013年10月开始独立运营的京东金融。其经营宗旨是用数字科技连接金融和实体产业，助力产业提升互联网化、数字化、智能化水平，推动实体经济的发展，创造社会价值。

一　用科技服务实体产业、金融和政府

2018年11月，京东金融品牌升级为京东数字科技，旗下包括京东金融、京东城市、京东农牧、京东钼媒、京东少东家五大子品牌。2019年初，京东数科方面宣布2018年全年实现盈利，科技服务收入占总收入比重较2017年翻了3倍，公司估值达到1330亿元。

在金融领域，京东数科搭建了借钱、银行+、票据三大平台，形成针对不同行业的数字化服务方案，连接超过70家金融机构。迄今为止，已有超过100家金融机构与其智能信贷系统“北斗七星”签订了合作协议，合作银行业务上线时间从至少半年缩短为一个月。此外，资管科技业务正式成为一个独立的板块，智能债券投研系统FIQS的试用合作伙伴就覆盖各类金融机构20余家，试用机构资产管理规模超过8万亿元。

在政府服务、农牧、物联网等大领域，京东城市基于大数据和人工智能所打造的“城市操作系统”，为天津、南京等几十个城市提供相关服务；京东农牧用“AI+IoT+SaaS”组合成智能养殖解决方案；智能机器人业务也在产业链整合、核心技术研发和产品创新方面迅速取得突破，先后研发出了机房巡检机器人、智能通用底盘等产品。

二　B2B2C模式同步企业服务与用户服务

2015年，还未更名的京东数科便提出了B2B2C服务模式，第一个“B”

指京东数科，第二个“B”既指金融机构，也包括其他数字化程度相对较高、可直接接入金融服务的互联网平台企业。两个B端合作，为C端消费者及投资者提供满足需要的金融服务。

为了由B2C模式向B2B2C模式过渡，加速新业务模式的落地，京东数科上线了左右互搏的两款金融产品“金条”和“借钱”。二者皆为借贷产品，功能相似度高，用户群体交叉。不同的是，“金条”由负责C端消费金融的部门运营，而“借钱”则是2016年京东数科正式成立“金融科技部”后的新增的“toB”业务，对接外部金融机构的借贷产品，二者共用京东数科的底层风控体系。

而对不同B2B2C业务的考核标准并不是用户数与营业收入等指标，而是“用多少外部资金替代了自有资金”。以“金条”产品为例，目前已有约九成的资金来自外部机构。

京东数科与B端合作并不是简单地通过京东金融APP为B端导流。如“借钱”对接了来自多个金融机构的多种借贷产品，京东数科会根据底层的风险定价能力，精准匹配用户和合适的产品。

这样的京东数科既是服务金融机构的科技公司，也是C端用户的金融服务提供商。一方面，京东数科可以为金融机构提供交易系统、风险定价系统、用户运营能力等方面服务，帮助金融机构提升效率、降低成本、增加收入，“先用科技解决金融的问题，再把金融的业务还给金融机构”。另一方面，依靠京东数科赋能升级的金融机构可以更好地服务其C端用户，在原有B2C金融产品之外扩大服务范围。这是京东数科B2B2C商业模式的核心所在。

京东数科依托多年服务C端市场的经验，通过京东商城、京东白条等产品积累了海量数据。这些数据都可以作为京东数科为B端企业提供数字服务的能力，让赋能B端与服务C端的职能相互叠加。

三　转型数字科技冲破金融服务“天花板”

京东金融更名京东数科曾被行业认为是“去金融化”的重要举动。实际上，在更名之前，京东数科就已经推出了京东城市、数字化企业服务、智能机器人等业务。京东金融对于数字业务边界的拓展，早已超出京东金融原本的范畴。因此，“京东数字科技”更能体现集团整体定位。

作为主张“以科技颠覆金融”的互联网企业之一，京东数科在科技方面投入占有越来越大的比重，也将各类成果通过B2B2C模式赋能许多金融机构。京东数科公布的数据显示，2018年京东数科金融服务收入占比降低，而科技服务收入占总收入的比重较2017年翻了3倍。在加强金融监管的背景下，以金融服务“合作者”的形象代替“竞争者”，更加有利于京东数科突破金融行业“天花板”，实现企业的长期发展。

2018年12月，京东数科与跨境、跨币种汇款企业西联汇款签订战略协议，联手推动面向位于中国的全球消费者及企业的电子渠道跨境汇款服务；2019年初，京东数科推出覆盖资产管理全链条的新产品“JT^2智管有方”，意在为机构投资者提供产品设计能力、销售交易能力、资产管理能力和风险评估能力等四大能力。“去金融化”的京东数科在金融领域已经有了更加多样化的选择空间。

四　构建垂直领域体系化解决方案

除金融产品外，京东数科在数字城市、数字营销与数字农业等领域也进行了深入布局。

1. 基于城市计算平台打造城市操作系统

京东数科基于既有数字科技能力及京东城市所打造的产、学、研、管、用一体化创新机制，打造出了一套能够让多方共同服务智能城市建设的城市操作系统，涵盖城市交通、环境、能耗、民生政务、公共安全、规划和商业运营等多个领域。该系统能够解决智能城市建设中的四大核心问题。一是利用时空数据模型解决数据结构化和标准化问题，让海量数据可应用并能够彼此关联；二是将时空数据AI算法模块化、积木式输出，提升不同场景下智能应用的开发效率；三是利用开放式架构，让城市管理部门和云计算公司、

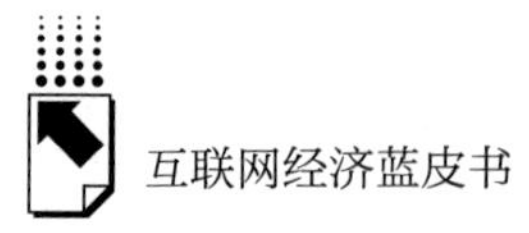

智能硬件公司、解决方案提供商等智能城市服务商实现生态共建；四是利用特定的网关技术解决隐私保护问题。

2. 基于物联网技术打造数字营销服务体系

京东数科上线了营销服务体系京东钼媒，升级改造200万块线下屏幕使其在线化，并将超过1000万的POI点位（包括名称、类别、经度、纬度等信息的地理位置）服务内容结构化，每日服务2.4亿消费人群。京东钼媒为品牌方带来的变化体现在三个方面：一是提升线下媒体资源的投放管理效率，实现线下媒体的“数据协同化”；二是打通线上线下广告效果衡量机制，品牌方可以监测实体店到店数据，对比线上数据，提高广告投放回报率；三是消费者可以通过数字化屏幕获取更好的互动式和沉浸式体验，提高广告黏性，体验反馈促进广告主提供更精准的营销服务。

3. 基于AI技术打造智能养殖解决方案

京东数科目前已经通过京东农牧智能养殖解决方案进入养殖领域。通过与中国农业大学、中国农科院等机构深入合作，引入行业专家智慧，自主研发并推出集成“神农大脑”（AI）、“神农物联网设备”（IoT）、“神农系统”（SaaS）三大模块的京东智能养殖解决方案，使养殖流程实现数字化，养殖成本降低，效率提高。按照前期的数据测算，该解决方案部署完成一年内，可将养殖人工成本减少30%～50%，降低饲料使用量8%～10%，并且平均缩短出栏时间5～8天。

京东数科着力于“产业×科技”的乘数效应与无界融合，以产业既有知识储备和数据为基础，以不断发展的前沿科技为动力，推动产业互联网化、数字化和智能化，最终实现降低产业成本、提高用户体验、增加产业收入和升级产业模式。

五　金融、科技、人才持续布局

未来，京东数科将在金融、科技和人才三个维度持续投入。

金融方面，京东数科将利用数字科技为不同的金融服务场景提供服务，并向保险科技、资管科技等领域延伸，提高产品渗透率，并通过向传统金融机构开放产品、风控、用户体系，构建产业互联的完整金融生态圈。

科技方面，京东数科将继续强化和完善京东城市、京东农牧、京东钼媒等子品牌，初步目标是将来自科技板块的收入扩大到30%，三年后将直接从事金融业务的收入占比压缩到20%。

人才方面，京东数科将重点培养“能带兵打胜仗”的年轻人。价值观和绩效双高的前20%优秀人才可破格跨多级晋升，未来三年让85后核心管理者超过30%，让90后的经理和高级经理层员工超过50%。

参考文献

《京东数科2018年实现全年盈利》，北京商报网，2019年1月8日。

《盈利之后，京东数科往哪儿走》，蓝鲸财经，2019年1月31日。

陈生强：《京东数科CEO陈生强：下个10年　这才是新引擎》，亿邦动力网，2018年11月27日。

陈生强：《京东金融CEO陈生强：将独立分拆　可创造20个亿万富翁》，雷帝网，2017年1月17日。

张硕：《放贷余额700多亿，白条ABS超300亿，京东数科去金融化还是去杠杆化?》，Finx金融，2018年9月28日。

《京东数科推出国内首个资管科技系统》，《国际金融报》2019年2月27日。

《西联汇款与京东数字科技联手推动电子渠道全球汇款》，凤凰网，2018年12月17日。

《京东数科2018年实现全年盈利　科技服务收入占比翻3倍》，腾讯科技，2019年1月7日。

《发力数字科技服务　京东金融焕新更名为“京东数科”》，财经观察网，2018年9月18日。

《京东数科称2018年实现全年盈利　将破格提升优秀人才》，新浪科技，2019年1月7日。

《京东也要养猪了！宣布将进军农牧业，用AI养猪》，域名情报，2018年11月20日。

B.21
美团供应链 S2B2C 模式

亿邦动力研究院*

摘　要： 美团的 B 端探索主要是基于食品行业的 S2B2C。2018 年 10 月，美团进行组织架构调整，组建用户平台，以及到店、到家两大事业群，战略聚焦“Food + Platform”，以“吃”为核心，建设生活服务业从需求侧到供给侧的多层次科技服务平台，以平台为地基，通过对商户的吸收合作，不断扩张企业边界。S2B2C 模式最核心的是 S（平台）和 B（商家）要共同服务 C（消费者）。B 服务 C 离不开 S 平台提供的种种支持，但是 S 也需要通过 B 来服务 C 获得成长，最终三者变为共生共赢关系。

关键词： S2B2C　数字经济　供应链　大数据　美团

美团是中国领先的生活服务电子商务平台，以“帮大家吃得更好，生活更好”为企业使命，拥有美团、大众点评、美团外卖、美团打车、摩拜单车等消费者熟知的 APP，服务涵盖餐饮、外卖、打车、共享单车、酒店旅游、电影、休闲娱乐等 200 多个品类，业务覆盖全国 2800 个县区市。2018 年，美团的总交易金额达 5156.4 亿元，同比增加 44.3%，年度交易用户总

---

* 亿邦动力研究院是亿邦动力网旗下的研究和咨询机构，专注于电子商务产业研究，在网上零售、跨境电商、社交电商、产业互联网以及电商服务等领域有丰硕的研究成果。长期为国家发改委、商务部等部委提供电子商务政策研究服务，是目前国内电子商务政策规划的重要智囊机构之一。

数达 4.0 亿，平台活跃商家总数达 580 万个。2018 年 9 月 20 日，美团点评（股票代码：3690. HK）正式在港交所挂牌上市。

一　快驴进货开启商家服务初阶探索

早在 2016 年，美团就已上线针对外卖商家菜品酒水进货的管理软件“快驴”，可以让商家在手机上订购需要的食材和酒水饮料。快驴进货目前为商家提供的商品主要包括米、面、粮油、酒、餐具、纸巾、打印机等产品。此外，美团也为商家提供餐盒等货物，且为商家提供相比市面价格更低的产品。快驴进货是美团产业数字化的初阶探索。

在美团掌舵人王兴的产业数字化思考中，将数字经济分为需求侧的数字化和供给侧的数字化。王兴认为，“几十年需求侧的数字化比较容易实现，供给侧的数字化是刚刚开始。另外，供给侧不是单一的城市，是需要介入产业链和价值链”。以美团服务的餐饮行业为例，食客是需求侧，餐厅是供给侧，但是餐饮行业上游还有许多链条，包括食材采购、雇员、设备、卫生用品等，在供给侧有很多分层。所以，供给侧的数字化度相对缓慢，需要打通整个链条。

二　从食品行业切入 S2B2C 模式

美团的 B 端探索主要是基于食品行业的 S2B2C。2019 年 1 月，美团买菜在上海低调上线，以独立 APP“美团买菜”推出，目前主营蔬菜、海鲜水产、肉禽蛋、酒水饮料、水果、乳品早餐、厨房用品等 10 大品类，总体约 1500 个 SKU，聚焦都市白领们的“三餐食材”选购需求。试水两个月之后，美团买菜落地北京天通苑和北苑两大居民区的便民服务测试点。美团买菜主要采用“APP 端 + 便民服务站”模式，以服务周边 1.5 公里内的社区居民为核心，手机下单之后再送菜上门，最快 30 分钟可配送到家，其中，便民服务站承载仓储、分拣、配送功能，供应链由美团小象事业部的供应链团队提供支撑。

三 基于平台能力多层次赋能商家

美团基于平台的技术能力和资源调动能力，通过为商家提供广泛的解决方案，助力生活服务业实体经济转型升级。

1. 为商家提供系统化解决方案

美团的基础服务是协助商家建立在线业务，实现与消费者实时对接，并向商家提供一系列解决方案，包括精准在线营销工具、高效的即时配送基础设施、云端 ERP 系统、聚合支付系统以及供应链和金融解决方案，使商家得以更加高效地吸引并服务消费者，提升销售业绩。

2. 帮助商家满足消费者需求

美团能够通过线上线下解决方案提升商家经营效率和满足客户需求能力。一是通过为客户提供独特的数据分析及精准营销工具，吸引并留住消费者，同时，通过交叉销售，可以同一用户实现不同商家服务的精准转化。二是美团通过多种方式加强商家运营，如通过配送服务提升获客半径和增加坪效，通过云端 ERP 系统简化交易管理并提升消费者到店体验，通过聚合支付系统帮助商家享受最新的支付技术便利性，提升对账效率和准确性。三是美团能够基于平台交易产生数据，为商家提供供应链和金融增值服务，以帮助商家更好地管理采购、库存及运营资金，扩大业务规模。

3. 基于 RMS 和供应链促进餐厅数字化变革

为满足消费者对更多元化生活服务日益增长的需求的同时提高商家运营效率，美团加大了对餐厅管理系统（RMS）及供应链解决方案的投资，借此加强与平台上的商家合作关系。美团 RMS 正透过 SaaS 模式对餐厅软件业造成革命性改变，推进餐厅的整体业务经营数字化与美团平台进行连接。

在供应链层面，美团透过移动电子商务向餐饮配送服务转型，商家可通过 APP 快速进货，并可以实时掌握食材的价格和服务情况。通过整合来自商家的大量订单，美团可以利用更强的经营杠杆去整合采购与配送，同时商家也将享受到效率改善带来的经济成果。

四　美团 S2B2C 模式的内在逻辑

S2B2C 模式最核心的是 S（平台）和 B（商家）要共同服务 C（消费者）。B 服务 C 离不开 S 提供的种种支持，但是 S 也需要通过 B 来服务 C 获得成长，最终三者变为共生共赢关系。

在 S2B 中，美团不仅通过其自身的大众点评和美团外卖等平台为商家提供远超实体店的浏览量与客流量，还通过美团管家、快驴进货等软件为商户打造合适的供应链解决方案，以较低投入提高运营效率，提高销量，实现对员工管理到财务报表甚至自助点餐的远程智能操控与管理，全方面满足商户管理需求。

在 B2C 中，商家通过美团搭建的大众点评等平台面向消费者，通过比实体店更优惠的价格、真实的消费者点评吸引更大的浏览量。另外，美团平台根据消费者的偏好与对商家的具体分类规划出符合不同消费者的不同需求，做到效率最大化。

在 S2C 中，美团通过定期的优惠与会员制吸引消费者，增加客户黏性，根据大数据向消费者推荐产品并制定出游计划。与此同时，美团独立的配送服务与七天无理由全额退款服务保障消费者的消费环境与权益，使其消费无忧。

参考文献

美团招股说明书。

《美团 2018 年年报》。

《王兴又选择了一个慢赛道：美团买菜杀向天通苑》，36Kr 2019。

B.22
腾讯互联网衔接双边 C2S2B 模式

亿邦动力研究院*

摘　要： 2016 年以来，线上流量红利基本耗尽，流量转化进入瓶颈期，以网络商城为核心的平台电商模式被冠以“传统电商”之名。在社交电商等新模式等刺激下，品牌企业运营思维开始从以流量为核心转变为以用户为核心，从经营流量转变为经营用户。在这一变化下，同时具备客户资源和服务产业端技术能力的平台成为消费端和产业端的衔接者、需求端与供给端的平衡者。腾讯由消费端入手，通过数字化能力赋能传统企业，撬动产业端数字化，形成了 C2S2B 模式。

关键词： C2S2B　社交电商　社交平台　SaaS　腾讯

2018 年 11 月举办的腾讯全球合作伙伴大会上，马化腾提出了腾讯的转型方案：“移动互联网的上半场已接近尾声，下半场的序幕正在拉开。伴随数字化进程，移动互联网的主战场，正在从上半场的消费互联网，向下半场的产业互联网方向发展……”为此，腾讯整合成立了两个新的事业群——云与智慧产业事业群（CSIG）、平台与内容事业群（PCG），分别承担着消费互联网与产业互联网生态融合、社交与内容生态创新的

---

* 亿邦动力研究院是亿邦动力网旗下的研究和咨询机构，专注于电子商务产业研究，在网上零售、跨境电商、社交电商、产业互联网以及电商服务等领域有丰硕的研究成果。长期为国家发改委、商务部等部委提供电子商务政策研究服务，是目前国内电子商务政策规划的重要智囊机构之一。

重要探索使命，标志着腾讯正式开启以数字化技术服务平台衔接消费与产业两端的C2S2B模式。

一 消费端入手撬动产业端数字化

腾讯由消费端入手，通过数字化能力赋能传统企业，撬动产业端数字化，形成了C2S2B（Customer to Service Platform to Business），即由服务商平台（S）连接用户（C）与产业（B）的模式。用户处在该模式的核心位置，服务商通过协同各类企业（B）来完成对用户的服务。

基于社交平台上的海量用户行为信息数据，腾讯以微信平台为基础，通过微信支付、小程序、企业微信、腾讯云、腾讯广告等腾讯产品不断由C端向B端聚合。用户的需求通过微信社交网络产生并传达给产业端，产业端通过微信及其衍生产品将解决方案交付给用户，用户对产品的反馈信号再次通过微信网络被产业端接收，以此产生一个不断迭代处理生产与需求关系的动态闭环。这里的产业端包括零售上游产业、政府部门、游戏厂商及医疗服务提供商等，腾讯通过用户反馈信息不断提升服务产业端的能力，产业端通过腾讯赋能不断提高面向用户的服务水平。

二 企业微信用连接赋能智慧管理

1. 建立企业内部的网络化协同

企业微信是腾讯衔接用户与产业端的新平台，其最基本功能是为企业用户提供可管理的企业通讯录，通过提供与微信一致沟通体验与开发接口，将员工搬上企业微信，实现“员工—企业—办公系统”的连接，加快企业内部信息流转，从而提高企业的组织协同和生产效率，也为企业开始连接外部打下基础。

2. 与微信互通赋能企业智能管理

2018年3月，企业微信与微信消息互通内测，使其更好地扮演了“企业的专属连接器”这一角色。伴随着小程序、企业支付等功能的逐步开放，企业微信的价值从“互通”工具升级为企业数字化管理工具，通过为企业提供基础通信能力、应用集成能力、开放能力和连接微信的能力，帮助企业连接内部组织与系统、连接产业上下游和连接 C 端消费市场。以奈瑞儿为例，在半年时间内，奈瑞儿在全国的美容师们通过企业微信添加好友的门店熟客人数达到 8 万名，企业可以通过系统进行统一管理；此外，奈瑞儿还支持客户通过企业微信的小程序进行服务预约、套餐管理、会员消费等，为消费者提供了更佳的服务体验；美容师则应用企业微信实时接收客户预约记录、消费记录等，帮助其为客户提供有针对性、个性化的服务。

3. SaaS 模式降低企业数字化成本

数据显示，国内大部分的企业在进入“数字化”阶段前，甚至未能完成基本的信息化改造。而完成信息化改造的大中型企业，通常会通过自主研发 APP 来实现公司系统与员工之间的连接，但这种方式会带来高操作成本、高维护成本以及高推广成本，无法真正激励员工使用，员工业务流转依旧停留在 PC 端。此外，传统信息化的连接往往局限于企业内部，企业的能力无法真正地向外延展，难以高效触达外部的 C 端客户以及供应链上下游企业。企业微信以 SaaS 模式提供的基础功能，如 IM、通讯录、文件盘、公费电话等可供企业用户免费使用，而专业垂直的客户关系管理、员工培训等工具则可使用由第三方服务商统一开发的免费标准化应用，大幅降低了企业“数字化”改造成本。2018 年 11 月发布的《企业微信与政务微信行业发展白皮书》显示，超过 78% 的企业开发企业微信投入仅在 20 万元以下，50.58% 的企业运营企业微信年成本在 1 万元以下，71.31% 的企业运营人数仅需不到 5 人，企业微信有效地为企业降低了信息化和数字化的成本。

4. 助力企业扁平化管理释放人效

借助企业微信管理工具，企业可以实现扁平化管理，提升了企业管理效率的同时，也能进一步释放员工个人的价值和能量。以长安汽车为例，传统管理模式下，经销商反馈的问题很难快速锁定具体原因，需要单独邮件或电话联系到各个处理人，信息传递和结果反馈缓慢。通过使用企业微信，经销商反馈问题后，可将各个处理人拉入QTM系统共同讨论，迅速锁定原因并输出解决方案，效率提升了15倍。

三 腾讯云打造C2S2B技术中台

1. 2C与2B结合的基础设施平台

腾讯云是面向企业和个人的公有云平台，为开发者提供云服务器、云数据库、云存储和CDN等基础云计算服务，以及游戏、视频、移动应用等行业解决方案。

在外部连接上，腾讯云的服务案例既包含2B业务，也包含2C业务，是一个横跨消费互联网与产业互联网的平台，其客户既包括大众点评、58同城、摩拜等C端产品，也利用技术和解决方案帮助金融、零售、政务等B端客户取得数字化进步。最终，腾讯云可以集成各垂直行业从供给端到需求端的全链条数字化解决方案。

2. 搭载各垂直行业解决方案

腾讯基于近20年互联网技术与服务经验、遍布全球的数据中心以及数千人专业团队，已为游戏、视频、金融、零售、电商、交通等行业中的近200个业务场景提供全线解决方案，满足产业上云需求。此外，腾讯云与腾讯AI Lab、优图实验室、微信AI等内部AI团队协作，开放腾讯在计算机视觉、智能语音、自然语言处理等方面的人工智能科技能力，使之与各行业业务场景相结合，极大地加速了行业智能化进程。

3. 基于云平台推进产业互联网转型

基于C2S2B模式的核心逻辑，以腾讯云为底层平台的解决方案已经在城市、医疗、工业互联网、零售、金融等行业领域中加速落地，并取得了一系列相当令人瞩目的成绩。

在城市领域，腾讯深耕政务云市场，相继推出警务云、政务云、工业云、税收云、气象云等不同类型细分服务，与此同时还围绕云计算、大数据、LBS、安全、支付等核心能力，为党政部门、企事业单位等提供专业技术支撑。

在医疗领域，腾讯觅影被称为超级医疗大脑，在过去的一年中已与100多家三甲医院落地合作，利用AI影像、NLP等技术，累计辅助医生阅读医学影像超1亿张，服务90余万患者，提示高风险病变13万例。

在工业互联网领域，腾讯云还发布了工业超级大脑下的智能制造解决方案，并以开放的工业互联网助力平台为基座，推动工业互联网平台、工业AI+、区域工业互联网等场景快速落地。

在零售领域，以永辉超市为例，通过接入腾讯云零售超级大脑，选品品类整体销量效果优于其他同类门店近1倍，优客销量预测准确率大幅提升。

在金融领域，腾讯云与国内多家银行和保险机构展开合作，借助金融超级大脑提供的智能化金融科技能力，帮助金融机构提升营销效率，控制业务风险，实现金融服务的创新升级。

参考文献

《腾讯Q4营收超预期，但净利润同比下滑32%》，36Kr，2019年3月21日。

《马化腾公开信：助力实体产业成长出更多世界冠军》，腾讯科技，2018年10月31日。

曾鸣：《什么是C2S2b模式?》，曾鸣书院，2018年8月31日。

《产业数字化临界点，腾讯、美团、京东的“B计划”是什么》，盒饭财经，2018年11月26日。

B.23
阿里巴巴数字经济体模式

亿邦动力研究院*

摘　要：　2018年，阿里巴巴给自己的使命加上了一个时间状语，改为“在数字经济时代，让天下没有难做的生意”。基于电子商务领跑者形成的资源、技术和资本优势，阿里巴巴已经构建起一个千手观音一样的商业数字经济体。其中，商业、服务、娱乐领域里如天猫、淘宝、盒马鲜生、优酷、饿了么等构成前端触手，菜鸟、阿里妈妈、蚂蚁金服、钉钉四大基础设施构成躯干，阿里云则作为核心大脑完成数据融合和智能化处理。

关键词：　数字经济　新零售　跨境电商　阿里巴巴

中国信息通信研究院发布的数据显示，2017年，中国数字经济规模达27.2万亿元，占GDP比重达到32.9%，同比名义增长超过20.3%。中国数字经济规模持续高增长，传统行业纷纷“触网”转型升级，共同创造了企业数字化的大趋势。

---

* 亿邦动力研究院是亿邦动力网旗下的研究和咨询机构，专注于电子商务产业研究，在网上零售、跨境电商、社交电商、产业互联网以及电商服务等领域有丰硕的研究成果。长期为国家发改委、商务部等部委提供电子商务政策研究服务，是目前国内电子商务政策规划的重要智囊机构之一。

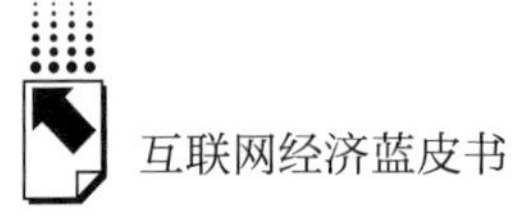

一 前端触手深入用户全方位场景

如驱动了第一次工业革命的蒸汽机、第二次工业革命的电一样，数据是数字经济时代最核心的能源。为了获取数据资产，阿里巴巴从最初单一的淘宝、天猫电商平台，通过投资、收购和孵化已构建起一个丰富多元化、深入用户全方位场景的前端商业毛细血管，每分每秒源源不断地为阿里巴巴挖掘和输送数据信息。阿里巴巴官方估算，其战略投资的资产当前价值已达 800 亿美元。仅 2018 年，阿里巴巴集团就投资了 64 家中国企业、16 家海外企业。

（一）实物类商品交易场景

阿里巴巴的实物类交易部分包括以淘宝、天猫为主面向国内消费者的电商业务，以盒马鲜生、银泰为代表有线下主体的新零售业务，以速卖通、Lazada 为代表服务国外消费者的电商业务，以及 1688、阿里巴巴国际站面向国内外中小企业的 B2B 批发业务。

1. 国内电商

淘宝是孕育出阿里巴巴整个经济体的母体。依托于淘宝网，阿里巴巴衍生出了支付宝、淘宝商城、阿里妈妈、阿里旺旺、阿里软件（阿里云）、淘宝大学、菜鸟等一系列商业模式。

2013 年，淘宝 GMV 突破 1 万亿元，占阿里巴巴中国零售业务总交易额的 71.4%。此后淘宝增速放缓，从淘宝分离出来的天猫进入快速增长期，于 2015 年 GMV 突破万亿元。截至 2018 年 3 月 31 日，阿里巴巴 2018 财年数据显示，其中国零售市场 GMV 达到 4.82 万亿元，其中淘宝 GMV 为 2.689 万亿元，天猫 GMV 为 2.131 万亿元。

与淘宝的 C2C 不同，天猫的 B2C 模式成功带动品牌商开展电商业务，将商业数字化渗透进企业。以天猫标志活动“双十一”为例，2018 年“双十一”，天猫平台实现了 2135 亿元的销售额，参与的品牌超过 18 万个，诞生了237个单日销售额破亿元的品牌。苹果、华为、小米、美的、海尔等一批消费电子品牌单日销售额突破10亿元。

淘宝和天猫通过连接商品和消费者，成功在线化了商品数据和消费者行为。2019年3月，阿里巴巴任命淘宝总裁蒋凡兼任天猫总裁，将天猫和淘宝统一运营，分开十多年后二者又一次合体。截至2018年12月底，阿里巴巴中国零售平台的移动月度活跃用户达6.99亿，年度活跃消费者达到6.36亿。

2. 新零售

盒马鲜生和银泰商业是阿里巴巴探索新零售模式的实践者。此外，阿里巴巴还投资了大润发、三江购物、联华超市、苏宁云商、居然之家等传统零售业态。通过盒马鲜生和银泰实践，阿里巴巴的最终目的是结合其线上数据流量、支付等服务赋能线下，实现线下商业体的数字化、在线化，打通线上线下人、货、场。

盒马鲜生是阿里巴巴对线下超市完全重构的新零售业态，集超市、餐饮、菜市场于一体。消费者可到店购买，也可以在盒马APP下单，在门店附近3公里范围内，盒马鲜生可以30分钟送货上门。盒马鲜生的用户月购买次数达4.5次，坪效是传统超市的3～5倍。其线上订单占比超过50%，营业半年以上的成熟店铺线上占比可达70%。目前，其成熟门店如上海金桥店线上订单与线下订单比例约为7∶3。

与传统零售相比，盒马鲜生运用大数据、移动互联、智能物联网、自动化等技术及先进设备，实现人、货、场三者之间的最优化匹配，店内挂着金属链条的网格麻绳都是盒马全链路数字化系统的一部分。盒马鲜生的供应链、销售、物流履约链路也实现完全数字化。从商品的到店、上架、拣货、打包、配送任务，作业人员都是通过智能设备去识别和作业，简易高效，而且出错率极低。整个系统分为前台和后台，用户下单10分钟之内分拣打包，20分钟实现3公里以内的配送，实现店仓一体。

截至2018年底，盒马鲜生自营门店数量达109家，主要位于一线和二线城市。盒马鲜生模式跑通后，其数据能力和技术能力已开始对合作伙伴开放共享。其新零售能力已经向三江购物、大润发、居然之家等阿里投资的线下零售业态输出。据了解，阿里巴巴已经帮高鑫零售（大润发母公司）完成约470家门店的数字化，赋能门店更好地管理其零售系统、支持消费者从手机淘宝下单订购，并通过阿里巴巴集团的外卖配送平台来保障配送服务。

3. 跨境电商

B2B是阿里巴巴的起家业务。阿里巴巴国际站是让供应商和国外的采购商在线完成信息撮合，1688则是面向国内采购商的在线批发平台。2012年，1688从信息平台转向交易平台，逐渐发展成国内优质货源在线集散地，并向全球市场开放供货。如今，已有近50万中小企业通过1688跨境平台为速卖通、亚马逊、Wish、eBay、Lazada等平台提供服务，遍布全球220个国家和地区。

跨境零售方面，阿里巴巴目前有四个业务，包括全球速卖通、天猫国际、天猫出海、Lazada。全球速卖通是阿里巴巴面向海外买家的B2C在线交易平台，被称为"国际版淘宝"，通过支付宝国际账户进行担保交易，使用国际快递发货。全球速卖通是全球第三大英文在线购物网站，拥有18个国家语言站点，海外成交买家数已经超过1亿，其中三分之二的销售来自俄罗斯、美国、巴西、法国等重点国家。Lazada是阿里巴巴投资的东南亚最大在线购物网站之一。天猫国际主做进口业务，天猫出海主要面向海外华人市场。

（二）本地生活服务场景

本地生活服务板块包括口碑、饿了么、淘票票、飞猪、高德地图等，主要完成对非实物类消费场景的触达。其中，口碑、饿了么主要针对餐饮企业数字化、在线化提供到家和到店服务，同时饿了么的蜂鸟物流也接入阿里巴巴的新零售系统，为大润发、欧尚、三江购物、新华都、中百超市、顺客隆等门店提供配送服务。淘票票为在线票务平台，飞猪为在线旅游平台，高德地图为阿里巴巴生态体系提供基础的地图服务。

（三）数字媒体和娱乐场景

数字媒体和娱乐业务是阿里巴巴从物质消费走向精神消费的重要布局。包含优酷、土豆、阿里影业、UC、大麦等，通过泛娱乐内容触达用户的精神消费需求。大文娱始于阿里巴巴双 H 战略的一环。从 2014 年，阿里巴巴陆续在文学、音乐、游戏、影业、视频和体育业务上重金收购、布局。2015 年阿里巴巴 45 亿美元现金收购优酷，第一次明确显露出从电子商务世界向更大商业世界拓展的野心。

相较于核心电商业务的持续强劲增长，阿里巴巴的数字媒体和娱乐业务一直处于亏损状态。从俞永福、杨伟东到高晓松、宋柯，阿里大文娱 5 年时间轮替 10 位核心高管。阿里巴巴也一直尝试电商与数娱业务的协同效应，在直播最火的时候和优酷一起尝试边看边买，引导用户在观看视频的同时完成购买。阿里巴巴最新推出的 88 元 VIP 会员服务，完成了旗下电商和文娱各板块会员权益的打通。

二　四大模块打底基础设施层

阿里巴巴新的战略目标是提供数字商业时代的基础设施服务。包括物流基础设施菜鸟、企业数字化管理云平台钉钉、支付和金融基础服务设施蚂蚁金服以及技术和数字化营销平台阿里妈妈。四大基础设施是阿里巴巴在服务 C 端消费者过程中沉淀的操作系统能力，共同支撑前端场景的数字化和智能化。

（一）物流基础设施：菜鸟

菜鸟网络是阿里巴巴集团核心电商业务的战略基础设施，于 2013 年由阿里、顺丰、三通一达（申通、圆通、中通、韵达）等共同组建。2017 年阿里巴巴增资菜鸟后，占股提升到 51%。菜鸟的目标是搭建中国智慧物流骨干网络，通过连接电子商务企业、物流公司、仓储企业、第三方物流服务商等各类企业，完成物流订单的聚合，依靠大数据、人工智能实现物流流转效率的提升。菜鸟已经分别于杭州、香港、吉隆坡、迪拜、莫斯科、列日等地方达成协议，在其建立 EHUB（数字中枢），将打造六大世界级物流枢纽，共同联通智能物流骨干网。菜鸟的目标是实现 24 小时货通全国、72 小时货通全球。

（二）办公基础设施：钉钉

钉钉是阿里巴巴为企业办公场景提供的管理沟通工具，帮助企业实现组织在线化管理。2018 年 6 月，钉钉推出同手机淘宝打通的智能导购产品，门店导购员使用钉钉提供的新零售工作台和“种草”“业绩日报”“营销闭环”等组织化营销工具，实现了线上线下业绩拉通。从消费者、导购员、商家运营到阿里小二，钉钉已经打通新零售整个链路中最重要的一环——人的在线化，推动企业的数字化转型。目前，钉钉的智能导购产品已经覆盖上千个品牌、20 万家门店。钉钉上的企业组织数已超过 700 万家。钉钉产品体系涵盖“人、财、物、事”四大场景，是传统企业组织升级为新组织、完成全域数字化转型的助推剂。

（三）支付和信用基础设施：蚂蚁金服

蚂蚁金服是阿里巴巴基于支付宝生长起来的金融基础设施。旗下有支付宝、余额宝、招财宝、蚂蚁聚宝、网商银行、蚂蚁花呗、芝麻信用等子业务板块，涵盖支付、小微贷、消费贷、理财、保险等。支付宝 APP 除金融服务外，还提供水电煤气缴费等生活服务、签证结婚等政务服务，全球用户数已超过 10 亿，覆盖全球 54 个国家和地区。2018 年蚂蚁金服完成 140 亿美元融资，对应估值高达 1500 亿美元。

（四）数字化营销基础设施：阿里妈妈

阿里妈妈是阿里巴巴基于全系流量的数字化营销基础设施，贡献了阿里巴巴大部分收入，拳头产品有直通车、钻石展位等。

三　阿里云打造产业互联网智能引擎

在不同时代的商业环境下，阿里巴巴集团有不同的驱动引擎。从最初的现金奶牛 B2B 养大淘宝，到天猫担任主引擎孵化菜鸟、阿里云，再到新的产业互联网时代，阿里云成为整个阿里数字商业经济体的底层核心引擎。

2018 年 11 月，阿里巴巴最新一轮组织架构调整中，阿里云升级为阿里云智能，阿里巴巴 CTO 张建锋兼任阿里云智能事业群总裁。阿里巴巴整合全集团技术团队，将集团中台和达摩院的技术力量与阿里云全面结合，目标是构建数字经济时代面向全社会基于云计算的智能化基础设施。

云计算作为阿里商业操作系统的底层支撑了整个数字经济创新。云计算不仅帮助 IT 基础设施在线，应用最新的数字技术，更重要的是实现智能化的店铺选址、货品分析、人员分析等。2019 年 3 月，阿里云十周年大会上，首次出台的张建锋详细陈述围绕 IT 技术设施的云化，核心技术的互联网化，应用的数据化、智能化三个关键点，阿里云升级为“云上的阿里巴巴”，未来阿里巴巴所有的技术，将通过阿里云对外开放输出。目前，阿里巴巴已经构建了覆盖全球 49 个国家与地区的 IT 基础设施，达摩院的人工智能创新将帮助阿里实现对几十种语言方向的机器翻译，使 100 万中小企业可以在没有语言障碍的情况下进行全球贸易。

阿里云智能主要面向 2B 企业服务。除了服务阿里巴巴经济体内的消费类企业，阿里云还将向工业、医疗健康、制造、电信、交通、能源等社会产业结构的各方面渗透。

2018 年，阿里云营收规模达到 213.6 亿元，首次突破 200 亿元大关，4 年间增长了约 20 倍，成为亚洲最大的云服务公司。在中国市场上，阿里云的市场份额相当于第 2 名到第 9 名的总和，40% 的中国 500 强企业、近一半中国上市公司、80% 中国科技类公司在使用阿里云。

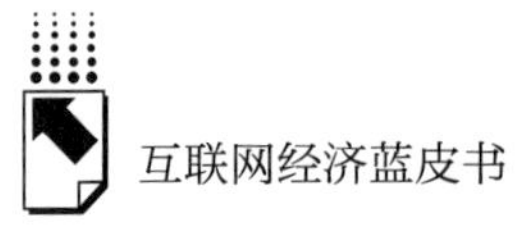

四　融合升级的数字商业操作系统

2018 年阿里巴巴 CEO 张勇首次对外提出“阿里巴巴商业操作系统”，将其定义为数字经济时代独特的商业基础设施。2019 年 1 月，张勇正式发布了一张阿里巴巴商业操作系统蓝色星图，系统以云智能为底层大脑，围绕消费者转动的商品、品牌、渠道、新零售、新制造等源源不断产生数据，组织、物流、金融等服务则融合连接前端数据与云主干道。在阿里巴巴的操作系统当中，各个链条环节既产生数据，又运用数据，形成一个庞大而丰富的有机循环。

这套操作系统是阿里巴巴创立二十年来，在人、货、场全面数字化基础上形成的从数据到技术的全能力，覆盖新零售、数字化分销、数字化营销、数字供应链、数据驱动产品创新和新制造全链条。阿里巴巴商业操作系统的关键不是单一模块，而是加起来输出一套系统能力。将阿里巴巴体系众多分散的商业产品整合成一套系统，整体帮助企业完成“品牌、商品、销售、营销、渠道、制造、服务、金融、物流供应链、组织、信息技术”等 11 大商业要素的在线化和数字化。

以星巴克为例，2018 年星巴克与阿里巴巴达成新零售战略合作，全面接入阿里巴巴商业操作系统。基于天猫、淘宝、饿了么、盒马鲜生、支付宝等多个核心业务，星巴克上线了虚拟门店帮助星巴克在阿里生态系统内管理多个数字化消费者运营平台，实现不同消费场景下会员注册、权益兑换的互联互通。消费者无论在淘宝、支付宝、饿了么还是星巴克 APP，都可同样实现外送、送礼和购买卡券的功能。其中，星巴克与饿了么合作的“专星送”外卖业务，短短 4 个月就完成了 30 个城市 2000 多个门店的三公里范围覆盖。与盒马鲜生合作的“外送星厨”，将星巴克的咖啡和盒马鲜生里上万个 SKU 联动，让咖啡 + 蛋糕、咖啡 + 包子成为新的销售组合。星巴克还与阿里巴巴旗下的淘票票结合，尝试买电影票同时买杯外卖咖啡。与阿里巴巴商业操作系统的全面合作，让更多的消费场景被挖掘出来。

阿里巴巴对品牌商已不仅仅是个电商渠道，而是从组织在线化、渠道在线化到营销、制造都形成了协同的赋能效应。

参考文献

阿里巴巴历年财报。

《为什么只有阿里能做商业操作系统?》，一点财经，2019。

B.24
苏宁智慧零售C2B模式

亿邦动力研究院*

摘 要： 智慧零售对消费场景构建的价值在于把场景做全、做精、做密，最大限度占领消费者的心智、时间与空间。2017年底，苏宁发布了智慧零售大开发战略，提出了“3年互联网门店总数达两万家”的目标。智慧零售时代，供应链决策由自上而下的“产→销→用”模式演变为自下而上的“用→销→产”模式，平台对于品牌商的价值则从渠道转变为智能化的供应链服务。苏宁的智慧供应链尝试由消费端反向驱动生产端生产出消费者真正需要或喜欢的产品，即C2B定制。

关键词： 智慧零售 C2B反向定制 消费生态 线上线下融合 苏宁

2017年始，我国线上线下零售业态从竞争关系转向相互赋能，商务部也将“零售数字化创新发展报告”编入《中国电子商务报告（2017）》。苏宁在智慧零售理念落地过程中，全力推进大象转身般的新一代零售转型，成为线上线下融合发展、创新变革的重要样本。亿邦动力研究院本期将对苏宁“智慧零售”展开商业模式解读。

---

* 亿邦动力研究院是亿邦动力网旗下的研究和咨询机构，专注于电子商务产业研究，在网上零售、跨境电商、社交电商、产业互联网以及电商服务等领域有丰硕的研究成果。长期为国家发改委、商务部等部委提供电子商务政策研究服务，是目前国内电子商务政策规划的重要智囊机构之一。

一　以用户为中心做全做精消费场景

1. 围绕用户生活半径布局立体场景

线下搭建“两大一小多专”智慧零售业态集群。其中，苏宁广场、苏宁易购广场主打复合消费场景，承载了苏宁智慧零售科技应用及体验创新；苏宁小店作为连接器，实现消费者与商品“5 分钟”可达的同时，把苏宁其他业务板块细分植入离消费者最近的线下市场；苏宁易购云店、红孩子、苏鲜生、苏宁体育、苏宁影城、苏宁极物等专营店打造品质消费。通过多平台、多业态的场景组合，苏宁已形成零售行业中最完整的消费生态。截至目前，苏宁合计拥有各类互联网门店 5000 多家。

“智慧零售技术星象图”环绕用户。苏宁把消费者比喻为“太阳”，围绕消费者这颗恒星去打造苏宁零售业态的行星系统。基于与消费者的距离，在消费者 1 米范围内，苏宁易购主站平台提供网络消费服务；10 米范围内，搭载了语音识别、交互技术、物联网技术的苏宁小 Biu 智能音箱提供智能终端服务；500 米范围内，应用重力感应、人脸识别、机器人技术的无人货架、智能货架、巡游机器人提升消费便捷性；3 公里范围内，苏宁无人 Biu 店、苏宁极物店、苏宁小店、苏宁易购县镇店等多元业态高密度覆盖客群；3 公里范围外，苏宁易购生活广场、苏宁云店、苏宁影城等以创新技术把智慧零售体验最大化。该星象系统全面组合了苏宁的智慧零售业态，它的有序运行意味着消费者可以在任何时间、地点通过苏宁满足吃、穿、住、娱等全方位需求。

2. 做精单一门店提升场景转化

打造苏宁小店新场景。苏宁小店是基于场景定位对实体流量进行线上线下双中心运营及智能化服务的智慧零售便利店模式，其思路是先以快消品 + 生活服务类产品组合培养用户消费习惯，再作为流量入口嫁接到苏宁零售大生态中。场景定位方面，小店以门店为物理载体细化消费场景，分为店内、2 公里内、2 公里外三个服务范围，并围绕社区、CBD、大客流区布局五种店面模型，提供差异化的商品结构。线上线下融合方面，用户在线上通过小店 APP 完成预订、购买等消费行为，在线下则可享受门店自提、扫码购物、家政、缴费等服务体验。未来，小店还会接入金融、药店、娱乐消遣、政务办理、数码办公等场景，以便利店场景的极致体验去持续提升用户黏性。

对线下店进行精致化改造。2017 年苏宁红孩子店在商品销售的基础上，增加了游乐、培训教育等更多体验消费场景，红孩子母婴专业店销售收入及坪效均同比增长 42.15%。苏宁易购直营店通过强化经营质量管控，销售收入及坪效分别同比增长 34.90%、34.18%。

3. 打通会员体系实现场景互通

打通线上线下多场景会员体系是智慧零售的底层需求。智慧零售的本质是始终关注用户，全场景会员体系的贯通可从三个层面支撑智慧零售：一是获取更多用户标签，从多维度完善用户画像，支撑个性化推荐和精准营销；二是实现线上线下双向导流，既能基于 LBS 技术将线上流量分发到线下门店，又能通过线上品类优势将线下用户引导到线上消费；三是实现用户全周期管理，由销售产品延伸到全周期服务，培养终身用户。2017 年，苏宁打通零售、金融、文创、体育等会员系统，实现了苏宁生态会员一账通，其超级会员“SUPER VIP”产品为用户提供差异化会员权益，进一步增强了用户黏性。截至 2017 年 12 月，苏宁易购零售注册用户数 3.45 亿，APP 月活跃用户数较年初增长 105.73%。

二　转变供应链决策方式和伙伴关系

智慧零售时代，供应链决策由自上而下的“产→销→用”模式演变为自下而上的“用→销→产”模式，平台对于品牌商的价值则从渠道转变为智能化的供应链服务。

1. 用数据抓取用户需求实现 C2B 定制

苏宁的智慧供应链尝试由消费端反向驱动生产端生产出消费者真正需要或喜欢的产品，即 C2B 定制，让用户当“产品经理”，以大数据为“数字化设计图纸”，从而实现每一款新品都能精准击中市场。

2016 年苏宁易购与惠而浦联合开发的香薰智能空调因为消费者提供了新的香薰体验而受到热捧，单品销量破亿；2017 年苏宁与美的基于用户数据联合定制的一款全自动变频滚筒洗衣机卖到“脱销”；2018 年体育大年，苏宁易购依托旗下 PP 体育、苏宁文创资源，携手家电企业 C2B 反向定制个性化家电产品，其中不乏已经上市的倍科、巴萨、海信世界杯定制款等冰箱洗衣机产品，2019 年 7 月国米定制冰箱也将于苏宁渠道正式亮相上市。

在彩电领域，苏宁利用 6 亿会员大数据，将用户需求与产品研发进行有效整合，与品牌商建立 C2B 反向定制模式，进行精准营销。同时开放自身优势体育资源，包括欧洲五大联赛、中超、亚冠等百亿版权体育内容植入一线彩电品牌硬件中，打造专属内容定制单品。无论用户选择什么样的品牌，都能享受到最全、最多的体育内容。目前已联合三星、TCL、康佳三大品牌打造了国米定制版电视，并获得市场的积极反馈。

C2B 反向定制的供应链模式已经得到实例验证，随着苏宁陆续与国内知名品牌合作建立以数据牵引的供应链机制、与品牌工厂进行系统直连，智能家居的新品定制将成为智慧零售的常态。

2. 智能供应链服务向合作伙伴赋能

随着苏宁智慧物流的持续迭代升级，其物流势能开始向供应链上游释放，在平台开放理念下，苏宁已从渠道商转变为供应链基础设施服务商，将通过智慧供应链能力输出从四个维度构建供应链合作生态：以多元智慧仓储和精准配送能力为核心能力的服务生态；以精准预测、多渠道、全链路为主导理念的数据生态；以全流程无人化为改造方向的技术生态以及聚焦供应链流程创新与再造的管理生态。2017 年苏宁平台上新引入百货、超市、母婴、通信及生活家电品类的商户近 8000 家，开放平台实现商品交易额 292.36 亿元。

三　用实人工智能、云、大数据技术

苏宁智慧零售强调运用人工智能、云、大数据等数字化技术改造优化线下实体的零售形态及业务流程，并通过产业延伸推进业态多样化发展和智慧化运营。

1. “五智”改造零售核心环节

苏宁应用人工智能技术从五个核心环节对零售进行智能化改造，简称“五智”，包括个人分布数据及商品消费模型驱动反向定制式采购，在线及场景销售自动化、自助化，门店前置仓 + 短距离配送直达用户，服务可视化并形成流水型反馈以及商品使用在线化。目前人工智能技术已大量应用于苏宁智慧零售场景中，比如人工智能客服“Sunny”和“苏小语”、无人快递车“卧龙一号”等。2017 年 8 月始，苏宁无人店相继落地，刷脸进店、刷脸支付、大数据推荐、颜值测试等前沿科技和创新玩法给消费者带来惊喜，突破了 AI 技术商业化应用的困局。

2. 云计算协调八项业务系统

云计算技术应用方面，苏宁搭建了完整的云生态体系，能够支持苏宁体系内以零售为核心的八大业务系统实现多产业融合、实时交易，具备极速部署、弹性扩容、稳健性能、智能管理等特点。在苏宁的智慧零售规划中，云计算技术不仅自用于底层云资源的创新发展，更会结合苏宁多年的零售及信息化转型经验，形成成熟的智慧零售解决方案对外输出，向合作伙伴提供优质云资源和 IT 赋能。

3. 200个数据产品支撑决策

互联网转型过程中，苏宁沉淀了海量消费者数据并形成坚定的数据化运营思维。苏宁现有智慧零售数据产品近 200 个，包括为采购服务的鹰眼、诸葛大师，为销售服务的聚宝盆、烽火台、金矿、神鉴，为用户服务的全景购物、VR 易购、身边苏宁等，均可做到互联网 + 大数据处理、会员画像和高效获客引流。未来，苏宁的数据资源同样会向行业开放。

四　挖掘三、四线市场智慧零售的商机

传统大零售时代，优质零售资源和利润大头被一、二线城市以百货、商

超、购物中心、连锁专营为主的大型零售集团垄断，低线城市的消费诉求被忽略，大量中小零售从业者仍以原始零售形态被摒弃在现代商业社会之外。在网络零售的冲击下，这块长期僵化的巨量市场开始松动，随着线下实体价值重提，低线市场一跃成为互联网巨头争先抢夺的蓝海。据国家统计局数据，2017年我国社零总额增速为10.2%，城镇、乡村同比分别增长10%、11.8%，低线城市消费崛起态势明显。

苏宁于2016年底启动的零售云项目被定义为开拓低线市场的新物种，以“加盟店直营化管理”模式面向中小商家输出全场景数字化重构和全价值链平台赋能的智慧零售解决方案。通过零售云平台，苏宁加快渠道深度下沉，快速提高市占率；合作伙伴得以共享苏宁品牌、商品、销售运营、物流服务、IT、金融等核心能力，在智慧零售赋能下重新焕发生命力；低线市场生产力水平落后、数字化程度低、零售专业性不足、基础设施不完善等痛点也获得相应改善，实现产业和消费双升级。

张近东一年前在两会上预判，“智慧零售就是运用互联网、物联网、大数据和人工智能等技术，构建商品、用户、支付等零售要素的数字化，采购、销售、服务等零售运营的智能化，以更高的效率、更好的体验为用户提供商品和服务”。当前，苏宁正在三个维度推进其系列战略安排，一是通过“+品类”和“+渠道”，将线上全品类与线下各类场景针对性匹配，重塑零售业态。二是把苏宁智慧零售技术解决方案打造成开源系统向行业开放，扩大苏宁智慧零售势能。三是通过苏宁全产业资源集合开放，缔结实体商业共同体。

参考文献

亿邦动力研究院：《苏宁智慧零售的落地路径》，2018。

附　　录

Appendix

B.25
2018年中国互联网经济大事记

李　寅

一月

1月4日　中国人民银行网站公布受理了百行征信有限公司（筹）的个人征信业务申请，并根据《征信业管理条例》《征信机构管理办法》等规定，将百行征信有限公司（筹）的相关情况予以公示。百行征信即外界熟知的“信联”的官方称谓。

二月

2月6日　中宣部、教育部、文化部、国家新闻出版广电总局等多部门联合印发《关于严格规范网络游戏市场管理的意见》。

2月22日　央行披露了首张设立经营个人征信业务的机构许可信息公示表。公示表显示，百行征信有限公司（下称“百行征信”）申请设立个人征信机构已获得许可。

2月23日 陌陌全资收购探探，其中包括265万股的ADS及约6亿美元现金，共斥资约7.35亿美元。

2月28日 360在上交所召开重组会议正式更名上市。

三月

3月17日 媒体曝光Facebook上超5000万用户信息在用户不知情的情况下，被政治数据公司“剑桥分析”获取并利用。

3月28日 Bilibili正式在美国纳斯达克敲钟上市，定价11.50美元/存托证券，整体募资规模达4.83亿美元，交易代码为“BILI”，估值41亿美元，成为第一家在纳斯达克独立上市的以视频网站为核心的中国公司。

3月29日 爱奇艺正式在美国纳斯达克挂牌上市，发行股票代码IQ，每股定价为18.00美元，估值132亿美元。

四月

4月3日 摩拜股东会通过美团收购方案，美团以27亿美元作价收购摩拜，包括65%现金和35%美团股票，此外美团承担摩拜债务（5~10亿美元），管理团队留任。

五月

5月5日 21岁空姐深夜从郑州航空港区通过滴滴平台约了一辆汽车赶往市内，结果惨遭司机杀害。针对该事件引起广泛关注，应相关部门要求滴滴等网约车平台强制整改，并需公布整改细节。

5月11日 虎牙直播成功在美国纽约证券交易所挂牌，成为中国第一家上市的游戏直播平台。

5月23日 百行征信在深圳宣布正式挂牌成立。百行征信是中国人民银行批准的全国唯一一家拥有个人征信业务牌照的市场化个人征信机构，是专业从事个人信用信息采集、整理、保存和对外提供信用报告、反欺诈等各类征信服务的机构。

六月

6月1日起，至7月12日的42天内，全国共有108家P2P平台爆雷，相当于每天曝雷2.6家，或跑路，或拖延兑付。其中不乏广为人熟知的“钱满仓”“唐小僧”“联璧金融”“花木金融”“小诸葛金服”等，相关部门也是努力监管调整，出新规、追捕跑路者。

6月4日 微软发布公告称，将以75亿美元的微软股票收购GitHub，微软公司副总裁Nat Friedman将出任GitHub首席执行官。

6月7日 工信部发布《工业互联网发展行动计划（2018~2020年）》和《工业互联网专项工作组2018年工作计划》。

6月8日 富士康工业互联网股份有限公司正式登陆上交所，成功在A股上市，市值3900亿元。其融资规模达271亿元，是上交所2015年以来IPO最大的融资额，也是A股上IPO规模最大的非国有企业。

6月23日 腾讯视频自制大型女团养成节目《创造101》决赛结束。近50亿次播放量，播出期间超过1000个微博热搜词条，连续67天相关热搜在榜，《创造101》掀起互联网综艺节目的热潮。

6月27日 中国最大的二手车电商平台优信集团正式在纳斯达克上市，股票代码为UXIN，估值21亿美元。这也是国内首个登陆资本市场的二手车电商平台。

七月

7月9日 中国人民银行网站消息，中国人民银行近日会同互联网金融风险专项整治工作领导小组有关成员单位召开互联网金融风险专项整治下一阶段工作部署动员会，部署稳妥有序加速存量违法违规机构和业务活动退出。

7月9日 小米集团在香港交易所正式挂牌上市，也标志着港交所迎来“同股不同权”第一股。最终估值约3500亿元。

7月16日 国家版权局、国家互联网信息办公室、工业和信息化部、公安部联合召开新闻通气会，宣布启动打击网络侵权盗版“剑网2018”专项行动，维护清朗的网络空间秩序，营造良好的网络版权环境。

7月17日 滴滴宣布与在线旅行及周边服务商Booking Holdings达成战略合作关系，同时，滴滴也获得其5亿美元战略投资。

7月27日 社交电商拼多多正式在美国纳斯达克挂牌上市。开盘价26.5美元，较发行价19美元涨39.5%，总市值超过290亿美元。

7月27日 南京市公安局江北新区分局依法对“钱宝系”企业实际控制人张小雷以涉嫌集资诈骗罪移送检察机关审查起诉。当日，南京市人民检察院受理张小雷涉嫌集资诈骗罪一案。

八月

8月2日 苹果股价盘中创历史新高至207.05美元/股，市值超过1万亿美元大关，成首个万亿估值企业。

8月10日 工信部、国家发改委印发《扩大和升级信息消费三年行动计划（2018~2020年）》。计划提出，到2020年，信息消费规模达到6万亿元，年均增长11%以上。

8月24日 浙江温州乐清市一名20岁女乘客乘坐滴滴顺风车遇害。8月27日零时起，滴滴出行在全国范围内下线顺风车业务。

8月31日 十三届全国人大常委会第五次会议表决通过《电子商务法》，共七章89条，对电子商务经营者、电子商务合同的订立与履行、电子商务争议解决、电子商务促进、法律责任等进行详细规定，自2019年1月1日起施行。

九月

9月10日 马云宣布将不再担任集团董事局主席，届时由现任集团CEO张勇接任。

9月12日 蔚来汽车在纽约证券交易所正式挂牌上市，最终定价为6.26美元每股，以发行1.6亿股ADS计算，融资约10亿美元，公司总体估值在64亿美元，这意味着，蔚来成为继特斯拉之后，第二个在美国上市的电动汽车制造商。

9月14日 国内自媒体平台趣头条在美股成功完成了IPO上市，估值15亿美元，成自媒体平台第一股。

9月20日 美团在港交所敲钟上市，开盘价为每股72.9港元，市值4000亿港元，约510亿美元。

十月

10月7日 支付宝官方微博公布了2018“中国锦鲤”获奖者，因奖品丰厚，引发了2亿活动微博单条阅读量和三百万转发，造出了一夜爆红的“中国锦鲤”，引得各行业纷纷效仿，在互联网爆发式掀起“造锦鲤”风暴。

10月12日 阿里集团CEO张勇正式发布内部信，宣布饿了么与口碑合并，成立本地生活服务公司。

十一月

11月11日 今年“双十一”天猫提前八小时销售额轻松突破去年全天的1682亿元，全天锁定在2135亿元；京东方面，“双十一”最终累计下单金额达到1598亿元，超过今年“6·18”成绩。

11月14日 人人公司宣布，人人网社交平台业务相关资产以2000万美元的现金对价出售给北京多牛互动传媒股份有限公司。

11月25日 比特币价格连续跌破4000美元、3500美元两道整数大关。

十二月

12月6日 中国时尚电商平台蘑菇街在美上市，首日蘑菇街开盘价为12.25美元，估值17亿美元。

12月12日 腾讯音乐赴美上市，首日收盘价14美元，市值约229亿美元。

12月17日 ofo小黄车官方微博发布最新退押金政策提醒，以提示广大用户目前ofo的退押金计划。连日来，ofo共享单车退押金事件一度被推上舆论的风口浪尖。

12月21日 中国游戏产业年会上，中宣部出版局副局长冯士新宣布："首批部分游戏已经完成版号审核"。

皮书起源

“皮书”起源于十七、十八世纪的英国，主要指官方或社会组织正式发表的重要文件或报告，多以“白皮书”命名。在中国，“皮书”这一概念被社会广泛接受，并被成功运作、发展成为一种全新的出版形态，则源于中国社会科学院社会科学文献出版社。

皮书定义

皮书是对中国与世界发展状况和热点问题进行年度监测，以专业的角度、专家的视野和实证研究方法，针对某一领域或区域现状与发展态势展开分析和预测，具备原创性、实证性、专业性、连续性、前沿性、时效性等特点的公开出版物，由一系列权威研究报告组成。

皮书作者

皮书系列的作者以中国社会科学院、著名高校、地方社会科学院的研究人员为主，多为国内一流研究机构的权威专家学者，他们的看法和观点代表了学界对中国与世界的现实和未来最高水平的解读与分析。

皮书荣誉

皮书系列已成为社会科学文献出版社的著名图书品牌和中国社会科学院的知名学术品牌。2016 年，皮书系列正式列入“十三五”国家重点出版规划项目；2013~2019 年，重点皮书列入中国社会科学院承担的国家哲学社会科学创新工程项目；2019 年，64 种院外皮书使用“中国社会科学院创新工程学术出版项目”标识。

权威报告·一手数据·特色资源

皮书数据库

ANNUAL REPORT(YEARBOOK) DATABASE

当代中国经济与社会发展高端智库平台

所获荣誉

- 2016年，入选“‘十三五’国家重点电子出版物出版规划骨干工程”
- 2015年，荣获“搜索中国正能量 点赞2015”“创新中国科技创新奖”
- 2013年，荣获“中国出版政府奖·网络出版物奖”提名奖
- 连续多年荣获中国数字出版博览会“数字出版·优秀品牌”奖

成为会员

通过网址www.pishu.com.cn访问皮书数据库网站或下载皮书数据库APP，进行手机号码验证或邮箱验证即可成为皮书数据库会员。

会员福利

- 已注册用户购书后可免费获赠100元皮书数据库充值卡。刮开充值卡涂层获取充值密码，登录并进入“会员中心”—“在线充值”—“充值卡充值”，充值成功即可购买和查看数据库内容。
- 会员福利最终解释权归社会科学文献出版社所有。

数据库服务热线：400-008-6695
数据库服务QQ：2475522410
数据库服务邮箱：database@ssap.cn
图书销售热线：010-59367070/7028
图书服务QQ：1265056568
图书服务邮箱：duzhe@ssap.cn

社会科学文献出版社 SOCIAL SCIENCES ACADEMIC PRESS (CHINA) 皮书系列
卡号：378816839475
密码：

S 基本子库
UB DATABASE

中国社会发展数据库（下设 12 个子库）

全面整合国内外中国社会发展研究成果，汇聚独家统计数据、深度分析报告，涉及社会、人口、政治、教育、法律等 12 个领域，为了解中国社会发展动态、跟踪社会核心热点、分析社会发展趋势提供一站式资源搜索和数据分析与挖掘服务。

中国经济发展数据库（下设 12 个子库）

基于“皮书系列”中涉及中国经济发展的研究资料构建，内容涵盖宏观经济、农业经济、工业经济、产业经济等 12 个重点经济领域，为实时掌控经济运行态势、把握经济发展规律、洞察经济形势、进行经济决策提供参考和依据。

中国行业发展数据库（下设 17 个子库）

以中国国民经济行业分类为依据，覆盖金融业、旅游、医疗卫生、交通运输、能源矿产等 100 多个行业，跟踪分析国民经济相关行业市场运行状况和政策导向，汇集行业发展前沿资讯，为投资、从业及各种经济决策提供理论基础和实践指导。

中国区域发展数据库（下设 6 个子库）

对中国特定区域内的经济、社会、文化等领域现状与发展情况进行深度分析和预测，研究层级至县及县以下行政区，涉及地区、区域经济体、城市、农村等不同维度。为地方经济社会宏观态势研究、发展经验研究、案例分析提供数据服务。

中国文化传媒数据库（下设 18 个子库）

汇聚文化传媒领域专家观点、热点资讯，梳理国内外中国文化发展相关学术研究成果、一手统计数据，涵盖文化产业、新闻传播、电影娱乐、文学艺术、群众文化等 18 个重点研究领域。为文化传媒研究提供相关数据、研究报告和综合分析服务。

世界经济与国际关系数据库（下设 6 个子库）

立足“皮书系列”世界经济、国际关系相关学术资源，整合世界经济、国际政治、世界文化与科技、全球性问题、国际组织与国际法、区域研究 6 大领域研究成果，为世界经济与国际关系研究提供全方位数据分析，为决策和形势研判提供参考。

法律声明